CW01662813

LE RETOUR AU PAYS NATAL

DU MÊME AUTEUR

CHEZ LE MÊME ÉDITEUR

Jude l'obscur, 2016.

Loin de la foule déchaînée, postface de Thomas Vinterberg, 2015.

Le Maire de Casterbridge, 2016.

THOMAS HARDY

LE RETOUR AU PAYS NATAL

Traduit de l'anglais par Marie Canavaggia

ARCHIPOCHE

Traduction : tous droits réservés.
Notre catalogue est consultable à l'adresse suivante :
www.archipoche.com

Éditions Archipoche
34, rue des Bourdonnais
75001 Paris.

ISBN 978-2-35287-885-8

Copyright © Archipoche, 2016.

PREMIÈRE PARTIE

TROIS FEMMES

1

Un visage sur lequel le temps ne laisse que peu de traces

Un samedi après-midi, en novembre, l'heure du crépuscule approchait et la vaste étendue libre et sauvage, connue sous le nom de lande d'Egdon, allait s'assombrissant de minute en minute. Une mince couche de nuages, d'un blanc indécis, cachait le ciel, se déployait comme une tente qui aurait eu la lande entière pour sol.

La ligne de rencontre de cieux ainsi voilés par cet écran pâle et d'une terre que couvrait la plus foncée des végétations était très nettement marquée à l'horizon. D'où un effet de contraste tel que la nuit semblait avoir commencé de régner sur la lande avant que son heure astronomique ne fût venue : l'obscurité s'installait sous un ciel où le jour continuait son existence propre. Levant la tête, un coupeur d'ajoncs eût été tenté de poursuivre son travail ; regardant à ses pieds, il eût décidé d'achever son fagot et de regagner son logis. Ainsi, les bords lointains et accolés de la terre et du ciel paraissaient diviser le temps aussi bien que la matière. Par son teint brun, le visage de la lande ajoutait, en effet, aux soirs une demi-heure ; il possédait également le pouvoir de retarder l'aube, d'attrister midi, d'exprimer à l'avance la menace de tempêtes à peine en formation et d'augmenter l'opacité d'un minuit sans lune jusqu'à provoquer le tremblement et l'épouvante.

En vérité, c'était précisément en cet instant transitoire, qui préludait à son abandon aux ténèbres nocturnes, que la région d'Egdon commençait à se révéler dans toute sa grande et particulière gloire, et celui qui ne l'avait pas fréquentée à pareille heure ne pouvait prétendre la comprendre. C'était quand on la distinguait le moins qu'on la pénétrait le mieux. C'était aux crépuscules, puis durant les heures qui se succédaient jusqu'aux aubes, que son charme s'imposait, prenait toute sa signification. Alors, et seulement alors, la lande était vraiment la lande. Un lien d'étroite parenté unissait cet endroit et la nuit, une tendance à graviter ensemble qui, dès la tombée du jour, se manifestait dans les ombres et le paysage : la sombre étendue de tertres et de creux semblait se lever pour accueillir, en pure sympathie, les gris mélancoliques du soir ; la lande exhalait l'obscurité, aussi rapidement que le ciel la déversait. Et, ainsi, l'obscurité de l'air et celle du sol se fondaient en une noire étreinte fraternelle, chacune ayant fait vers l'autre la moitié du chemin.

Une vigilante intensité emplissait ensuite la lande, car, tandis que toute chose s'enfonçait dans le sommeil, la lande, elle, paraissait lentement s'éveiller et se mettre aux écoutes. Et puisque, impassible, sa forme titanique s'est ainsi tenue en attente, toutes les nuits, au cours de si longs siècles, alors que s'effectuaient tant de bouleversements, il semble bien qu'elle doive attendre seulement le dernier de tous : le grand bouleversement final.

Ce pays se rappelait à la mémoire de ceux qui l'aimaient par des images d'autant plus attachantes qu'elles étaient incontestablement fidèles – ce qu'on ne saurait attendre de souriantes campagnes, fécondes en fleurs et en fruits, dont le charme dépend trop des récoltes pour résider, inaltérable, dans tous les instants du présent et être évoqué à coup sûr. Le crépuscule et la lande d'Egdon composaient à eux deux un ensemble majestueux sans sévérité, émouvant sans ostentation, éloquent dans ses conseils, sublime dans sa simplicité. Ces qualités qui, fréquemment, donnent à la façade d'une prison plus de dignité qu'à la façade deux fois plus importante d'un palais lui prêtaient une grandeur que des endroits renommés pour leur pittoresque d'un genre admis ne possèdent à aucun degré. D'agréables paysages s'harmonisent à merveille avec d'heureuses destinées, mais qu'ils sont irritants par temps d'épreuves ! Les hommes ont plus souvent souffert de l'ironie de vivre dans un cadre trop souriant qu'ils n'ont été oppressés par des alentours saturés de tristesse. Le farouche pays d'Egdon faisait vibrer un instinct humain plus subtil et plus rare, éveillait un émoi plus récemment appris que celui qui répond à un genre de beauté qualifié de charmant et d'agréable.

On peut d'ailleurs se demander si le règne de cette beauté jusqu'ici reconnue orthodoxe ne touche point à son terme. Le futur val de Tempé sera peut-être un sauvage désert de la sombre contrée de Thule. Les âmes humaines pourraient bien tendre de plus en plus, en effet, à se sentir à l'unisson avec des aspects du monde empreints d'une sauvage tristesse, antipathiques à notre race du temps qu'elle était jeune. Un jour viendra – s'il n'est déjà venu – où l'austérité grandiose d'une lande, d'une montagne, d'une mer, sera, de tous les spectacles de la nature, le plus propre à s'accorder avec les sentiments de l'élite de l'humanité. Et, finalement, le moins original des touristes abondera dans ce goût. Un pays comme l'Islande pourrait alors remplacer pour lui les vignes et les bosquets de myrtes du midi de l'Europe, et on le verra ignorer au passage Heidelberg et Bade, lorsqu'il se hâtera des Alpes aux dunes du Scheveningue.

L'ascète le plus intransigeant pouvait se reconnaître le droit d'errer sur la lande d'Egdon. Il demeurait certes dans le domaine des plaisirs permis en se livrant aux influences qui émanaient de cette terre. Sûrement, chacun avait le droit de jouir de beautés et de couleurs aussi amorties. Il fallait tout l'entrain des jours du plein été pour que l'humeur de la lande approchât de la gaieté. Au reste, mieux que le riant, le solennel accusait une personnalité qui atteignait à sa plus haute expression d'intensité, surtout durant les ténèbres, les tempêtes et les brumes de l'hiver. Alors, la lande d'Egdon se laissait émouvoir, car l'ouragan était son amant et le vent son ami. Alors, elle devenait le séjour de fantômes étranges et on reconnaissait autour de soi l'original de ces décors hagards et ténébreux des rêves de minuit, où se succèdent fuites et désastres – décors oubliés dès l'éveil et que semblables spectacles remettent brusquement en mémoire.

Pour l'instant, le lieu était parfaitement en harmonie avec la nature de l'homme : ni effrayant, ni haïssable, ni laid, ni banal, ni soumis, mais, comme l'homme, méprisé et endurant. Singulièrement immense et mystérieux, en outre, dans sa brune monotonie. Ainsi qu'il arrive à certains êtres ayant longtemps vécu seuls, la solitude semblait l'expression même du visage de la lande – visage d'isolé où s'inscrivaient des possibilités tragiques.

Cette contrée reculée et antique figure sur le cadastre établi par Guillaume le Conquérant. Elle y est mentionnée comme un désert d'ajoncs, de ronces et de bruyères : « Bruaria. »

Les chiffres de sa superficie y sont donnés et, bien qu'on ait quelques incertitudes sur la mesure exacte de l'ancienne lieue, il ressort bien qu'Egdon n'a diminué qu'à peine depuis lors. Dans les chartes du temps, il est aussi question de « Turbaria Bruaria », de la réglementation de l'extraction de sa tourbe. Leland parle, lui aussi, de cette noire étendue de pays où la bruyère croît « espaisse ». Ces détails précis constituent d'indéniables témoignages qui enchantent l'esprit : l'indomptable Egdon d'aujourd'hui fut bien tel autrefois, la civilisation est l'ennemie de cette terre qui porte la même robe brune depuis qu'il y a une végétation, naturelle et invariable livrée qu'elle tient de sa formation particulière et dont le port vénérable et unique n'est pas sans impliquer une légère satire de la vanité humaine à l'endroit du vêtement. Un homme ou une femme en costume de coupe et de couleur modernes sera toujours déplacé sur une lande. On dirait que seul nous convient le plus simple et le plus ancien habillement humain, là où le manteau de la terre est aussi primitif.

Se tenir à moitié couché contre une souche d'épine dans la vallée centrale d'Egdon, au moment où s'achevait le jour, où commençait la nuit, comme en cette fin d'après-midi de novembre – l'œil ne pouvant rien voir du monde au-delà des ondulations de la lande qui bornaient sa vue – et savoir que toutes choses autour et au-dessous de soi demeuraient, depuis l'époque préhistorique, aussi immuable que les étoiles au-dessus, donnait de l'équilibre à l'esprit ballotté par le changement et harcelé par l'irrépressible Nouveau.

Cette région, si vaste et inviolée, possédait une stabilité séculaire bien à elle, à quoi une mer ne saurait prétendre. Qui peut dire d'une mer qu'elle soit ancienne ? Distillée par le soleil, pétrie par la lune, elle se renouvelle en une année, en un jour, en une heure. La mer changeait et les champs changeaient, et les rivières, et les villages, et les gens – non la lande. Ses surfaces n'étaient ni si escarpée que les intempéries les pussent attaquer, ni si plates qu'elles pussent être soumises aux inondations et retenir les dépôts. À l'exception d'une très ancienne route et d'un tumulus encore plus ancien – duquel il va bientôt être question – presque assimilés eux-mêmes par l'âge à des accidents naturels du terrain, rien n'y était dû à l'intervention de l'homme. Les légères irrégularités du sol, elles-mêmes, ne pouvaient être imputées à la charrue : il y fallait reconnaître les empreintes de la dernière révolution géologique. La route traversait les terres basses de la lande d'un bout de l'horizon à l'autre ; en plusieurs points, elle se confondait avec un vieux chemin vicinal, embranchement de la voie occidentale romaine – la via Iceniana – toute proche.

Ce soir-là, bien que l'obscurité eût bientôt suffisamment augmenté pour confondre les traits secondaires de la lande, la surface blanche de la route demeurait presque aussi claire que jamais.

2

L'humanité entre en scène, la main dans la main du souci

Sur la route marchait un vieil homme. Il avait la tête blanche comme le sommet d'une montagne, les épaules voûtées, quelque chose de délabré dans l'aspect général. Il portait un chapeau de toile cirée et une vieille vareuse de marin, avec des ancres sur ses boutons de cuivre. En main, il tenait une canne à pomme d'argent dont il heurtait le sol avec régularité – s'en servant vraiment comme d'une troisième jambe. Sans doute avait-il été autrefois officier de marine.

Devant lui s'étendait la route – longue et fatigante, sèche, déserte et blanche. Rien ne la séparait de la lande : elle en divisait seulement la vaste et sombre surface comme une raie divise une chevelure noire, se rétrécissait, se courbait enfin pour se perdre à l'extrême horizon.

Le vieil homme parcourait fréquemment du regard le trajet qui lui restait encore à faire et il discerna ainsi, loin devant lui sur son chemin, un point mouvant, un véhicule, semblait-il, seul indice de vie qui fût en vue et qui, d'ailleurs, accentuait la solitude générale. La voiture avançait lentement et le vieillard la joignait peu à peu.

Bientôt, il put distinguer qu'il s'agissait d'une roulotte, banale de forme, mais singulière de couleur : elle était d'un rouge sinistre. Le conducteur marchait à côté et lui aussi était rouge : rouges ses vêtements, sa coiffure, ses bottes, son visage et ses mains. Et la couleur ne s'étalait pas en couche temporaire : elle imprégnait absolument le personnage.

Le vieil homme s'expliquait très bien la chose : le propriétaire de la roulotte était un « homme au rouge » ; autrement dit, il fournissait les fermiers de craie rouge à marquer les moutons. Membre d'une corporation rapidement en voie de disparition dans le Wessex, l'homme au rouge occupe dans le monde rural la place que, durant le siècle dernier, le « dodo[1] » occupait dans le monde animal. Il constitue un chaînon curieux, et à peu près détruit, qui relie des modes de vie en désuétude aux mœurs qui l'emportent maintenant.

L'ancien officier finit par joindre son compagnon de voyage et il lui souhaita le bonsoir. L'homme au rouge tourna la tête et répondit d'un ton triste et absorbé. Il était jeune et, si son visage n'était pas absolument beau, du moins l'était-il suffisamment pour qu'on pût s'accorder à l'imaginer tel avec un teint normal. Ses yeux, à l'éclat si étrange dans la teinture, en eux-mêmes séduisaient : vifs comme ceux d'un oiseau de proie et d'un bleu de brume d'automne. Il ne portait ni favoris, ni moustaches et les lignes douces du bas de son visage n'en ressortaient que mieux. Ses lèvres étaient minces, serrées par la réflexion, mais de temps en temps animées aux coins par un léger frémissement aimable. Il était

1. Dodo, ou dronte. – Oiseau que l'on a trouvé dans l'île de France et l'île Bourbon et dont la race paraît pourtant éteinte.

entièrement revêtu d'un costume de cuir collant, de qualité excellente, convenant au mieux à la vie qu'il menait, point trop usagé – mais privé de sa couleur naturelle par le commerce de la sanguine – et qui accusait sa silhouette bien découplée.

Quelque chose dans sa mine suggérait qu'il n'avait jamais été un besogneux, et un observateur se serait inévitablement demandé pourquoi pareil garçon était allé gâcher un physique aussi avantageux en choisissant un aussi singulier métier.

Après avoir répondu au salut du vieillard, l'homme au rouge ne se montra point enclin à entamer une conversation. Les deux piétons continuèrent néanmoins à marcher de conserve, car le plus âgé semblait désirer une compagnie. Nul son ne s'élevait dans le soir, hors le grondement sourd du vent qui courait au ras des étendues bronzées, à droite et à gauche de la route, hors le grincement des roues de la voiture, le bruit du pas des deux hommes et celui des deux bêtes. Celles-ci, petites, robustes, le poil hérissé, spécimens de ces chevaux qu'on élève dans la région d'Exmoor et qu'on appelle des « brouteurs de bruyère ».

Tandis que les voyageurs poursuivaient ainsi leur chemin, l'homme au rouge quittait, par instant, le côté de son compagnon, passait derrière sa roulotte, sautait sur le marchepied et, par une petite fenêtre, jetait un coup d'œil à l'intérieur. Un coup d'œil toujours anxieux. Après quoi il rejoignait le vieillard. Celui-ci faisait alors une fois de plus une remarque sur l'état du pays, l'autre, une fois de plus, répondait distraitement et, de nouveau, c'était le silence. Un silence nullement embarrassant. Dans ces régions solitaires, il n'est pas rare que des compagnons de route, après s'être souhaité le bonjour, cheminent coude à coude durant des milles sans échanger le moindre propos. Le voisinage tient lieu de conversation, puisque – au contraire de l'usage des villes – chacun est libre d'y mettre fin à peine en éprouve-t-il l'envie. Demeurer côte à côte équivaut à causer ensemble.

Ces deux piétons fussent peut-être demeurés silencieux jusqu'au moment de leur séparation, sans ces coups d'œil que le marchand de rouge allait donner à sa roulotte.

— Vous n'avez pas seulement votre marchandise là-dedans, on dirait, fit enfin le vieillard.

— C'est vrai.

— Il doit y avoir quelqu'un qui a besoin de soins ?

— Oui.

Peu après, un faible cri retentit à l'intérieur du véhicule. L'homme au rouge se hâta d'aller jeter un autre coup d'œil et revint.

— C'est un enfant que vous avez là, mon garçon ?

— Non, monsieur, c'est une femme.

— Pas possible ! Et pourquoi a-t-elle crié ?

— Oh ! elle s'est endormie et, comme elle n'a pas l'habitude de la route, elle est mal à l'aise et elle fait des cauchemars.

— Jeune, cette femme ?

— Oui.

— Diable ! ça m'aurait intéressé il y a seulement quarante ans ! C'est votre femme sans doute ?

— Ma femme ! fit l'autre amèrement. Elle est au-dessus des gens de mon espèce… Mais il n'y a pas de raison pour que j'aille vous raconter ces histoires.

— Il n'y a pas de raison non plus pour que vous ne me les racontiez pas, fit l'autre. Quel mal ça ferait-il, à elle ou à vous ?

L'homme au rouge regarda le vieillard en face.

— Mon Dieu, monsieur, dit-il enfin, voilà : ce n'est pas d'hier que je la connais. Il aurait peut-être mieux valu pour moi ne jamais la rencontrer ; mais, en tout cas, elle ne m'est rien et je ne lui suis rien, et elle ne serait pas dans ma roulotte si une meilleure voiture s'était trouvée passer.

— S'était trouvée passer où ? Si je ne suis pas trop curieux ?

— À Anglebury.

— Une ville que je connais bien. Et que faisait-elle là ?

— Oh ! rien d'intéressant. Ce qu'il y a de sûr, c'est qu'elle est morte de fatigue pour le quart d'heure. Un peu malade aussi, et c'est pourquoi elle est tellement agitée. Enfin, elle somnole depuis quelque temps et, ça lui fait du bien.

— Une jolie fille, probablement ?

— Oui, pour jolie, elle l'est.

Intéressé, le voyageur tourna ses regards vers la roulotte et les tint fixés sur la petite fenêtre en disant :

— Je peux bien jeter un coup d'œil ?

— Non ! fit l'autre brusquement. Il fait noir, vous ne verriez rien. Et puis, je n'ai pas de permission à donner ou à ne pas donner. Dieu merci, elle dort ! J'espère qu'elle ne s'éveillera pas avant que nous arrivions chez elle.

— C'est une fille du voisinage ?

— Peu importe qui c'est.

— Ça ne serait pas cette petite de Blooms-End dont on a quelque peu jasé ces temps-ci ? Parce que, si c'est elle, je la connais – et je me doute de ce qui a dû lui arriver.

— Faites excuse, mais encore une fois, peu importe qui c'est. Et maintenant, monsieur, je regrette, mais il va falloir nous quitter : mes chevaux sont fatigués, il me reste encore un bon bout de chemin à faire et je vais m'arrêter pour les laisser se reposer.

L'autre acquiesça d'un signe de tête avec indifférence et le vendeur de rouge, tout en lui souhaitant le bonsoir, rangea ses chevaux et sa roulotte sur le bord de la lande. Le vieillard rendit le salut et continua son chemin comme avant.

L'homme au rouge regarda la silhouette du voyageur s'éloigner, diminuer, n'être plus qu'un point sur la route, disparaître sous les voiles de plus en plus épais de la nuit. Ensuite, il prit une botte de foin, qui était suspendue sous la roulotte, en jeta une partie aux chevaux, fit un tas du reste et s'assit dessus, près du véhicule, appuyé contre une roue. Le bruit doux d'une respiration lui parvenait, ce qui parut le satisfaire, et il se mit à considérer nonchalamment le paysage – comme s'il eût réfléchi au parti qu'ensuite il lui faudrait prendre.

Faire les choses à loisir, petit à petit, paraissait d'ailleurs d'obligation en ce lieu et en cette heure. Entre le jour et la nuit, la lande, en effet, avait l'air elle-même de faire halte, de prolonger un moment d'examen et d'indécision – attitude en parfaite harmonie avec la qualité particulière du calme de son paysage. Un calme qu'il ne faudrait pas confondre avec la stagnation, calme qui voilait une incroyable mais féconde lenteur. Que les apparences d'une vie saine simulent la torpeur de la mort, le phénomène est digne de remarque. Montrer l'inertie du désert et, en même temps, exercer des pouvoirs voisins de ceux des champs, et même de ceux des forêts, n'est-ce pas se révéler digne d'attirer l'attention due à la prudence et à la réserve ?

Le paysage, en face de l'homme au rouge, se composait d'une série d'élévations graduelles qui commençaient au niveau de la route et allaient rejoindre le cœur de la lande. Il offrait une succession de monticules, de ravins, de crêtes et d'escarpements, jusqu'à ce que la vue fût barrée par une haute colline qui se profilait sur le ciel encore clair. Le regard du voyageur erra au hasard pendant un temps, puis se fixa sur une chose remarquable. C'était un tumulus. Ce mamelon, qui saillait au-dessus du niveau naturel du sol, occupait le point le plus élevé du plus solitaire sommet de la lande. Bien que, vu de la vallée, il se réduisît aux proportions d'une verrue sur le front d'un géant, ses dimensions réelles étaient considérables. Il constituait le pôle et l'axe de cet univers où régnaient l'ajonc et la bruyère.

Comme l'homme au repos le contemplait, il s'avisa que le faîte du tumulus – jusqu'alors le point le plus élevé de tout l'horizon – venait d'être surmonté par quelque chose qui l'exhaussait plus encore, par quelque chose qui se dressait sur le demi-globe à la manière d'une pointe sur un casque. Le premier mouvement d'un imaginatif eût été sans doute – tant l'époque moderne était absente de la scène – de prendre cette forme pour la silhouette d'un des Celtes qui érigèrent le tumulus : dernier d'entre eux tous, il se serait attardé un moment avant de se laisser glisser dans la nuit éternelle avec le reste de sa race.

La forme se tenait là-haut aussi immobile que la colline au-dessous d'elle. Au-dessus de la plaine, s'élevait le tumulus ; au-dessus du tumulus, s'élevait la silhouette. Au-dessus de la silhouette, il n'y avait rien qui eût pu être situé ailleurs que sur la sphère céleste.

La silhouette ajoutait un fini si parfait, si délicat, si nécessaire au sombre amoncellement de collines, qu'elle paraissait être la seule justification des contours qu'elle couronnait. Sans elle, on avait le dôme sans la lanterne avec elle, les exigences architecturales de la masse étaient satisfaites. Vallée, plateau, tumulus et silhouette achevaient un tout étrangement homogène. Regarder seulement telle ou telle partie de l'ensemble revenait à considérer non un objet fini, mais la fraction d'une unité.

Le personnage figurait si bien une partie organique de cette structure que le voir bouger eût ébranlé l'esprit comme un étrange phénomène : l'immobilité était la qualité essentielle de cet ensemble ; qu'elle se rompît, en quelque partie que ce fût, la confusion devait s'ensuivre.

Or le phénomène se produisit. Perceptiblement, la forme renonça à sa fixité, fit un ou deux pas et se rejeta en arrière. Comme en alarme, elle prit par le côté droit du tumulus, descendit avec le glissement d'une goutte d'eau sur un bourgeon et disparut. Ces mouvements avaient suffi pour accuser le caractère de la silhouette et révéler qu'elle était d'une femme.

La raison de cette manœuvre soudaine apparut ensuite. Tandis que la femme disparaissait à droite, un personnage chargé d'un fardeau se dessina sur le ciel à gauche, gravit le tumulus et déposa son fardeau au sommet. Un autre suivit, puis un troisième, un quatrième, un cinquième et, finalement, le tumulus fut peuplé de silhouettes chargées de fardeaux.

Il résultait, des premières scènes de cette pantomime d'ombres chinoises sur la toile de fond du ciel, que la femme n'entretenait nul rapport avec les personnages qui avaient pris sa place, les évitait avec application et était venue là pour une autre raison qu'eux. L'imagination de l'observateur s'attachait de préférence à la solitaire silhouette disparue qu'à ces nouveaux venus en qui, inconsciemment, il voyait des intrus. Mais ceux-ci restaient, s'installaient même et la personne isolée qui, jusqu'alors, avait été la reine de cette solitude ne paraissait pas, pour l'instant, sur le point de revenir.

3

Une coutume du pays

Un spectateur posté tout près du tumulus eût découvert en ces nouveaux venus des hommes et des jeunes gens de hameaux voisins. Ils avaient gravi le tumulus ayant chacun aux épaules une encombrante charge d'ajoncs, qu'il portait au moyen d'un pieu aiguisé aux deux bouts : deux fagots empalés devant, deux derrière. Ces gens venaient en effet d'une région de la lande, distante d'un quart de mille environ, où l'ajonc prévalait de beaucoup.

En raison de la méthode de transport employée, chaque individu était mêlé aux ajoncs au point d'avoir l'air d'un buisson sur jambes, jusqu'au moment qu'il jetait bas son faix. Cette compagnie avait cheminé en file, à la manière d'un troupeau de moutons sur les routes : les forts en tête, les faibles et les jeunes en queue.

Les fagots furent tous déposés en un même tas et une pyramide de quelque trente mètres de base occupa le sommet de ce tertre – connu à plusieurs lieues à la ronde sous le nom de Rainbarrow. Allumettes en main, les uns s'affairèrent alors à choisir les touffes d'ajoncs les plus sèches ; d'autres, à desserrer les ronces qui liaient les plus grosses bottes ; d'autres encore, tandis qu'avançaient ces besognes, promenaient leurs regards sur le vaste espace de pays qu'ils dominaient et qui était maintenant presque effacé par l'ombre. Dans tous ses vallons, à toute heure du jour, la lande n'offrait rien aux regards hors son propre visage farouche. Mais, du haut de cette éminence, la vue portait assez loin pour dépasser les limites du pays des ajoncs et des bruyères. Nul trait de ces arrière-plans n'était pour l'instant discernable, mais la présence de l'ensemble se manifestait, donnait une impression d'immensité et de lointain.

Tandis qu'hommes et jeunes gens amoncelaient les fagots, un changement survint dans les masses opaques qui décelaient l'existence du paysage. Des soleils rouges, un à un, se levèrent, tachant toute la contrée alentour. C'étaient les feux de joie d'autres hameaux et d'autres paroisses qui célébraient la même commémoration.

Il y en avait d'éloignés, qui brûlaient dans une atmosphère épaisse et projetaient seulement un pâle rayonnement jaune paille en forme d'éventail. Il y en avait de grands et tout proches, qui rougeoyaient dans la nuit comme des blessures dans le pelage noir d'une bête. Certains étaient des Ménades aux visages ivres, aux têtes échevelées. Ils coloraient, au-dessus d'eux, l'amas silencieux des nuages, en illuminaient les ronds contours éphémères, qui ressemblaient alors à des chaudrons brûlants. Peut-être pouvait-on compter jusqu'à une trentaine de ces feux de joie dans les limites de la commune et, ainsi qu'on parvient à lire l'heure sur le cadran d'une pendule dont on ne distingue pas les chiffres, ainsi les flâneurs reconnaissaient la localité de chaque feu à son angle de direction, bien qu'aucun détail du panorama ne fût visible.

De Rainbarrow, une première haute flamme s'élança vers le ciel et ramena l'attention et les regards de ceux qui se laissaient distraire par les embrasements lointains vers l'entreprise de leur groupe. Bientôt, une joyeuse flambée striait d'or la face interne du cercle humain qui l'entourait – cercle qui s'était, entre-temps, accru des traînards hommes et femmes –, touchait aussi le sol sombre d'une chaude lueur qui allait s'évanouissant au long des pentes, bientôt perdues de vue, du tumulus. Elle le révélait, ce tumulus, comme une demi-sphère aussi parfaite qu'au jour qu'il fut érigé, montrait que subsistait jusqu'au petit fossé creusé alors. Nulle charrue n'avait jamais remué un atome de ce sol rebelle. Cette stérilité que la lande oppose à l'agriculteur est fertilité pour l'historien : rien n'avait été effacé, puisque rien n'avait été l'objet des soins de l'homme.

Les gens qui alimentaient le feu de joie de Rainbarrow paraissaient avoir pris place sur un plan du monde radieux et surélevé, détaché des plaines noires qui s'étendaient à sa base et absolument indépendant d'elles. La lande, au-dessous d'eux, était maintenant un gouffre noir sans limites et non la base de l'emplacement sur lequel ils se tenaient. Car leurs yeux, accoutumés à l'éclat de la flambée, ne pouvaient rien entrevoir des profondeurs soustraites à son influence. De temps à autre, il est vrai, la flamme de leur bûcher, animée d'une vigueur insolite, dardait d'agiles lueurs qui, telles des aides de camp, s'élançaient sur les pentes, atteignaient un buisson, une flaque d'eau, un carré de sable blanc et en tiraient quelques reflets jusqu'à ce que l'obscurité rétablît son empire. Alors, les ténèbres du dessous figuraient les limbes, selon la vision qu'en eut, penché sur leur bord, le sublime Florentin, et les murmures du vent dans quelque faille simulaient les plaintes et les supplications des âmes « de haute vertu » suspendues en ce lieu d'exil.

Tout se déroulait comme si ces hommes eussent plongé dans le passé pour en rapporter une heure vivante, la répétition de gestes autrefois habituels en ce lieu. Sous leurs allées et venues, les cendres des bûchers funéraires subsistaient intactes et respectées, et ces bûchers avaient éclairé les terres basses de la même façon que les éclairait le bûcher d'aujourd'hui. Des feux, allumés en l'honneur de Thor et de Walde, avaient brillé ensuite sur le même emplacement et fait leur temps, eux aussi. En vérité, il est assez reconnu qu'il convient d'attribuer l'origine de feux semblables à ceux qu'alimentaient, ce soir-là, les habitants de la lande à une survivance de rites druidiques et de cérémonies saxonnes, plutôt que d'y voir l'expression du sentiment populaire à l'endroit de la conspiration des Poudres.

Allumer du feu à l'entrée de l'hiver, alors que le couvre-feu résonne à travers toute la nature, est d'ailleurs, de la part de l'homme, un geste tout spontané. Il symbolise une révolte à la Prométhée contre un décret proclamant le retour de la froidure et de la nuit, de la misère et de la mort. Voici s'approcher le sombre règne du chaos et les dieux enchaînés de la terre s'écrient : « Que la lumière soit ! ».

Les lueurs étincelantes et les ombres couleur de suie, en lutte sur la peau et les vêtements des gens qui se tenaient autour du bûcher, accusaient traits et contours de silhouettes avec une vigueur et une audace à la Dürer.

Cependant, l'expression permanente propre à chaque physionomie et révélatrice de l'être intime était impossible à découvrir, car, tandis que les flammes alertes s'élevaient, oscillaient et bondissaient dans les airs, taches d'ombre et taches de lumière changeaient sans cesse de place sur la personne des spectateurs. Tout était instable, tremblant comme la feuille, prompt à s'évanouir comme l'éclair. Des orbites, aussi caves et sombres que celles d'une tête de mort, devenaient soudain de miroitants foyers de lumière ; une joue creuse paraissait être une caverne, puis une surface luisante ; des rides prenaient des proportions de ravines, ou se trouvaient entièrement effacées par le caprice d'un reflet ; des narines étaient des fosses d'ombre ; des tendons, dans de vieux cous, des moulures d'or. Des objets sans lustre particulier paraissaient vernis ; des objets brillants – l'extrémité d'une faucille de coupeur d'ajoncs que portait un des hommes, par exemple – empruntaient l'éclat du verre. Les gens que la nature, en les dessinant, avait touchés de bizarrerie devenaient des grotesques, et les grotesques devenaient des monstres, car tout tendait à l'extrême. Il se pouvait, par conséquent, que le visage d'un certain vieillard – porté comme d'autres à un haut degré d'exagération par le jeu des flammes – ne se réduisît point, comme on l'eût pu croire, à un nez et à un menton, mais comportât sa part normale de traits humains. Ce vieillard s'exposait avec complaisance à la chaleur du feu, au moyen d'un pieu repoussait dans le brasier des débris de combustible, de temps à autre levait les yeux pour mesurer la hauteur de la flamme et suivre du regard les longues étincelles qui s'élevaient avec elle, puis s'en allaient dans la nuit. Le spectacle rutilant et la chaleur pénétrante semblaient exciter en lui une gaieté de plus en plus vive, qui, bientôt, atteignit au transport. Bâton en main, il se mit à danser, tout seul, tandis que, sur son gilet, un petit paquet de breloques en cuivre luisait et oscillait comme un pendule, et il commença aussi de chanter d'une voix qui évoquait le bourdonnement d'une abeille dans un tuyau de cheminée :

Le roi de mon pays tous ses nobles manda
Un par un, deux par deux, trois par trois, lambrelaine,
« Or ça, dit-il, je pars pour confesser la reine.
Viens donc, grand Chambellan, je te prends avec moi. »
« Holà ! messire roi, lambreli, lambrelaine,
Gémit le Chambellan en tombant à genoux,
Quel que soit ce péché que confesse la reine,
Qu'aucun mal, jurez-le, n'en retombe sur nous ! »

Mais le manque de souffle interrompit la chanson – ce qui attira l'attention d'un homme entre deux âges, solidement campé et qui tenait les coins de sa bouche rigoureusement enfoncés dans ses joues, comme pour repousser d'avance tout risque d'être soupçonné de gaieté.

— Pour être un brave couplet, c'est un brave couplet, grand-père Cantle ; mais j'ai crainte qu'il soit guère à sa place dans le gosier rouillé d'un ancien comme toi, dit-il au vieux drille. Si l'on t'offrait le même âge qu'au temps où tu le chantais pour la première fois, ça ne serait pas de refus, je parie ?

— Plaît-il ? fit le grand-père Cantle interrompant sa gigue.

— Je disais : voudrais-tu point redevenir jeune ? Y a un trou dans ton pauvre soufflet aujourd'hui, on dirait.

— Mais je suis encore un brave chanteur, non ? Si c'était pas que je peux faire un souffle long de mon souffle court, comment ça se ferait-y que je paraisse plus jeune que si j'étais pas le plus ancien ? Dis un peu, Timothée ?

— Touche-nous donc plutôt deux mots des nouveaux mariés de l'auberge de La Femme tranquille, fit l'autre en désignant une faible lueur qui brillait dans la direction de la route, mais en un point considérablement éloigné de l'endroit où se reposait alors l'homme au rouge.

— Tu dois avoir ton idée sur l'affaire, toi, un homme de bon entendement ?

— De bon entendement, mais un brin farceur, hé ? Maître Cantle est un brin farceur ou il n'y a pas de maître Cantle ! Mais c'est un défaut gaillard, voisin Fairway, un défaut gaillard et qui passera avec le temps.

— Moi, j'ai entendu dire que les nouveaux mariés seraient chez eux ce soir, poursuivit Timothée Fairway. Ils doivent y être à cette heure.

— Eh bien, ce qui nous reste à faire à nous autres, c'est d'aller leur souhaiter bien du bonheur, alors ?

— Ma foi… non.

— Non ? C'était pourtant mon idée, déclara le vieux. Et puis c'est toujours mon idée et j'irai, ou ça me ressemblerait guère. Je suis-t'y pas toujours le premier quand il s'agit de faire la noce ?…

« Lambreli, lambreli, dit le roi, c'est juré ! »
De frère capucin passe le froc de laine.
Moi, j'en vais faire autant, puis irons de ce pied
Dans ses appartements pour confesser la reine.

— J'ai rencontré maîtresse Yeobright, la tante de la jeune mariée, l'aut'soir. Son fils viendrait au pays pour Noël, à ce qu'elle m'a dit. En v'là un qu'a de l'entendement, Clym ! Et je voudrais bien avoir sous le crâne autant d'instruction que ce gars-là ! Alors, je lui ai fait un bout de causette de ma façon bien connue – histoire de rire – et elle a dit : « Avoir l'air aussi vénérable et parler comme un godiche ! » Mais moi : « Maîtresse Yeobright, j'y ai répondu, je me soucie guère de vot'avis ! » Tel que. Pour avoir dit le mot à dire, je crois que je l'avais bien dit, le mot à dire, hé ?

— C'est plutôt elle qui l'aurait dit, déclara Fairway.

— Non ? protesta le grand-père Cantle, perdant quelque peu contenance. Tu ne vas pas dire que je baisse, Timothée ? Non ?

— Ça en a tout l'air. Mais alors ce serait à cause du mariage que Clym reviendrait au pays pour Noël ? Pour faire un nouvel arrangement avec sa mère ? Parce que, maintenant, elle va se trouver seule à la maison, maîtresse Yeobright.

— Oui, oui, sans doute. Mais, Timothée, écoute ce que je vas te dire. On me tient pour un gai luron, mais je suis un homme de bon entendement aussi, quand ça me vient et ça me vient à c't'heure. Je peux en dire long sur les mariés, moi. Ce matin à six heures, on les a vus partir en ville et on les a pas revus depuis. N'empêche qu'à mon idée, y doivent avoir regagné leur logis, mari et femme, et pas plus tard que cet après-midi... C'est-y parler en homme, ça, Timothée ? Ça donne-t-y pas tort à maîtresse Yeobright ?

— C'est bon, fit l'autre. Je ne l'avais pas su, moi, que les promis avaient continué à se fréquenter depuis que la tante avait interdit la publication des bans. Depuis quand les choses se sont-elles arrangées ? Tu le sais, toi, Humphrey ?

— Oui, depuis quand ? interrogea vivement le grand-père Cantle, se tournant lui aussi vers l'interpellé. Je te le demande.

— Depuis que la tante a changé d'avis et a dit qu'après tout la fillette était libre d'épouser le gars qu'elle voulait, probable, répondit Humphrey sans quitter le brasier du regard.

C'était un jeune homme d'allures quelque peu solennelles. Il portait la faucille et les gants de cuir du coupeur d'ajoncs et ses jambes, en raison de son métier, étaient gainées dans des guêtres saillantes et aussi raides que les jambières en cuivre des Philistins. « C'est pour ça qu'ils sont allés se marier ailleurs, je pense, poursuivit-il. Après avoir fait toute une histoire et arrêté la publication des bans, elle aurait eu l'air quasi godiche, maîtresse Yeobright, s'il y avait eu une belle noce dans la paroisse.

— Oui-da, l'air godiche ; et tout ça n'a point dû être plaisant pour les amoureux, commenta le vieux Cantle, s'efforçant de continuer à se comporter en homme de bon sens.

— Ma foi, j'étais à l'église ce jour-là, dit Fairway, et c'était point une chose ordinaire...

— Ou je ne m'appelle point Cantle, dit le grand-père, ou c'est un endroit où je n'ai point mis les pieds depuis deux ans. Et, maintenant que l'hiver arrive, sans doute que je n'irai pas d'encore.

— Moi, y a bien trois ans que je n'y suis pas allé, dit Humphrey, parce que j'ai tant sommeil les dimanches. Et puis, y aller ou pas y aller, c'est tout comme, vu qu'y a si peu de chances pour monter là-haut quand y en a tant qu'y seront pas choisis... Alors, je reste chez nous.

— Eh bien, non seulement je me suis trouvé y être allé ce dimanche-là, moi, poursuivit Fairway avec un redoublement d'emphase, mais j'étais tout juste assis sur le même banc que maîtresse Yeobright. Et, bien que ça puisse vous paraître drôle, ça m'a glacé les sangs quand je l'ai entendue. C'est vrai que c'est drôle, mais c'est comme je vous le dis : ça m'a glacé les sangs. C'est que j'étais assis tout juste à côté d'elle. »

Le conteur regarda ses auditeurs, qui venaient de se rapprocher de lui pour l'écouter mieux, les coins de ses lèvres plus enfoncés que jamais dans ses joues pour souligner la rigoureuse sobriété dont il faisait montre en son compte rendu.

— Ah, c'est que c'est point rien quand quèque chose vous arrive là, dit une femme derrière lui.

— « Vous êtes tenus de le déclarer », que venait de dire le pasteur, poursuivit Fairway, et voilà une femme qui se lève à côté de moi – elle me touchait du coude. « Nom de Dieu, mais c'est maîtresse Yeobright qui se lève ! » que je me suis dit ! Oui, voisins, j'avais beau être dans le temple de la prière, c'est ce que je me suis dit. C'est contre mes idées de jurer en compagnie et j'espère que les femmes ici présentes me feront excuse. N'empêche que ce que j'ai dit, je l'ai dit et que ça serait menterie de dire le contraire.

— Comme de juste, voisin, comme de juste.

— « Nom de Dieu, mais c'est maîtresse Yeobright qui se lève ! », reprit le narrateur, sans que vacillât l'expression sévère et calme de son visage, ce qui prouvait bien que la nécessité, et non la complaisance, était responsable de la répétition. « Je déclare que je m'oppose à la publication de ces bans ! », qu'elle a fait. Et le pasteur qui lui répond : « Je vous parlerai après le service », comme ça, tout bonnement, que tout à coup il n'avait plus l'air d'un homme du Seigneur, mais d'un homme comme nous tous. Ce qu'elle était pâle ! fallait voir.

L'auditoire se racla la gorge et lança quelques touffes d'ajoncs dans le brasier, non que ce fût nécessaire, mais pour se donner le temps de considérer la morale de l'histoire.

— Moi, quand j'ai su qu'elle s'était opposée, j'étais aussi contente que si l'on m'avait donné une pièce blanche, dit d'un ton convaincu Olly Dowden, une femme qui gagnait sa vie en confectionnant des balais de bruyère et se montrait reconnaissante à tous de tolérer son existence.

— Et maintenant, la fillette s'est tout de même mariée avec celui qu'elle voulait, dit Humphrey.

— Après, maîtresse Yeobright s'est amadouée et est devenue accommodante, reprit Fairway d'un air absent, pour montrer que ses paroles n'étaient point un commentaire de celles d'Humphrey, mais le résultat de ses réflexions personnelles.

— Même s'ils avaient honte, je ne vois pas pourquoi ils sont allés faire la noce ailleurs, déclara une ample matrone dont le corset craquait comme des souliers toutes les fois qu'elle se baissait ou se tournait. Ça se fait, de rassembler les voisins et de faire bombance, une fois en passant et tant vaut que ce soit à l'occasion d'une noce. Ça me plaît pas ces façons de se cacher.

— Eh bien, croyez-moi ou ne me croyez pas ; mais moi, je ne me soucie point de ces noces à grand branle-bas, dit Timothée Fairway, parcourant de nouveau l'auditoire du regard. Je trouve guère à redire sur Thomasine Yeobright et le voisin Wildeve parce qu'ils ont fait la chose en catimini. Quand on est invité à une noce, ça fait tout de suite cinq ou six rigodons à l'heure, et ça n'est pas fameux pour les jambes d'un gars qu'a dépassé la quarantaine.

— C'est vrai. Une fois chez la mariée, on peut pas dire non quand il en manque un pour la contre-danse, parce qu'il faut bien gagner son manger, approuva un auditeur.

— Faut danser pour Noël parce que ça a toujours été comme ça, faut danser aux noces parce que ça se doit. Aux baptêmes aussi, v'là qu'il faut y aller d'un rigodon ou deux – s'il s'agit du premier-né ou du second, s'entend. Et toutes les chansons qu'il faut chanter ! Pour mon compte, je préfère un bon enterrement : le manger est aussi bon et même meilleur, et ça vous use pas les jambes jusqu'aux genoux, de dire du bien d'un pauv'défunt, comme de suivre la cornemuse.

— Y s'en trouverait neuf sur dix pour êt'd'avis que c'est aller trop loin, de danser dans ces occasions-là, pas vrai ? interrogea le vieux Cantle.

— C'est la seule assemblée où un gars sérieux se sente en sûreté après que le pot de bière ait fait quelques tours, opina un autre.

— Enfin, moi, je ne peux pas comprendre qu'une fillette gentille, et une vraie demoiselle, comme Tamsine Yeobright se soit contentée d'une noce qui n'en est pas une, dit Susan Nunsuch, l'ample matrone, qui préférait le premier sujet de conversation. Les plus pauvres font mieux les choses. Et je ne me serais pas non plus souciée du marié bien que plus d'une le trouve bel homme.

— Pour être juste, faut dire qu'il est intelligent et instruit – presque autant que Clym Yeobright. C'était pas son affaire de tenir auberge. Un ingénieur, v'là ce qu'il était, ce gars-là, nous le savons bien tous, mais les choses ont mal tourné pour lui et voilà qu'il tient auberge. Son instruction ne lui a servi de rien.

— C'est souvent comme ça, dit Olly, la faiseuse de balais. Souvent. Et pourtant, faut voir comme le monde s'évertue pour apprendre aujourd'hui ! Y en a qui n'auraient pas su faire un O rond autrefois, même pour échapper à l'enfer, et qui, maintenant, signent leur nom presque sans faire cracher la plume, souvent même sans une seule tache… Qu'est-ce que je dis ? presque sans avoir besoin d'une table pour appuyer leur estomac et leurs coudes !

— C'est vrai que le monde est savant ; c'est à n'y pas croire, dit Humphrey.

Le grand-père fit chorus :

— Moi, avant que je parte soldat, en l'an 1804, dans la milice locale (les Pif-Paf qu'on nous appelait), j'en savais pas plus long que le plus simple de vous autres, dit-il avec entrain. Et maintenant, pardieu ! y a rien à quoi je ne serais pas bon !

— Tu signerais ton nom sur le registre, toi, admit Fairway, si t'étais assez jeune pour faire comme Wildeve et miss Tamsine, et c'est pas Humphrey, ici présent, qu'en serait capable. Il tient de son père pour l'instruction !... Ah Humph, mon gars, la marque de ton père, elle m'a sauté aux yeux, le jour de mes noces, comme j'allais signer sur le registre ! Lui et ta mère avaient été le couple béni avant nous. Fallait voir la croix qu'il avait faite, ton ancien ! Elle avait deux grands bras que, sur un pommier, l'aurait fait peur aux oiseaux ; et d'un noir ! d'un noir ! Tout le portrait de ton père, quand on y pense ! Ma foi je n'ai pas pu m'empêcher de rire, et pourtant y avait pas de quoi, un jour pareil, avec cette femme qui me pendait au bras, et Jack Changley et les aut'gars qui se gaussaient de moi à la fenêtre de l'église ! Puis, v'là que je me suis dit que, si ton père et ta mère avaient eu des mots, du temps qu'ils étaient des promis, ça devait être vingt fois pis depuis qu'ils étaient mari et femme et, de me voir la même corde au cou, ça m'a coupé l'envie de rire... Ah, pour un fameux jour, c'était un fameux jour !

— Et c'est un joli brin de fille, Tamsine, et plus jeune que Wildeve de plusieurs printemps. Être bien de chez soi et aller se mettre en ménage avec un gars comme Wildeve, pour une drôle d'idée, c'est une drôle d'idée !

L'orateur était un coupeur de tourbe qui venait de se joindre au groupe. Sur l'épaule, il portait l'outil de son métier : une curieuse bêche de grandes dimensions, et en forme de cœur, dont le tranchant bien aiguisé reluisait à la lueur du feu comme un arc d'argent.

— N'empêche que des centaines de femmes lui auraient dit oui, si seulement il les avait demandées, fit l'ample Susan.

— T'en as déjà rencontré, toi, un homme qu'aucune femme ne voudrait épouser, voisin ? interrogea Humphrey.

— Jamais, dit le coupeur de tourbe.

— Moi non plus, dit un autre.

— Ni moi, affirma le grand-père Cantle.

— Ma foi, moi, j'en ai rencontré un, dit Timothée Fairway. Un, notez bien que je ne dis pas deux. Je dis un.

Il éclaircit soigneusement sa voix, en orateur consciencieux.

— Et à quel garou le pauv'gars ressemblait-il donc, maître Fairway ? demanda le coupeur de tourbe.

— C'était ni un sourd, ni un muet, ni un aveugle. Je peux pas vous en dire plus.

— Est-ce qu'on le connaît dans le pays ? demanda Olly Dowden.

— Pas guère, dit Timothée. Mais je ne nommerai personne. Allons, entretenez le feu qui s'éteint, la jeunesse !

— Pourquoi Christian Cantle claque-t-il des dents ? fit, de l'autre côté du feu, parmi les ombres et la fumée, un garçon. T'as froid, Christian ?

Faible et chevrotante, une voix répondit : « Non-on-on. »

— Avance, Christian, fais-toi voir. Je ne savais pas que t'étais là, dit Fairway, avec un bon regard dans la direction de la voix.

À cet appel, une silhouette trébuchante, surmontée de cheveux rouges, dépourvue d'épaules, une grande longueur de poignets et de chevilles hors des vêtements, avança d'un ou deux pas, de sa propre volonté, et d'une demi douzaine de pas de plus, par la volonté des autres. C'était le plus jeune fils du vieux Cantle.

— Pourquoi que tu trembles, Christian ? lui demanda le coupeur de tourbe avec bonhomie.

— C'est que c'est moi, l'homme.

— Quel homme ?

— Celui qu'aucune femme ne veut.

— Diable ! dit Fairway en écarquillant les yeux beaucoup plus qu'il n'était nécessaire pour considérer toute la personne de Christian, tandis que le vieux Cantle regardait son rejeton de l'œil fixe d'une poule qui a couvé un canard.

— Oui, c'est moi et j'ai peur, maître Fairway. C'est-y votre avis que ça me portera malheur ? Devant le monde, je démords point que ça m'est égal. Mais ça me soucie beaucoup au contraire.

— C'était pas du tout toi que je voulais dire ! Vous êtes deux dans le pays, alors ? Fallait pas raconter ta misère, Christian.

— Puisque c'est arrivé, fallait que ça arrive, sans doute ? J'y pouvais rien, pas vrai ? Et il les regardait tous de ses yeux douloureusement arrondis.

— Eh oui, t'as raison. Mais c'est une triste affaire et ça m'a glacé les sangs quand tu as parlé, parce que j'ai compris qu'y avait deux pauv'gars là où je croyais qu'y en avait qu'un. Oui, c'est triste pour toi, Christian. Et comment tu le sais qu'elles ne veulent pas de toi, les femmes ?

— Je le leur ai demandé.

— J'aurais pas cru que t'en aurais eu le front ! Et que t'a répondu la dernière ? Elle t'a peut-être laissé un brin d'espoir, après tout ?

— Elle m'a répondu : « Va-t'en et que je ne te voie plus, espèce de tordu et de mal foutu ! »

— Ça donne pas goût de revenez-y, faut le reconnaître « Va-t'en et que je ne te voie plus, espèce de tordu et de mal foutu. » C'est pas une façon plaisante de dire non. Pourtant c'est un « non » qui pourrait devenir un « oui » avec de la patience – le temps de laisser quelques cheveux gris pousser à la donzelle. Quel âge as-tu, Christian ?

— Trente et un ans aux dernières pommes de terre, maître Fairway.

— Tu n'es plus un gamin, non, pourtant y a peut-être encore de l'espoir.

— C'est mon âge de baptême… mais la mère m'a souvent dit que j'étais né assez longtemps avant d'être baptisé…

— Oui ?

— Mais elle pouvait pas se souvenir du jour… elle savait seulement qu'il n'y avait pas de lune…

— Pas de lune ! Mauvais, ça ! n'est-ce pas, voisins ? mauvais.

— Oui, mauvais, soupira le grand-père Cantle en hochant la tête.

— La mère savait qu'y avait pas de lune parce qu'elle avait demandé à une autre femme qu'avait un almanach, à cause du dicton « Point de lune, point d'homme » qui lui donnait crainte quand c'était un fils qui lui naissait… C'est-y vraiment tant mauvais que ça pour moi, maître Fairway, qu'il n'y ait pas eu de lune ?

— Ah, pour sûr… « Point de lune, point d'homme » : c'est le plus vrai des dictons. Tu as eu bien du malheur mon pauvre, d'aller montrer ton nez ce jour-là du mois.

— Elle devait être rudement pleine, la lune, quand vous êtes né, vous ! fit Christian en contemplant Fairway avec admiration et découragement.

— Ma foi ! elle n'était point nouvelle, répondit Fairway d'un air détaché.

Christian poursuivit son récitatif haché et monotone :

— J'aimerais mieux me passer de vin les jours de fête que d'être né un jour sans lune…

— N'empêche, coupa le vieux Cantle, maintenant quelque peu déconfit, que la mère de ce gars-là a pleuré toutes les larmes de son corps quand il était petit, crainte qu'il devienne trop bel homme et parte soldat.

— Ma foi, y en a bien d'autres d'aussi mal bâtis que lui, déclara Fairway, et les moutons vivent leur temps comme les béliers, les pauvres.

— Alors, je me tirerai peut-être d'affaire ? J'ai peut-être tort d'avoir peur la nuit, maître Fairway ?

— Que veux-tu ? il te faudra coucher seul toute ta vie et ce n'est pas aux gens mariés, mais à ceux qui couchent seuls, que les fantômes apparaissent quand y se trouve y en avoir. Paraît qu'on en a vu un dernièrement ; même qu'il serait pas ordinaire.

— Non, n'en parlez pas, s'il vous plaît ! Ça me donnerait la chair de poule quand j'y penserais seul au lit… Mais vous allez en parler quand même, je le sais, Timothée, et je vais y rêver cette nuit ! Pas ordinaire ? Pourquoi… non… non… ne le dites pas !

— Je ne crois guère aux esprits moi-même, dit Timothée, mais faut convenir que c'était assez effrayant ce qu'on m'a conté… C'est un petit gars qui l'a vu…

— Comment était-il ? Non, ne…

— Il était rouge. Les fantômes sont presque toujours blancs. Mais celui-là, on l'aurait cru trempé dans le sang. Christian aspira l'air, mais sans dilater sa poitrine, et Humphrey demanda :

— Où l'a-t-on vu ?

— Pas tout à fait par ici, dans un autre endroit de la lande. Mais il vaut mieux ne pas parler de ces choses. Que diriez-vous, poursuivit Fairway d'un ton plus vif et s'adressant à tous, comme si l'idée n'était pas venue du grand-père Cantle, que diriez-vous d'aller donner une sérénade aux jeunes mariés avant d'aller nous coucher, puisque c'est le soir de leurs noces ? Quand les gens viennent de se marier, tant vaut avoir l'air d'en être content, puisque d'avoir l'air aux regrets, ça les démarierait point. Je ne suis pas porté sur la boisson, comme chacun sait ; mais, quand les femmes et les enfants seront rentrés, je suis d'avis de pousser jusqu'à la Femme tranquille et d'entonner un couplet devant la porte. Ça fera plaisir à la jeune mariée et j'en serai content, parce que c'est souvent qu'elle m'a servi un bon morceau quand elle habitait encore à Blooms-End, chez sa tante.

— Plaît-il ? fit le grand-père Cantle se retournant avec une vivacité qui mit en mouvement ses breloques. Faut y aller, c'est sûr. Ça m'a donné une soif de rester ici dans ce vent ! Et je me suis laissé conter que la bière nouvelle de la Femme tranquille valait la peine d'être goûtée. Et puis, voisins, quand bien même on s'attarderait un peu, pour bien faire les choses, c'est demain dimanche et nous aurons tout le temps de la cuver, c'te bière !

— Grand-père Cantle, c'est trop faire le plaisant pour un ancien, dit l'ample matrone.

— Je fais trop le plaisant ? oui-da ! et v'là que ça m'empêche de plaire aux femmes ! Klk ! Klk ! Je chante comme un joyeux compère, moi, au lieu de pleurnicher comme un ancien. Pardieu ! Je suis encore bon à tout faire !

Le roi lui a jeté un regard plein de haine.
« Par les cornes, dit-il rageur, de Belzébuth
Si je n'avais juré, lambreli, lambrelaine,
Chambellan, dès ce soir, tu eus été pendu ! »

— Ma foi, voisins, reprit Fairway, nous leur chanterons un refrain donc. Mais je vois pas pourquoi Clym revient au pays après les noces. L'aurait dû revenir avant pour se mettre en travers, si c'était son idée, et épouser lui-même sa cousine.

Le feu de joie, cependant, commençait de baisser car son combustible n'était point de nature à l'entretenir longtemps. Alentour, la plupart des autres feux allaient aussi s'affaiblissant. Une observation attentive de leur éclat, couleur et durée, aurait révélé quel combustible avait alimenté chacun d'eux et, par conséquent, jusqu'à un certain point, le produit naturel de sa localité. Le flamboiement somptueux de la majorité de ces feux dénonçait une région d'ajoncs et de bruyères qui, en une direction, couvraient un nombre infini de milles. L'embrasement subit et l'extinction rapide de certains autres avouaient l'emploi de combustibles vite consumés : paille, vieux plants de haricots, déchets d'une contrée cultivable. Les plus persistants de tous – ceux qui brillaient avec un éclat fixe de planète – dénotaient l'usage du bois : branches de noisetiers, fagots d'épines et grosses bûches.

Ces derniers étaient peu nombreux, mais, négligeables au début à côté des altiers embrasements éphémères, ils l'emportaient maintenant par le seul fait de brûler encore. Au nord, à l'extrême horizon, ils jaillissaient tous – sommets lumineux – des communes à profonds taillis et riches plantations où le sol était différent, la bruyère inconnue.

L'un d'eux, cependant, faisait exception : il était, celui-ci, plus proche qu'aucun autre du tumulus et figurait la lune dans cette cohorte scintillante. Il brillait en un point opposé à la faible lueur qui émanait dans la vallée d'une petite fenêtre. Il était si proche qu'en dépit de ses modestes dimensions, son éclat l'emportait de beaucoup aux yeux des gens du tumulus.

Quand leur propre feu se fut affaissé, ceux-ci accordèrent plus d'attention à ce rayonnement paisible que plusieurs fois déjà ils avaient remarqué.

— Ce qu'il est près, ce feu ! dit Timothée ; y me semble presque voir quelqu'un tourner autour.

— Je pourrais lancer une pierre dedans, dit un petit garçon.

— Moi aussi, dit le grand-père Cantle.

— Point, point, mes fieux. Il est bien éloigné d'un bon mille, sans en avoir l'air.

— Il brûle sur la lande, mais c'est pas un feu d'ajoncs, remarqua le coupeur de tourbe.

— C'est un feu de bonnes bûches, voilà ce que c'est, dit Timothée. Rien ne flamberait si clair. Et c'est à Mistover qu'il brûle, devant la maison du vieux capitaine. Un drôle de corps, ce vieux : avoir allumé ce petit feu derrière sa haie et son fossé de sorte que personne d'autre n'en puisse approcher ! S'il avait un gamin à amuser, je ne dirais pas... Faut-y qu'il soit particulier, tout de même !

— Le capitaine Vye a beaucoup marché aujourd'hui, il doit être fourbu. C'est pas lui qu'aura allumé ce feu, dit le vieux Cantle.

— Et il ne gaspillerait pas du bon bois comme ça, ajouta Susan Nunsuch.

— Alors ce sera sa petite-fille, conclut Timothée. Quoiqu'un feu de joie, ça ne doive guère amuser non plus une fille de son âge.

— Guère l'amuser, c'est pas dit, répliqua Suzan. Elle mène une drôle de vie, toute seule là-bas, et elle a ses façons à elle.

— Une fille point déplaisante à regarder, surtout quand elle porte une de ses belles robes, dit Humphrey, le coupeur d'ajoncs.

— C'est vrai, admit Fairway. Qu'elle s'amuse avec son feu ! Le nôtre est en train de périr, on dirait.

— Comme il fait noir, maintenant que le feu a baissé ! gémit Christian Cantle, regardant derrière lui de ses yeux de lièvre. M'est avis que nous devrions revenir chez nous, voisins… Je sais bien que la lande n'est pas hantée, mais… oh, écoutez ! Oh, qu'est-ce que c'est ?

— C'est seulement le vent, dit le coupeur de tourbe.

— C'est bon pour les gens des villes, de fêter le 5 novembre la nuit, reprit Christian. On devrait le fêter de jour dans de méchants pays comme le nôtre.

— Allons, Christian, dis pas de bêtises. Un peu de courage – sois un homme, que diable ! Suzon, nous allons danser un petit rigodon, hein, ma mie ? Pendant qu'il fait encore assez clair pour qu'on voie que t'es toujours belle fille, bien qu'y se soit passé un bout de temps depuis que ton mari t'a épousée à ma barbe – ce fils de sorcière !

Ces dernières paroles s'adressaient à Susan Nunsuch et, à peine étaient-elles prononcées, que l'assistance voyait la robuste personne de la matrone saisie et emportée vers le feu de joie. Susan avait eu la taille encerclée et le corps soulevé de vive force par le bras de maître Fairway avant d'avoir eu le temps de se reconnaître. Maintenant son cavalier la faisait tourner sur l'ancien emplacement du feu de joie, qui n'était plus qu'un rond de cendres parsemé d'étincelles rouges. Susan était une femme de composition bruyante : en plus de son armure de baleines et de gros coutil, elle portait, hiver comme été, par temps humide et par temps sec, des patins montés sur cercle de fer pour ménager ses souliers et, quand Fairway commença de gambader en l'entraînant, le craquement de son corset, le grincement de ses patins et ses cris de protestation composèrent un ensemble des plus sonores.

« Attends, attends un peu et tu verras tout à l'heure si je ne casserai pas ta tête d'âne, mauvais drôle ! », criait Susan Nunsuch, tandis que, réduite à l'impuissance, elle tournait avec Fairway, ses pieds tambourinant sur le sol d'où s'envolaient des étincelles. « Mes chevilles avaient déjà la fièvre après tout ce chemin dans les ajoncs, et faut que t'aille les achever avec ces étincelles ! »

Timothée Fairway fit des adeptes. Le coupeur de tourbe saisit la vieille Olly Dowden et la fit tourner, elle aussi, plus doucement toutefois. Les jeunes gens ne furent pas long à imiter leurs aînés et enlacèrent les jeunes filles. Le grand-père Cantle et son bâton bondissaient parmi les autres comme un danseur à trois pieds. En une demi-minute, on ne vit plus, sur le sommet de Rainbarrow, qu'un tourbillon de silhouettes noires parmi un envol désordonné d'étincelles qui sautaient jusqu'à la taille des danseurs. Les bruits dominants étaient les cris aigus des femmes, les rires des hommes, les craquements du corset de Susan et le crissement de ses patins, les « heu heu heu » d'Olly Dowden et le souffle du vent qui, en frappant sur les buissons d'ajoncs, chantait une sorte de mélodie sur le rythme démoniaque martelé par les pas des danseurs. Seul, Christian demeurait à l'écart. Il se balançait avec malaise en murmurant : « Ils ne devraient pas, non ! Comme les étincelles volent ! C'est tenter le Malin ! »

— Qu'est-ce que c'est ? Avez-vous entendu ? dit un des jeunes gens en s'arrêtant de danser.

— Quoi ? où ? s'écria Christian en se rapprochant bien vite du groupe. Les danseurs ralentirent leur mouvement.

— J'ai entendu du bruit, là, en bas, derrière Christian.

— Derrière moi ! gémit le pauvre garçon. Que Matthieu, Marc, Luc et Jean bénissent le lit où je couche. Que les bons anges…

— Paix ! Qui va là ? demanda Fairway.

— Hoi-i-i-i ! cria une voix, dans l'obscurité.

— Hou-hou-i-hou ! répondit Fairway.

— Y a-t-il un chemin carrossable par ici qui mène chez maîtresse Yeobright de Blooms-End ? demanda la même voix, et une silhouette longue, élancée, aux contours indistincts commença de gravir le tumulus.

— Faut nous sauver, voisins ! Voisins, faut nous sauver et rentrer chez nous, qu'il se fait tard, s'écria Christian. Pas nous sauver chacun de son côté, s'entend, mais tous ensemble.

— Rassemblez ce qui reste d'ajoncs, les gars, et faites une flambée, que nous voyions avec qui nous avons affaire, commanda Fairway.

Quand la flamme brûla, ce fut pour éclairer un jeune homme en vêtements collants et rouge de la tête aux pieds. « Y a-t-il un chemin carrossable qui mène à la maison de maîtresse Yeobright ? », demanda-t-il de nouveau.

— Oui, en prenant par le sentier juste en bas.

— Mais est-ce un chemin où une roulotte et deux chevaux peuvent passer ?

— Ben, oui. Il vous mènera dans la vallée avec le temps. C'est un peu rude, mais, avec une lanterne, les chevaux s'en tireront. Elle est loin, ta roulotte, l'homme au rouge ?

— Je l'ai laissée en bas, un demi-mille en arrière. J'ai pris les devants pour me renseigner sur le chemin, vu qu'il fait nuit et qu'il y a un bon bout de temps que je ne suis point passé par ici.

— T'as qu'à faire comme je te dis, assura Fairway. Ça m'en a donné un coup quand je l'ai vu, ajouta-t-il en s'adressant à tous, l'homme au rouge compris. « Seigneur ! que je me suis dit, qu'est-ce que c'est que ce grand masque couleur de feu qui vient nous déranger ? » Sans offense, hein, l'homme au rouge ? C'est pas que tu sois mal bâti, non : la charpente est brave : c'est le coup de badigeon qu'est pas commun. C'est seulement pour dire que je me suis senti tout drôle, j'ai presque cru voir le diable ou le fantôme dont le petit gars a causé.

— Ça m'a toute retournée moi aussi, dit Susan Nunsuch ; surtout que j'ai rêvé de tête de mort la nuit dernière.

— Non ! ne parlez pas de ça ! supplia Christian. S'il avait des cornes sur la tête il aurait tout à fait eu l'air du Malin comme on le voit sur les images.

— Eh bien ! merci du renseignement, dit le jeune marchand de rouge avec un léger sourire, et bonne nuit à tous. Et, revenant sur ses pas, il disparut.

— Il me semble que j'ai déjà vu cette tête, dit Humphrey, mais où et quand ? c'est ce que je ne pourrais pas dire.

L'homme au rouge venait à peine de s'en aller qu'une autre personne approchait du feu de joie ravivé. Les paysans distinguèrent bientôt en elle une veuve du voisinage, très connue et très respectée. Tandis qu'elle avançait, son visage, sur le fond sombre de la lande, ressortait, très blanc et sans demi-teintes, comme un camée.

C'était une femme entre deux âges. Elle avait ces traits réguliers qui annoncent généralement la perspicacité comme le caractère essentiel d'une physionomie morale. Par moment, elle paraissait avoir la faculté de considérer la suite des événements d'un point de vue interdit aux autres. Elle arrivait et quelque chose dans son attitude la maintenait à l'écart, la solitude qu'exhalait la lande semblait concentrée dans ce visage qui en montait. Son air, en face des gens de la lande, dénotait une certaine insouciance de leur présence, une indifférence à ce qu'ils pouvaient penser de sa promenade solitaire en ce lieu et à cette heure, qui impliquaient que son niveau social devait être supérieur au leur. En effet, si son mari n'avait été qu'un petit fermier, elle était elle-même fille de pasteur et avait pu, en son temps, rêver d'une destinée plus brillante.

Les individus pourvus de quelque force de caractère transportent, comme les planètes, leur atmosphère dans leur orbite : la femme qui entrait maintenant en scène pouvait imposer son ton dans une compagnie et, en fait l'imposait généralement. Envers les gens de la lande elle se montrait d'ordinaire fort peu communicative – à la manière de ceux qui savent posséder un pouvoir de s'exprimer supérieur à celui de leurs interlocuteurs. Mais entrer dans une compagnie et dans la lumière, après avoir erré tout seul, implique, chez le survenant, une excitation de la sociabilité, qui se manifeste par l'expression du visage plutôt qu'en paroles.

— Eh, mais c'est maîtresse Yeobright ! dit Fairway. Maîtresse Yeobright, un homme demandait après vous y a pas dix minutes – un homme au rouge.

— Que me voulait-il ? questionna-t-elle.

— Il ne nous l'a pas dit.

— Il aura quelque chose à me vendre, sans doute. Quoi, je me le demande, par exemple.

— Paraît que Mr Clym va venir au pays pour Noël, madame, dit Sam le coupeur de tourbe. J'en suis bien content. En voilà un qui s'y entendait à faire les feux de joie !

— Il est probable qu'il viendra, en effet, dit-elle.

— Ce doit être un solide gaillard à c't'heure, dit Fairway.

— C'est un homme, maintenant, répondit la mère paisiblement.

— C'est bien solitaire pour vous dans la lande, ce soir, maîtresse Yeobright, dit Christian, sortant de la réclusion où il s'était jusqu'alors tenu. Prenez garde de ne pas vous perdre. La lande d'Egdon est un méchant endroit pour se perdre et le vent souffle plus drôlement que je ne l'ai jamais entendu. Plus d'un qui connaissaient bien les chemins ont été égarés par les esprits, des nuits comme celles-ci.

— C'est vous, Christian ? dit Mrs Yeobright. Pourquoi vous cachez-vous ?

— C'est que je vous avais pas reconnue dans cette lumière et, comme je suis un homme tristement conditionné, j'ai été un peu effrayé. Voyez-vous, y a des moments que je me sens si bas que j'ai peur de périr de mes propres mains.

— Vous ne tenez pas de votre père, remarqua Mrs Yeobright, regardant vers le feu où le vieux Cantle dansait tout seul parmi les tisons.

— Tu nous fais honte, grand-père, dit Timothée, un vénérable vieux patriarche, aller gigoter pareillement !

— C'est un terrible vieux, maîtresse Yeobright, dit Christian tout mélancolique. J'endurerais point de vivre avec lui une semaine, plaisantin comme il est, si je pouvais faire autrement.

— Ce serait plus convenable de te tenir tranquille et de venir saluer maîtresse Yeobright, grand-père, toi qu'es le plus ancien de tous ! dit la faiseuse de balais.

— Oui bien, c'est vérité, admit le bonhomme, qui s'interrompit, penaud. J'ai si mauvaise mémoire, maîtresse Yeobright, que j'oublie ce qu'ils attendent tous de moi. Vous croyez que je suis toujours de belle humeur ? Ben non. Ça pèse à un homme d'être toujours regardé comme le chef, oui, et c'est souvent mon sentiment.

— Je regrette de ne pas m'arrêter plus longtemps, dit Mrs Yeobright. Mais il faut que je vous quitte maintenant. Je suivais la route d'Anglebury pour aller voir ma nièce dans sa nouvelle maison, et comme j'ai vu le feu de joie et entendu la voix d'Olly, je suis venue voir un peu ce qui se passait. J'aimerais qu'Olly fît route avec moi, puisque nous suivons le même chemin.

— Je viens, madame, je viens ; je pensais justement m'en aller, dit Olly.

— Eh bien, vous rencontrerez sans doute l'homme au rouge qui demandait après vous, dit Fairway. Il est revenu en arrière juste pour aller chercher sa roulotte. Nous nous sommes laissé dire que votre nièce et son mari devaient revenir chez eux aussitôt mariés et nous allons bientôt descendre leur chanter un couplet de bienvenue.

— Merci bien à tous, dit Mrs Yeobright.

— Mais nous prendrons un raccourci, nous, que vous ne suivriez pas avec vos longs habillements ; aussi pas besoin de nous attendre.

— Bon. Venez-vous, Olly ?

— Oui, madame. Il y a une lumière à la fenêtre de votre nièce. La voyez-vous ? Elle nous guidera. Elle désignait au fond de la vallée la faible lueur que Fairway avait déjà indiquée. Ensemble, les deux femmes commencèrent la descente du tumulus.

4

La halte sur la grand-route

De plus en plus bas elles descendirent et la pente était si raide que leur descente, à chaque pas, semblait neutraliser leur progression. Leurs jupes étaient bruyamment égratignées par les ajoncs et leurs épaules balayées par les fougères qui, bien que sèches et mortes, demeuraient droites, le mauvais temps n'ayant pas encore été assez vigoureux pour les abattre. D'aucuns auraient jugé imprudent que deux femmes sans escorte plongeassent ainsi dans les ténèbres. Mais pareils recoins broussailleux étaient, en toute saison, familiers à Mrs Yeobright et à Olly, et l'obscurité ne saurait rendre effrayant le visage d'un ami.

— Et alors, Tamsine l'a épousé à la fin, fit Olly quand, la pente devenue moins raide, elles ne furent plus obligées de mettre toute leur attention à bien poser leurs pieds. Mrs Yeobright répondit lentement :

— Oui… à la fin.

— Comme elle va vous manquer – elle qui avait vécu avec vous comme une fille.

— Oui, elle me manquera.

Olly ne possédait point la subtilité nécessaire pour percevoir qu'elle faisait parfois des remarques déplacées.

Mais sa simplicité même l'empêchait d'être blessante et des questions qui auraient froissé, venant d'une autre, la bonne femme pouvait les poser, elle, en toute impunité. C'est pourquoi Mrs Yeobright se prêtait à une conversation sur un sujet aussi évidemment pénible.

— Ça m'a étonnée quand j'ai su que vous aviez consenti à la fin ; pour ça, oui, poursuivit la faiseuse de balais.

— Vous n'avez pas été plus étonnée que je ne l'aurais été moi-même si on m'avait prédit la chose il y a un an, Olly. Voyez-vous, il y a beaucoup de côtés à considérer dans cette affaire. Il me serait impossible de vous les montrer tous.

— C'est bien mon idée qu'il n'était pas assez relevé pour entrer dans vot'famille, Mr Wildeve… un aubergiste… Mais l'est intelligent et on dit que, dans le temps, il était ingénieur et un monsieur.

— J'ai compris qu'après tout mieux valait que la petite se marie à son goût, expliqua Mrs Yeobright.

— Pauvrette ! son cœur l'a entraînée, c'est la nature ! et on dira de lui ce qu'on voudra ; n'empêche qu'il a plusieurs acres de terre, Mr Wildeve, et des chevaux et de bonnes manières. Et puis, ce qui est fait est fait, conclut la vieille.

— Eh oui, dit Mrs Yeobright, ce qui est fait est fait. Ah, voilà le sentier. Nous allons avancer plus facilement, maintenant.

Il ne fut plus question du mariage et bientôt les deux femmes parvinrent à un croisement de chemins où Olly prit congé de Mrs Yeobright – non sans l'avoir priée de rappeler à Mr Wildeve qu'il lui avait promis, à l'occasion des noces, une bouteille de vin pour son mari malade.

Olly Dowden tourna à gauche, se dirigeant vers sa chaumière située derrière un éperon de la colline. Mrs Yeobright suivit le chemin qui menait à la grand-route et à cette auberge de la Femme tranquille où elle pensait retrouver sa nièce.

Elle parvint d'abord à l'endroit appelé « la parcelle de Wildeve », morceau de lande que de longues et pénibles années de labeur avaient rendue labourable. L'homme qui avait découvert que cette terre pouvait être cultivée mourut à la peine, celui qui lui succéda se ruina en engrais. Wildeve arriva et, tel Améric Vespuce, bénéficia d'un honneur dû à ses devanciers.

Quand Mrs Yeobright fut proche de l'auberge et prête à y pénétrer, elle aperçut, à quelque deux cents mètres derrière elle, un véhicule qui avançait. Un homme, lanterne en main, marchait près des chevaux – évidemment l'homme au rouge qui l'avait demandée.

Au lieu d'entrer dans l'auberge, elle revint sur ses pas.

Le conducteur de la roulotte allait passer presque sans remarquer Mrs Yeobright, quand celle-ci s'adressa à lui :

— Je crois que vous avez demandé à me parler ? Je suis Mrs Yeobright de Blooms-End.

L'homme au rouge tressaillit, leva un doigt pour recommander le silence. Il arrêta ses chevaux et d'un signe appela Mrs Yeobright pour qu'elle se retirât avec lui un peu à l'écart – ce qu'elle fit, très surprise.

— Vous ne me reconnaissez pas, n'est-ce pas, madame dit-il.

— Non, répondit-elle. Attendez ! Si. Vous êtes le fils Venn… Votre père n'était-il pas laitier près d'ici ?

— Justement. Et je connaissais un peu votre nièce, miss Tamsine. J'ai de mauvaises nouvelles à vous apprendre.

— Pas au sujet de ma nièce ? Elle est sûrement chez son mari… comme c'était arrangé… là dans cette auberge…

— Non, elle n'y est pas.

— Comment le savez-vous ?

— Parce qu'elle est ici… Elle est dans ma roulotte, ajouta-t-il lentement.

— Ah ! quel nouveau malheur…, murmura Mrs Yeobright, portant la main à ses yeux.

— Je ne peux pas vous expliquer grand-chose, madame. J'étais sur la route ce matin, à un mille d'Anglebury environ, quand j'ai entendu derrière moi un petit trot de biche. Je me suis retourné et j'ai aperçu votre nièce, blanche comme une morte. Elle m'a dit : « Oh, Diggory Venn ! il me semblait bien que c'était vous… Oh, aidez-moi ! je suis en peine ! »

— Comment savait-elle votre prénom ? interrogea Mrs Yeobright soupçonneuse.

— Je l'avais rencontrée souvent, autrefois, avant de faire ce métier. Elle m'a demandé si elle pouvait monter dans ma voiture et elle est tombée en faiblesse. Je l'ai relevée et portée dans ma roulotte, et elle n'en a pas bougé depuis. Elle a beaucoup pleuré, mais guère parlé. Elle m'a seulement dit qu'elle aurait dû se marier ce matin. J'ai voulu qu'elle mange, mais elle n'a pas pu. Enfin elle s'est endormie.

— Laissez-moi la voir tout de suite, dit Mrs Yeobright, se hâtant vers la roulotte.

Le vendeur de sanguine la suivit avec sa lanterne. Il sauta sur le marchepied de la roulotte et aida Mrs Yeobright à monter auprès de lui. Comme la porte s'ouvrait, celle-ci aperçut, au fond du véhicule, une couche improvisée autour de laquelle étaient suspendues, pour l'isoler de la sanguine, toutes les étoffes que possédait, apparemment, l'homme au rouge. Couverte d'un manteau, une jeune fille reposait sur cette couche. Elle dormait et la lueur de la lanterne tomba en plein sur son visage.

C'était un aimable, doux et honnête visage, reposant dans un nid de souples cheveux châtains – un visage qui hésitait entre la beauté et la joliesse. Bien que les yeux fussent fermés, on ne doutait point que leur éclat ne portât à son comble l'harmonie lumineuse de toute la physionomie. L'espoir et la confiance devaient normalement animer ces traits, que l'anxiété et la douleur recouvraient d'un voile inaccoutumé : le chagrin les touchait depuis trop peu de temps pour les avoir ternis et, jusque-là, il avait seulement ajouté de la dignité à une fraîcheur qu'il détruirait peut-être. L'incarnat des lèvres n'était pas encore fané et paraissait plus éclatant que jamais, par contraste avec la pâleur des joues. Ces lèvres s'entrouvraient fréquemment, laissaient passer un murmure. La jeune fille semblait créée pour inspirer un poète : la bien décrire eût été la chanter.

Elle n'était pas faite, en tout cas, pour être regardée dans son sommeil. L'homme au rouge avait paru s'en rendre compte et, tandis que Mrs Yeobright contemplait sa nièce, il posait ses regards ailleurs avec la délicatesse qui se devait. La dormeuse parut avoir été effleurée elle-même par l'anomalie de sa situation car, presque immédiatement, elle ouvrit les yeux.

Par un léger mouvement des lèvres, elle exprima un peu d'espoir et beaucoup d'anxiété. Puis, les pensées et fragments de pensées qui se succédèrent en son esprit s'inscrivirent sur son visage ingénu et transparent : on croyait voir passer sa vie à travers elle comme un flot. En un instant elle prit conscience de la réalité.

— Oui, tante, c'est moi ! s'écria-t-elle. Je comprends que vous soyez effrayée, que vous ne puissiez pas le croire, mais c'est moi qui reviens ainsi à la maison !

— Tamsine, Tamsine, dit Mrs Yeobright en se penchant sur sa nièce et en l'embrassant, ô mon enfant chérie !

Un sanglot allait secouer Tamsine, mais subitement elle se maîtrisa. Un peu haletante, elle se redressa et s'assit.

— Où sommes-nous, tante ? fit-elle.

— Tout près de chez nous, mon enfant. Dans le val d'Egdon. Que vous est-il donc arrivé ?

— Je vous le dirai dans un instant. Puisque nous sommes si près de chez nous, je vais marcher ; nous rentrerons à pied.

— Mais ce bon jeune homme qui a déjà été si obligeant consentira sûrement à nous conduire jusqu'à la maison ? dit la tante, se tournant vers l'homme au rouge. Il avait quitté la roulotte dès le réveil de la jeune fille et, maintenant il se tenait sur la route.

— Bien sûr, que je vais vous reconduire, dit-il.

— Il est vraiment la bonté même, murmura Tamsine, je le connaissais autrefois et, quand je l'ai vu aujourd'hui, j'ai senti que je préférais sa voiture à toute autre. Mais je vais marcher maintenant, dit-elle, s'adressant directement à l'homme au rouge.

Celui-ci lui jeta un regard de tendre reproche, mais n'insista pas.

La tante et la nièce descendirent alors de la roulotte, Mrs Yeobright en disant au jeune homme :

— Je vous reconnais très bien maintenant, Venn. Pourquoi donc n'avez-vous pas continué à tenir la belle laiterie qu'avait votre père ?

— Oh ! ça c'est trouvé ainsi ! fit-il en regardant Thomasine qui rougit un peu. Alors vous n'avez plus besoin de moi ce soir, madame ?

Mrs Yeobright promena un instant ses regards sur les cieux sombres, les collines où les feux de joie s'éteignaient, et la fenêtre éclairée de l'auberge proche.

— Non, merci, dit-elle ensuite. Puisque Thomasine veut marcher, nous aurons vite remonté le sentier jusqu'à la maison ; nous le connaissons bien.

Après quelques mots de remerciement et d'adieu, ils se séparèrent. Dès que l'homme au rouge ne fut plus à portée de voix, Mrs Yeobright se tourna vers sa nièce.

— Et maintenant, Thomasine, dit-elle sévèrement, m'expliquerez-vous ce que tout cela signifie ?

5

De bonnes gens sont perplexes

La jeune fille parut accablée par le changement d'attitude de sa tante.

— Cela signifie que je ne suis pas mariée, répondit-elle d'une voix faible. Pardonnez-moi de vous faire cet affront, tante… J'en suis bien fâchée, mais ce n'est pas ma faute…

— Pensez à vous avant de penser à moi, coupa Mrs Yeobright.

— Ce n'est la faute de personne : le pasteur a refusé de nous marier parce que nos papiers n'étaient pas tout à fait en règle.

— Comment cela, pas en règle ?

— Je ne sais pas. Mr Wildeve le sait, lui, et pourra vous l'expliquer… Ah ! J'étais loin de m'attendre à pareil retour, ce matin, quand je suis partie !… Comme il faisait nuit, Thomasine donna cours à son émotion en laissant couler quelques larmes silencieuses qui purent rouler au long de son visage sans être vues.

— Je dirais que vous l'avez mérité – mais vous ne méritiez pas cela, non, déclara Mrs Yeobright qui, étant à la fois bonne et emportée, passait de l'indulgence à la colère et de la colère à l'indulgence, sans la moindre transition. Rappelez-vous, Thomasine, que ce mariage n'a jamais eu mon approbation. Tout au début, quand vous avez commencé à faire la sotte à propos de ce garçon, j'avais prédit qu'il ferait votre malheur. Je le sentais si fortement que je suis allée jusqu'à faire scandale dans l'église – ce que je n'aurais jamais cru de moi –, ce qui m'a rendue la fable du pays pendant des semaines. Mais maintenant que j'ai donné mon consentement, je ne vais pas tolérer pareilles comédies sans de bonnes raisons ; après ce qui s'est passé, il faut que vous l'épousiez.

— Croyez-vous que j'aie envie de renoncer à lui ? fit Thomasine avec un gros soupir. J'ai eu tort de me mettre à l'aimer, je le sais bien, mais ne me désespérez pas en me parlant ainsi, tante ! Vous n'auriez pas voulu que j'aille chez lui en revenant d'Anglebury, n'est-ce pas ? Et votre maison est la seule où je puisse chercher asile. Il a dit que nous pourrions nous marier dans un ou deux jours.

— Ah, si vous pouviez ne l'avoir jamais rencontré !

— Je renoncerai à lui puisque vous le voulez, mais je serai la plus malheureuse des femmes ! s'écria Thomasine.

— Il est trop tard pour parler ainsi, déclara Mrs Yeobright. Vous allez venir avec moi à l'auberge pour voir s'il est revenu. Il ne faut pas que Mr Wildeve aille s'imaginer qu'il peut se jouer de moi ou des miens.

— Il n'a pas voulu se jouer de nous, protesta la jeune fille. La licence n'était pas en règle et il n'a pas pu s'en procurer une autre aussitôt. Il vous expliquera tout s'il est rentré.

— Pourquoi ne vous a-t-il pas ramenée ?

— Ça, c'est tout à fait ma faute – et Thomasine se mit à sangloter. Quand j'ai vu que nous n'allions pas être mariés, je me suis sentie si bouleversée et si malade. Alors j'ai vu Diggory Venn et je lui ai demandé de me ramener… Je ne peux pas bien vous expliquer… Grondez-moi si vous voulez…

— Je vais bien voir, fit Mrs Yeobright.

La tante et la nièce se dirigèrent vers l'auberge dite « de la Femme tranquille », dont l'enseigne représentait une matrone portant sa tête sous son bras. Au-dessous de l'horrible image, se lisait un distique, populaire parmi les habitués du lieu.

Pendant que la femme est tranquille,
Que l'homme prenne du bon temps[1].

La façade de la maison regardait la lande et le tumulus de Rainbarrow se dressait en face d'elle, sur le ciel, comme une menace. Sur la porte, une plaque de cuivre ternie portait une inscription inattendue : « Mr Wildeve, ingénieur » – inutile et cependant cher souvenir du temps où l'aubergiste avait été installé dans un bureau à Budemouth par ceux qui espéraient beaucoup de lui et avaient été déçus. Un jardin était situé derrière la maison et, au bas, coulait un cours d'eau calme et profond qui marquait de ce côté la limite de la lande, des terres arables apparaissant juste au-delà.

Mais, pour l'instant, l'obscurité régnait épaisse et seuls étaient visibles les contours profilés sur le ciel. On entendait le bruit de l'eau qui, paresseusement, mouvait ses

1. Une auberge portant cette enseigne et cette légende a réellement existé. Elle était située au nord-ouest et à quelques milles du lieu dont il est question ici. La maison décrite ici comme une auberge n'en est plus une maintenant et ses alentours ont beaucoup changé. Mais le Lion rouge de Winfrith, une autre auberge dont quelques traits ont servi à la description de celle du roman, existe toujours – havre du voyageur (1912).

tourbillons, mais on n'aurait pu voir les roseaux secs, aux têtes duveteuses, qui bordaient chaque rive et dont la présence était révélée par le murmure – semblable à celui d'une humble assemblée en prière – qu'ils faisaient en se frottant les uns contre les autres sous les poussées lentes du vent.

La fenêtre qui émettait cette lueur que, du haut de Rainbarrow, les allumeurs de feux de joie avaient vue, n'avait point de rideaux, mais, percée trop haut pour qu'un passant pût du dehors regarder à travers ses carreaux, elle laissait seulement entrevoir, au plafond de la pièce, une ombre masculine immense, fragmentaire et déformée.

— On dirait qu'il est de retour, remarqua Mrs Yeobright.

— Dois-je entrer avec vous ? demanda Thomasine d'une voix faible. Non, n'est-ce pas ? Ce ne serait pas bien.

— Si, venez. Il faut que je vous mette face à face pour qu'il n'aille pas me raconter des histoires. Nous resterons seulement cinq minutes.

Elle entra dans l'étroit couloir, frappa à une porte et l'ouvrit.

Le dos et les épaules d'un homme s'interposèrent entre la cheminée, où brûlait un feu, et Mrs Yeobright. Wildeve, car c'était lui, se retourna aussitôt, se leva et s'avança au-devant de ses visiteuses.

C'était encore un tout jeune homme et, de ces deux qualités à considérer chez les êtres, la forme et le mouvement, c'était la dernière qui, en lui, frappait au premier abord. Wildeve se mouvait, en effet, avec une grâce singulière qui exprimait une vocation de briseur de cœur. On remarquait ensuite certains avantages plus matériels dans sa personne : entre autres, l'abondante chevelure qui ennoblissait son front et un cou aussi rond et lisse qu'une colonne de marbre. Dans l'ensemble, Wildeve incarnait tout à fait ce type d'homme en qui les hommes ne trouvent rien d'admirable et les femmes rien de désagréable.

Il aperçut, dans le couloir, la silhouette de la jeune fille et dit : « Thomasine est donc bien revenue ? Comment avez-vous pu me quitter ainsi, chérie ? » Et, se tournant vers Mrs Yeobright : « Il m'a été impossible de discuter avec elle : elle a voulu revenir et revenir seule.

— Mais qu'est-ce que tout cela signifie ? demanda Mrs Yeobright avec hauteur.

— Asseyez-vous, dit Wildeve en avançant des sièges pour les deux femmes. Voilà : il y a eu une étourderie stupide, mais de ces étourderies qui arrivent. La licence n'était pas valable pour Anglebury. Elle avait été délivrée pour Budemouth, mais comme je ne l'avais pas lue, je n'en savais rien.

— Cependant vous aviez résidé à Anglebury ?

— Non, j'étais à Budemouth jusqu'à avant-hier et c'est à Budemouth que je voulais conduire Thomasine. Mais, au dernier moment, nous avons décidé d'aller à Anglebury, sans songer qu'il faudrait une autre licence. Après, il était trop tard pour aller à Budemouth.

— Vous avez eu grand tort, dit Mrs Yeobright.

— C'est ma faute, plaida Thomasine, je préférais Anglebury parce que je n'y suis pas du tout connue.

— Je sais parfaitement que j'ai eu tort, il est tout à fait inutile de me le dire, fit sèchement Wildeve.

— On ne commet tout de même pas des étourderies pareilles, dit la tante. Quand la chose se saura, ce sera extrêmement désagréable pour nous. Quelle contenance voulez-vous que Thomasine fasse demain devant nos amis ? C'est une insulte et une insulte que je ne pardonnerai pas facilement. La réputation de la petite peut même en souffrir.

— Allons donc, protesta Wildeve. »

De ses grands yeux, Thomasine avait alternativement considéré les interlocuteurs durant la discussion. Elle dit avec anxiété :

— Tante, voulez-vous me permettre de parler seule avec Damon pendant cinq minutes ? Vous voulez bien, Damon ?

— Certainement, chérie, dit Wildeve, si votre tante y consent. Et, laissant Mrs Yeobright au coin du feu, il conduisit la jeune fille dans la pièce à côté.

Dès qu'ils furent seuls, Thomasine dit, en levant vers le jeune homme son visage pâle et douloureux : « C'est me tuer, Damon ! Ce n'est pas par colère que je vous ai quitté ce matin, mais j'avais perdu la tête, je ne savais pas ce que je faisais ni ce que je disais... Je n'ai pas laissé voir à ma tante tout ce que j'ai souffert aujourd'hui, et c'est tellement dur de se contenir, de parler et de sourire comme si tout cela ne me faisait pas tant de peine... Mais j'essaie pour qu'elle soit moins en colère contre vous... Je sais, moi, que ce n'est pas votre faute, mon chéri, quoi que puisse penser tante.

— Elle est insupportable, votre tante, trancha-t-il.

— Oui, murmura Thomasine, et vous me trouvez insupportable, moi aussi, en ce moment, sans doute ? Damon, que comptez-vous faire maintenant ? Les gens qui ne vous aiment pas disent des choses qui par moment me font douter de vous... Nous nous marierons, dites ?

— Mais bien entendu. Il suffira que nous allions à Budemouth lundi et nous serons mariés tout de suite.

— Oh, allons-y, alors !… ô Damon, les choses que vous me faites dire !… et elle cacha son visage dans ses mains. Voilà que je vous demande de m'épouser comme si ce n'était pas à vous de me supplier à genoux, moi, votre bien-aimée, pour que je vous dise "Oui", si je ne veux pas vous briser le cœur ! Je pensais que les choses se passeraient ainsi et que ce serait si charmant et si doux… Comme tout arrive autrement !

— Oui, la réalité est toujours différente, fit-il.

— Mais il m'est égal, vous savez, à moi personnellement, que nous ne nous mariions pas, reprit-elle avec plus de dignité. Je pourrais vivre sans vous… C'est à ma tante que je pense : elle est si fière et elle tient tellement au bon renom de la famille qu'elle sera horriblement froissée si ce contretemps est connu avant que nous soyons mariés. Mon cousin Clym aussi sera très blessé.

— Eh bien, il ne fera pas preuve de bon sens. D'ailleurs vous en manquez tous plus ou moins dans cette famille. »

Thomasine rougit un peu, mais non de tendresse. Son ressentiment, en tout cas, fut très passager et elle dit humblement :

— J'essaierai de ne plus jamais en manquer. Seulement, j'ai l'impression qu'à la fin vous avez un peu ma tante à votre merci…

— En bonne justice, cela m'était bien dû, répliqua Wildeve. Pensez à ce qu'il m'a fallu supporter pour obtenir son consentement, à l'insulte que c'est faire à un homme, de s'opposer à la publication des bans de son mariage ! Et l'insulte est double quand l'homme a le malheur d'être la proie de sa sensibilité, de ses nerfs, de ses humeurs noires, comme c'est mon cas. Savez-vous qu'un garçon plus rancunier que moi se réjouirait d'avoir en main le moyen de se venger de votre tante en s'en tenant là ?

Elle le considéra pensivement de ses grands yeux tristes, après qu'il eut dit ces mots et son aspect prouvait que Wildeve n'était pas le seul dans la pièce qu'accablât le malheur d'être trop sensible. Voyant qu'il lui avait vraiment fait de la peine, il parut troublé et ajouta :

— C'est une remarque en passant que je fais là, vous comprenez. Je n'ai pas la moindre envie de renoncer à vous épouser, ma Tamsine. Je ne pourrais pas le supporter.

— Non, n'est-ce pas ? Vous ne pourriez pas, je le sais ! dit la charmante fille avec animation. Vous qui ne pouvez pas supporter de voir souffrir même un insecte, ni d'entendre un bruit désagréable, ni même de sentir une mauvaise odeur, vous ne voudriez pas nous causer longtemps du chagrin, à moi et aux miens !

— Certainement non, si je peux l'éviter.

— C'est juré, Damon ? votre main, fit-elle.

Il lui tendit la main avec indifférence.

— Allons bon, qu'est-ce que c'est que ça ? dit-il soudain.

Ils entendirent alors le bruit de plusieurs voix chantant devant la porte d'entrée. Dans ce chœur deux voix surtout se faisaient remarquer : une très forte et très grave, l'autre aiguë et chevrotante. Thomasine les reconnut comme appartenant, la première à Timothée Fairway, la seconde au grand-père Cantle.

— Qu'est-ce qu'il y a ? dit-elle en levant sur Wildeve des regards effrayés. On ne vient pas nous faire charivari, j'espère ?

— Mais non ! Les gens de la lande viennent nous offrir leurs vœux, parbleu ! C'est intolérable. Et il se mit à aller et à venir par la pièce avec fureur, tandis qu'au dehors les autres chantaient joyeusement :

« Tu es ? », lui dit-il, « la joie de mon âme »,
« Mon bonheur serait de t'avoir pour femme. »
Devant le pasteur ils s'en sont allés.
Sue était contente et Will oublié.
Il l'a embrassée et sur lui assise.
Elle était sa femme et plus sa promise ;
Et bien vainement, dans tout le comté,
Plus heureux que lui on aurait cherché !

Mrs Yeobright accourut de la petite pièce du fond.

— Tamsine ! Tamsine ! s'écria-t-elle en lançant un regard indigné à Wildeve, voilà bien un autre affront ! Venez ! Sauvons-nous tout de suite !

Il était malheureusement trop tard pour s'échapper par le couloir : des coups sonores ébranlaient la porte d'entrée. Wildeve, qui s'était penché à la fenêtre, revint vers ses visiteuses.

— Attendez ! dit-il impérieusement en posant sa main sur le bras de Mrs Yeobright. C'est un siège en règle. Ils sont là une trentaine. Restez avec Tamsine dans la petite salle du fond, pendant que j'irai les recevoir et jusqu'à ce qu'ils soient partis, pour qu'ils croient que tout va bien. Allons, Tamsine, ne vous mettez pas dans un état pareil, chérie. Vous comprenez bien qu'après cela nous ne pouvons que nous marier. Tenez-vous bien tranquilles pendant que je vais m'occuper de ces gens... Bande d'idiots ! Ils ne pourraient pas se mêler de leurs affaires ?

Il installa de force la jeune fille dans la petite salle, traversa la grande salle, où il l'avait entretenue à part, ouvrit la porte qui donnait sur le corridor. Apparut le grand-père Cantle, qui avait déjà pénétré dans l'auberge mais continuait de chanter avec les autres demeurés dehors. Il entra dans la salle, salua distraitement Wildeve d'un signe de tête en demeurant tout absorbé par son chant. Une fois le couplet achevé, il lança avec chaleur : « Bonheur et longue vie aux nouveaux mariés et que Dieu les bénisse ! »

— Merci ! dit Wildeve froidement, le visage aussi sombre qu'un ciel d'orage.

À la suite du vieux Cantle, pénétrait maintenant tout le groupe : Fairway, Christian, Sam, le coupeur de tourbe, Humphrey et une douzaine d'autres. Tous adressèrent et à Wildeve et aux tables et chaises de la salle un sourire d'amitié généralisé.

— Ma foi, maîtresse Yeobright est arrivée avant nous, on dirait, fit Fairway apercevant la capote de la matrone à travers la cloison vitrée qui séparait la salle où le groupe avait été admis du cabinet où se trouvaient les deux femmes.

— Et je vois la petite tête de la mariée ! dit le vieux Cantle, regardant du même côté et distinguant Thomasine assise près de sa tante dans une attitude gauche et misérable. Elle se sent pas encore tout à fait chez elle…, mais elle a tout le temps pour s'habituer !

Wildeve ne répondit pas et, pensant que plus tôt il régalerait les fâcheux, plus tôt il en serait débarrassé, il saisit une cruche de grès – laquelle parut aussitôt dispenser la chaleur et la joie.

— C'est de la bonne et de la meilleure, cet'goutte-là, on dirait, fit le grand-père Cantle de l'air d'un homme de trop bonnes manières pour laisser voir sa hâte gourmande.

— C'est du vieil hydromel, dit Wildeve. J'espère que vous le trouverez à votre goût.

— Pour sûr ! répondirent les autres, de cette voix bien chaude et bien sincère qu'on prend lorsque les mots requis par la politesse coïncident avec les convictions profondes. Y a pas meilleure boisson sous le soleil.

— Sûr et certain, y a pas meilleure ! renchérit le grand-père Cantle. La seule chose qu'on puisse dire contre, c'est qu'elle monte un brin à la tête… Mais, Dieu merci, c'est demain dimanche !

— Une fois, j'en ai bu et je me suis senti aussi vaillant qu'un soldat, dit Christian.

— Eh bien, vous allez vous sentir encore aussi vaillant qu'un soldat, fit Wildeve avec condescendance. Des gobelets ou des verres, messieurs ?

— Ben, si vous le permettez, nous boirons à la cruche. C'est mieux que d'y aller goutte à goutte.

— Au diable, les verres, dit le vieux Cantle ; c'est tout glissant et ça peut même pas se mettre au chaud dans la cendre. Pas vrai, voisins ?

— T'as raison, l'ancien, dit Sam, et la cruche d'hydromel circula.

— Ma foi, déclara Timothée Fairway, sentant de son devoir d'exprimer des louanges, vous voilà le mari d'une femme qu'est un vrai diamant, Mr Wildeve. Tel que je vous le dis. Oui, poursuivit-il, s'adressant au grand-père Cantle, mais en élevant la voix pour être entendu de la pièce voisine, son père (ici l'orateur inclina la tête vers la cloison), son père était le meilleur des hommes. L'était toujours prêt à protester contre les méchantes menées. Et quand il y avait une fête dans un village, fallait le voir marcher en tête des cortèges en jouant de la clarinette, comme s'il en avait joué toute sa vie. Et puis, une fois devant la porte de l'église, v'là qu'il jetait sa clarinette, grimpait dans la galerie et empoignait la basse de viole et, ring et rang, que vous auriez dit qu'il en avait joué toute sa vie ! Ah, y en avait pas deux comme lui, non !

— J'en ai souvenance, dit le coupeur d'ajoncs. C'était à n'y pas croire, que le même gars tienne la viole et fasse marcher ses doigts sans se tromper.

— C'était à l'église de Kingsbere qu'il fallait l'entendre, reprit Fairway, du ton du narrateur qui attaque un nouveau filon dans la même veine d'anecdotes.

Wildeve soupira, en homme qui se morfond intolérablement, et jeta, à travers les vitres, un regard vers les prisonnières.

— Il y allait quéquefois le dimanche après-midi retrouver son vieil ami Andrew Brown, qu'était la première clarinette de l'endroit, et, pour qu'Andrew fasse de temps en temps un petit somme, le voisin Yeobright prenait parfois la clarinette, en bonne amitié.

— En bonne amitié, répéta le vieux Cantle, les autres exprimant leur approbation par de brefs hochements de tête.

— Et le voisin Yeobright avait pas plutôt soufflé dans la clarinette d'Andrew que tous les fidèles sentaient qu'une grande âme était dans l'église. Toutes les têtes se tournaient. « Ah, je savais bien que c'était lui ! », qu'on disait. Et le jour que le voisin Yeobright avait apporté sa basse de viole et qu'il a joué avec tant de cœur que tous les vitraux de l'église tremblaient et que le vieux pasteur Williams y levait les mains au ciel dans son grand surplis comme qui dirait : « Ah, si on pouvait avoir le pareil dans la paroisse ! » Mais l'avait nulle part son pareil, le voisin Yeobright !

— C'était ben le dernier qu'on se serait attendu à voir passer dans la force de l'âge, remarqua Humphrey.

— Ah, le pauvre ! Il penchait bien vers la terre quelques mois avant de passer, répliqua Fairway. C'était dans le temps que les femmes faisaient la course pour gagner des robes en pièce ou des chemises à la foire de Greenhill, et celle qu'est maintenant ma femme avait couru avec les autres. C'est que c'était un petit brin de fillette aux longues jambes, alors. Pour ce qui était de bien trotter, elle trottait bien, avant de devenir si lourde. « Qu'est-ce que tu as gagné, ma mie ? », que je lui ai demandé au retour (nous commencions tout juste à nous fréquenter). « J'ai gagné une… de quoi me faire une… robe », qu'elle me répond, et la v'là toute rouge. « Que je sois pendu si ça n'est pas de quoi se faire une chemise », que je me suis dit, et j'avais raison… Ah, quand je pense aux choses qu'elle craint point de me dire maintenant, et sans qu'un brin de rouge lui monte, ça semble drôle qu'elle ait pas voulu en dire si peu alors !… En tout cas, elle a dit (et c'est pour ça qu'je vous conte l'histoire) : « Que j'ai gagné de quoi me faire ce qui se met dessus ou ce qui se met dessous, ce que les yeux voient ou ce qui doivent point voir (elle s'y entendait à faire la modeste, de ce temps-là !), j'aurais mieux aimé perdre, qu'elle m'a dit, que de voir ce que j'ai vu : le pauvre maître Yeobright s'est trouvé tant malade au poteau d'arrivée qu'il est revenu chez lui. » Ça a été sa dernière sortie.

— Eh oui, il a baissé de jour en jour et il a passé, commenta un des hommes.

Il y eut un instant de solennel silence, puis Timothée Fairway regarda machinalement à travers la fenêtre sans rideau dont les volets n'étaient pas fermés et il dit : « Un brave petit feu de joie là-haut, devant chez le capitaine Vye ! Il brûle aussi clair que jamais. »

Tous les regards se portèrent sur la fenêtre et nul ne remarqua qu'une expression révélatrice, vite réprimée, avait passé sur le visage de Wildeve. À droite de

Rainbarrow, dans le lointain, dominant la vallée, tenace, le petit feu continuait de scintiller.

— Il a été allumé avant le nôtre, commenta Fairway, et tous les autres sont morts avant lui.

— Ça doit être signe de quelque chose, marmotta Christian.

— Signe de quoi ? demanda rudement Wildeve. Christian fut trop décontenancé pour répondre et Timothée vint à son secours.

— Il veut dire, monsieur, que la belle demoiselle aux yeux noirs qui vit là-haut toute seule et que d'aucuns disent sorcière (pour ma part j'appliquerai jamais ce vilain nom à un si beau brin de fille), elle avait peut-être son idée de derrière la tête en allumant ce feu-là.

— Sorcière ou pas ! Si elle voulait de moi, je dirais pas non et tant pis : je courrais le risque que ces beaux yeux sauvages-là me jettent le mauvais sort ! déclara, tout gaillard, le vieux Cantle.

— Oh, père ! C'est pas des choses à dire ! implora Christian.

— Ma foi, celui qui l'épousera aura un brave tableau dans sa salle, dit Fairway d'une voix aux tonalités liquides, en reposant la cruche d'hydromel après y avoir longuement bu.

— Et une femme qui sait autant de secrets que l'Étoile polaire, ajouta Sam, s'emparant à son tour de la cruche qu'il acheva de vider.

— Vraiment, faut nous en aller maintenant, conclut Humphrey, en remarquant que le récipient était à sec.

— Mais nous allons bien leur chanter un aut'couplet ? dit le vieux Cantle. J'me sens aussi plein de chansons qu'un oiseau !

— Merci, grand-père, dit Wildeve, ne prenez pas cette peine maintenant. Ce sera pour une autre fois… quand je vous inviterai à une fête.

— Pardieu, j'apprendrai dix nouvelles chansons pour l'occasion ou je n'en apprendrai pas une ! s'écria le vieux.

Après lui avoir souhaité longue vie et long bonheur, à grand renfort d'impitoyables redites, les chanteurs prirent enfin congé de leur hôte, accompagné par lui jusqu'à la porte au-delà de laquelle – montueuse et foncée – les attendait la lande. Elle étendait sous leurs pieds une ample nappe d'obscurité qui s'étirait en hauteur presque jusqu'au zénith, où le front menaçant de Rainbarrow était la première forme qui laissât nettement discerner son contour. En une file que guidait Sam, le coupeur de tourbe, les hommes plongèrent dans ces denses ténèbres où nul chemin n'était tracé.

Lorsque le grattement des ajoncs contre leurs jambières eut cessé de se faire entendre, Wildeve revint dans la pièce où il avait laissé Mrs Yeobright et Thomasine. Les deux femmes n'y étaient plus.

Elles ne pouvaient avoir quitté l'auberge que par une seule voie : la fenêtre qui donnait derrière la maison. Celle-ci était ouverte. Wildeve eut un petit rire, resta un moment rêveur et, languissamment, revint dans la salle du devant. Sur la cheminée, il vit une bouteille.

— Ah, le vin du vieux Dowden ! marmotta-t-il et, ouvrant la porte de la cuisine, il appela, mais n'obtint nulle réponse. L'unique serviteur de l'auberge était allé se coucher. Wildeve n'insista point, prit son chapeau, la bouteille et sortit de la maison en fermant la porte à clé, car il n'y avait à l'auberge nul voyageur cette nuit-là.

Comme il posait le pied sur la route, le petit feu de joie du Haut de Mistover scintilla de nouveau devant ses yeux.

— Toujours au poste, hein, ma belle ! murmura-t-il. Cependant, il ne prit pas tout de suite le chemin de Mistover, mais s'engagea dans une voie malaisée, mi-sente, mi-ornière, qui le conduisit à un cottage, lequel, semblable à toutes les habitations de la lande à cette heure, ne se distinguait de l'obscurité que grâce à la faible lueur qu'émettait la fenêtre d'une chambre à coucher. Ce cottage était celui d'Olly Dowden, la faiseuse de balais, et Wildeve y pénétra.

La salle d'en bas était dans l'obscurité, mais, à tâtons, Wildeve trouva une table, posa dessus la bouteille, puis sortit de nouveau sur la lande. Il se tint immobile, regardant le petit feu qui continuait de durer, bien au-dessus de lui, quoique au-dessous de Rainbarrow.

Il se tint ainsi longtemps, oppressé et perplexe, et finit par se dire avec fatalisme : « Par le ciel, il faut que j'y aille ! »

Au lieu de revenir chez lui, il se hâta au long d'un sentier qui contournait la base de Rainbarrow, vers cette lumière qui était évidemment un signal.

6

La silhouette qui s'était découpée sur le ciel

Quand l'emplacement du feu de joie fut abandonné et la lande rendue à sa solitude, une silhouette féminine étroitement enveloppée dans un châle, et qui venait de l'endroit où brûlait le petit feu, se dirigea vers Rainbarrow. L'homme au rouge aurait reconnu en elle la femme qui, au crépuscule, avait si singulièrement occupé le tumulus, puis disparu à l'approche des paysans. Elle monta à son ancien poste d'observation, où les braises rouges du feu mourant l'accueillirent comme des yeux demeurés vivants dans le corps de la journée éteinte. Et elle se tint là, immobile, avec, autour d'elle, l'étendue des cieux nocturnes dont l'obscurité, en quelque sorte transparente, aurait pu, comparée avec la noirceur totale des terres au-dessous, faire le point de départ d'une allégorie entre un péché véniel et un péché mortel.

Une stature élevée, une taille bien faite, l'élégance de la démarche et des mouvements – c'était tout ce que laissait deviner d'elle le grand châle plié en pointe qui l'enveloppait et le foulard qu'elle portait sur sa tête – foulard qui n'était point superflu en ce lieu et à cette heure.

Elle tournait le dos au vent qui soufflait du nord-ouest, sans qu'il fût encore possible de se rendre compte si c'était pour se protéger des froides rafales qui l'assaillaient sur cette hauteur ou parce que quelque chose l'intéressait dans la direction du sud-est.

On n'aurait pu décider, non plus, pour quelle raison elle demeurait ainsi, fixée comme un pivot au centre du pays. Son extraordinaire immobilité, sa solitude bien en évidence et son insouciance des ténèbres témoignaient, entre autres choses, qu'elle ignorait absolument la peur. Et cependant, ce pays de brumes et de légendes, inchangé depuis que César, chaque année, se hâtait d'en retirer ses légions avant le sinistre équinoxe d'automne, ne présentait point aux femmes un visage amical.

Il n'eût pas été absurde de supposer que cette personne écoutait le vent qui, à mesure que la nuit s'avançait, soufflait plus fort et s'emparait de l'attention – vent qui semblait vraiment fait pour ce lieu, comme ce lieu semblait fait pour cette heure. Une partie de sa mélopée était, en effet, absolument spéciale et ne se faisait entendre nulle part ailleurs. Venant du nord-ouest, se suivaient en modulant d'innombrables séries de rafales. Répercutée par les creux et les élévations du terrain, une voix du vent atteignait aux registres les plus graves ; une autre, en rencontrant un buisson de houx, donnait des notes de baryton ; et, moins sonore mais plus élevée de diapason, une voix tenue et un peu rauque persistait sans relâche dans son propre chant, qui était précisément le son local et tout à fait caractéristique auquel il a été fait allusion. Plus faible, moins immédiatement perçue que les deux autres, cette voix était cependant, des trois, la plus impressionnante. En elle résidait ce qu'on pourrait appeler la particularité linguistique de la lande et, ne pouvant être entendue nulle part sur terre que sur cette lande, elle offrait un semblant d'explication à l'état de tension qui persistait chez la femme inconnue.

Parmi les souffles plaintifs des rafales de novembre, cette note ressemblait beaucoup aux vestiges de chant qui peuvent sortir encore du gosier d'un nonagénaire. C'était un chuchotis usé, sec et parcheminé, et il effleurait si distinctement l'oreille que ceux qui y étaient accoutumés prenaient conscience, comme par le toucher, des particules de matière végétale qui expliquaient son existence et qui n'étaient ni tige, ni feuille, ni fruit, ni brin d'herbe, ni épine, ni lichen, ni mousse.

C'étaient les fleurs de bruyère de l'été passé qui, touchées par le vent, chuchotaient ainsi. Tendres et pourpres en leur belle saison, les pluies de la Saint-Michel les avaient décolorées, et desséchées les soleils d'octobre. Si bas était le son émis par une seule de ces clochettes momifiées, que le concours de plusieurs centaines d'entre elles arrivait à peine à rompre le silence et les myriades de celles qui peuplaient les pentes environnantes ne faisaient parvenir aux oreilles de la femme qu'un murmure fripé et monotone. Cependant, de toutes les modulations qui flottaient dans l'air de cette nuit, nulle ne possédait à pareil degré le pouvoir d'imposer le sentiment de son origine.

Un auditeur eût vu en imagination s'étendre à l'infini la multitude mélodieuse et il eût perçu, en même temps, que chacune des minuscules trompettes qui la composaient était saisie, embouchée et visitée par le vent, tout comme si elle eût été aussi vaste qu'un cratère.

« L'esprit était en elle »... Une interprétation de cette phrase s'imposait et les dispositions fétichistes d'un auditeur impressionnable eussent peut-être fini par faire place à des réactions moins primitives. Ce n'était plus la nappe de bruyère qui s'étendait à droite, ou celle qu'on avait à sa gauche, ou celle qu'on avait devant soi qui parlait, mais il semblait qu'un être unique parlât à travers toutes les fleurs fanées à la fois.

Soudain, sur le tumulus, monta et s'éteignit un son qui s'harmonisait si naturellement avec les accents sauvages de la nuit qu'à peine s'en distingua-t-il. La femme se faisait entendre à son tour, mais c'était en faisant sa partie dans l'ensemble, et la note qu'elle jeta aux vents s'entrelaça à eux et avec eux s'envola.

C'était un soupir prolongé qu'elle avait exhalé, causé sans doute par un souci se rattachant à sa présence en ce lieu. Soupir poussé avec un abandon convulsif, comme si le cerveau qui l'avait autorisé avait permis ce qu'il ne pouvait empêcher. Soupir qui prouvait, en tout cas, que jusqu'alors ce n'était point par langueur ou passivité que cette femme était demeurée immobile, mais par maîtrise de soi.

Lointaine au creux de la vallée, à la fenêtre de l'auberge, la faible lueur durait toujours et, après quelques instants, il devint incontestable que cette fenêtre occupait exclusivement la femme. Celle-ci, en effet, éleva sa main gauche qui tenait un télescope, de sa main droite détendit l'instrument, en personne accoutumée à cette manœuvre, et braqua la lunette dans la direction de la lumière qui brillait à l'auberge.

Ce geste fit glisser en arrière le foulard qui avait encapuchonné la tête de la femme. Sur le fond sombre et monochrome du ciel se dessina alors un profil : ce fut comme si les profils de Sapho et de Mrs Siddons s'étaient évadés de la tombe pour composer une image qui ne ressemblait vraiment ni à la poétesse grecque, ni à la tragédienne anglaise, mais évoquait les deux. Rapprochement au surplus tout superficiel : les traits d'un visage laissent bien, parfois, entrevoir quelque chose d'une personnalité, mais seules sont vraiment révélatrices les expressions qui, tour à tour, les animent, et ce qu'on appelle des « jeux de physionomie » aide beaucoup plus à pénétrer un caractère qu'un examen laborieux des détails et de l'ensemble d'un visage. Aussi la nuit ne laissait-elle pas deviner grand-chose de la créature qu'elle embrassait, puisqu'elle en dissimulait la mobilité d'expression.

La femme finit par renoncer à son espionnage, ferma le télescope et revint vers les braises mourantes. Celles-ci n'émettaient nulle lueur appréciable, à moins qu'un coup de vent exceptionnellement vif ne les ranimât un instant suscitant un éclat éphémère qui montait et s'effaçait comme le rouge aux joues d'une jeune fille. La femme se pencha au-dessus du silencieux rond de cendres et, choisissant une branche qui portait à son extrémité le plus gros des tisons encore vivants, l'emporta à l'endroit où elle venait de stationner.

Elle souffla sur le tison rouge jusqu'à ce que le sol fût suffisamment éclairé pour qu'apparût un petit objet qui se trouva être un sablier – cette femme portait cependant une montre. Elle souffla assez longtemps pour distinguer que le sable avait complètement glissé d'un côté du sablier dans l'autre.

— Ah ? fit-elle, comme surprise.

Son souffle n'avait suscité qu'un rougeoiement capricieux qui l'avait éclairée brièvement et à peine au visage, révélant seulement deux lèvres sans rivales et une joue.

Au long de la crête des collines, courait un sentier à peine tracé qu'elle suivit. Ceux qui le connaissaient bien appelaient ce sentier un chemin et, alors qu'un étranger ne l'eût pas remarqué en plein jour, un habitué de la lande n'était pas embarrassé pour le retrouver à minuit.

Le secret qui permet de suivre ces semblants de chemins, quand il fait trop sombre pour distinguer une grand-route, gît dans un développement du toucher par la plante des pieds, qui s'acquiert après des années de vagabondages en des lieux peu fréquentés. Pour un piéton bien exercé, la différence entre un terrain vierge et un sol foulé par des pas est perceptible à travers les semelles les plus épaisses.

La silhouette solitaire qui avançait sur cette voie ne prêtait point attention aux mélodies que le vent continuait de tirer des clochettes mortes des fleurs de bruyère. Elle ne tourna point la tête pour regarder un groupe d'animaux sombres qui se débanda en hâte comme elle côtoyait un ravin où ils paissaient : c'était une dizaine de petits poulains sauvages, dits brouteurs de bruyère. Ils erraient en liberté sur les étendues montueuses d'Egdon, mais en trop petit nombre pour en entamer la solitude.

La promeneuse ne remarquait vraiment rien de ce qui l'environnait et un menu incident en fournit bien la preuve : une ronce agrippa sa jupe, arrêta sa marche. Au lieu de s'en débarrasser et de poursuivre son chemin, elle se laissa retenir et demeura un instant debout, absente et passive. Quand elle se dégagea, ce fut en tournant sur elle-même pour dérouler le lasso piquant. Une triste rêverie la possédait entièrement.

Elle se dirigeait vers le petit feu tenace qui avait attiré l'attention de Wildeve et des chanteurs. Des rayons lumineux la frappèrent bientôt au visage, puis le feu lui-même apparut.

Il ne brûlait pas à même le sol, mais sur une petite éminence, à la jonction de deux des bancs de terre durcie qui servaient de clôture à un domaine. Au pied de cette enceinte, régnait un fossé desséché, sauf à l'endroit situé immédiatement au-dessous du bûcher ; là, il s'élargissait, formant une petite mare aux bords hérissés d'ajoncs et de bruyère. Dans l'eau lisse de cette mare, le feu se répétait à l'envers.

Il n'y avait point de haie sur les bancs de terre durcie : des touffes d'ajoncs en tenaient lieu, qui se dressaient sur leurs tiges de loin en loin, à intervalles irréguliers, comme les têtes de corps empalés au-dessus des murs d'une cité. Un mât peint en blanc, des vergues, tout un attirail nautique se dressaient vaguement sur le ciel noir, toutes les fois que les flammes flambaient assez clair. Dans l'ensemble, ce tableau représentait assez bien des fortifications sur lesquelles on eût entretenu un feu de camp.

On ne voyait personne, mais, de temps à autre, quelque chose de blanc se mouvait au-dessus du talus, puis disparaissait. C'était une petite main humaine en train de mettre du bois dans le feu, mais, d'après les apparences, cette main – semblable à celle qui interrompit le festin de Balthazar – était unique. Parfois un tison dévalait le talus et tombait dans la mare avec un sifflement.

Sur un des côtés de la mare, un grossier escalier de terre durcie permettait à qui en avait envie d'escalader la clôture, ce que fit la promeneuse. Du haut du talus elle domina alors un enclos en friche. Cet enclos avait évidemment été cultivé autrefois, mais la fougère et la bruyère s'étaient insidieusement glissées sur leur ancien terrain et, peu à peu, l'avaient reconquis. Dans le fond, on entrevoyait une maison d'habitation aux contours irréguliers, un jardin, des dépendances et quelques bouquets de sapins.

La jeune femme – en bondissant légèrement d'un degré de l'escalier sur l'autre, l'inconnue avait révélé sa jeunesse – marcha sur le sommet du banc de terre, au lieu de descendre dans l'enclos, et parvint à l'angle où brûlait le feu. Une des raisons de la permanence de la flamme fut alors manifeste : le combustible employé consistait en durs morceaux de bois sciés qui venaient des vieux arbres noueux et épineux qui, deux par deux ou trois par trois, poussaient sur les collines. Une pile intacte de ces bûches se dressait à l'intérieur de l'angle et, proche d'elle, le visage levé d'un petit garçon accueillit la jeune femme. L'enfant jetait sans entrain une bûche dans le brasier et sans doute avait-il été occupé à cette besogne une bonne partie de la soirée, car il avait l'air assez las.

— Je suis content que vous soyez revenue, mams'el Eustacia, dit-il avec un soupir de soulagement. Je n'aime guère rester ici tout seul.

— Oh, voyons ! Je me suis à peine éloignée de quelques pas, pendant peut-être vingt minutes !

— Ça m'a paru long, murmura tristement le petit, et puis c'était pas la première fois de ce soir…

— Et moi qui croyais que tu serais si content d'avoir un feu de joie !

— Je suis content, mais il n'y a personne pour s'y amuser avec moi.

— Personne n'est venu pendant que je n'étais pas là, sans doute ?

— Non, seulement votre grand-père. Je lui ai dit que vous étiez allée jusque sur la colline pour voir les autres feux de joie.

— Bien, tu es un petit garçon très sage.

— Tenez, le voilà qui revient, mams'el.

Un vieillard s'approchait en effet, venant de la maison : celui qui, au crépuscule, avait joint l'homme au rouge sur la grand-route. Il regarda pensivement la jeune femme, toujours debout sur le talus, et ses dents, encore intactes, brillèrent entre ses lèvres comme des morceaux de marbre.

— Allez-vous bientôt rentrer, Tacha ? demanda-t-il. Il est temps de se coucher. Il y a deux heures que je vous attends et je suis fatigué ce soir. C'est enfantin de vous amuser si longtemps avec vos feux de joie et vous gaspillez tout mon bois ! Ces bonnes bûches que j'avais précieusement mises de côté pour Noël, vous les avez presque toutes brûlées !

— J'avais promis un feu de joie à Johnny et il ne veut pas le laisser éteindre encore, répondit Eustacia d'un ton qui prouvait qu'elle était reine dans la maison. Allez vous coucher, je ne tarderai pas à faire de même. Tu es content d'avoir eu un bon feu, n'est-ce pas, Johnny ?

L'enfant la regarda d'un air de doute et répondit :

— Je crois que j'en ai assez…

Le grand-père, qui tournait déjà le dos, n'entendit pas cette réponse. Quand il ne fut plus en vue, la jeune fille s'adressa à l'enfant d'un ton dépité.

— En voilà un petit ingrat ! Me contredire ainsi ! Tu n'auras plus jamais de feu de joie, si tu ne continues pas d'entretenir celui-ci. Allons, dis-le bien vite que tu aimes me faire plaisir ?

Ainsi pris à partie, l'enfant répondit : « Oui, mams'el », et continua docilement de tisonner.

— Reste encore un peu et je te donnerai une pièce de six pence porte-bonheur, dit Eustacia plus doucement.

Mets du bois au feu toutes les deux ou trois minutes, mais pas trop à la fois. Je vais me promener encore un peu, mais tout près, et je reviendrai à tout moment te voir. Et si tu entends une grenouille sauter dans la mare avec le bruit que ferait une pierre, il faudra bien vite venir me le dire, parce que ce serait signe de pluie.

— Oui, Eustacia.

— On dit : « Oui, miss Vye », monsieur.

— Oui, miss V… Stacia.

— Bien. Maintenant jette une nouvelle bûche. Le petit esclave continua d'entretenir le feu comme devant. On aurait dit un automate mis en mouvement par la volonté de la capricieuse Eustacia.

Avant de reprendre sa promenade, la jeune fille se tint immobile sur le talus pendant quelques instants, aux écoutes. L'endroit était aussi solitaire que Rainbarrow, s'il était moins élevé, et il était plus abrité du vent et des intempéries, grâce aux quelques sapins qui s'y dressaient au nord. La clôture qui encerclait le domaine et l'isolait du sauvage monde extérieur était faite d'épaisses mottes de terre extraites du fossé : avec son flanc en pente, elle constituait une barrière appréciable dans un pays où les haies ne poussent point à cause du vent, où des matériaux pour construire un mur sont introuvables. Néanmoins, l'endroit était parfaitement découvert et commandait toute l'étendue de la vallée qui s'étendait jusqu'à la rivière, derrière la maison de Wildeve. À droite, dominant de haut le paysage et beaucoup plus proche que l'auberge de la Femme tranquille, les contours indistincts de Rainbarrow obstruaient le ciel.

Après avoir attentivement considéré les pentes incultes et les ravines profondes, un geste d'impatience échappa à Eustacia. À plusieurs reprises, elle prononça à mi-voix des mots de protestation et de dépit.

Mais il y avait des soupirs entre ces mots et elle interrompit soudain ces soupirs pour prêter l'oreille. Descendant de son poste d'observation, lentement elle se dirigea de nouveau vers le tumulus ; mais, bientôt, elle revint sur ses pas.

Par deux fois et à de courts intervalles, le petit garçon la vit réapparaître et chaque fois elle lui demanda :

— Est-ce qu'il n'y a pas encore eu de « floc » dans la mare, mon petit ? Et l'enfant répondit :

— Non, mams'el Eustacia.

— Eh bien, finit-elle par dire, je vais bientôt rentrer. Tu auras ta pièce porte-bonheur et tu pourras revenir chez toi.

— Merci, mams'el, dit l'enfant fatigué, qui respira plus librement, et Eustacia, une fois de plus, s'éloigna du feu. Mais elle ne prit pas le chemin de Rainbarrow ; elle suivit le talus, contourna l'enclos et se trouva près d'une barrière blanche qui fermait le domaine devant la maison. Là, elle s'immobilisa une fois encore.

Elle voyait, à une cinquantaine de mètres, l'angle que surmontait le feu. À l'intérieur de l'enclos se mouvait l'enfant. Quelquefois, il grimpait sur le talus et se tenait près du brasier. Le vent s'élevait, faisant aller dans la même direction la fumée du feu, la chevelure et le tablier du petit. Le vent tombait : le tablier et la chevelure ne bougeaient plus et la fumée de nouveau s'élevait toute droite.

Tandis qu'Eustacia le regardait ainsi de loin, l'enfant tressaillit et se mit en devoir de courir vers la barrière blanche.

— Qu'y a-t-il ? lui demanda la jeune fille.

— Une grenouille a sauté dans la mare ! Oui, je l'ai bien entendue !

— Alors, il va pleuvoir et il vaut mieux que tu rentres.

Elle parlait d'une voix étranglée, comme si son cœur, aux mots de l'enfant, lui avait sauté dans la gorge.

— Tu n'auras pas peur ?

— Non, pas avec mes six pence…

— C'est vrai. Les voilà. Et maintenant, cours, sauve-toi. Non, pas par ici. Traverse le jardin. Aucun petit garçon n'aura eu ce soir un feu comme le tien !

L'enfant s'éloigna avec un plaisir manifeste. Quand il fut parti, Eustacia laissa son télescope et son sablier près de la barrière, s'élança vers l'angle sur lequel brûlait le feu et, à l'abri du talus, attendit. Au bout de quelques instants, un « ploc » retentit. Le petit garçon aurait déclaré qu'une seconde grenouille avait sauté dans la mare, mais la plupart des gens auraient pensé qu'une pierre venait d'être lancée dans l'eau. Eustacia monta sur le talus.

— Oui ? fit-elle en retenant son souffle.

Sur ce, une forme masculine se dessina vaguement sur le ciel. Le nouveau venu contourna la mare et sauta sur le mur de terre près de la jeune fille. Celle-ci laissa échapper un petit rire bas : pour la troisième fois, elle donnait une expression à ses sentiments ce soir-là. La première fois, sur le tumulus, elle s'était permis un soupir qui exprimait l'anxiété ; ensuite, elle en avait poussé un autre, qui exprimait l'impatience ; son petit rire, maintenant, était de plaisir et de triomphe. Sans parler, elle contemplait l'homme avec des yeux joyeux, comme une chose merveilleuse qu'elle eût su tirer du néant.

— Me voilà, dit l'homme, qui était Wildeve. Vous ne pouvez donc pas me laisser en repos ? J'ai vu brûler votre feu toute la soirée. Ces paroles n'étaient pas dénuées d'émotion, et, si elles conservaient un ton uni, c'était comme par l'effet d'un effort soigneusement calculé pour maintenir à distance égale deux sentiments pressants et extrêmes.

Ces manières distantes, qu'elle n'attendait point, semblèrent pousser la jeune fille à se contenir elle aussi.

— Bien entendu, vous l'avez vu, mon feu, répondit-elle avec un calme et une nonchalance affectés. Pourquoi n'aurais-je pas mon feu le 5 novembre, comme tous les habitants de la lande ?

— Je savais que vous l'aviez allumé pour moi.

— Et comment le saviez-vous ? répliqua-t-elle. Je ne vous ai pas dit un mot depuis que… vous l'avez choisie, elle, et que vous m'avez abandonnée, comme si je n'avais jamais été à vous de toute mon âme et sans retour !

— Eustacia ! Pouvais-je oublier que l'année dernière, à la même date du même mois, vous avez allumé à cette même place un feu semblable, comme un signal pour m'appeler vers vous ? Pourquoi y aurait-il eu un feu devant la maison du capitaine Vye, sinon pour m'appeler encore ?

— Oui, oui, je le reconnais, c'était pour vous appeler, fit-elle à voix basse avec une ferveur voilée qui lui était propre. Ne recommencez pas à me parler comme vous l'avez fait, Damon, ou vous me forceriez à vous dire des paroles que je regretterais. J'avais renoncé à vous, j'avais décidé que je vous oublierais. Mais j'ai appris la nouvelle et j'ai allumé le feu, parce que j'ai pensé que vous m'étiez demeuré fidèle.

— Quelle nouvelle avez-vous apprise ? interrogea Wildeve stupéfait.

— La nouvelle que vous ne l'avez pas épousée ! murmura la jeune fille, triomphante, et j'ai compris que cela vous avait été impossible parce que vous me préférez à elle… Damon, vous avez été bien cruel de m'abandonner, j'avais dit que je ne vous pardonnerais jamais… et d'ailleurs je ne vous pardonne pas encore tout à fait… non…

— Si j'avais su que c'était pour me faire des reproches que vous m'appeliez, je ne serais pas venu, fit-il.

— Oh ! mais je vous pardonne… Si… puisque vous ne l'avez pas épousée et que vous revenez à moi !

— Qui vous a dit que je ne l'avais pas épousée ?

— Mon grand-père. Il est allé aujourd'hui faire une longue promenade et, comme il revenait à la maison, on lui a parlé sur la route d'un mariage cassé : il a pensé que c'était peut-être le vôtre et moi j'en étais sûre.

— Y a-t-il d'autres personnes qui le sachent ?

— Je ne pense pas. Vous comprenez maintenant pourquoi j'ai allumé le signal, Damon ? Vous ne supposez pas que je vous aurais appelé si je vous avais cru le mari de cette femme, je pense ?

L'autre garda le silence. Évidemment, il l'avait bel et bien supposé.

— Quoi ? Vous imaginez vraiment que je vous croyais marié ? demanda-t-elle vivement. C'était mal me connaître ! Oh ! C'est affreux de penser que vous avez eu sur moi des idées pareilles ! Damon, vous n'êtes pas digne de moi, je le sais bien, et pourtant je vous aime ! Tant pis, allez ! dites ! je me ferai à la triste opinion que vous aviez pu vous faire de moi… Est-ce vrai ou non ? ajouta-t-elle avec une anxiété mal dissimulée, comme il continuait à ne faire aucun signe. Est-ce vrai ou non, que vous n'avez pas pu vous décider à renoncer à moi ? que vous m'aimez toujours par-dessus tout ?

— Certainement, c'est vrai ; sinon, pourquoi serais-je venu ? fit-il avec humeur. D'ailleurs, ma fidélité ne peut être cotée bien haut, après le petit discours que vous venez de tenir sur mon indignité… C'était à moi de le prononcer ou à personne, et il avait mauvaise grâce, venant de vous. Enfin, je ne sais pas résister aux femmes, c'est mon malheur ; il faut bien que j'accepte leurs rebuffades… À cause des femmes, je suis déjà descendu du métier d'ingénieur à celui d'aubergiste. Jusqu'où descendrai-je encore ? C'est ce qu'il me reste à apprendre.

Et il continua à la considérer d'un air morne.

Elle saisit cet instant, rejeta en arrière son châle de manière à laisser la lueur du feu tomber d'aplomb sur son visage et sur sa gorge, et dit avec un sourire :

— Avez-vous vu une plus belle tête dans tous vos voyages ? Eustacia n'était point femme à risquer cette carte sans de bonnes certitudes. Il dit tranquillement :

— Non.

— Pas même sur les épaules de Thomasine ?

— Thomasine est une pure et charmante enfant.

— Qu'importe ! s'écria-t-elle avec une vivacité passionnée. Laissons-la hors de la question. Pensons seulement à vous et à moi !

Après l'avoir longuement regardé, elle reprit, avec son ardeur contenue, si particulière :

— Faudra-t-il que je vous avoue ces choses qu'une femme doit tenir cachées, que je vous dise qu'aucun mot ne saurait exprimer mon abattement en face de cette certitude terrible qui m'a torturée jusqu'à ces deux dernières heures : la certitude d'être à jamais délaissée ?

— Je suis fâché de vous avoir fait tant de peine, fit-il.

— Mais peut-être que ce n'est pas seulement à cause de vous que j'ai été si triste, ajouta-t-elle avec malice. C'est dans ma nature d'avoir des accès de tristesse.

— Neurasthénique ?

— Ou bien ce n'est pas vraiment dans ma nature, c'est la vie dans cette lande perdue qui me rend ainsi. Je ne m'ennuyais pas à Budemouth. Oh, les jours de Budemouth ! Mais Egdon va retrouver ses beaux jours, maintenant !

— Espérons-le, dit Wildeve, sombre. Avez-vous réfléchi, bien-aimée d'hier, aux conséquences de votre appel ? Je reviendrai vous voir aussi souvent qu'autrefois à Rainbarrow.

— Naturellement.

— Et cependant je vous assure que, jusqu'à ce que je me sois retrouvé ici ce soir, je croyais bien que notre dernier adieu était définitif… J'avais bien pris la résolution de ne plus vous revoir.

— Très aimable à vous de me le dire, fit-elle en se détournant de lui, tandis que l'indignation l'envahissait comme une onde de chaleur. Revenez à Rainbarrow si vous voulez, mais vous ne m'y trouverez pas : vous pourrez m'implorer, je ne vous écouterai pas ; vous pourrez me tenter, je ne vous céderai plus.

— Vous m'avez déjà dit des choses pareilles, ma chère petite, mais on ne tient pas facilement sa parole avec une nature comme la vôtre, ni avec une nature comme la mienne, d'ailleurs…

— Voilà ce que je gagne pour ma peine, chuchota-t-elle amèrement. Pourquoi ai-je essayé de vous reprendre, Damon ? Je suis souvent la proie d'une lutte étrange, souvent je pense, quand je redeviens calme après que vous m'ayez blessée, que mon amour est peut-être un lambeau du plus commun des brouillards que je cherche à étreindre. Vous êtes changeant comme un caméléon et, en ce moment, vous avez pris la plus laide de vos couleurs. Allez-vous-en, si vous ne voulez pas que je vous déteste !

Distraitement, il tint ses regards fixés sur Rainbarrow pendant une bonne demi-minute et finit par dire, comme si tout cela lui importait peu :

— Eh bien oui, je vais m'en aller. Nous reverrons-nous ?

— Oui, si vous reconnaissez que votre mariage a bien été brisé parce que c'est moi que vous préférez.

— Mais l'aveu ne serait pas de bonne politique, protesta Wildeve en souriant. Ce serait trop vous laisser connaître l'étendue de votre pouvoir.

— Dites-le-moi quand même.

— Vous le savez bien.

— Où est-elle maintenant ?

— Je ne sais pas. J'aime mieux ne pas vous parler d'elle. Je ne l'ai pas encore épousée et j'ai obéi à votre appel. Que voulez-vous de plus ?

— C'est parce que je m'ennuyais que j'ai allumé ce feu, déclara-t-elle alors ; parce que je m'ennuyais et que j'ai pensé qu'il serait amusant de vous attirer ici et de triompher de vous, j'ai décidé que vous viendriez et vous êtes venu. J'ai constaté le pouvoir que j'ai sur vous : un mille et demi pour venir et un mille et demi pour vous en retourner : trois milles dans la nuit pour l'amour de moi ! Ne l'ai-je pas bien montré, mon pouvoir ?

Il hocha la tête.

— Je vous connais trop bien, mon Eustacia, je vous connais trop bien, fit-il. Passionnée et palpitante Eustacia ! Mais vous êtes incapable de combiner à froid ce genre de tours, en irait-il de votre vie ! À la tombée de la nuit, j'ai vu une femme qui regardait vers ma maison. Il me semble que vous vous êtes dérangée pour moi avant que je ne me dérange pour vous.

Les cendres d'une ancienne passion se ravivaient clairement en Wildeve maintenant et il pencha son visage vers la joue d'Eustacia.

— Oh, non ! dit-elle, inébranlable, et elle passa de l'autre côté du feu qui déclinait. Non !

— Puis-je baiser votre main ?

— Non, je ne veux pas.

— Laissez-moi au moins la serrer ?

— Non.

— Alors, je n'insiste pas. Je me contente de vous souhaiter une bonne nuit.

Eustacia se tut et, avec un salut de maître de danse, Wildeve passa de l'autre côté de la mare et s'évanouit aussi subitement qu'il avait surgi.

Eustacia soupira, non d'un fragile soupir de jeune fille, mais d'un soupir qui la secouait comme un frisson. Toutes les fois qu'un éclair de raison dirigeait sur Wildeve comme une lueur électrique qui accusait les imperfections de cet homme, Eustacia frissonnait ainsi. Mais une seconde après, elle s'était ressaisie et continuait d'aimer. Elle savait qu'il se jouait d'elle et elle continuait d'aimer. Elle éparpilla les brandons à demiconsumés, rentra immédiatement après dans la maison, monta sans lumière à sa chambre. Aux froissements d'étoffes qui dénotaient qu'elle se déshabillait, de nouveaux soupirs se mêlèrent fréquemment dans l'obscurité et le même frisson de temps à autre la secoua quand, un peu plus tard, elle fut étendue et endormie sur son lit.

7

Reine de la nuit

Il y avait en Eustacia Vye une divinité à l'état brut : un peu d'apprêt et elle eût fort convenablement tenu sa place dans l'Olympe. Elle possédait les qualités d'une déesse modèle, c'est-à-dire non tout à fait celles d'une femme modèle. S'il avait été possible que, pendant un temps, elle tînt l'humanité à sa merci, s'il lui avait été donné de manier à sa guise la quenouille, le fuseau et les ciseaux des Parques – peu de mortels eussent remarqué un changement de gouvernement. Il y aurait eu la même inégalité dans les sorts, le même entassement, ici de faveurs, là d'outrages, la même générosité ignorante de la justice, les mêmes perpétuels dilemmes, la même alternative de caresses et de coups que nous endurons maintenant.

Physiquement, elle était d'une beauté sculpturale et peut-être un peu lourde, ni colorée, ni pâle, et douce au toucher comme un nuage. Voir ses cheveux était décider que tout un hiver n'aurait pas eu assez d'obscurité pour leur fournir une ombre : ils se massaient sur son front comme la nuit recouvre les lueurs du couchant.

Dans ces tresses, les nerfs d'Eustacia paraissaient avoir des prolongements ; il suffisait de les caresser pour que la jeune fille s'apaisât, quelle que fût son humeur.

Lorsqu'on lui brossait les cheveux, elle tombait aussitôt dans une immobilité de sphinx. Si, lorsqu'elle se promenait dans la lande, une de ses mèches épaisses était frôlée, ainsi qu'il arrivait parfois, par une touffe râpeuse de l'*Ulex Europaeus* – qui joue les brosses à cheveux – elle revenait sur ses pas et une deuxième fois passait contre le même buisson.

Elle avait des yeux païens, pleins de mystères nocturnes, et, tandis qu'ils scintillaient et se voilaient tour à tour, leur éclat était offusqué par de lourdes paupières aux cils épais. Ses paupières inférieures étaient beaucoup plus pleines qu'il n'est habituel chez les Anglaises et cette particularité lui permettait de s'absorber dans une rêverie sans qu'il parût : on aurait même pu croire qu'elle pouvait dormir sans tout à fait les fermer. En admettant que les âmes des hommes et des femmes fussent d'essence visible, vous auriez attribué à l'âme d'Eustacia la couleur de la flamme et les étincelles qui brillaient dans ses yeux auraient affermi cette impression.

Sa bouche semblait faite moins pour la parole que pour le frémissement, moins pour le frémissement que pour le baiser. D'aucuns eussent ajouté sans doute : moins pour le baiser que pour des moues de dédain. Fermée et vue de profil, cette bouche prenait avec une précision quasi géométrique le modelé d'une cimaise et, dans le rude pays d'Egdon, une courbe aussi impeccable et aussi flexible faisait véritablement l'effet d'une apparition. On sentait tout de suite que cette bouche n'était pas venue du Sleswig avec une bande de ces pirates saxons dont les lèvres se joignaient comme les deux bords d'une épaisse galette double. On avait toujours imaginé que pareils contours de lèvres se dissimulaient surtout dans la terre des pays du ligne que, bien qu'elles fussent charnues, leurs coins avaient un fini aussi net que la pointe d'une pique. La finesse aiguë de ces coins s'émoussait seulement quand Eustacia devenait la proie d'un de ses soudains accès de noire mélancolie – phase nocturne des sentiments qu'elle connaissait trop bien pour son âge.

Sa présence évoquait les roses Bourbon, les rubis, les nuits tropicales ; sa démarche, le flux et le reflux de la mer ; sa voix, les accents de l'alto. Dans une lumière voilée et au moyen de légères modifications dans sa coiffure, elle eût emprunté l'allure générale d'une des principales déesses. La nouvelle lune derrière sa tête, un casque sur son front ou un diadème improvisé de gouttes de rosée : ces accessoires eussent été suffisants pour qu'elle évoquât Artémis, Pallas ou Héra, avec peut-être plus de fidélité envers l'antique que ne le font un fourmillement d'attributs classiques sur maintes toiles respectées.

Mais cette hauteur impérieuse et toute céleste, l'amour, le courroux, la ferveur dont pouvait vibrer Eustacia se révélaient sans emploi dans ce pays d'Egdon qui tenait de l'Érèbe : la puissance de la belle créature y était limitée, et le sentiment qu'elle avait de ces limites avait considérablement influencé son développement. Egdon pour elle était l'Hadès et, depuis qu'elle y vivait, elle avait assimilé quelque chose du ton sombre de ce pays, bien qu'elle demeurât en discorde intime et ouverte avec lui. Son apparence s'harmonisait bien avec la rébellion qui la brûlait : la sombre splendeur de sa beauté offrait une surface appropriée à l'ardeur étouffée et triste qu'elle portait en elle. Une dignité d'impératrice des Ténèbres parait son front et n'avait rien de factice, car elle s'était développée tout naturellement au cours des années.

Un mince bandeau de velours noir maintenait sa luxuriante chevelure et rehaussait la majesté de son port.

« Rien n'embellit davantage un beau visage qu'un étroit ruban tendu sur le front », a dit Richter. Quelques jeunes filles du voisinage portaient, dans cet esprit, des rubans de couleur et aussi, par-ci par-là, quelques colifichets en métal. Mais si on parlait de rubans de couleur et d'ornements métalliques à Eustacia Vye, elle riait et passait son chemin.

Pourquoi une femme pareille vivait-elle sur la lande d'Egdon ? Elle n'était pas née dans la lande, mais à Budemouth, station balnéaire alors des plus à la mode. Son père – chef de musique d'un régiment qui avait là ses quartiers – était corfiote d'origine et bon musicien. Il avait rencontré la fille du capitaine Vye alors qu'elle faisait un court séjour dans la ville avec son père et l'avait épousée. Le capitaine, homme de bonne famille, n'aurait pas souhaité ce mariage, car les poches du chef de musique étaient aussi légères que ses occupations. Mais le musicien avait fait de son mieux pour contenter tout le monde : il avait adopté le nom de famille de sa femme et élu l'Angleterre pour y vivre à demeure ; s'était donné beaucoup de mal pour élever aussi bien que possible son enfant, avec l'argent fourni, à cette fin, par son beau-père ; avait, en somme, prospéré comme le meilleur musicien de l'endroit jusqu'à la mort de sa femme. Mais, une fois sa femme morte, il délaissa la musique, se mit à boire et mourut bientôt lui-même. Eustacia fut laissée aux soins de son grand-père qui, depuis qu'il s'était brisé trois côtes dans un naufrage, vivait en ce lieu haut perché et battu des vents de la lande d'Egdon. Mistover avait plu au capitaine parce qu'on lui vendait la maison à peu près pour rien, et parce que la ligne bleue que, du seuil de la porte, on entrevoyait entre deux collines à l'horizon, passait pour être la Manche. Eustacia, elle, détesta sa transplantation ; elle se sentit comme exilée à Mistover, mais force lui fut d'y demeurer.

Et ainsi, deux séries de notions, l'une concernant sa vie passée, l'autre sa vie présente, se juxtaposèrent le plus étrangement du monde dans l'esprit de la jeune fille. Il n'y avait point de plan intermédiaire dans sa perspective : ses romanesques souvenirs de journées ensoleillées sur une esplanade où jouait la musique militaire, où se pressaient des officiers, où allaient et venaient des amoureux, se détachaient, comme en lettres d'or, sur une toile de fond sombre qui était Egdon. Les plus bizarres effets qui pouvaient résulter de rapprochements fortuits, confus et fantaisistes, entre l'éclat d'une ville d'eau et la grandiose solennité d'une lande se rencontraient dans l'imagination d'Eustacia Vye. Comme elle ne voyait rien de la vie maintenant, elle s'exaltait d'autant plus au souvenir de ce qu'elle en avait vu autrefois.

D'où lui venait toute sa dignité ? La tenait-elle de son père, né dans une île phéacienne et qui la rattachait, peut-être, à la lignée d'Alcinous ? Ou l'avait-elle héritée des Fizalon et des De Vere, sa grand-mère maternelle ayant des parents dans la pairie ? Peut-être fallait-il y voir un don du ciel – une heureuse combinaison de lois naturelles. Entre autres circonstances favorables au maintien de cette dignité, tout danger de se ravaler avait été écarté de la jeune fille durant les dernières années, car elle vivait isolée. Et l'isolement dans une lande rend la vulgarité à peu près impossible. Il eut été aussi difficile aux poneys, chauves-souris et serpents de la lande d'être vulgaires qu'à Eustacia Vye. Une vie étroite à Budemouth l'aurait peut-être complètement avilie.

Il est un moyen pour avoir l'air d'une souveraine, quand on ne possède ni royaumes, ni cœurs sur quoi régner : paraître avoir perdu les uns et les autres. Or, Eustacia donnait au plus haut degré cette illusion. Dans le cottage de son grand-père, elle faisait songer à des palais qu'elle n'avait jamais vus. Peut-être était-ce parce qu'elle hantait le plus vaste des domaines : la libre étendue des collines. On aurait pu lui appliquer l'expression de « solitude peuplée » qui, en été, caractérisait si bien la nature qui l'environnait, car, en apparence inerte et tranquille, elle était en réalité frémissante de forces actives.

Être aimée jusqu'à la folie, tel était son désir profond. L'amour représentait pour elle le seul antidote contre le vide dévorant de ses jours. Et elle paraissait soupirer après cette abstraction appelée « l'amour passionné » plus qu'après un amant.

On pouvait lui voir, parfois, une expression pleine de reproche, mais c'était moins aux humains qu'elle en voulait alors qu'à des êtres nés de son esprit et dont le principal était le destin. Le destin par la faute de qui, pensait-elle vaguement, l'amour ne se pose que sur la jeunesse qui si vite passe, par la faute de qui elle verrait tout amour qu'elle pourrait capturer glisser hors de sa portée, en même temps que glisserait le sable du sablier. Plus elle songeait à ces choses, plus l'envahissait un sentiment de la cruauté du destin qui tendait à l'entraîner à de folles entreprises, dédaigneuses des convenances, combinées dans l'espoir de se saisir d'une année, d'une semaine, voire d'une heure de passion, pendant qu'il était temps encore. Parce que l'amour lui manquait, elle avait chanté sans être gaie, possédé sans jouir, brillé sans triompher. Son isolement augmentait ses désirs : sur cette lande, les baisers les plus froids, les plus médiocres étaient à des prix de famine ; et où trouver une bouche digne de la sienne ?

La fidélité fondée sur le culte de la fidélité même avait moins d'attraits pour Eustacia que pour la plupart des femmes, mais une fidélité conséquence d'un amour tout-puissant en avait beaucoup. Une flambée d'amour, puis l'extinction totale valait mieux, selon elle, qu'une lueur de la belle flamme conservée durant de longues années dans une lanterne. En ce qui concernait la passion, elle connaissait par pressentiment ce que la plupart des femmes apprennent seulement par expérience ; elle avait fait mentalement le tour de l'amour, en avait compté les forteresses, considéré les palais et conclu que l'amour était seulement une joie douloureuse. Et cependant, elle désirait cette joie : ainsi une créature mourant de soif dans un désert accepte avec gratitude une gorgée d'eau saumâtre.

Elle répétait souvent ses prières, non à des heures consacrées, mais, comme les gens naturellement religieux, quand elle avait envie de prier, et sa prière, toujours spontanée, s'exprimait souvent ainsi : « Oh, délivrez mon cœur de cette affreuse tristesse, de cette terrible solitude ! Ô mon Dieu, envoyez-moi un grand amour ; autrement, je mourrai ! »

Ses héros étaient Guillaume le Conquérant, Straffort Wentworth et Napoléon Bonaparte, tels qu'elle les voyait d'après le livre d'histoire en usage dans la pension où elle avait été élevée. Mère, elle eût appelé son fils Saül ou Sisera, de préférence à Jacob ou à David, n'ayant jamais admiré l'un ou l'autre de ces derniers. À la pension, elle avait, dans plusieurs batailles, pris parti contre le peuple d'Israël et il lui était arrivé de se demander si Ponce Pilate était aussi beau qu'il était franc et juste.

C'était donc une fille de quelque hardiesse d'esprit, qu'Eustacia Vye. Étant donné qu'elle n'avait de rapports qu'avec les plus arriérés parmi les êtres pensants, on pouvait même la tenir pour très originale et, à la base de son originalité, on eût trouvé sa révolte instinctive contre les conventions sociales.

Semblable aux chevaux qui, mis au vert, aiment regarder leurs compagnons en train de travailler sur la grand-route, il n'était de repos pour Eustacia que durant les occupations des autres. Aussi détestait-elle les dimanches et déclarait-elle souvent qu'ils la tueraient. Voir les hommes de la lande tels que les faisait le dimanche, c'est-à-dire avec leurs mains dans leurs poches, leurs chaussures fraîchement huilées et non lacées (ce dernier détail tout particulièrement dominical), errer parmi les mottes de tourbe et les fagots d'ajoncs qu'ils avaient coupés durant la semaine, et les pousser du pied, négligemment, comme s'ils les découvraient et en ignoraient l'usage – pesait effroyablement à Eustacia. Pour alléger l'ennui de ce jour exécré, elle fouillait dans des tiroirs, qui contenaient les vieilles cartes de marine de son grand-père et d'autres paperasses, tout en fredonnant des ballades que les paysans chantaient, eux, le samedi soir. Mais le samedi soir, elle chantait souvent un cantique et c'était toujours durant la semaine qu'elle lisait la Bible, afin d'échapper à la sensation oppressante que, ce faisant, elle remplissait un devoir.

Pareilles vues sur la vie lui venaient en grande partie des effets que produisait sa situation sur sa nature. Habiter sur une lande sans chercher à la comprendre équivalait à épouser un étranger sans apprendre la langue de son mari. Eustacia ignorait les subtiles beautés de la lande, en prenait seulement les vapeurs. Ce pays qui eût fait d'une femme heureuse un poète, d'une femme malheureuse une dévote, d'une femme pieuse un psalmiste, qui eût même rendu pensive une femme étourdie, avait fait de cette révoltée une grande mélancolique.

Trop avancée sur le chemin du désenchantement, elle ne s'attardait plus aux visions d'un ineffable mariage de rêve et néanmoins, bien que ses émois fussent en pleine vigueur, elle ne se souciait de nulle union moins prestigieuse. Aussi la voyons-nous étrangement réduite à elle-même. Avoir perdu la divine assurance que nous pouvons faire ce que nous voulons, sans avoir acquis un prosaïque entrain pour faire ce que nous pouvons, dénote une grandeur qu'on ne saurait blâmer en théorie, car c'est la preuve d'un esprit qui, en dépit des désillusions, repousse le compromis. Mais, si elle plaît à l'idéaliste, cette tendance recèle des dangers pour les communautés et, dans un monde où agir signifie se marier, où la communauté est faite de mains et de cœurs unis, ces dangers se retournent contre l'individu qui met en pratique pareille intransigeance.

Et ainsi, nous voyons notre Eustacia – cette Eustacia qui par moments méritait malgré tout de la tendresse – parvenue à ce point de clairvoyance où l'on sent que rien ne vaut la peine d'être désiré et remplissant les heures perdues de sa vie en idéalisant Wildeve, parce qu'il était le seul à se trouver à portée. Il n'y avait en effet pas d'autre raison à l'ascendant qu'il avait sur elle et elle-même ne l'ignorait point. Par instants, sa fierté se révoltait contre sa passion et elle allait jusqu'à souhaiter de se libérer. Mais un seul événement eût pu écarter Wildeve : la venue d'un homme supérieur à lui.

Pour le reste, Eustacia souffrait beaucoup d'accès de morne tristesse et faisait, pour s'en guérir, de longues promenades au cours desquelles elle emportait le télescope de son grand-père et le sablier de sa grand-mère.

Ce dernier objet, parce qu'elle prenait un plaisir particulier à considérer une représentation matérielle de la fuite du temps. S'il lui arrivait de combiner une action – ce qui était rare – ses plans révélaient qu'elle s'entendait mieux aux méthodes d'ensemble d'une stratégie de général qu'aux petites manœuvres dites « féminines », bien qu'elle sût énoncer des oracles aussi ambigus que ceux de Delphes, s'il lui plaisait d'emprunter des détours. Aux cieux, elle prendra sans doute place entre les Héloïses et les Cléopâtres.

8

Ceux qu'on trouve là où l'on pensait ne trouver personne

Dès que le petit garçon triste se fut éloigné du feu, il serra bien fort sa pièce d'argent dans sa main, comme pour fortifier son courage, et commença de courir. Un enfant qu'on laissait revenir seul chez lui en cette partie de la lande d'Egdon n'était pas, en réalité, exposé à de grands dangers et le petit se trouvait tout au plus à quatre cents mètres du cottage de ses parents. Celui-ci et un autre, un peu plus distant, dépendaient du minuscule hameau dit le Haut de Mistover, qu'une troisième et dernière habitation achevait de constituer : celle du capitaine Vye et d'Eustacia qui, bien à l'écart des cottages, était la plus solitaire des solitaires demeures de ces pentes maigrement peuplées.

Le petit courut jusqu'à perte d'haleine. Alors, devenu plus hardi, il chemina assez nonchalamment, chantant, d'une voix vieillotte, une ballade où il était question d'un mousse et d'une belle dame, et d'un brillant trésor. Mais soudain, il s'arrêta : dans une cavité située au pied d'une colline, devant lui, luisait une lumière et de cette cavité s'élevaient un nuage de poussière et un sonore bruit de claques.

Des spectacles et des bruits insolites pouvaient seuls effrayer l'enfant. La voix fripée de la lande ne l'alarmait point, car elle lui était familière. Les buissons d'épines qui, de temps en temps, s'élevaient sur son chemin le laissaient moins paisible car ils sifflaient lugubrement et, une fois le soir tombé, avaient la terrifiante habitude de prendre la forme de fous bondissants, de géants couchés et d'estropiés hideux. Des lumières n'avaient rien d'extraordinaire cette nuit-là, mais nulle n'avait été de même nature que celle-ci... La prudence, plutôt que la terreur, poussa le petit à rebrousser chemin afin d'aller demander à miss Vye de le faire accompagner par sa servante.

Quand il fut remonté jusqu'au sommet de la côte qu'il venait de descendre, l'enfant constata que le feu brûlait toujours sur le talus, bien qu'ayant baissé. Mais à côté du feu Eustacia n'était pas seule : un homme était auprès d'elle. L'enfant se glissa au long de la clôture pour essayer de saisir le ton de la conversation en cours et se rendre compte s'il serait sage de déranger, lui chétif, la magnifique Eustacia Vye.

Après avoir prêté l'oreille pendant quelques instants, l'enfant s'écarta du talus, perplexe, un peu hésitant, puis se retira aussi silencieusement qu'il était venu. Tout bien pesé, il avait évidemment jugé qu'il eût été téméraire d'interrompre le dialogue – à moins d'être résigné à supporter tout le poids du courroux d'Eustacia.

C'était se trouver entre Charybde et Scylla. Une fois certain de n'être point découvert par Eustacia, le pauvre petit garçon s'arrêta encore une fois et finit par décider que le phénomène du creux sous la colline était de deux maux le moindre. Avec un gros soupir, il s'engagea de nouveau sur la pente.

La lumière avait disparu, le nuage de poussière aussi – pour toujours, espéra le petit. Il avança résolument et ne rencontra nul sujet d'alarme jusqu'au moment où, parvenu à quelques mètres du creux, il entendit un léger bruit qui l'arrêta net. Mais sa halte fut momentanée, car le bruit n'était autre que celui que font deux animaux en train de paître assidûment.

— C'est deux brouteurs de bruyère qui sont là-dessous, dit-il tout haut. Je savais pas qu'ils descendaient si bas. Son chemin le menait droit à ces bêtes, mais le petit s'en inquiétait peu : il avait joué dans le voisinage des chevaux depuis sa petite enfance. En s'approchant, il fut néanmoins surpris de constater que les poneys ne s'enfuyaient point, qu'ils étaient entravés : leur propriétaire devait donc être près de là ? Parvenu au bas de la côte, il pouvait voir maintenant dans le creux. Celui-ci entamait le flanc de la colline et avait une entrée de plain-pied. Dans un coin, la forme carrée d'une roulotte apparaissait : elle était éclairée à l'intérieur et une ombre se projetait sur la paroi verticale et sablonneuse vers laquelle ouvrait la porte de ce véhicule.

L'enfant pensa qu'il s'agissait d'une roulotte de bohémiens et il n'éprouva envers ces errants qu'une crainte légère qui le chatouilla plutôt qu'elle ne le poignit. Seule l'épaisseur de quelques pouces de murs de boue les empêchaient, ses parents et lui, d'être des bohémiens eux-mêmes. Il longea l'entrée du creux sablonneux à respectueuse distance, gravit une autre pente et, parvenu au haut de la paroi sur laquelle était projetée l'ombre, il s'avança tout au bord du surplomb pour voir à l'intérieur de la roulotte le corps de cette ombre.

L'image qu'il vit l'alarma. Près d'un petit poêle, à l'intérieur de la roulotte, un personnage était assis, rouge de la tête aux pieds. Il reprisait une chaussette aussi rouge que lui et, tout en reprisant, il fumait une pipe dont le tuyau et le fourneau étaient également rouges.

Un des brouteurs de bruyère qui paissaient dans l'ombre se mit alors à secouer assez bruyamment son entrave. Au bruit, l'homme au rouge – celui qui avait recueilli Thomasine – déposa son ouvrage, alluma une lanterne et sortit de la roulotte. Comme il élevait la lanterne à hauteur de son visage pour consolider la chandelle, la lumière se refléta dans le blanc des yeux et l'émail des dents de cette face rouge d'une façon assez saisissante pour un enfant.

Le petit ne savait que trop à qui appartenait le repaire qu'il avait découvert. Il était connu que des êtres bien plus redoutables que les bohémiens traversaient parfois la lande, et l'homme au rouge était l'un d'entre eux…

— Si ça avait pu être seulement des bohémiens ! murmura-t-il.

L'homme, maintenant, revenait de voir ses chevaux. Dans sa crainte d'être aperçu, le petit rendait certaine la découverte de sa présence par des mouvements nerveux. La bruyère et les couches de tourbe faisaient saillie en haut des parois du creux et en masquaient le bord véritable. Le petit s'était avancé au-delà du terrain solide ; la bruyère céda, et l'enfant de rouler tout au long de la pente de sable gris, pour aller tomber aux pieds mêmes de l'homme rouge. Celui-ci dirigea le rayon de sa lanterne sur la petite forme sans mouvement.

— Qui es-tu ? demanda-t-il.

— Johnny Nunsuch, maître.

— Que faisais-tu là-haut ?

— Je ne sais pas.

— T'étais à me guetter, sans doute ?

— Oui, maître.

— Et pourquoi ?

— Parce que je revenais chez nous après le feu de joie de miss Vye.

— Tu t'es fait mal ?

— Non.

— Mais si, ta main saigne. Viens dans ma baraque que je te panse.

— S'il vous plaît, laissez-moi d'abord chercher mes six pence !

— Et où as-tu pris six pence ?

— Miss Vye me les a donnés parce que j'ai entretenu son feu de joie.

La pièce de six pence fut retrouvée et l'homme rentra dans la roulotte, suivi de l'enfant qui osait à peine respirer. Il prit un morceau d'étoffe dans un sac contenant son matériel de couture, déchira une bande, rouge elle aussi bien entendu, et se mit à bander la blessure.

— Mes yeux sont tout pleins de brouillard, je peux-t-y m'asseoir, maître ? dit l'enfant.

— Bien sûr, mon pauvre, répondit l'homme, il y a bien de quoi faire tomber en faiblesse. Tiens, assieds-toi là, sur ce ballot.

Dès que le pansement fut terminé, Johnny murmura :

— Je vais m'en aller, maintenant, maître.

— Tu as un peu peur de moi, on dirait. Tu sais qui je suis ?

Avec beaucoup d'appréhension, le petit considéra de bas en haut la silhouette écarlate et murmura finalement :

— Oui…

— Eh bien qui ?

— L'homme au rouge, balbutia l'enfant.

— Oui, un homme au rouge ; mais je ne suis pas le seul, tu sais. Vous autres, petits enfants, vous vous imaginez qu'il y a un seul coucou, un seul renard, un seul diable et un seul homme au rouge, tandis que nous sommes tous très nombreux.

— C'est vrai ? Vous ne m'emporterez pas dans un de vos sacs, dites, maître ? On dit que l'homme au rouge emporte quelquefois les enfants.

— Mais bien sûr que non ! Un homme au rouge vend du rouge et voilà tout ! Tu vois tous ces sacs ? Ils ne sont pas pleins de petits garçons, mais de craie pour marquer les moutons.

— Est-ce que vous êtes homme au rouge de naissance ?

— Non, je le suis devenu. Je serais aussi blanc que toi si je faisais un autre métier. C'est-à-dire que je redeviendrais blanc petit à petit, au bout de six mois peut-être, parce que la couleur m'est entrée dans la peau et ne peut pas partir au lavage. Maintenant, tu n'auras plus jamais peur d'un homme au rouge, pas vrai ?

— Non, jamais. Willie Orchard a dit qu'il avait vu un fantôme rouge par ici l'autre jour – peut-être c'était vous ?

— Je suis passé par ici l'autre jour, oui.

— Et c'était-y vous qui faisiez cette poussière dans la lumière et ce bruit tout à l'heure ?

— Mais oui : je battais des sacs… Alors, dis-moi, tu as eu un beau feu de joie là-haut ? Je l'ai vu briller. Faut qu'elle aime bien les feux de joie, miss Vye, pour t'avoir donné six pence ?

— Je ne sais pas… j'étais fatigué, mais elle a voulu que je mette du bois jusqu'à la fin pendant qu'elle allait du côté de Rainbarrow.

— Et ça a duré longtemps ?

— Oui, jusqu'à ce qu'une grenouille ait sauté dans la mare.

L'homme au rouge cessa soudain de parler seulement pour amuser l'enfant.

— Une grenouille ? fit-il intrigué. Elles ne sautent pas dans les mares en cette saison, les grenouilles !

— Oh, si, puisque j'en ai entendu une !

— En es-tu bien sûr ?

— Oh, mais oui ! Miss Vye me l'avait dit avant, que j'en entendrais une. On dit qu'elle est savante et qu'elle sait des secrets, peut-être qu'elle a charmé une grenouille.

— Et alors ?

— Alors je m'en suis allé, mais j'ai eu peur et je suis revenu, mais je n'ai pas osé lui parler à cause du monsieur.

— Du monsieur ? Ah ! Et que lui disait-elle à ce monsieur, mon gars ?

— Oh ! qu'elle pensait qu'il n'avait pas épousé l'autre femme parce qu'il aimait mieux son ancienne promise ; et d'autres choses comme ça.

— Et le monsieur, que disait-il, mon fieu ?

— Oh ! qu'il l'aimait mieux, qu'il reviendrait la voir à Rainbarrow la nuit.

— Ah ! s'écria l'homme au rouge, en donnant un si violent coup de poing sur la paroi de sa roulotte que tout le véhicule trembla, voilà le secret de l'histoire !

Le petit se leva d'un bond.

— Faut pas avoir peur, mon gars, dit le marchand de sanguine, redevenant aussitôt très doux. J'avais oublié que t'étais là. Ça arrive quelquefois aux hommes au rouge de se mettre en colère pendant une minute ; mais ils ne font jamais de mal à personne. Et qu'a dit la dame ensuite ?

— Je ne m'en souviens pas. S'il vous plaît, maître l'homme au rouge, est-ce que je peux rentrer chez nous maintenant ?

— Mais bien sûr. Je vais te faire un bout de conduite.

Il conduisit l'enfant hors du creux sablonneux et le mit sur le chemin du retour. Quand la petite silhouette se fut évanouie dans l'obscurité, l'homme au rouge revint dans sa roulotte, se rassit près de son feu et se remit à repriser.

9

L'amour inspire la stratégie à un homme avisé

Il est rare de rencontrer encore de nos jours des hommes au rouge de la vieille école. Depuis les chemins de fer, les fermiers du Wessex n'ont plus besoin de ces méphistophéliques visiteurs pour se procurer la substance rutilante que leurs bergers utilisent en si grande quantité pour marquer les moutons avant les foires. Et la vie de ceux d'entre eux qui subsistent encore est en train de perdre le caractère poétique qui l'imprégnait naguère. Alors, le métier de l'homme au rouge signifiait des voyages périodiques aux carrières d'où sa marchandise était extraite, la vie en plein air des nomades – excepté au plus profond de l'hiver –, la tournée de centaines de fermes et, en dépit de cette existence d'Arabe, le maintien de cette respectabilité qu'assure la possession d'un porte-monnaie bien garni.

La craie rouge étend ses vives couleurs sur toute chose au moindre contact et marque, comme de la marque de Caïn, toute personne qui l'a maniée une demi-heure.

Voir un homme au rouge pour la première fois faisait époque dans la vie d'un enfant. Ce personnage couleur de sang incarnait tous les horribles cauchemars qui avaient tourmenté, depuis son éveil, une jeune imagination. « L'homme au rouge va venir pour t'emporter » fut, durant des générations, la menace en honneur parmi les mères du Wessex. Au début du siècle, Bonaparte usurpa bien, et avec grand succès, la place de l'homme au rouge dans cette utilitaire formule, mais, avec le temps, la variante devint pâle et inefficace et la première phrase reprit sa suprématie. Maintenant, l'homme au rouge a rejoint Bonaparte dans le pays des croque-mitaines hors d'usage et sa place est occupée par quelque invention moderne.

L'homme au rouge vivait comme un bohémien – mais il méprisait les bohémiens. Il était à peu près aussi prospère dans son commerce que les vanniers et faiseurs de paillassons ambulants, mais il n'entretenait nuls rapports avec eux. Il était de moins basse naissance et plus instruit que les conducteurs de bétail qui passaient et repassaient près de lui au cours de ses allées et venues, mais ceux-ci le saluaient à peine. Sa marchandise avait plus de valeur que celle des colporteurs, mais les colporteurs n'étaient point de cet avis et dépassaient sa roulotte sans lui accorder un regard. Il était d'une couleur tellement anormale que les forains – patrons de manèges de chevaux de bois et montreurs de figures de cire – paraissaient des messieurs à côté de lui ; mais lui les tenait pour basse compagnie et demeurait à l'écart. À tous ces gens de la route, l'homme au rouge continuellement se trouvait mêlé. Cependant il n'était pas l'un d'entre eux. Son métier tendait à l'isoler et isolé on le voyait, le plus souvent.

On insinuait parfois que les hommes au rouge étaient des criminels pour les fautes desquels d'autres hommes avaient été injustement punis. En échappant à la loi, les coupables n'auraient pas échappé au remords et ils auraient embrassé leur métier pour faire pénitence à vie. Autrement, pourquoi l'eussent-ils choisi ? À l'endroit de l'homme au rouge qui avait pénétré cet après-midi-là sur la lande d'Egdon, la question était, nous l'avons vu, fort pertinente. Ce garçon était un exemple de l'agréable sacrifice au singulier. Seule sa couleur était rébarbative, et, débarrassé de son rouge, il eût été un aimable échantillon de la race masculine rustique. Un observateur pénétrant eût soupçonné (ce qui touchait d'ailleurs à la vérité) que le jeune homme avait renoncé à sa situation première parce qu'elle ne l'intéressait pas assez. Il eût déduit, en tout cas d'un examen attentif du personnage, que la bonté et une certaine qualité de finesse développée au point d'approcher de la ruse constituaient le fond du caractère de cet original.

Tandis qu'il reprisait sa chaussette, la réflexion raidissait les traits de l'homme au rouge. Puis, l'expression de tristesse tendre qu'il avait eue l'après-midi en conduisant sa roulotte lui revint peu à peu au visage. Bientôt son aiguille s'arrêta. Il posa son ouvrage, quitta son siège, alla décrocher un petit sac en cuir suspendu à un clou dans un coin de la roulotte, l'ouvrit. Ce sac contenait, entre autres objets, un paquet enveloppé de papier brun qui, selon l'aspect cassant de ses plis fatigués, avait dû être bien des fois soigneusement déplié et replié. L'homme s'assit sur son escabeau, un de ces escabeaux à trois pieds qu'on trouve dans les laiteries, seul siège de la roulotte, examina le contenu du paquet à la lueur de sa chandelle, prit une vieille lettre, la déplia. Cette lettre avait été écrite sur papier blanc, mais le feuillet avait pris une pâle teinte rouge et les caractères noirs qui la parsemaient ressemblaient aux brindilles d'une haie d'hiver se détachant sur le fond ardent d'un ciel d'où le soleil vient de disparaître.

Cher Diggory Venn, disait la lettre, *la question que vous m'avez posée ce matin, quand vous m'avez rattrapée sur la route, m'a causé une telle surprise que j'ai bien peur d'y avoir répondu d'une façon peu claire. Si ma tante n'était pas venue à ma rencontre, j'aurais pu mieux m'expliquer, mais, comme elle arrivait, cela m'a été impossible. Depuis, j'ai été bien tourmentée car je ne voudrais pas vous faire de la peine, vous le savez, et cependant je suis forcée de vous en faire en paraissant revenir sur ce que j'ai pu avoir l'air de dire ce matin. Je ne peux pas vous épouser, Diggory, ni vous accepter pour prétendant. Je vous assure que je ne peux pas. J'espère que vous n'allez pas vous faire trop de chagrin. Cela me désolerait, car j'ai beaucoup d'amitié pour vous et je vous place dans mes affections tout de suite après mon cousin Clym. Il y a tant de raisons qui empêcheraient notre mariage qu'il me serait difficile de vous les dire toutes dans une lettre. Je ne m'attendais pas du tout à votre proposition quand vous m'avez rejointe, parce que je n'avais jamais songé à vous comme à un amoureux et c'est pourquoi j'ai ri : parce que l'idée m'a paru tellement extraordinaire, mais pas du tout pour me moquer de vous. Ma grande raison personnelle pour ne pas vous permettre de me courtiser, c'est que je n'éprouve pas pour vous les sentiments qu'une femme doit éprouver envers l'homme qui deviendra son mari. Ce n'est pas ce que vous croyez, je ne pense pas à un autre, je n'encourage et n'ai jamais encouragé personne. Et puis, il y a ma tante. Même si j'étais d'accord avec vous, elle ne consentirait jamais à notre mariage. Elle vous aime bien, mais il ne lui suffirait pas que j'épouse le petit propriétaire d'une laiterie ; c'est un homme ayant une profession libérale qu'elle me veut pour mari. J'espère que vous ne m'en voudrez pas de vous dire les choses aussi franchement. C'est que j'ai peur que vous cherchiez à me revoir et il vaut mieux que nous ne nous rencontrions plus. Je penserai toujours à vous avec estime et je fais des vœux pour votre bonheur. Je vous envoie cette lettre par la petite fille de Jane Orchard et je reste, Diggory, votre amie bien affectionnée.*

Thomasine YEOBRIGHT.

Depuis que Diggory Venn avait reçu cette lettre, deux ans auparavant, un certain matin d'automne, il n'avait point revu Thomasine jusqu'à ce jour. Durant l'intervalle, il s'était encore davantage éloigné d'elle socialement en adoptant le commerce du rouge. Il demeurait néanmoins un homme fort à son aise. En vérité, du moment que le quart de ses revenus suffisait à sa dépense, on pouvait tenir sa situation pour très prospère.

Les prétendants repoussés donnent dans la vie errante aussi naturellement que les abeilles sans ruche, et le métier qu'il avait cyniquement choisi n'était pas sans convenir à Venn. Mais, en souvenir des émois anciens, ses vagabondages, bien souvent, l'avaient conduit dans la direction d'Egdon, bien qu'il ne fût jamais allé importuner celle qui l'attirait en ces lieux. Être sur la même lande que Thomasine – près d'elle même sans qu'elle le sût – était la seule joie qui restât permise à Diggory Venn.

Mais, après l'incident qui s'était produit en ce jour, après que le hasard lui eût permis d'aider la jeune fille à un moment critique, l'homme au rouge, qui aimait toujours, se sentait poussé à mettre un dévouement actif au service de sa bien-aimée, au lieu de soupirer à l'écart comme jusqu'alors. Il ne pouvait s'empêcher d'avoir des doutes quant à la loyauté de Wildeve. Mais les espoirs de Thomasine semblaient converger vers cet homme et, chassant ses regrets, Venn décida d'aider la jeune fille à conquérir le bonheur de son choix. Que ce bonheur fût aussi opposé que possible à ses intérêts à lui était certes assez dur… Mais l'amour de l'homme au rouge était généreux.

Sa première démarche en faveur des intérêts de Thomasine eut lieu le lendemain soir vers sept heures et lui fut dictée par la nouvelle que lui avait apprise le petit garçon triste. En apprenant qu'Eustacia et Wildeve s'étaient rencontrés le soir du mariage manqué, Venn avait aussitôt conclu que, d'une façon ou d'une autre, Eustacia était responsable de la négligence de Wildeve. Que l'appel d'Eustacia eût été la conséquence de la nouvelle que lui avait annoncée son grand-père, le tendre geste d'une amoureuse délaissée qui renaît à l'espoir, il ne vint pas à l'esprit de Diggory Venn de se le demander. D'instinct, il voyait seulement en Eustacia Vye une conspiratrice contre le bonheur de Thomasine.

Pendant toute la journée, il avait été fort désireux d'avoir des nouvelles de cette dernière, mais sans oser aller en demander, lui, un étranger, et alors que les circonstances étaient tellement délicates. Il avait passé son temps à conduire sa roulotte plus à l'est de la lande, puis à choisir un endroit écarté, point trop exposé au vent et à la pluie, où s'installer. Ce qui semblait indiquer qu'il entendait faire dans la région un séjour comparativement long.

Après quoi, il refit à pied et en sens inverse le chemin qu'il avait parcouru et, comme la nuit venait de tomber, il prit à gauche et, bientôt, se tint en embuscade derrière un buisson de houx, à quelques mètres du tumulus.

Il était à l'affût d'un rendez-vous. Mais il attendit en vain : nul n'approcha du tumulus cette nuit-là.

Son échec n'impressionna pas beaucoup l'homme au rouge. Il connaissait le supplice de Tantale et paraissait considérer qu'à moins de désappointements préalables, toute réussite était suspecte.

À la même heure, le soir suivant, il était embusqué au même endroit, mais ni Eustacia ni Wildeve ne parurent.

Il refit la même tentative quatre soirs de suite et toujours sans succès. Mais le soir suivant – une semaine après la rencontre surprise par le petit garçon triste – l'homme au rouge vit une forme féminine glisser le long de la crête et une silhouette masculine monter de la vallée. Les jeunes gens se rencontrèrent dans le petit fossé qui encerclait le bas du tumulus et qu'avaient creusé les anciens Bretons pour élever le monticule.

Stimulé par le soupçon d'un tort fait à Thomasine l'homme au rouge arrêta aussitôt un plan de campagne. Il sortit sans délai de derrière son buisson et rampa en avant sur ses mains et ses genoux. Quand il fut aussi proche du fossé que la prudence le lui permettait, il s'aperçut qu'en raison d'un vent contraire il ne pouvait surprendre la conversation du couple.

Près de lui – comme en divers autres points de la lande – s'étendait un espace que parsemaient de larges mottes de tourbe dont la bruyère couvrait encore une surface. Renversées sur le flanc, ou sens dessus dessous, celles-ci attendaient que Timothée Fairway les rentrât pour la saison d'hiver. Sans se redresser, l'homme au rouge attira à lui deux de ces mottes, couvrit avec l'une sa tête et ses épaules, avec l'autre son dos et ses jambes. Il eût été tout à fait invisible, même au grand jour, sous ces mottes où la bruyère se dressait tout naturellement. Il rampa en avant et la bruyère avançait avec lui. S'il s'était approché à découvert, il aurait eu des chances pour n'être point aperçu dans le crépuscule ; s'approchant ainsi, il était aussi dissimulé que dans un souterrain. Il parvint tout près de l'endroit où se tenait le couple.

— Vous voulez me consulter là-dessus ? (En accents impétueux, la chaude voix d'Eustacia parvint aux oreilles de l'homme au rouge.) Me consulter, moi ! C'est indigne ! c'est intolérable ! (Elle se mit à pleurer.) Je vous ai aimé et, à mon grand regret, je vous l'ai laissé voir, et vous avez le front de venir me demander de cette façon glaciale si vous ne feriez pas mieux d'épouser Thomasine ! Mais bien sûr, que vous feriez mieux ! Épousez-la donc ! Sa position est plus en rapport avec la vôtre que la mienne !

— Oui, oui, c'est bel et bon, fit Wildeve, péremptoire, mais il faut voir les choses comme elles sont. Quelles qu'aient été mes responsabilités dans cette histoire, il ne demeure pas moins vrai que la situation de Thomasine est en ce moment bien pire que la vôtre. Je suis tout simplement dans une impasse, je vous dis !

— Mais vous n'avez pas à me le dire ! Vous ne voyez donc pas que cela sert seulement à me tourmenter ? Damon, vous avez mal agi, vous avez baissé dans mon esprit. Vous n'avez pas apprécié ma bonté, la bonté que j'ai eue de vous aimer, moi si au-dessus de vous ! Moi qui faisais naguère des rêves tellement plus ambitieux ! Mais c'est la faute de cette Thomasine. Elle vous a pris à moi et elle mérite de souffrir. Où est-elle maintenant ? Non qu'il m'importe ! Mon propre sort ne m'importe même pas. Ah, si j'étais morte, comme elle serait contente ! Je vous ai demandé où elle était ?

— Elle est chez sa tante et ne se laisse voir par personne, répondit Wildeve avec indifférence.

— On dirait que vous ne l'aimez pas beaucoup, même maintenant, s'écria Eustacia avec une joie soudaine. Si vous l'aimiez, vous ne parleriez pas d'elle si froidement. Lui parlez-vous aussi froidement de moi, à elle ? Ah, sans doute ! Pourquoi m'avez-vous quittée au commencement, pourquoi ? Je ne pense pas pouvoir vous pardonner jamais, à moins que vous me promettiez de me revenir, toutes les fois que vous m'aurez abandonnée, en me disant que vous regrettez de m'avoir traitée ainsi.

— Je n'ai jamais eu l'intention de vous abandonner.

— Non ? Eh bien, vous avez eu tort. Je n'aimerais pas du tout que tout aille sans heurt, vous savez. Vraiment, je crois qu'il me plaît d'être abandonnée de temps en temps. L'amour est la plus maussade des choses quand on a un amoureux tout à fait loyal. C'est honteux de le dire, mais c'est vrai ! (Elle eut un petit rire.) Des humeurs noires me viennent rien que d'y penser ! Ne m'offrez pas un amour sans orages ou je disparais !

— Je voudrais bien que Tamsine ne fût pas aussi diablement douce et gentille, déclara Wildeve, et pouvoir vous rester fidèle sans faire tort à une petite qui le mérite si peu. C'est moi le coupable, après tout, et je ne suis digne d'aucune de vous deux.

— Mais il ne faut pas aller vous sacrifier à elle simplement par scrupules ! repartit vivement Eustacia. Si vous ne l'aimez pas, le plus charitable serait de la laisser dès maintenant. Bon ! Je viens de parler comme une femme ne devrait pas naturellement ! Quand vous m'avez quittée, je me reproche toujours des choses que je vous ai dites.

Wildeve fit quelques pas sur la bruyère sans répondre. Le silence fut rempli par les intonations du vent qui passait à travers les branches rigides et épineuses d'un arbre écimé comme à travers un filtre. C'était comme si la nuit avait chanté, à dents serrées, des hymnes funèbres.

Eustacia poursuivit non sans tristesse :

— Depuis notre dernière rencontre il m'est deux ou trois fois venu à l'esprit que si vous ne l'avez pas épousée ce n'était peut-être pas par amour pour moi… Est-ce vrai, Damon ? Dites-moi la vérité ; je serai brave. Est-ce que ce n'était pas du tout à cause de moi ?

— Vous voulez vraiment savoir ?

— Oui, il faut que je sache… Je sens que j'ai été trop prompte à croire en mon pouvoir.

— Eh bien, sur le moment, le mariage n'a pas été possible parce que la licence s'est trouvée n'être pas valable pour la ville et, avant que j'aie pu m'en procurer une autre, Thomasine s'est enfuie. Jusque-là, vous n'étiez pour rien dans l'affaire. Depuis, la tante de Thomasine m'a parlé d'une façon qui ne m'a pas plu du tout…

— Oui, oui, je vois, je n'y suis pour rien, moi… pour rien, pour rien ! Vous vous jouez de moi, grands dieux ! Comment faut-il que je sois faite, moi Eustacia Vye, pour trouver quelque chose à aimer en vous !

— Allons, allons, calmez-vous… Eustacia, comme nous errions parmi ces buissons l'an dernier quand, de chauds, les jours étaient devenus frais et que l'ombre des collines nous rendait presque invisibles dans les creux !

Elle garda un sombre silence et enfin répondit :

— Oui, et comme je riais de vous qui osiez lever les yeux sur moi ! Mais vous vous êtes bien vengé depuis !

— Oui, vous m'avez traité cruellement, jusqu'à ce que j'aie cru avoir trouvé une plus jolie fille que vous… une trouvaille bénie, Eustacia !

— La trouvez-vous toujours plus jolie que moi ?

— Quelquefois oui, quelquefois non… Les deux plateaux de la balance sont en si parfait équilibre qu'une plume suffirait à faire pencher l'un d'eux.

— Mais vous importe-t-il ou non que je vous accorde ces rendez-vous ? fit-elle lentement.

— Il m'importe un peu… pas assez cependant pour briser ma tranquillité, répondit le jeune homme avec nonchalance. Non. Tout cela est passé. J'ai découvert deux belles fleurs là où j'avais cru n'en trouver qu'une et il en existe peut-être trois ou quatre, ou qui sait combien ? d'aussi charmantes que la première. Ma destinée est vraiment bizarre.

Elle l'interrompit avec une ardeur contenue qui semblait pouvoir se changer soit en tendresse soit en colère :

— M'aimez-vous, maintenant ?

— Quelquefois oui, quelquefois non, fit-il taquin. J'ai mes heures et mes saisons. Quelquefois, je vous trouve trop grande, d'autres fois trop paresseuse, ou trop mélancolique, ou trop brune, ou trop je ne sais pas tout à fait quoi… Je sais seulement que vous ne représentez plus pour moi tout l'univers comme dans un temps, ma chère… Mais vous êtes une relation agréable, qu'on a plaisir à rencontrer… en somme, une amie aussi délicieuse que jamais – ou presque.

Eustacia resta silencieuse et se détourna de lui jusqu'à ce qu'elle prononçât avec une hauteur tranquille :

— Je vais me promener. Laissez-moi passer.

— Eh bien, je vous suis. Je ne pourrais pas mieux employer mon temps.

— Vous savez bien que vous ne pourriez pas faire autrement, malgré tous vos caprices et votre humeur volage répondit-elle provocante. Protestez, évertuez-vous, restez loin de moi tant que vous pourrez : vous ne m'oublierez jamais. Vous m'aimerez toute votre vie. Vous bondiriez de joie à l'idée de m'épouser !

— C'est vrai ! dit Wildeve. Il m'est venu parfois des pensées tellement étranges, Eustacia, et elles me reviennent en ce moment. Vous détestez toujours autant la lande, n'est-ce pas ?

— Oui, murmura-t-elle gravement. C'est ma croix, ma plaie et ce sera ma mort.

— Je la déteste, moi aussi, dit-il. Comme le vent souffle lugubrement autour de nous en ce moment !

Elle se tut. La voix du vent était en vérité solennelle et pénétrante, et ses accents leur allaient aux sens. Il était possible de percevoir par l'oreille les détails des alentours, car le paysage, voilé de ténèbres, renvoyait comme des images acoustiques. Eustacia et Wildeve pouvaient entendre où commençaient et finissaient les étendues de bruyère, où les ajoncs dressaient leurs hautes tiges et où ils avaient été récemment coupés ; en quelle direction se tenait le bouquet de sapins et combien était proche le creux où poussait le houx, car les différents traits de la lande avaient leur voix aussi bien que leurs formes et leurs couleurs.

— Dieu, quelle solitude ! reprit Wildeve. Que nous sont ces ravins pittoresques et ces brumes, à nous qui ne voyons rien d'autre ? Pourquoi restons-nous ici ? Voulez-vous me suivre en Amérique ? J'ai des parents là-bas.

— Peut-être, j'y songerai.

— Il est impossible de vivre ici à moins d'être un oiseau sauvage ou un peintre paysagiste… Alors ? Vous me suivrez ?

— Laissez-moi le temps de réfléchir, dit-elle doucement en lui prenant la main. L'Amérique est tellement loin… M'accompagnez-vous un peu ?

En disant ces mots, Eustacia s'éloigna de la base du tumulus, Wildeve alors la suivit et l'homme au rouge ne put plus les entendre.

Il rejeta les mottes de tourbe et se leva. Les silhouettes noires des deux autres, après s'être découpées sur le ciel, s'enfoncèrent et disparurent – semblables à deux cornes que la lande, comme un mollusque, aurait fait sortir de son front et ensuite rentrées.

Tandis que Diggory Venn regagnait le val où se trouvait sa roulotte, son pas n'était pas vif pour celui d'un agile jeune homme de vingt-quatre ans. Son esprit était agité jusqu'à la souffrance. Les vents qui, pendant sa marche, soufflaient autour de sa bouche, emportaient des accents de menace et de colère.

Il pénétra dans sa roulotte où un feu brûlait dans le poêle. Sans allumer sa chandelle, il s'assit sur son escabeau et médita sur ce qu'il avait vu et entendu concernant sa bien-aimée. Il émit un son qui n'était ni un soupir, ni un sanglot mais qui, mieux que l'un ou l'autre, accusait sa détresse.

— Ma Tamsie, murmura-t-il d'une voix sourde. Que faire ? Eh bien ! j'irai voir cette Eustacia Vye.

10

Un effort désespéré de persuasion

Le matin suivant, à une heure où, de tous les points de la lande, la hauteur du soleil paraissait bien insignifiante, comparée avec l'altitude de Rainbarrow, et tandis que les petites collines de terre basses figuraient un archipel dans une mer Égée de brouillard, l'homme au rouge sortit du coin broussailleux où il avait établi son domicile et se mit à gravir les pentes qui menaient au Haut de Mistover.

Bien que ces collines, à la courte végétation emmêlée et touffue, fussent apparemment si désertes, les regards de plusieurs paires d'yeux ronds et perçants étaient toujours prêts, par un froid matin comme celui-ci, à converger vers un passant. Des représentants d'espèces emplumées séjournaient là, en cachette, qui eussent, ailleurs, été des causes d'émerveillement. Une outarde hantait ces lieux et, peu d'années auparavant, on aurait pu en voir une vingtaine à la fois dans le pays. Il y avait des busards établis dans la vallée, près de chez Wildeve. Un courvite isabelle avait hanté ces collines – un oiseau si rare qu'on n'en a pas vu plus d'une douzaine dans toute l'Angleterre. Mais un barbare ne dormit ni jour ni nuit avant d'avoir réussi à tuer le vagabond africain et, depuis, nul courvite n'a trouvé à propos de s'aventurer dans la lande d'Egdon.

Un voyageur qui aurait, tout en marchant, observé ces oiseaux de passage, comme Venn le faisait en ce moment, se serait senti en communication avec des régions inconnues à l'homme. Ainsi, devant lui, Venn avait un canard sauvage qui arrivait tout droit du pays du vent du Nord, apportant avec soi un ample savoir nordique. Catastrophes dans les glaces, tempêtes de neige, scintillants effets d'aurores boréales, l'Étoile polaire au zénith… les banalités quotidiennes venaient d'être pour lui ces merveilles. Mais l'oiseau, semblable à beaucoup d'autres philosophes, semblait penser, comme il regardait l'homme au rouge, qu'un moment de réalité confortable valait une décade de souvenirs.

Diggory Venn poursuivait son chemin parmi ces oiseaux, vers la maison de la belle solitaire qui les méprisait. C'était un dimanche ; mais, hormis pour être marié ou enterré, aller à l'église était exceptionnel dans le pays d'Egdon ; aussi, peu importait. Venn avait pris le parti audacieux de demander un entretien à miss Vye, d'attaquer la position de la rivale de Thomasine, soit par ruse, soit par force. Il montrait ainsi, avec un peu trop de relief, ce manque de galanterie qui, du campagnard au roi, caractérise certains hommes astucieux. Frédéric le Grand faisant la guerre à la belle archiduchesse, Napoléon refusant des concessions à la charmante reine de Prusse n'étaient pas plus sensibles à la différence des sexes que ne l'était, à sa manière, l'homme au rouge complotant de réduire Eustacia.

Aller chez le capitaine tenait toujours plus ou moins d'une entreprise délicate pour les habitants de la lande. Si le capitaine se montrait parfois causeur, son humeur était capricieuse et personne ne pouvait prévoir comment il se comporterait à un moment donné. Quant à Eustacia, elle était réservée à l'extrême et vivait beaucoup seule. Hors une fille du hameau qui y était servante et un garçon qui s'occupait du jardin et de l'écurie, presque personne n'entrait dans la maison des Vye. Ils étaient les seuls représentants d'une bonne famille dans la commune – les Yeobright exceptés – et, bien que loin d'être riches, ils ne sentaient pas, comme leurs voisins, la nécessité de montrer un visage amical à bêtes et gens.

Lorsque l'homme au rouge pénétra dans le jardin, le capitaine, les petites ancres de ses boutons de métal toutes scintillantes au soleil, regardait à travers sa lorgnette la tache bleue du lointain. Il reconnut en Venn son compagnon de route, mais ne fit nulle allusion à leur rencontre et se borna à dire :

— Ah, l'homme au rouge !... Un verre de grog ?

Venn déclina l'offre, alléguant l'heure trop matinale, et demanda à voir miss Vye. Le vieillard le considéra longuement, de la tête aux pieds, et lui dit enfin d'entrer dans la cuisine.

Miss Vye était pour l'instant invisible à tous et l'homme au rouge attendit, assis sur le rebord de la fenêtre de la cuisine, ses mains pendantes entre ses jambes écartées et son bonnet pendant entre ses mains.

— La demoiselle ne doit pas être encore prête ? demanda-t-il au bout d'un moment à la servante.

— Non, pas tout à fait. On ne vient pas voir les dames à cette heure.

— Eh bien, je vais aller faire un tour, dit Venn. Si elle veut bien me recevoir, qu'elle me fasse appeler et je reviendrai.

Il sortit de la maison et flâna sur la colline. Un laps de temps considérable s'écoula sans qu'on le fît appeler. L'homme au rouge commençait à croire que son plan avait échoué, lorsqu'il vit Eustacia elle-même s'avancer vers lui d'un pas nonchalant : ce qu'il entrait de nouveau dans le fait de donner audience à un aussi singulier personnage avait suffi pour l'entraîner dehors.

Elle parut sentir, après un simple regard donné à Diggory Venn, que cet homme était chargé d'une étrange mission ; et qu'il n'était pas tout à fait aussi infime qu'elle l'avait imaginé, car, tandis qu'elle s'approchait de lui, il ne se mit point à se tortiller, à changer de pied, à faire montre de tous ces petits signes d'embarras que ne saurait retenir un simple rustaud à la venue d'une personne aussi éminente en son sexe qu'une Eustacia Vye.

Comme il lui demandait la permission de l'entretenir, sans s'arrêter elle répondit :

— Oui, marchez à côté de moi.

Avant qu'ils aient fait tous deux beaucoup de chemin, le perspicace homme au rouge s'avisa qu'il eût été plus politique de sa part de paraître moins indifférent devant la belle miss Vye, et il décida de réparer son erreur à la première occasion.

— Je me suis permis de vous arrêter, mams'el, pour vous dire des nouvelles bien extraordinaires qui me sont venues aux oreilles à propos de cet homme, commença-t-il.

— Quel homme ?

Du coude il indiqua le sud-est – la direction de la Femme tranquille.

Eustacia se tourna vivement vers lui.

— C'est Mr Wildeve que vous voulez dire ?

— Oui, on se fait du souci dans une famille par sa faute et je suis venu vous l'apprendre, parce qu'il me semble que vous pourriez tout arranger.

— Moi ? De quoi voulez-vous parler ?

— Ah, c'est un grand secret : il pourrait bien refuser d'épouser Thomasine Yeobright.

Eustacia, bien que devenue intérieurement toute vibrante comme elle entendait ces mots, ne se montra pas au-dessous de son rôle dans pareil drame. Elle répondit froidement :

— Je ne veux pas en écouter davantage. Ne comptez pas me faire intervenir dans ce genre d'histoires.

— Mais, mams'el, vous me laisserez bien vous en toucher seulement un mot ?

— Non. Je ne m'intéresse pas à ce mariage et d'ailleurs, même si je m'y intéressais, il ne serait pas en mon pouvoir d'y pousser Mr Wildeve.

— Comme la seule vraie dame de la lande, vous le pourriez très bien, au contraire, affirma Venn avec un subtil sous-entendu. Voici ce qui se passe : Mr Wildeve épouserait immédiatement Thomasine, mais il y a une autre femme dans l'affaire. Quelqu'un qu'il a ramassé quelque part et qu'il doit rencontrer de temps en temps dans la lande. Une femme qu'il n'épousera jamais, par la faute de qui, cependant, il pourrait n'épouser jamais non plus la jeune fille qui l'aime tendrement. Eh bien, il me semble mams'el, que vous, qui avez tant d'influence sur nous autres hommes, si vous vouliez insister pour que ce Mr Wildeve laisse l'autre femme et traite votre jeune voisine comme il se doit, il le ferait peut-être et épargnerait à Thomasine Yeobright beaucoup de chagrin.

— Sur ma vie ! s'écria Eustacia avec un rire qui entrouvrit ses lèvres de telle sorte que le soleil brilla dans sa bouche et y alluma le même feu écarlate que dans une tulipe, vous me prêtez plus d'influence que je n'en ai sur les hommes, homme au rouge ! Et si j'avais le pouvoir que vous imaginez, je m'en servirais pour le bien de ceux qui se seraient montrés aimables envers moi, ce qui n'est pas particulièrement le fait de Thomasine Yeobright, que je sache.

— Se peut-il que vous ne sachiez pas qu'elle vous admire tant ?

— Je n'ai jamais rien entendu dire de semblable. Bien que nos maisons soient seulement à deux milles de distance, je ne suis jamais entrée chez sa tante.

L'arrogance qui perçait dans les manières d'Eustacia révélait à l'homme au rouge qu'il avait, jusqu'alors, totalement échoué. Il soupira en lui-même et jugea nécessaire de poursuivre, mais sur un autre ton.

— Que voulez-vous, je persiste à croire, miss Vye, qu'il est en votre pouvoir de faire beaucoup de bien à une autre femme.

Elle secoua la tête.

— Votre beauté fait loi pour Mr Wildeve. Elle fait loi pour tous les hommes qui vous rencontrent. Ils disent : « Cette belle demoiselle qui vient ? Comment s'appelle-t-elle ? Qu'elle est belle ! plus belle que Thomasine Yeobright ! »

L'homme au rouge franchit le pas en se disant en lui-même : « Dieu te pardonne ton mensonge, coquin ! »

Eustacia était pourtant la plus belle, mais l'homme au rouge était loin de le penser. La beauté d'Eustacia, en effet, s'enveloppait d'une certaine obscurité, que l'œil de Diggory Venn n'était pas assez exercé pour percer. Dans sa robe d'hiver, elle était comme les cicindèles qui, dans un jour terne, paraissent être de la plus effacée des teintes neutres, mais étincellent en pleine lumière de la plus aveuglante splendeur.

Eustacia ne put se tenir de rétorquer, bien que se rendant compte qu'elle mettait ainsi sa dignité en péril :

— Cela n'est pas beaucoup dire, car les femmes plus jolies que Thomasine Yeobright ne manquent pas.

L'homme au rouge souffrit en silence et poursuivit :

— C'est un homme qui sait voir le beau où il est, Mr Wildeve, et vous pourriez le tourner comme un brin d'osier, si c'était votre volonté.

— Oh, voyons ! Alors que Thomasine Yeobright, qui est si souvent avec lui, ne sait pas le convaincre, comment voulez-vous que j'y arrive, moi, d'ici ?

L'homme au rouge se retourna et la regarda bien en face.

— Miss Vye ! dit-il.

— Pourquoi dites-vous ça… comme si vous ne me croyiez pas ?

Elle parlait d'une voix plus basse et respirait vite.

— Prendre ce ton, vous ! avec moi ! ajouta-t-elle avec un sourire hautain, mais forcé. Qu'est-ce qui a pu vous pousser à me parler ainsi.

— Miss Vye, pourquoi faites-vous semblant de ne pas connaître cet homme ? Je sais pourquoi, oui : il est au-dessous de vous et vous avez honte de lui.

— Vous vous trompez. Que voulez-vous dire ?

L'homme au rouge avait décidé de jouer la carte de la vérité.

— J'étais à Rainbarrow hier soir, quand vous vous êtes rencontrés, dit-il. La femme qu'il y a entre Wildeve et Thomasine n'est autre que vous.

C'était lever un rideau de façon bien déconcertante pour Eustacia et la mortification de la femme du roi

Candole la brûla. Ses lèvres tremblaient malgré elle et elle ne pouvait plus s'empêcher de suffoquer.

— Je ne me sens pas bien, fit-elle précipitamment. Non, ce n'est pas cela. Je ne me sens pas d'humeur à vous écouter davantage. Allez-vous-en, je vous prie.

— Il faut que je vous parle, miss Vye, même si je dois vous faire mal. Écoutez : qu'elle soit à blâmer ou que ce soit vous, son cas est sans nul doute pire que le vôtre. Renoncer à Mr Wildeve est un avantage pour vous, puisque vous ne l'épouseriez pas. Tandis que si Thomasine ne se marie pas avec lui, tout le monde la blâmera. Alors, je vous demande – non parce qu'elle a de meilleurs droits, mais parce que sa situation est pire – de renoncer à lui en sa faveur à elle.

— Non, jamais ! jamais ! fit Eustacia impétueusement, oubliant tout à fait sa première manière de traiter l'homme au rouge en inférieur. Personne ne m'a jamais traitée ainsi, personne ! Je ne me laisserai pas vaincre par une femme aussi au-dessous de moi, non ! C'est bel et bon de prendre son parti. Mais n'est-elle pas elle-même la propre cause de ses ennuis ? N'ai-je pas le droit de distinguer qui je veux ? Faut-il que j'aille avant demander la permission à une poignée de villageois ? Elle est venue se mettre en travers de mon chemin et, maintenant qu'elle s'en trouve justement punie, elle vous envoie plaider sa cause !

— Je vous assure, dit Venn avec chaleur, qu'elle ignore tout de cela. C'est moi seul qui vous demande de renoncer à cet homme. Ce serait mieux pour vous deux. Les gens jaseront s'ils découvrent qu'une demoiselle comme vous rencontre en cachette un homme qui s'est mal conduit envers une autre femme.

— Je ne lui ai fait aucun tort, moi, à cette femme ! Il était à moi avant d'être à elle ! Il est revenu à moi parce que… parce qu'il me préférait ! dit-elle avec violence. Mais c'est perdre tout amour-propre que de vous parler. M'être laissée aller ainsi !

— Je sais garder les secrets, dit Venn doucement. Ne craignez rien. Je suis seul à savoir que vous le rencontrez. Il me reste à vous parler d'une chose encore et je m'en irai. Je vous ai entendue lui dire que vous détestiez vivre ici, qu'Egdon était une prison pour vous.

— C'est vrai. Le paysage a bien une espèce de beauté, je le sais. Mais la lande est une prison pour moi. L'homme dont vous venez de me parler ne me libère pas de cette impression, bien qu'il vive ici. Je ne me serais jamais souciée de lui s'il y avait eu, non loin de moi, quelqu'un de plus intéressant à connaître.

L'homme au rouge eut l'air de reprendre espoir ; les mots que venait de prononcer Eustacia semblaient promettre du succès à sa troisième tentative.

— Maintenant que nous nous sommes un peu dit des choses, mams'el, reprit-il, je vais vous faire une proposition. Depuis que je suis dans le commerce du rouge, j'ai naturellement beaucoup voyagé.

Elle inclina la tête et se détourna de telle sorte que ses yeux regardaient en bas, dans la vallée brumeuse.

— Et dans mes voyages, j'ai souvent approché de Budemouth. C'est une ville merveilleuse. Une grande mer salée et brillante qui entre dans la terre en se courbant comme un arc. Des milliers de gens du grand monde qui se promènent pendant que la musique joue, des officiers de marine et des officiers de terre, et sur dix des gens que vous rencontrez, il y en a bien neuf d'amoureux !…

— Je le sais, dit-elle dédaigneusement, je connais Budemouth et mieux que vous. J'y suis née. Budemouth ! ô mon Dieu, comme je voudrais y être maintenant !

L'homme au rouge fut surpris de voir quelles flammes peuvent parfois jaillir d'un feu couvert.

— Si vous viviez dans cette ville, reprit-il, au bout d'une semaine, vous ne penseriez pas plus à ce Wildeve que vous ne penseriez à ces brouteurs de bruyère qui paissent là-bas… Eh bien, je vais vous proposer un moyen d'aller demeurer à Budemouth.

— Quel moyen ? demanda Eustacia, une lueur d'intense curiosité dans ses yeux aux lourdes paupières.

— J'ai un oncle qui est depuis vingt-cinq ans l'homme de confiance d'une dame veuve et riche qui a là-bas une belle maison au bord de la mer. Cette dame est âgée maintenant et infirme. Elle voudrait avoir auprès d'elle une jeune demoiselle qui lui tiendrait compagnie, lui lirait des livres et lui chanterait des chansons, et elle ne peut pas arriver à en trouver une à son goût, bien qu'elle ait mis des annonces dans les journaux et fait plusieurs essais… Elle serait bien aise de vous avoir et mon oncle arrangerai l'affaire au mieux.

— Mais je serais obligée de travailler ?

— Non. Vous seriez seulement un peu occupée à faire la lecture et tout ça. On n'aurait pas besoin de vous avant le 1er janvier.

— J'en étais sûre, que cela reviendrait à travailler, fit-elle, retombant dans sa langueur.

— Il y aurait un brin à faire pour amuser la vieille dame, oui. Mais si des gens qui n'ont jamais travaillé appellent ça du travail, ceux qui connaissent le travail appellent ça un jeu… Pensez à la compagnie que vous fréquenteriez. Aux amusements, au monsieur que vous épouseriez ! Elle a chargé mon oncle de chercher une demoiselle de la campagne, parce que celles des villes ne lui plaisent pas…

— Oui, il faudrait que je m'épuise, moi, pour la satisfaire ! Je n'irai pas. Ah ! pour vivre dans une ville gaie, mais comme il convient à une femme du monde, pour faire là ce que je voudrais, aller et venir à ma guise, je donnerais la moitié ridée de ma vie ! Oui, homme au rouge, je la donnerais !

— Aidez-moi à faire le bonheur de Thomasine, mams'el, et je vous offre une chance, fit l'autre, pressant.

— Une chance ! Est-ce là une chance pour moi ? répliqua-t-elle fièrement. Que peut m'offrir un pauvre homme de votre espèce ? Je rentre. Je n'ai rien de plus à vous dire. Vos chevaux n'ont donc pas besoin d'avoir leur pitance ? Ou vos sacs d'être battus ? Et votre marchandise d'être vendue, pour que vous restiez ici à ne rien faire ?

Venn ne dit pas un mot de plus. Ses mains derrière son dos, il se détourna immédiatement d'Eustacia pour lui cacher le désappointement qui marquait son visage. La clarté d'esprit, la force de caractère qu'il avait rencontrées chez cette solitaire l'avaient découragé presque dès le début de son entretien avec elle. La jeunesse et la situation de l'amie de Wildeve avaient poussé Diggory à attendre d'elle une simplicité favorable au plan qu'il avait combiné. Mais des tentations qui auraient entraîné de plus faibles qu'elle avaient été repoussées par Eustacia. En général, le mot « Budemouth » exerçait une fascination sur les habitants d'Egdon. Pour peu qu'on l'eût vanté aux gens de la lande, cette ville d'eau, voisine de la résidence royale, se fût reflétée dans leurs esprits en images, combinant de façon charmante et indescriptible un fouillis carthaginois de bâtiments, le luxe voluptueux de Tarente, la beauté et l'air pur de Baia. Les vues d'Eustacia sur cette ville n'étaient pas beaucoup moins extravagantes, mais elle ne voulait pas renoncer à sa liberté pour y aller.

Quand Diggory Venn se fut tout à fait éloigné, la jeune fille regagna la clôture du domaine. Elle abaissa ses regards vers la vallée sauvage et pittoresque du côté du soleil, c'est-à-dire du côté aussi de la demeure de Wildeve. La brume s'était maintenant assez réduite pour que, aux alentours de cette demeure, fût visible le haut des arbres et des buissons : on eût dit qu'ils trouaient de leur faîte une vaste toile d'araignée tendue entre eux et le jour. Sans aucun doute, les pensées d'Eustacia allaient vers la vallée, vaguement, en toute fantaisie, s'entrelaçaient et se désentrelaçaient autour de celui qui y vivait, seul objet à son horizon où cristalliser des rêves. L'homme qui avait commencé par lui être une distraction, qui lui aurait été tout au plus un caprice, s'il n'avait montré l'art de l'abandonner à propos, de nouveau la tentait. En cessant de la courtiser, il avait vivifié ce qu'elle lui portait d'amour ; au filet de sentiment qu'elle lui avait accordé, Thomasine opposait un barrage qui occasionnait une inondation. Eustacia s'était ri de Wildeve, mais ceci se passait avant qu'une autre femme eût pris cet amoureux au sérieux. Il arrive souvent qu'une goutte d'ironie dans une situation banale fasse un mélange piquant.

— Je ne renoncerai jamais à lui, non, jamais ! dit-elle impétueusement.

Que sa conduite risquât de l'exposer aux rumeurs malveillantes, cet avertissement de l'homme au rouge ne recélait pour Eustacia nulle terreur durable. Elle se souciait aussi peu de sa réputation qu'une déesse de jupons et de chemises. Cette indifférence ne lui venait pas d'une impudeur innée, mais de ce qu'elle vivait trop loin du monde pour sentir la pression de l'opinion publique. En tout ce qui touchait la morale, Eustacia demeurait à l'état quasi sauvage, bien que, de sentiments, elle fût épicurienne raffinée. Elle s'était avancée dans les recoins secrets de la sensualité, mais avait à peine franchi le seuil des conventions sociales.

11

Petite malhonnêteté d'une femme honnête

L'homme au rouge avait quitté Eustacia plein d'appréhension pour l'avenir de Thomasine. Mais il lui vint à l'esprit qu'une voie demeurait encore ouverte à l'espoir quand, sur le chemin de son retour, il vit Mrs Yeobright qui, lentement, se dirigeait vers la Femme tranquille. Il alla à elle et put lire, sur le visage soucieux qu'elle lui montra, qu'elle visait, en allant trouver Wildeve, le but qu'il avait visé lui-même en allant trouver Eustacia.

Elle ne le lui cacha d'ailleurs point.

— Mon Dieu, Mrs Yeobright, dit-il, vous pourriez aussi bien vous épargner cette peine.

— Je suis à moitié de cet avis, dit-elle, mais c'est la seule chose qui reste à tenter.

— Laissez-moi d'abord vous dire un mot, dit Venn avec fermeté. Mr Wildeve n'est pas le seul à avoir demandé Thomasine en mariage. Mrs Yeobright, je serais heureux, moi, d'épouser votre nièce. Je l'aime depuis deux ans et ne le lui ai pas caché. Voilà, j'ai tout avoué… Jusqu'ici, je n'en avais parlé à personne qu'à elle-même…

Mrs Yeobright se tut, mais jeta un regard involontaire vers la silhouette étrange, quoique bien faite, de son compagnon.

— L'apparence n'est pas tout, reprit l'homme au rouge, à qui ce regard n'avait point échappé. Peu de métiers rapportent autant que le mien : si on considère la question argent, Mr Wildeve pourrait bien être moins à son aise que moi. Il n'y a pas plus pauvre que ces hommes de profession libérale qui n'ont pas réussi. Et, si ma couleur ne vous plaît pas... je ne suis pas rouge de naissance, vous savez : c'est par coup de tête que j'ai pris ce métier, et je pourrais en faire un autre.

— Je vous remercie de l'intérêt que vous portez à ma nièce. Mais il y aurait des empêchements, j'en ai peur. D'abord, et surtout, elle est férue de cet homme.

— C'est vrai. Autrement, je n'aurais pas fait ce que j'ai fait ce matin.

— S'il n'en était pas ainsi, l'affaire serait simple et vous ne me verriez pas aller vers cette maison aujourd'hui. Qu'avait répondu Thomasine à votre déclaration ?

— Elle m'avait écrit que vous repousseriez ma demande, et d'autres choses.

— Elle avait raison jusqu'à un certain point. Ne prenez pas mal ce que je vous dis : c'est une simple constatation. Vous avez été très bon pour elle et nous ne l'oublierons pas. Mais du moment qu'elle-même n'a pas voulu vous accepter pour mari, cela décide de la question, sans que j'aie à intervenir.

— Oui, mais il y a une différence entre il y a deux ans et aujourd'hui, madame. Thomasine est en peine, maintenant, et il m'a semblé que, si vous lui parliez pour moi, il y aurait peut-être une chance de la faire changer d'avis et de la délivrer de ce Wildeve qui est là à ne pas savoir s'il la veut ou s'il ne la veut pas.

Mrs Yeobright hocha la tête et dit :

— Thomasine juge, et je suis de son avis, qu'elle doit épouser Wildeve. Si leur mariage a lieu bientôt, on croira qu'un contretemps sans importance l'avait en effet retardé. Sinon, ou sa réputation souffrira, ou cette petite sera pour le moins ridicule. En somme, il faudrait que ce mariage se fît au plus tôt.

— C'était aussi mon avis il y a une heure à peine répondit Diggory. Mais, après tout, pourquoi le fait d'avoir passé une matinée à Anglebury avec Wildeve causerait-il un si grand tort à Thomasine ? Tous ceux qui la connaissent sentiront qu'il serait bien injuste d'aller se faire de mauvaises idées là-dessus. J'ai essayé ce matin de faire quelque chose pour arranger le mariage de votre nièce avec cet homme, moi – oui, madame – je pensais que je le devais, vu qu'elle l'aime tant. Et je suis à me demander si j'ai eu raison. En tout cas, je n'ai pas réussi et c'est pourquoi je me propose.

Mrs Yeobright ne parut pas désireuse de prolonger la discussion.

— Je crois qu'il n'y a pas à reculer, dit-elle, je vais chez lui.

Et elle poursuivit seule son chemin.

Mais, si cette conversation ne détournait pas la tante de Thomasine de demander un entretien à Wildeve, elle lui inspirait une tout autre façon de conduire cet entretien. Et la bonne dame remerciait la Providence de l'arme que l'homme au rouge venait de lui fournir.

Wildeve était chez lui quand elle parvint à l'auberge. En silence, il introduisit la visiteuse dans la petite pièce du fond et ferma la porte. Mrs Yeobright prit la parole.

— J'ai cru de mon devoir de venir vous parler, fit-elle. On vient de me faire une proposition qui m'a bien étonnée. Thomasine en sera très impressionnée et il m'a semblé que je ne devais pas vous la laisser ignorer.

— Vraiment ? De quoi s'agit-il ? demanda-t-il avec politesse.

— Il s'agit, bien entendu, de l'avenir de Thomasine. Peut-être ignorez-vous qu'un autre homme désire l'épouser. Je n'ai pas, jusqu'ici, encouragé ce garçon, mais je ne peux, en conscience, m'opposer plus longtemps à lui laisser courir sa chance. Je voudrais éviter d'être incorrecte envers vous, mais il faut bien que je sois juste pour elle et pour cet autre.

— Qui est-ce ? interrogea Wildeve, fort surpris.

— Quelqu'un qui l'aime depuis plus longtemps qu'elle ne vous aime. Il l'a demandée en mariage voici deux ans, mais alors elle avait refusé.

— Eh bien ?

— Il l'a revue dernièrement et me demande l'autorisation de lui faire sa cour. Il est possible qu'elle ne le repoussera pas une seconde fois.

— Comment s'appelle-t-il ? s'enquit Wildeve.

Mrs Yeobright refusa de le dire.

— C'est un garçon que Thomasine aime bien, ajouta-t-elle. Elle est, en tout cas, touchée de la constance qu'il lui témoigne et j'ai l'impression qu'elle ne serait peut-être pas fâchée d'accepter maintenant ce qu'elle a refusé autrefois. D'autant plus qu'elle est très ennuyée de se trouver dans une situation aussi fausse.

— Elle ne m'a jamais parlé de cet amoureux, remarqua Wildeve.

— Les femmes, même les mieux élevées, ne sont pas assez sottes pour jouer toutes leurs cartes sur table.

— Enfin, si elle tient à lui, elle n'a qu'à l'épouser.

— C'est facile à dire ! Vous ne voyez pas où gît la difficulté : il tient beaucoup plus à elle qu'elle ne tient à lui. Aussi, avant d'encourager ce jeune homme, je veux qu'il soit bien entendu entre nous que vous n'interviendrez pas ensuite pour gâter un arrangement que je favorise parce que je crois qu'il est le meilleur possible. Une fois tout bien aplani et ma nièce fiancée, supposez que vous reveniez lui parler d'amour ? Vous pourriez ne pas la reconquérir, mais être la cause de bien des ennuis.

— Bien entendu, je ne ferais rien de semblable, dit Wildeve. Mais ils ne sont pas encore fiancés. Savez-vous seulement si Thomasine l'accepterait ?

— C'est une question que je me suis posée et à laquelle j'ai bien réfléchi, et je crois qu'il est fort probable qu'elle accepterait avec le temps. Je me flatte d'avoir quelque influence sur ma nièce. Elle est docile et je saurai lui dire du bien de lui.

— Et du mal de moi ?

— Mon Dieu, vous pouvez compter que je ne chanterai pas vos louanges, dit-elle sèchement. Et si tout cela vous a des allures de machination, rappelez-vous dans quelle situation se trouve cette petite et qu'elle a été indignement traitée. Je serai aidée pour faire ce mariage par son grand désir d'échapper à l'humiliation dont elle souffre en ce moment. Dans un cas pareil, l'amour-propre d'une femme peut l'entraîner loin. Peut-être faudra-t-il un peu insister pour la décider. Mais je saurai m'en charger, pourvu que nous soyons bien d'accord : que vous me déclariez nettement qu'elle ne doit plus voir en vous un mari possible. Cela la piquera et elle acceptera d'épouser l'autre.

— Je ne peux vraiment pas dire cela maintenant, Mrs Yeobright. C'est tellement imprévu…

— Et ainsi, vous contrecarrez mon plan ! Il est réellement regrettable que vous refusiez de rendre service à ma famille, quand on vous demande seulement de déclarer que vous ne voulez rien avoir à faire avec nous !

Wildeve réfléchissait, très embarrassé.

— J'avoue que je ne m'attendais pas à cela, dit-il. Bien entendu, je renoncerai à elle si vous le souhaitez, si c'est nécessaire. Mais je pensais l'épouser…

— Oui : l'air nous est connu !

— Voyons, Mrs Yeobright ne nous querellons pas. Donnez-moi le temps de réfléchir… Je ne voudrais pas lui faire manquer une meilleure chance de bonheur ; seulement, j'aurais voulu être averti plus tôt. Je vous écrirai ou j'irai vous voir dans un jour ou deux… Cela vous suffit-il ?

— Oui, répondit-elle. À la condition que vous me promettiez de ne pas communiquer avec Thomasine sans que je le sache.

— Je vous le promets, dit-il.

L'entretien se termina ainsi et Mrs Yeobright revint chez elle.

L'élémentaire stratégie de Mrs Yeobright se trouva, ainsi qu'il arrive souvent, avoir son contre-coup principal dans un domaine ignoré du stratège. La visite de la tante de Thomasine eut pour premier résultat d'envoyer le soir même, dès la nuit tombée, Wildeve à la recherche d'Eustacia.

La demeure solitaire du Haut de Mistover était close à une heure pareille, retranchée contre le froid et l'obscurité du dehors. D'après une entente secrète entre Eustacia et lui, Wildeve révélait sa présence, dans un cas semblable, en glissant un petit caillou par une fente du volet extérieur. Avec un léger frottement, semblable à un grattement de souris, le caillou tombait entre la vitre et le volet, sans risquer d'éveiller les soupçons du capitaine.

Le « Oui, j'arrive. Attendez-moi », doucement prononcé de l'intérieur par la voix d'Eustacia, apprit à Wildeve que la jeune fille était seule au logis.

Il l'attendit dehors, selon la coutume : se mit à aller et à venir au pied de la clôture, à flâner près de la petite mare, car son orgueilleuse amie n'avait jamais été condescendante au point de l'inviter à pénétrer dans la maison. Elle ne se montra pas pressée de le venir rejoindre. Le temps s'écoulait et Wildeve s'impatientait. Au bout d'une vingtaine de minutes, elle apparut au tournant de l'angle du talus et s'avança, comme faisant une petite promenade.

— Vous ne m'auriez pas fait attendre si longtemps si vous aviez su pourquoi je suis venu, fit Wildeve avec amertume. Mais enfin, vous valez la peine qu'on vous attende.

— Qu'y a-t-il ? interrogea Eustacia. Je ne savais pas que vous aviez des ennuis. Je ne suis pas bien gaie moi-même.

— Je n'ai pas d'ennuis, dit-il. Simplement, les événements se précipitent et il faut que je prenne une décision.

— Quelle décision ? fit-elle, attentive.

— Se peut-il que vous ayez déjà oublié la proposition que je vous ai faite l'autre soir de vous emmener d'ici, de partir avec moi pour l'étranger ?

— Non, je ne l'ai pas oubliée. Mais vous ne deviez pas venir chercher la réponse avant samedi prochain. Je croyais avoir tout le temps pour me décider…

— Oui, mais la situation a changé, depuis.

— Expliquez-vous.

— Il me contrarie de m'expliquer, parce que j'ai peur de vous faire de la peine.

— Mais il faut que je sache d'où vient cette hâte !

— De mon amour pour vous, chère Eustacia. Tout va bien maintenant.

— Alors, pourquoi êtes-vous si agité ?

— Ai-je l'air agité ? Tout est au mieux, mais c'est cette Mrs Yeobright... Mais non, ne parlons pas d'elle.

— Ah, je pensais bien qu'elle était pour quelque chose là-dedans ! Parlez ! Je n'aime pas les cachotteries.

— Mais c'est sans importance. Elle m'a seulement demandé de renoncer à Thomasine, qu'un autre demandait en mariage. Ma parole, maintenant qu'elle pense n'avoir plus besoin de moi, cette femme prend de grands airs !

Wildeve, malgré lui, avait laissé son dépit lui échapper. Eustacia se tut pendant un long moment.

— En somme, vous voilà dans le rôle ingrat d'un fiancé officiel qu'on remercie... dit-elle enfin d'une voix changée.

— Il paraît... mais je n'ai pas encore vu Thomasine.

— ... Et cela vous agace. Ne dites pas le contraire, Damon. Vous êtes vexé par cet affront inattendu.

— Et quand cela serait ?

— ... et vous venez me demander parce que l'autre vous refuse. La situation est en effet tout à fait changée. Je suis en somme un bouche-trou.

— Rappelez-vous, je vous prie, que je vous avais déjà fait cette proposition avant.

Eustacia tomba de nouveau dans un silence qui tenait de l'engourdissement. Quel étrange sentiment sourdait en elle ? Se pouvait-il vraiment que son goût pour Wildeve n'eût été que la conséquence d'une rivalité ?

Que le rêve se détachât de cet homme à la première rumeur que l'autre femme ne le désirait plus ?

Elle était enfin sûre de lui, mais parce que Thomasine ne le voulait plus ! Quelle humiliante victoire ! « C'est moi, pensait-elle, c'est moi qu'il préfère. » Oui, mais (allait-elle oser se murmurer, même tout bas, ces mots de traîtrise et de froide critique) que valait un homme qu'une femme inférieure n'estimait pas ?... Le sentiment, plus ou moins en suspens chez tous les êtres animés, celui qui pousse à faire peu de cas de ce qui laisse indifférent les autres, existait avec la force d'une passion dans le cœur de l'épicurienne et de la très raffinée Eustacia. L'infériorité sociale de Wildeve, qui l'avait peu troublée jusqu'alors, la frappa désagréablement et, pour la première fois, elle eut l'impression qu'elle s'était abaissée en aimant cet homme.

— Chérie, vous voulez bien ? demanda Wildeve.

— Si c'était Londres ou même Budemouth, au lieu de l'Amérique, murmura-t-elle languissamment... Enfin, j'y réfléchirai... C'est un trop grand parti à prendre pour que je me décide aussi vite... Je voudrais moins détester la lande – ou vous aimer davantage.

— Vous pouvez être d'une franchise brutale ! Vous m'aimiez assez, il y a un mois, pour me suivre n'importe où.

— Et vous, vous aimiez Thomasine.

— Oui, et c'était peut-être la raison de votre ardeur répliqua-t-il en ricanant presque. Je ne la déteste pas maintenant.

— Exactement ! Seulement, elle vous échappe !

— Allons, Eustacia, pas de sarcasmes ou nous nous querellerons. Si vous ne vous décidez pas à m'accompagner et si vous ne vous décidez pas vite, je m'en irai seul.

— Ou vous ferez une autre tentative auprès de Thomasine. Damon, qu'il est étrange de se dire que vous pourriez m'épouser ou épouser Thomasine indifféremment, et que vous me choisissez seulement parce que je suis… au rabais ! Mais si, mais si, c'est vrai. Il fut un temps où j'aurais poussé de hauts cris contre un homme de votre espèce… Oui, j'aurais été furieuse… Mais c'est passé, maintenant.

— Suivez-moi, chérie. Venez secrètement à Bristol avec moi, épousez-moi et tournons le dos à l'Angleterre pour jamais. Dites « oui » ?

— Je voudrais m'en aller d'ici presque à n'importe quel prix, fit-elle avec lassitude, mais il ne me plaît pas de partir avec vous. Donnez-moi encore du temps pour que je me décide.

— Je vous en ai déjà donné, protesta Wildeve. Enfin, je vous donne encore une semaine.

— Donnez-moi un peu plus pour que ma réponse soit absolument décisive… Dire que Thomasine veut se débarrasser de vous ! Je ne peux pas oublier cela !

— Cela n'a aucune importance, voyons. Alors, de lundi en huit je serai ici, à cette même heure.

— Non, pas ici, à Rainbarrow. Ici, c'est trop près de la maison et mon grand-père pourrait sortir et nous voir.

— Merci, chérie. De lundi en huit, à cette heure, je serai à Rainbarrow. Jusque-là, au revoir.

— Au revoir. Non… ne me touchez pas. Une poignée de mains. C'est assez jusqu'à ce que je me sois décidée.

Eustacia regarda la forme embrumée du jeune homme se perdre dans la nuit, porta la main à son front et respira péniblement pendant quelques minutes. Puis, ses belles lèvres pleines et romantiques s'entrouvrirent, poussées par ce mouvement prosaïque – un bâillement. Elle fut aussitôt fâchée de s'être ainsi donné une preuve de la fragilité de sa passion.

Elle ne pouvait convenir tout de suite qu'elle avait peut-être surestimé Wildeve, car percevoir maintenant la médiocrité de cet homme, revenait à admettre qu'elle avait, jusqu'alors, donné elle-même dans une grande folie. D'autre part, découvrir en elle la tendance qui caractérise purement et simplement le chien du jardinier la rendait assez honteuse.

Le résultat de la diplomatie de Mrs Yeobright était en vérité remarquable, encore que différent, pour l'instant, de celui que cette femme énergique avait présumé. Wildeve avait été appréciablement influencé, mais Eustacia l'était bien davantage. Son ami n'était plus à ses yeux un homme intéressant que plusieurs femmes s'efforçaient de fixer et qu'elle ne pouvait retenir elle-même qu'en luttant contre ses rivales, mais une superfluité.

Elle regagna sa maison dans ce particulier état de détresse qui n'est pas tout à fait du chagrin et qui accompagne les premières lueurs de la raison, pendant les derniers jours d'un amour passager et téméraire. Avoir conscience que la fin du rêve approche et n'est cependant pas encore vraiment arrivée est un des plus accablants en même temps qu'un des plus curieux moments du parcours entre le début d'une passion et sa fin. Le capitaine était de retour et fort occupé à verser quelques mesures d'un rhum arrivé pendant son absence dans les flacons carrés de sa cave à liqueurs. Lorsque sa provision était épuisée, il allait à la Femme tranquille et, dos au feu, verre de grog en main, racontait comment il avait vécu sept ans sous la ligne de flottaison de son bateau et d'autres merveilles navales, et les indigènes espéraient trop vivement une tournée de bière pour avoir l'air de mettre en doute la véracité de pareilles histoires.

Ce soir-là, il revenait précisément de l'auberge.

— Vous savez la nouvelle, Eustacia ? dit-il sans lever les yeux de dessus ses bouteilles. On en a parlé à l'auberge comme d'un événement d'importance nationale.

— Non, je ne sais rien, dit-elle.

— Le jeune Yeobright – Clym, comme tous l'appellent – revient au pays la semaine prochaine pour passer les fêtes de Noël avec sa mère. Ce doit être un beau gars, maintenant. Vous vous souvenez bien de lui ?

— Je ne l'ai jamais vu.

— C'est vrai ; il avait quitté le pays avant que vous arriviez. Moi, je me souviens bien de lui : un garçon qui promettait.

— Et où a-t-il vécu pendant toutes ces dernières années ?

— Dans cette volière de pompes et de vanité qu'on appelle Paris, je crois.

DEUXIÈME PARTIE

L'ARRIVÉE

12

Des nouvelles de celui qui vient

Par les beaux jours, à ce moment de l'année, s'accomplissaient de courtes besognes qui troublaient, à leur mince façon, le calme majestueux de la lande. Il s'agissait de manifestations d'activité qui, à côté de celles d'une ville, d'un village, voire d'une ferme, eussent passé pour de légères fermentations sur une surface stagnante, pour un frisson quasi imperceptible hérissant la peau de la somnolence. Mais, en ce lieu, éloignés de toute comparaison, encadrés par les collines immuables – ces collines parmi lesquelles le fait seul de marcher avait un prestige de cortège, parmi lesquelles tout homme pouvait aisément s'imaginer être Adam –, ces menus travaux attiraient l'attention de tout oiseau à portée de les voir, de tout reptile non encore engourdi, et étaient curieusement suivis par les lapins des environs, du haut de petits monticules où ils se postaient ; à prudente distance.

Le travail, ce jour-là, consistait à rassembler les fagots d'ajoncs qu'Humphrey, au cours des beaux jours précédents, avait coupés pour la provision du capitaine Vye et de les dresser en meule. L'opération avait lieu derrière la maison d'habitation du capitaine, et Humphrey et Sam s'y employaient, tandis que le vieillard les regardait faire.

L'après-midi régnait, belle et tranquille. Il était environ trois heures. Mais le solstice d'hiver s'étant rapproché à la dérobée, le soleil déjà bas faisait paraître l'heure plus tardive, car bien peu de détails, dans le paysage, pouvaient rappeler à l'habitant qu'il lui fallait maintenant désapprendre sa connaissance du ciel d'été pris pour cadran solaire. Tandis que s'écoulaient de nombreux jours et de nombreuses semaines, les levers de soleil, peu à peu, s'étaient déplacés du nord-est vers le sud-est – mais c'est à peine si Egdon avait remarqué ce changement.

Eustacia se tenait dans la salle à manger, une salle à manger qui ressemblait fort à une cuisine, avec ses dalles et sa grande cheminée béante. Tout était calme et, tandis qu'elle s'attardait là, à flâner toute seule, un bruit de voix lui parvint – il semblait venir de la cheminée même. Eustacia pénétra dans le profond retrait où se trouvait l'âtre et, tout en écoutant, elle tenait la tête levée, regardait la gorge irrégulière aux recoins caverneux et la fumée y engager gauchement son ascension vers le petit carré de ciel d'où la lumière du jour tombait, posait un éclat livide sur les lambeaux de suie qui drapaient l'intérieur du tuyau, comme des algues drapent une fissure rocheuse.

La jeune fille se souvint : la meule d'ajoncs n'était pas loin et les voix entendues étaient celles des travailleurs. Son grand-père prenait aussi part à la conversation.

— Ce garçon n'aurait jamais dû quitter le pays, disait-il. Le métier de son père lui aurait convenu au mieux. Je ne suis pas partisan de ces changements qu'on voit de nos jours dans les familles. Mon père était officier de marine, j'ai été officier de marine et mon fils, si j'en avais eu un, aurait été officier de marine, lui aussi.

— C'est à Paris qu'il s'est établi, dit Humphrey ; là où on dit qu'on a coupé la tête au roi... Ma pauvre mère m'en parlait souvent. « Humphrey, qu'elle me disait, j'étais une jeunesse alors, et je repassais les coiffes de ma mère ; un après-midi, le pasteur est entré et il a dit : "Ils viennent de couper la tête au roi, Jane ! Ce qui va arriver maintenant, Dieu seul le sait !" »

— Et plusieurs d'entre nous en ont bientôt su autant que Dieu lui-même, repartit le capitaine avec un petit rire. J'ai vécu sept ans de ma vie au-dessous du niveau de l'eau à la suite de cette affaire, moi, quand j'étais jeune – dans cette damnée infirmerie du *Triomphe*, à voir les hommes qu'on descendait au poste de secours avec bras et jambes en morceaux... Et alors, il s'est installé à Paris, ce garçon ? Est-ce qu'il ne travaille pas chez un marchand de diamants, ou quelque chose dans ce genre-là ?

— Si, monsieur. Paraît qu'il serait dans une brillante grande affaire, d'après ce que dit sa mère. Il vivrait comme qui dirait dans un palais de roi, pour ce qui est des diamants.

— Je me souviens bien de son départ du pays, dit Sam.

— C'est une bonne chose pour le gars, poursuivit Humphrey, mieux vaut vendre des diamants là-bas que se maintenir tout juste ici... où y a rien à faire pour un gars comme lui.

— Ça doit coûter un bon peu de shillings, de vivre dans une ville comme Paris, observa Sam.

— Un bon peu, oui, mon garçon ! répondit le capitaine. On mange gros d'argent là-bas, sans être ni un ivrogne ni un goinfre.

— Paraîtrait aussi que Clym Yeobright est devenu un vrai savant et qu'il a sur les choses des idées extraordinaires.

C'est sans doute parce qu'il est allé à l'école de bonne heure – que l'école ait valu ce qu'elle valait…

— Ah ! il a des idées extraordinaires ? fit le vieil homme. On n'y va bien que trop à l'école de nos jours ! Il n'y a pas de barrière ou de porte d'étable où quelque galopin n'aille écrire de gros mots : une femme a quelquefois vergogne de passer devant. Si ces petits vauriens n'avaient pas appris à écrire, ils n'auraient pas pu gribouiller ces saletés. Leurs pères n'en étaient pas capables et le pays s'en trouvait mieux.

— Ben, il semble, cap'taine, que, pour ce qui est de ce qui s'apprend dans les livres, miss Eustacia en a autant dans sa tête que personne dans le pays ?

— Si miss Eustacia avait un peu moins de fadaises romanesques dans sa tête, il n'en vaudrait que mieux pour elle, rétorqua sèchement le capitaine.

Après quoi il s'éloigna.

— Dis donc, Sam, remarqua Humphrey, elle et Clym, y feraient une jolie paire de tourtereaux, tu trouves pas ? Tous deux des délicats, et puis savants, et puis toujours à réfléchir sur les grandes idées. Y pourraient pas être mieux assortis si on les avait faits exprès l'un pour l'autre. La famille de Clym vaut celle de la demoiselle. Le père du gars était fermier, c'est vrai, mais sa mère est une espèce de noble comme chacun le sait. Rien ne me ferait plus plaisir que de voir ces deux-là mari et femme. Auraient-y pas belle façon, bras dessus, bras dessous, en habits de fête, si Clym est resté le beau gars qu'il était dans le temps ?

— T'as raison, Humphrey. Je serai content de le revoir, ce gars, moi, après tant d'années. Et si je savais au juste quand il arrive, je ferais bien un mille ou deux pour aller au-devant de lui et l'aider à porter ses paquets.

Bien que j'imagine qu'il doive plus être tout à fait le même. On dit qu'il parle français aussi vite qu'une fille mange des mûres et, si c'est vrai, nous qui sommes restés au pays, nous n'allons plus être que du rebut à ses yeux.

— Il arrive bien à Budemouth dans un bateau à vapeur ?

— Oui, mais comment il vient de Budemouth ici, c'est ce que je ne sais pas.

— Une triste affaire, celle de sa cousine Thomasine. Je me demande comment un gars comme lui prendra ça. Sommes-nous restés assez ébaubis et pris de court donc, tous, quand nous avons su qu'ils n'étaient pas mariés du tout, ces deux autres, après que nous ayons été leur chanter la bienvenue comme à mari et femme, cette nuit-là ! Je sais que moi j'aimerais point qu'un homme se soit gaussé pareillement d'une mienne cousine. Ça fait du tort à une famille.

— C'est vrai. La pauvre, elle en a bien le cœur assez triste ! On dit qu'elle en est malade. C'est qu'elle ne sort point de la maison. On ne la voit plus trotter parmi les ajoncs avec sa figure aussi rose qu'un bouton de rose, maintenant.

— Y en a qui disent qu'elle ne voudrait plus de Wildeve à présent, même s'il la demandait.

— Oui ? Ça, moi, je l'avais pas entendu dire.

Tandis que les deux hommes causaient ainsi à bâtons rompus, le visage d'Eustacia s'était peu à peu penché vers le foyer, incliné par une intense rêverie. Du bout de sa chaussure, inconsciemment, elle tapotait la tourbe sèche qui brûlait à ses pieds.

Le sujet de cette conversation l'avait intéressée à l'extrême. Un homme jeune et intelligent allait venir dans cette lande solitaire et venir de l'endroit du monde qui contrastait le plus avec Egdon – de Paris. Autant dire qu'il allait venir du ciel ! Chose plus singulière encore, les hommes de la lande les avaient instinctivement rapprochés, elle et cet homme, comme deux êtres faits l'un pour l'autre.

Ces cinq minutes de conversation surprise fournirent à Eustacia assez de visions pour remplir l'après-midi creuse. Un changement aussi subit dans une perspective mentale vide se produit ainsi parfois, tranquillement. La jeune fille n'aurait pu croire, le matin, que son monde intérieur, si incolore, deviendrait, avant la nuit, aussi animé que de l'eau sous le microscope et sans qu'un seul visiteur eût surgi. Les propos de Sam et d'Humphrey sur une harmonie préétablie entre l'inconnu et elle-même avaient eu sur son esprit l'effet de ce prélude du barde qui, dans le « Château de l'Indolence[1] », délivre des myriades de formes emprisonnées d'un lieu jusqu'alors semblable au calme séjour du vide.

Enveloppée dans ses rêveries, Eustacia ignorait le temps. Quand elle s'éveilla à la réalité extérieure, le crépuscule était descendu, la meule de fagots était achevée, les hommes étaient rentrés chez eux. Eustacia monta à sa chambre pensant qu'elle allait faire une promenade à cette heure, selon sa coutume, et qu'elle irait la faire

1. « Château de l'Indolence », poème allégorique écrit dans la manière de Spenser par Thomson, auteur du XVIIIe siècle, connu surtout pour son poème des « Saisons », qui annonce l'école de Wordsworth. Dans le « Château de l'Indolence », le chevalier des Arts et de l'Industrie s'installe en Angleterre. Aidé du barde, qui chante les plaisirs du travail, il transforme le pays qui, jusqu'alors « château de l'indolence », deviendra le séjour du Beau et de l'Utile. (*NdT*)

du côté de Blooms-End – endroit où était né le jeune Yeobright et où demeurait maintenant sa mère. Elle n'avait nulle raison pour aller se promener ailleurs. Dès lors, pourquoi ne pas se diriger par là ? Le décor des rêves faits tout éveillé est vite consacré lieu de pèlerinage, à dix-neuf ans. Regarder la palissade qui se trouvait devant la maison des Yeobright s'imposait avec toute la dignité d'une mission. Étrange que pareil acte de flânerie allât prendre les allures d'une expédition indispensable !

Eustacia mit sa capote, sortit de la maison, descendit la colline par le versant tourné vers Blooms-End et, une fois dans la vallée, elle marcha lentement durant un mille et demi. Elle parvint alors à un endroit où la vallée s'élargissait en verdoyant, où les fourrés d'ajoncs reculaient de chaque côté du chemin, jusqu'à ce qu'ils fussent réduits à des touffes isolées par la fertilité croissante du sol. Au-delà d'un irrégulier tapis d'herbe, une palissade blanche marquait la limite de la lande sous cette latitude. Cette palissade ressortait, sur le sombre paysage, aussi distinctement qu'une dentelle blanche sur du velours.

Au-delà de la palissade, était un petit jardin ; au fond du jardin, une vieille maison irrégulière, couverte de chaume, regardait la lande et commandait la vue sur la vallée. Ceci était le coin obscur et perdu vers lequel était en train de revenir un homme qui, depuis plusieurs années, vivait dans la capitale française – centre du tourbillon de la vie élégante.

13

On fait des préparatifs à Blooms-End

Tout au long de ce même après-midi, il y avait eu grande agitation à Blooms-End, en prévision de l'arrivée de celui qui occupait tellement Eustacia. Stimulée par sa tante, et aussi par son affection pour son cousin, Thomasine avait secoué sa peine et pris part aux préparatifs avec un entrain bien exceptionnel chez elle, en cette période qui fut la plus malheureuse de sa vie. Tandis qu'Eustacia écoutait les propos qu'échangeaient Sam et Humphrey concernant le retour de Clym, Thomasine grimpait au grenier situé au-dessus du bûcher de sa tante et où se trouvait la réserve de pommes, et là, choisissait les meilleurs et les plus gros fruits pour le temps, désormais tout proche, des fêtes de Noël.

Le grenier était éclairé par une lucarne en demi-lune par laquelle les pigeons pénétraient dans leurs quartiers, sis à ces mêmes hauteurs. Par ce trou, le soleil épandait une éclatante nappe jaune sur la forme de la jeune fille, comme, agenouillée, elle plongeait ses bras nus dans la fougère brune et douce qui, en raison de son abondance, était utilisée dans le pays d'Egdon pour envelopper toutes sorte de choses. Indifférents à cette présence, les pigeons volaient autour de la jolie tête, et le visage de la tante apparaissait au ras du plancher, éclairé par quelque rayon égaré et vibrant d'atomes de poussière, car Mrs Yeobright, arrêté à mi-échelle, se contentait de regarder un endroit qu'elle n'était pas assez leste pour atteindre.

— Quelques reinettes grises maintenant, Tamsine. Il les aimait autant que les grosses calvilles.

Thomasine se détourna et écarta les fougères dans un autre coin où, de nouveau, l'arôme savoureux des fruits mûrs l'accueillit. Elle fit une pause avant de se remettre à son tri.

— Ce cher Clym ! Je me demande s'il aura changé fit-elle, les regards distraitement fixés sur la lucarne du pigeonnier, par où la lumière du soleil tombait tellement d'aplomb sur les cheveux châtains et les chairs transparentes qu'elle semblait presque traverser la jeune fille de ses rayons.

— Si seulement il avait pu vous être cher à un autre titre qu'à celui de cousin, son retour serait une vraie fête déclara Mrs Yeobright de son échelle.

— Il ne sert à rien de dire des choses qui ne peuvent rien arranger, tante.

— Si, répliqua la tante non sans chaleur. Si, cela sert de bien remplir l'air des malheurs passés, de façon que la leçon profite aux autres filles.

Thomasine se courba de nouveau sur les pommes.

— Je sers de leçon aux autres, tout comme les voleurs les ivrognes et les joueurs punis, dit-elle à voix basse. C'est me mettre dans une belle compagnie ! Comme si j'en faisais vraiment partie ! Mais c'est absurde de le dire ; personne n'oserait le soutenir ; alors, pourquoi tous sont-ils à me faire sentir que je suis une criminelle ? Pourquoi ne me juge-t-on pas d'après mes actes ? Regardez-moi, là à ramasser des pommes, est-ce que j'ai l'air d'une fille perdue ? Je voudrais que toutes les femmes honnêtes n'aient pas plus à se reprocher que moi ! ajouta-t-elle avec véhémence.

— Les étrangers ne vous voient pas comme je vous vois, dit Mrs Yeobright. Ils vous jugent d'après de faux rapports. Que voulez-vous, c'est une sotte histoire et je suis autant à blâmer que vous.

— Comme on a vite fait de se mettre dans un mauvais cas ! répondit la jeune fille.

Ses lèvres tremblaient et les larmes s'amassaient dans ses yeux, au point qu'elle distinguait à peine les pommes de la fougère, comme elle s'affairait à continuer son tri pour cacher sa faiblesse.

— Dès que vous aurez fini de choisir les pommes, dit Mrs Yeobright en descendant, nous irons chercher du houx. Il n'y aura personne dans la lande cet après-midi et vous n'aurez pas à craindre qu'on vous dévisage. Clym ne se sentirait pas fêté, si nous n'avions pas dans la maison quelques branches de houx.

Thomasine descendit du grenier quand elle eut fait son choix parmi les pommes et, ensemble, la tante et la nièce dépassèrent la palissade blanche et prirent le chemin de la lande.

L'aspect des collines avait quelque chose d'aérien et de clair. Les lointains, ainsi qu'il arrive souvent par les beaux jours d'hiver, semblaient situés sur des plans bien distincts et diversement colorés : les rayons qui baignaient les premiers plans du paysage ayant visiblement commencé par traverser les autres couches lumineuses. Au-delà d'une zone de lumière safranée, transparaissait une zone de lumière bleu saphir, tandis que des paysages plus reculés encore s'enveloppaient de grises teintes glacées.

Les deux femmes arrivèrent à l'endroit où poussait le houx : c'était un creux de forme conique, aussi la tête des hauts buissons ne dépassait pas de beaucoup le niveau général du sol. Thomasine grimpa dans le fourchon d'un des arbustes, comme elle l'avait souvent fait en des occasions similaires, en des temps plus heureux, et avec une hachette s'attaqua aux rameaux lourds de baies.

— Faites attention de ne pas vous égratigner la figure lui dit sa tante qui, debout au bord du creux, regardait la jeune fille, posée parmi les masses vert lustré et écarlates de l'arbre. Viendrez-vous à sa rencontre avec moi ce soir ?

— J'aimerais bien, oui. Autrement j'aurai l'air de l'avoir oublié, dit Thomasine en lançant à terre un rameau. Il n'importerait d'ailleurs pas beaucoup… Pour moi il existe un seul homme, rien ne changera rien à cela… un homme qu'au nom de ma fierté il me faut épouser.

— J'ai peur…, commença Mrs Yeobright.

— Ah, je sais ! vous pensez : « Une fille aussi faible comment compte-t-elle se faire épouser quand elle voudra ? Mais laissez-moi vous dire une chose, tante : Mr Wildeve n'est pas une brute, pas plus que je ne suis une mauvais femme. Seulement, il a des manières fâcheuses et n'essaie pas d'attirer la sympathie quand les gens ne lui en accordent pas d'eux-mêmes…

— Thomasine, dit tranquillement Mrs Yeobright, en fixant ses regards sur sa nièce, croyez-vous me tromper en prenant la défense de Mr Wildeve ?

— Comment cela, vous tromper ?

— Il y a longtemps que je me doute que votre amour pour lui a changé de couleur, depuis que vous avez découvert qu'il n'est pas le saint que vous aviez imaginé et que vous me jouez la comédie.

— Il voulait m'épouser et je veux l'épouser.

— Et à la question : « Accepteriez-vous maintenant de devenir sa femme, s'il n'y avait pas eu cette fâcheuse histoire ? », que répondriez-vous ?

Thomasine regarda dans l'arbre et se montra très troublée.

— Tante, dit-elle enfin, il me semble que j'ai le droit de refuser d'y répondre, à cette question.

— Évidemment, vous l'avez.

— Pensez ce que vous voudrez. Je ne vous ai jamais donné à entendre par une parole ou par un acte que mes sentiments avaient changé ; je continuerai et je l'épouserai.

— Bon. Attendez qu'il renouvelle sa demande. Ce n'est pas impossible, maintenant qu'il sait… quelque chose que je lui ai dit. Je ne mets pas un seul instant en doute que le meilleur parti qui vous reste à prendre soit de l'épouser. J'ai beau m'être élevée contre votre choix auparavant, je suis bien d'accord avec vous aujourd'hui. Vous n'avez pas d'autre façon de sortir d'une position fausse et des plus irritantes.

— Quelle chose lui avez-vous dite ?

— Qu'il barrait le chemin à un autre de vos prétendants.

— Tante, dit Thomasine en ouvrant des yeux ronds, que voulez-vous dire ?

— Ne vous inquiétez pas : c'était mon devoir. Je ne peux pas vous en dire plus long pour le moment ; mais, quand tout sera réglé, je vous dirai exactement ce que je lui ai dit et pourquoi je le lui ai dit.

Thomasine fut bien obligée de se contenter de cette réponse.

— Et vous garderez le secret de mon mariage manqué vis-à-vis de Clym, pour le moment, n'est-ce pas ? demanda-t-elle ensuite.

— Oui, puisque je vous l'ai promis. Mais à quoi bon ? Il ne tardera pas à tout savoir. Il lui suffira de vous regarder pour comprendre que quelque chose va de travers.

Thomasine se retourna et, de son arbre, regarda sa tante.

— Écoutez-moi bien, lui dit-elle, sa douce voix haussée à un ton très ferme, grâce à une force autre que physique. Je veux que vous ne lui disiez rien. S'il découvre que je suis devenue indigne d'être sa cousine, qu'il le découvre. Mais, puisqu'il m'aimait avant, nous n'allons pas lui faire de la peine en lui racontant tout de suite mes ennuis. Cette histoire est dans l'air, je le sais, mais les bonnes langues n'oseront pas lui en parler pendant les tout premiers jours, justement parce que nous sommes parents. Si, d'ici une semaine ou deux, les événements ne m'ont pas mise à l'abri des commérages, je lui raconterai tout moi-même.

Le sérieux avec lequel s'exprimait Thomasine coupait court à toute objection.

— Très bien. Ce mariage aurait dû lui être annoncé. Il ne vous pardonnera jamais tous vos mystères.

— Si, il me pardonnera quand il saura que je voulais seulement éviter de lui faire de la peine et que je ne m'attendais pas à le voir revenir si tôt à la maison. Et il ne faut pas que j'empêche la fête que vous vouliez donner pour Noël. Si vous la remettiez, les choses n'iraient que plus mal.

— Je ne la remettrai certainement pas... Je ne veux pas que tout Egdon me tienne pour battue, ni passer pour le jouet d'un garçon comme Wildeve. Je crois que nous avons assez de houx maintenant et que nous ferons bien de rentrer. Le temps de décorer la maison avec ces branches et de suspendre le gui, et il faudra nous mettre en route pour aller à sa rencontre.

Thomasine descendit de l'arbre, se secoua pour se débarrasser des baies qui étaient tombées sur ses cheveux et sur sa robe, puis sa tante et elle descendirent la colline, chacune portant la moitié de la cueillette. Maintenant, il était environ quatre heures et le soleil quittait les vallées. Quand le couchant se teinta de rouge, les deux femmes sortirent de nouveau de leur maison et, plongeant dans la lande, s'engagèrent dans une direction différente de la première, vers un point de la grand-route lointaine par où l'homme attendu devait revenir.

14

Comment un petit bruit produisit un grand rêve

Eustacia se tenait juste sur la limite de la lande, s'efforçant de distinguer la maison de Mrs Yeobright. Aucune lumière, aucun son, aucun mouvement n'en venaient. La soirée était froide ; l'endroit sombre et solitaire. La jeune fille conclut que l'hôte n'était pas encore arrivé et, après s'être attardée dix ou quinze minutes encore, elle prit le chemin du retour.

À peine avait-elle fait quelques pas qu'un bruit de voix devant elle lui révéla l'approche de personnes engagées sur le même sentier et en train de causer. La tête des survenants devint bientôt visible, se détachant contre le ciel. Ils marchaient lentement et, bien qu'il fît trop sombre pour discerner grand-chose d'eux, leur démarche suffisait à montrer qu'ils n'étaient point des travailleurs de la lande. Eustacia s'écarta un peu du sentier pour les laisser passer. Il y avait deux femmes et un homme, et les voix des femmes étaient celles de Mrs Yeobright et de Thomasine.

Ils la joignirent et, au moment de passer devant elle, parurent distinguer sa forme obscure. Alors parvint aux oreilles d'Eustacia cette parole prononcée d'une voix masculine : « Bonsoir. »

Elle murmura une réponse, se coula le long du chemin et, ayant dépassé le groupe, se retourna vers lui. Durant un instant, elle demeura à ne pouvoir croire qu'ainsi, sans sollicitation, la fortune l'avait mise en présence de l'âme de la maison qu'elle était allée inspecter, de l'homme sans qui cette inspection n'eût certes jamais eu lieu.

Elle s'efforça de voir les trois personnes, mais en vain. Son attention était tendue à un degré tel, cependant, que ses oreilles parurent presque remplir la fonction de voir, aussi bien que celle d'entendre. On ne peut que constater cette extension des pouvoirs des sens en pareils moments. C'est probablement sous l'empire d'émotions de ce genre que devait se trouver le sourd Dr Kitto quand, selon ses dires, il parvint, à la suite d'un long entraînement, à rendre son corps tellement sensible aux vibrations de l'air qu'il entendait par lui comme par des oreilles.

Elle put suivre chaque mot de la conversation des promeneurs. Ceux-ci ne se disaient point de secrets. Ils se laissaient simplement aller à ce bavardage animé qui est d'usage entre parents qui ont longtemps subi une séparation de corps, sinon d'âmes. Mais ce n'était pas les mots qu'écoutait Eustacia : quelques minutes plus tard, elle ne put se les rappeler, elle écoutait celle de ces voix qui, dans la conversation, prononçait à peine le dixième de ces mots – la voix qui lui avait souhaité le bonsoir. Quelquefois cette voix disait « oui » ; quelquefois elle disait « non » ; quelquefois elle posait des questions au sujet d'un vieil habitant du pays. Une fois, elle déconcerta Eustacia en faisant une remarque sur l'expression amicale et réconfortante inscrite sur le visage des collines.

Les trois voix s'éloignèrent, s'affaiblirent et moururent aux oreilles d'Eustacia. Tout cela lui avait été accordé et tout le reste lui était refusé. Mais nul événement n'aurait pu être aussi exaltant : durant la plus grande partie de la journée, elle s'était enchantée à imaginer quelle fascination devait émaner d'un homme qui arrivait directement du beau Paris – chargé de l'atmosphère de Paris, familier avec les charmes de Paris. Et voici que cet homme l'avait saluée.

Dès que les trois silhouettes se furent enfoncées dans le silence, les abondants propos tenus par les deux femmes glissèrent absolument hors de la mémoire d'Eustacia ; mais les accents de leur compagnon demeurèrent. Y avait-il dans la voix du fils de Mrs Yeobright – car il s'agissait bien de Clym – des intonations vraiment très extraordinaires ? Non : simplement cette voix était celle d'un homme qui devait tout comprendre. Rien, dans le domaine des émotions, ne devait être étranger à celui qui avait prononcé ce bonsoir. L'imagination d'Eustacia suffisait à tout, hors à trouver l'explication d'une énigme : comment cet homme pouvait-il trouver un visage amical et réconfortant à ces collines rébarbatives ? En pareilles occasions, des centaines d'idées traversent le cerveau surchargé d'une femme et transparaissent sur son visage, y causent des modifications réelles, encore que minimes. Sur les traits d'Eustacia, une succession rythmique de ces impressions diverses se marqua. Elle exultait ; se souvenant des leurres de l'imagination, elle languissait ; puis elle se ranimait ; puis elle s'enflammait ; puis se calmait de nouveau. Elle offrait un cycle d'expressions né d'un cycle de visions.

Eustacia rentra chez elle fort agitée. Son grand-père était bien installé devant le feu, tisonnait, mettait à l'air la surface incandescente des mottes de tourbe, dont l'éclat projetait sur les parois de la cheminée des lueurs de fournaise.

— Pourquoi ne sommes-nous pas amis avec les Yeobright ? demanda la jeune fille en s'approchant du feu pour tendre à la chaleur ses mains douces. J'aimerais les connaître. Ils ont l'air très aimables.

— Pourquoi ? Que je sois pendu si je le sais ! dit le capitaine. Le père Yeobright était assez de mes amis – tout rude comme une haie qu'il était. Mais vous ne vous soucieriez pas d'aller chez ces gens-là, j'en suis bien sûr.

— Pourquoi ?

— Mais parce que, avec vos goûts de fille des villes, vous les trouveriez bien trop paysans. Ils se tiennent dans leur cuisine, boivent de l'hydromel et de la liqueur de sureau, et sablent le carrelage pour qu'il soit propre. Ils ont raison, mais vous n'aimeriez pas ça.

— Je croyais que Mrs Yeobright était une femme de bonnes manières. Son père n'était-il pas pasteur ?

— Si, mais il a bien fallu qu'elle vive comme son mari et, maintenant, elle doit être habituée à ces façons rustiques. Ah, vous me faites souvenir que je l'ai fâchée une fois, sans le vouloir, et nous ne nous sommes jamais revus depuis.

Cette nuit-là devait être fertile en événements pour le cerveau d'Eustacia – une nuit à peu près inoubliable. Elle fit un rêve. Et, de Nabuchodonosor au chaudronnier de Swoffham, rares sont les créatures humaines qui firent rêve comparable !

Non, un rêve aux péripéties aussi élaborées, surprenantes et palpitantes ne fut certainement jamais rêvé avant par une jeune fille dans la même situation qu'Eustacia ! Il présentait autant de ramifications que le labyrinthe crétois, autant de fluctuations que la lumière boréale, autant de couleurs qu'un parterre de juin. Il fourmillait de personnages autant qu'un sacre. Aux yeux de la reine Schéhérazade, ce rêve, probablement, n'aurait pas paru s'écarter beaucoup du banal ; une jeune fille, retour des cours d'Europe, l'eût sans doute tenu pour tout juste intéressant. Mais, étant donné la vie que menait Eustacia, c'était pour elle un rêve aussi merveilleux que peut l'être un rêve.

Il comporta néanmoins, se dégageant peu à peu d'une succession de scènes plus féeriques les unes que les autres, un épisode moins extravagant au cours duquel la lande s'entrevoyait vaguement à travers le brillant de l'ensemble. Eustacia dansait au son d'une musique merveilleuse, et son cavalier était l'homme en armure d'argent qui l'avait accompagnée à travers toutes les fantastiques aventures précédentes en gardant baissée la visière de son casque. Cette danse l'engageait dans des dédales d'extase. Un doux murmure parvenait à ses oreilles, à travers le casque rayonnant, et elle se sentait comme une femme au paradis. Soudain, elle et lui se détachèrent de la foule des danseurs, plongèrent dans un des petits étangs de la lande et sortirent quelque part au-dessous, dans un creux irisé, sous une voûte faite d'un entrecroisement d'arcs-en-ciel : « Il faut que ce soit ici », dit la voix à son côté, et comme, rougissante, elle levait les yeux, elle vit l'homme à l'armure d'argent qui enlevait son casque pour l'embrasser. À ce moment, un craquement se fit entendre et l'inconnu tomba en morceaux comme un jeu de cartes.

Et tout haut, elle cria :

— Oh ! si j'avais pu voir son visage !

Eustacia s'éveilla. Le craquement avait été produit par les contrevents d'une fenêtre d'un rez-de-chaussée que la servante ouvrait pour livrer passage à la maigre portion de jour que la nature réduisait de plus en plus, en cette maladive période de l'année :

— Oh ! si j'avais pu voir son visage ! dit-elle encore. C'était Mr Yeobright !

Quand elle fut plus calme, elle se rendit compte que maints épisodes de ce rêve étaient tout naturellement nés des images et des fantaisies du jour précédent. Mais cette constatation ne retrancha pas grand-chose à un songe dont l'intérêt suprême était d'alimenter une ferveur avide.

Elle était à la minute qui hésite entre l'indifférence et l'amour, à la phase appelée « avoir du penchant »... Cette minute a sa place dans l'histoire des passions les plus gigantesques : celles-ci sont alors à la merci du plus faible coup de pouce.

Cette femme passionnée était en ce moment à demi éprise d'une chimère. La nature fantastique de son amour l'abaissait comme intelligence, mais l'élevait comme âme. Plus maîtresse d'elle-même, elle eût réduit son émoi par les raisonnement et ainsi l'eût tué. Un peu moins fière, elle eût tourné autour de la maison des Yeobright, à Blooms-End, jusqu'au moment où elle aurait vu le jeune homme.

Mais Eustacia ne prit ni l'un ni l'autre de ces partis. Elle agit comme aurait agi en pareille circonstance une jeune fille modèle. Elle alla prendre l'air, une ou deux fois par jour, sur les collines d'Egdon, et tint ses yeux bien ouverts.

Elle tenta la chance une première fois, mais il ne prit pas le même chemin qu'elle.

Elle alla se promener une deuxième fois et, de nouveau, fut seule à se promener.

La troisième fois, il y avait un brouillard très épais. Elle regarda autour d'elle, mais sans grand espoir. Même s'il s'était trouvé passer à vingt mètres d'elle, elle n'aurait pas pu le voir.

À la quatrième tentative qu'elle fit pour le rencontrer, il se mit à pleuvoir à torrents et elle revint chez elle.

Sa cinquième sortie eut lieu l'après-midi. Il faisait beau, elle resta dehors longtemps et alla jusqu'au fond de la vallée où se trouvait Blooms-End. Elle vit la palissade blanche à un demi-mètre d'elle ; mais lui n'apparut point. C'est presque désespérée qu'elle regagna sa maison et elle se sentait honteuse de sa faiblesse. Elle décida de ne plus chercher à voir l'homme de Paris.

Mais la Providence est essentiellement coquette et, à peine Eustacia avait-elle pris cette résolution, que vint à elle cette occasion qui, sollicitée, n'avait cessé de se refuser.

15

Eustacia est entraînée dans une aventure

Le soir de ce même jour, qui était le 23 décembre, Eustacia, seule au logis, se désolait car, d'après une rumeur nouvellement venue jusqu'à elle, la visite que Yeobright faisait à sa mère allait être de courte durée, prendre fin dans le courant de la semaine suivante. « Naturellement, se répétait-elle, un garçon qui déploie toute son activité dans une ville comme Paris ne saurait s'attarder sur la lande d'Egdon… » Qu'il lui fût réservé une chance, en ce peu de temps qui restait, de contempler, face à face, l'homme à la voix miraculeuse, était fort improbable. À moins qu'elle ne hantât, à la manière d'un rouge-gorge, les environs de la demeure maternelle de ce passant – chose difficile et peu convenable.

En des cas pareils, la ressource habituelle des jeunes gens et jeunes filles est de se rendre à l'église. Dans tout village ou petite ville, il est hors de doute que celui qui revient au pays pour les vacances de Noël, s'il n'a pas – en raison de l'âge ou de l'*ennui*[1] – perdu tout appétit de voir et d'être vu, se montrera sur un banc de l'église en des vêtements neufs, tout glorieux d'espoirs et de

1. En français dans le texte.

la conscience d'être un personnage. Aussi l'assemblée des fidèles qui assistent au service divin le matin de Noël est-elle en bonne partie comparable à un musée de Mme Tussaud[1] pour célébrités locales. L'amoureuse, abandonnée au pays tout le long de l'année, trouve là l'occasion d'observer à la dérobée le volage et, tandis qu'elle l'épie derrière son livre de prières, elle se répète que l'infidèle palpitera peut-être d'une fidélité retrouvée, quand les nouveautés auront perdu leur charme... Là, une jeune fille, dont l'installation dans la région est relativement récente, peut se rendre pour examiner un enfant du pays qui s'éloigna du foyer paternel avant qu'elle entrât elle-même en scène ; elle peut se demander s'il vaudra la peine de cultiver l'amitié des parents de ce jeune homme, quand il sera reparti, afin d'être certaine de le rencontrer quand il reviendra...

Mais les habitants clairsemés de la lande d'Egdon ne pouvaient avoir recours à ces tendres expédients. Leur titre de paroissiens était tout honoraire : ils ne faisaient, en fait, partie d'aucune paroisse. Les gens qui venaient du dehors passer Noël chez des amis demeuraient au coin du feu de ces amis, à boire de l'hydromel et d'autres liqueurs réconfortantes, jusqu'à la fin de leur séjour dans ces cottages isolés.

Avec pluie, neige, glace et boue tout alentour, nul ne se souciait de cheminer péniblement pendant deux ou trois milles pour aller s'asseoir, couvert d'éclaboussures jusqu'à la nuque et les pieds humides, parmi ceux qui, bien qu'en un sens des voisins, vivaient près de l'église et y pénétraient secs et propres. Eustacia savait qu'il y

1. Le musée de Mme Tussaud est, à Londres, l'équivalent du musée Grévin. (*NdT*)

avait à peine une chance sur dix pour que, durant son congé, Clym Yeobright allât assister aux offices. Faire atteler le poney et parcourir de mauvais chemins dans l'espoir de le rencontrer à l'église serait peine perdue.

Le crépuscule était tombé et elle demeurait assise auprès du feu dans la salle à manger, où, en cette saison, on se tenait de préférence, à cause de la grande cheminée, construite pour brûler de la tourbe, combustible qui avait, en hiver, les faveurs du capitaine. Seuls étaient visibles dans la pièce les objets qui, posés sur l'appui de la fenêtre, se détachaient encore sur le ciel bas du soir : au milieu, le vieux sablier et, l'encadrant, deux urnes celtiques déterrées d'un tumulus voisin et qui servaient de pots à deux cactus aux feuilles coupantes. Quelqu'un frappa à la porte d'entrée. La servante était sortie, le capitaine aussi. Après une minute d'attente, on entra dans la maison et on frappa à la porte de la salle.

— Qui est là ? demanda Eustacia.

— S'il vous plaît, cap'taine, permettrez-vous…

Eustacia se leva et alla ouvrir la porte.

— Je ne vais pas vous laisser entrer avec ce sans-gêne. Vous auriez dû attendre, dit-elle à l'intrus.

— Le cap'taine m'a donné la permission d'entrer comme ça, sans façon, répondit une agréable voix d'adolescent.

— Ah, oui ? dit Eustacia plus doucement. Bien. Que voulez-vous, Charley ?

— S'il vous plaît, votre grand-père nous prêtera-t-il le bûcher pour répéter nos rôles, ce soir, à sept heures ?

— Est-ce que vous feriez partie de la troupe des masques d'Egdon, cette année ?

— Oui, mams'el, et le cap'taine a toujours permis à l'ancienne troupe de répéter ici.

— Je sais. Eh bien, servez-vous du bûcher si vous voulez, dit-elle languissamment.

Le choix de ce bûcher – presque aussi vaste qu'une grange – comme salle de répétitions provenait de ce que la maison du capitaine était située à peu près au centre de la lande. Les jeunes gens qui constituaient la compagnie d'acteurs vivaient en des points disséminés des alentours et la distance qu'avait à franchir chacun d'eux pour se trouver au rendez-vous était, ainsi, à peu près égale pour tous.

Pour les masques et la mascarade, Eustacia avait le plus profond mépris. Les masques eux-mêmes, s'ils n'étaient pas affligés de pareils sentiments envers leur art, n'en étaient point enthousiastes. Un passe-temps traditionnel se distingue d'une reconstitution historique simplement en ceci : tandis que la reconstitution est préparée en toute agitation et en toute ferveur, le premier spectacle est redonné à date fixe, avec une absence d'entrain telle qu'on s'étonne qu'il soit maintenu.

Comme Balaam et d'autres prophètes récalcitrants, les acteurs semblent mus par une nécessité intérieure indépendante de leur volonté, quand ils récitent leur rôle. Cette mollesse dans l'exécution est la marque par laquelle on reconnaît, en notre âge épris du passé, une coutume ancienne authentique de sa contrefaçon.

C'était le vieux drame bien connu de saint Georges, qu'à Noël on représentait tous les ans dans le pays d'Egdon. Tous se mêlaient peu ou prou des préparatifs, y compris les femmes. La coopération des sœurs et des promises était, en effet, indispensable pour la confection des costumes. Mais cette coopération n'allait point sans inconvénient. On ne pouvait obtenir des jeunes filles qu'elles respectassent la tradition. En confectionnant des armures, elles s'obstinaient à piquer boucles et nœuds de soie et de velours un peu partout, selon leur goût personnel. Gorgerin, hausse-col, bassinet, corselet, gantelet et brassards étaient à ces yeux féminins autant d'espaces où faire flotter des chiffons de couleur.

Il pouvait arriver que Joë, qui luttait dans les rangs de la chrétienté, eût une promise ; que Jim, qui combattait parmi les infidèles, en eût une lui aussi. Pendant la fabrication des costumes, l'amie de Joë se trouvait apprendre que l'amie de Jim ornait de brillants festons de soie la cotte d'armes de son amoureux – sans négliger de bien garnir de rubans la visière du casque, laquelle était invariablement formée de bandes de soie, d'un pouce et demi de large, qui pendaient sur le visage des héros. La promise de Joë plaçait aussitôt des festons sur la cotte d'armes qu'elle cousait et, saisie d'émulation, ajoutait des touffes de rubans aux épaulières. La promise de Jim, pour n'être point battue, fixait alors des bouffettes et des cocardes un peu partout.

En conséquence de ces tournois, le Vaillant Guerrier de l'armée chrétienne ne se distinguait du Chevalier turc par nul détail vestimentaire et – ce qui était plus grave – saint Georges lui-même pouvait, à première vue, être pris pour le Sarrasin, son ennemi mortel.

Il y avait, il est vrai, une limite à cette tendance à l'uniformité. Le médecin, ou docteur, conservait intact son caractère : ses vêtements plus sombres, son chapeau spécial et la bouteille de médecine qu'il portait en bandoulière le maintenaient à part. Et il en allait de même pour le personnage du Père Noël, un homme plus âgé, armé d'un gourdin gigantesque, qui escortait la compagnie au cours des longs voyages qu'elle faisait de paroisse en paroisse et tenait la bourse.

L'heure de la répétition arriva, et bientôt Eustacia entendit des voix dans le bûcher. Pour tenter de dissiper, dans une menue mesure, son accablante tristesse, la jeune fille alla dans le hangar accoté au bûcher. Dans le mur de boue, un petit trou, primitivement destiné à des entrées et sorties de pigeons, permettait de voir l'intérieur de ce théâtre improvisé. Une lumière en venait. Eustacia monta sur un escabeau pour regarder la scène. Trois hautes chandelles brûlaient et, à leur lueur, sept ou huit jeunes gens allaient et venaient, se haranguaient, s'induisaient mutuellement en erreur dans leurs efforts pour perfectionner leur jeu. Humphrey et Sam, les coupeurs d'ajoncs et de tourbe, assistaient au spectacle et Timothée Fairway était également présent. Appuyé contre le mur, il faisait office de souffleur et intercalait, parmi les phrases du texte, des remarques et des anecdotes concernant les temps meilleurs où il faisait partie lui-même de la compagnie des masques d'Egdon.

— Ma foi, les gars, vous êtes aussi prêts que vous pourrez jamais l'être, conclut-il une fois la répétition achevée. C'est pas dire qu'une mascarade pareille aurait passé de mon temps, non. Harry, dans le Sarrasin, devrait se carrer un peu plus et John n'a pas besoin de tant s'égosiller. À part ça, peut-être que ça n'ira pas trop mal. Est-ce que vos costumes sont prêts ?

— Ils le seront lundi.

— Et c'est lundi la première représentation, probable ?

— Oui, chez maîtresse Yeobright.

— Chez maîtresse Yeobright ? J'aurais cru qu'une femme de son âge n'avait plus souci de voir la mascarade.

— C'est qu'il va y avoir chez elle une espèce d'assemblée, vu que c'est le premier Noël que son fils passe au pays depuis tant longtemps.

— Ma foi, c'est vrai ! Son assemblée ! Dieu me pardonne si je ne l'avais pas quasi oubliée ! Et pourtant j'y suis invité, moi aussi, et j'y vais.

Le visage d'Eustacia s'imprégna de détresse : il y aurait une fête chez les Yeobright et, naturellement, tout à fait en dehors d'elle… Elle demeurait étrangère aux réjouissances locales, les avait toujours à peu près complètement ignorées… Mais, si elle avait été invitée cette fois, elle l'eût enfin rencontré, l'homme dont l'influence la pénétrait comme les rayons d'un soleil d'été ! Donner à cette influence une occasion d'augmenter, c'était chercher et trouver des émotions ; la repousser signifiait peut-être regagner la paix ; la subir, telle qu'en cet instant, était une torture.

Hommes et jeunes gens se préparaient à s'en aller. Eustacia regagna le coin de son feu. Elle se plongea dans ses pensées, mais non pendant longtemps. Au bout de quelques minutes, l'adolescent qui avait demandé la permission de se servir du bûcher vint en rapporter la clé dans la cuisine. Eustacia l'entendit et, ouvrant la porte du couloir.

— Charley, venez ici, dit-elle.

Le garçon fut fort surpris.

Il pénétra dans la salle, non sans rougir car, comme beaucoup d'autres, il n'était pas insensible à la beauté du visage et du corps de la jeune fille. Elle lui désigna un siège au coin du feu et, pénétrant elle-même sous le manteau de la grande cheminée, s'assit en face de lui. Il était aisé de lire sur son visage que ses raisons pour appeler le jeune homme apparaîtraient bientôt.

— Quel rôle jouez-vous, Charley, dans la mascarade ? Celui du Chevalier turc, je crois ? demanda la jeune beauté en regardant à travers la fumée du feu celui qui lui faisait face.

— Oui, mams'el, je joue le Chevalier turc, répondit-il, un peu méfiant.

— Votre rôle est-il très long ?

— C'est à moi à parler à peu près neuf fois.

— Voulez-vous me le réciter ? J'aimerais l'entendre.

Les regards fixés sur le feu de tourbe, le garçon sourit et commença :

Le Chevalier turc, le voici, c'est moi !
En Turquie longtemps j'ai appris la guerre…

et il poursuivit sa récitation, jusqu'à la défaite et à la mort du Chevalier turc, dues à l'épée de saint Georges.

Eustacia avait incidemment entendu d'autres fois réciter ce rôle et, quand Charley l'eut débité tout entier, elle le reprit mot à mot et le déclama jusqu'au bout, sans se tromper ni hésiter.

C'était le même morceau et cependant il était bien différent : il offrait le fini et la suavité d'un tableau de Raphaël venant après une toile du Pérugin : le même sujet était traité mais, dans le rendu, l'élève dépassait le maître.

Les yeux de Charley s'arrondissaient de surprise.

— Eh bien, vous êtes une demoiselle bien savante ! dit-il, plein d'admiration. Il m'a fallu trois bonnes semaines, à moi, pour l'apprendre !

— Je l'avais déjà entendu réciter, fit-elle observer tranquillement. Maintenant, Charley, écoutez-moi bien : feriez-vous n'importe quoi pour me faire plaisir ?

— Je ferais beaucoup, mams'el.

— Me laisseriez-vous jouer votre rôle ? Une fois seulement ?

— Oh, mams'el !… Mais avec vos robes… vous ne pourriez pas !…

— Je me procurerais tout ce qui me serait nécessaire, à part le déguisement. Que faudra-t-il que je vous donne pour que vous me prêtiez vos affaires et me cédiez votre place pendant une heure ou deux, lundi soir, en me gardant le secret ? Nous trouverons une raison qui vous empêcherait de jouer et vous direz que n'importe qui – un cousin de miss Vye – jouera à votre place. Les autres masques ne connaissent pas le son de ma voix et je ne risquerai pas beaucoup d'être découverte. D'ailleurs, si je l'étais, peu m'importerait. Alors ? Que faudra-t-il vous donner pour que vous acceptiez ? Une demi-couronne ?
Le jeune garçon fit non de la tête.

— Cinq shillings ?

Il secoua de nouveau la tête.

— Ce n'est pas de l'argent que je veux, dit-il en caressant la pomme du chenet de fer du creux de sa main.

— Que voulez-vous alors, Charley ? demanda Eustacia d'un ton déçu.

— Vous souvenez-vous de ce que vous m'avez refusé à la fête du 1er mai, mams'el ? murmura l'adolescent, sans la regarder et en continuant de caresser le chenet.

— Oui, dit Eustacia avec un peu plus de hauteur, vous vouliez que je vous donne la main pour faire la ronde, je crois ?

— Une demi-heure de cela et je serai d'accord, mams'el.

Eustacia le regarda fixement. Charley avait trois ans de moins qu'elle, mais était de toute apparence assez éveillé pour son âge.

— Une demi-heure de quoi ? demanda-t-elle, bien qu'ayant deviné.

— Une demi-heure de votre main dans la mienne.

Elle garda le silence, puis :

— Un quart d'heure, fit-elle.

— Un quart d'heure, oui, miss Eustacia, si je peux ensuite baiser aussi la main, et je jure de faire de mon mieux pour que personne ne se doute de rien. Vous ne croyez pas qu'on reconnaîtra votre voix ?

— Cela pourrait arriver, mais je mettrai un petit caillou dans ma bouche pour plus de précaution. Très bien. Je vous laisserai tenir ma main dès que vous m'aurez apporté le costume, l'épée et la lance. Vous pouvez vous en aller, je n'ai plus besoin de vous.

Charley s'en alla et Eustacia sentit que la vie devenait de plus en plus intéressante. Elle avait quelque chose à faire – quelqu'un à voir, une charmante façon aventureuse de voir ce quelqu'un… « Ah ! soupira-t-elle, si j'avais une raison de vivre ! Voilà ce qui me manque ! »

Les allures d'Eustacia étaient généralement somnolentes et la nature de ses passions pesante plutôt que vive. Mais, quand elle s'éveillait à un intérêt, il lui arrivait de montrer, sur le moment, l'impétuosité d'un tempérament primesautier.

Le risque d'être reconnue la laissait assez indifférente. Elle jugeait peu probable que le groupe des masques la devinât. En ce qui concernait les invités de l'assemblée elle n'était pas tout à fait aussi tranquille. Mais qu'on la découvrît ne serait pas, après tout, si terrible : on s'aviserait seulement de l'acte, jamais du motif. On verrait, en cette affaire, le caprice d'une fille dont les façons, déjà, passaient pour singulières. Qu'elle fît pour une raison sérieuse un tour qui avait une si naturelle allure d'espièglerie, voici ce que nul, en tout cas, ne soupçonnerait.

Le lendemain, Eustacia se tenait à la porte du bûcher, attendant que tombât le soir et qu'arrivât Charley. Son grand-père était au logis et elle ne pouvait faire entrer son complice dans la maison.

Ce dernier apparut sur la crête sombre de la lande comme une mouche sur un nègre. Il portait costume et accessoires et, tout essoufflé, vint rejoindre la jeune fille.

— Voilà toutes les affaires, dit-il en déposant les paquets sur le seuil, et maintenant, miss Eustacia...

— Le paiement ? Je suis prête. Je n'ai qu'une parole.

Elle s'appuya contre le montant de la porte et lui tendit la main. Charley saisit cette main dans les siennes avec une tendresse indescriptible – comparable seulement, peut-être, à celle que montrerait un enfant parvenu enfin à capturer un moineau.

— Oh ! il y a un gant dessus ! dit-il d'un ton de reproche.

— J'ai été me promener, lui fit-elle observer.

— Mais, mams'el !

— C'est vrai, ce n'est pas de jeu. Elle enleva son gant et lui donna sa main nue.

Ils demeurèrent ainsi, minute après minute, sans plus se parler, chacun regardant s'obscurcir le paysage et pensant ses propres pensées.

— Je voudrais bien ne pas user ce soir tout mon quart d'heure, dit Charley dévotement, après que cinq ou six minutes se fussent écoulées, tandis qu'il caressait la main. Est-ce que je ne pourrais pas avoir le reste une autre fois ?

— Comme vous voudrez, dit-elle sans le moindre trouble. Mais il faudra que ce soit fini d'ici une semaine. Et maintenant, il y a autre chose que je veux que vous fassiez : attendez un peu pendant que je mettrai le costume et venez voir ensuite si je joue bien le rôle. Mais il faut, avant, que je voie ce qui se passe dans la maison.

Elle disparut aux yeux du garçon, pénétra dans le cottage, s'assura que son grand-père dormait au coin du feu.

— Maintenant, dit-elle en réapparaissant, promenez-vous dans le jardin. Quand je serai prête, je vous appellerai.

Charley se promena et attendit. Bientôt il perçut un doux sifflement. Il revint à la porte du bûcher.

— Avez-vous sifflé, miss Vye ?

— Oui, entrez, lui répondit de l'intérieur la voix d'Eustacia. Je ne peux pas allumer de lumière jusqu'à ce que la porte soit refermée. Essayez de trouver votre chemin sans voir clair, je suis dans la buanderie.

Charley suivit ces ordres et elle alluma la lumière, se révélant changée de sexe, chatoyante de couleurs et armée de pied en cap. Peut-être se raidit-elle légèrement sous le regard vigoureux de Charley, mais si son costume masculin l'embarrassa alors un peu, il fut impossible de le voir grâce aux rubans qui, sur le visage des masques, figuraient la visière à grille des casques du Moyen Âge.

— Le costume va assez bien, dit-elle en considérant les blancs hauts-de-chausses. Les manches sont seulement un peu longues… et je pourrai retourner le bas des chausses… Maintenant, faites attention.

Eustacia se mit alors à réciter en frappant sa lance de son épée aux passages menaçants, dans le style orthodoxe de la mascarade, et en allant et venant. Charley tempérait son admiration par des critiques nécessaires, mais d'autant plus douces que ses mains se souvenaient d'avoir tenu la main de la jeune fille.

— Et maintenant, il faut songer à vous trouver une excuse auprès des autres, dit-elle. Où vous êtes-vous donné rendez-vous pour aller chez Mrs Yeobright ?

— Nous pensions nous retrouver tous ici, mams'el, si ça ne faisait rien. À huit heures. Pour être là-bas à neuf.

— Bien. Vous, naturellement, vous ne vous ferez pas voir. J'arriverai avec cinq minutes de retard, toute habillée et je dirai que vous n'avez pas pu venir. J'ai pensé que le mieux serait que je vous envoie réellement quelque part. Il arrive que nos poneys aillent courir jusque dans les champs, s'égarent et ne rentrent pas, et, demain soir, vous pourriez partir à leur recherche. Je m'occuperai du reste. Maintenant, vous pouvez me laisser.

— Oui, mams'el. Mais j'aimerais bien avoir encore une minute de mon dû, si ça ne vous fait rien.

Eustacia lui donna sa main comme avant.

— Une minute, dit-elle.

Et elle compta jusqu'à ce que sept ou huit minutes se fussent écoulées. Elle s'éloigna alors – main et personne – de plusieurs pas et recouvra, en grande partie, son ancienne dignité.

Le contrat rempli, elle dressait entre eux une barrière aussi impénétrable qu'un mur.

— Las ! c'est déjà fini et je voulais en garder pour une autre fois, dit-il avec un soupir.

— Vous avez eu bonne mesure, dit-elle en se retirant.

— Oui, mams'el. Enfin, c'est fini et, maintenant, je vais m'en retourner chez nous.

16

Au clair de lune

Le soir suivant, les masques, réunis dans le bûcher, attendaient le Chevalier turc.

— Huit heures vingt à la Femme tranquille et Charley n'est pas arrivé !

— Huit heures dix à Blooms-End.

— Il est huit heures moins dix à la montre du grand-père Cantle.

— Et huit heures cinq à la montre du capitaine.

Dans le pays d'Egdon, il n'y avait point d'heure unique : chaque hameau avait la sienne.

D'une façon générale, dans la région ouest de la lande, on croyait à l'heure de Blooms-End, dans la région est, à l'heure de la Femme tranquille. L'heure de la montre du grand-père Cantle avait compté beaucoup d'adeptes autrefois parmi les dissidents, mais, depuis que son propriétaire avait vieilli, la foi, chez beaucoup, s'était ébranlée. Ainsi, comme les masques arrivaient au rendez-vous, venant de points différents de la lande, chacun avec ses dogmes personnels sur le tôt et le tard, la compagnie décida d'attendre un peu plus, par manière de compromis.

Eustacia avait épié le rassemblement à travers le trou. Quand elle vit que son moment était venu, elle sortit du hangar et, hardiment, tira la bobinette de la porte du bûcher. Son grand-père n'était pas à redouter, bien installé qu'il était à la Femme tranquille.

— Enfin, c'est lui ! V'là Charley ! T'es en retard, Charley !

— Ce n'est pas Charley, dit le Chevalier turc à travers sa visière. C'est un cousin de miss Vye qui s'amuse à le remplacer. Charley a été obligé d'aller à la recherche des poneys et nous sommes convenus que je prendrais sa place. Je sais le rôle aussi bien que lui.

Sa démarche gracieuse, sa taille élégante et ses façons dignes donnèrent à la majorité des masques l'impression que leur troupe ne perdait pas au change, à condition que le remplaçant tînt bien son rôle.

— Ça ne fait rien, si vous n'êtes point trop nouveau pour vous tirer d'affaire, dit saint Georges.

La voix d'Eustacia avait paru quelque peu plus jeune et plus mélodieuse que celle de Charley.

— Je vous dis que je sais parfaitement le rôle, dit Eustacia d'un ton décidé.

L'aplomb seul était obligatoire pour mener à bonne fin l'aventure, et elle en montrait autant qu'elle jugeait nécessaire.

— En avant, les gars ! Répétons ! Je vous mets tous au défi de me trouver en faute.

La pièce fut hâtivement répétée. Ensuite de quoi, les masques furent ravis du nouveau Chevalier. À huit heures et demie, ils éteignirent les chandelles et s'engagèrent dans la lande vers la demeure de Mrs Yeobright, à Blooms-End.

Il y avait, cette nuit-là, une légère gelée blanche et la lune, bien que seulement à demi pleine, jetait un éclat vif et séduisant sur les silhouettes fantastiques de la compagnie des masques en marche, dont plumes et rubans bruissaient comme des feuilles d'automne.

Leur chemin, ce soir, ne prenait point par Rainbarrow mais descendait une vallée qui laissait un peu à l'est l'antique monticule. Le creux de cette vallée verdoyait sur une dizaine de mètres de large et, sur les brins d'herbe, les scintillantes facettes de la gelée paraissaient se mouvoir avec ces passants qu'elles environnaient. À droite et à gauche, les masses d'ajoncs et de bruyère demeuraient aussi sombres que jamais : une simple demi-lune n'était pas suffisante pour argenter des traits aussi ténébreux.

Après une demi-heure de marche et de bavardage, les masques parvinrent à l'endroit de la vallée où le ruban d'herbe s'élargissait et conduisait, comme une allée, à la maison des Yeobright. Quand cette maison lui apparut, Eustacia, qui avait ressenti quelques doutes furtifs tandis qu'elle cheminait avec les jeunes gens, fut de nouveau toute à la joie d'avoir osé cette entreprise. Elle était venue pour voir un homme qui aurait peut-être le pouvoir de la délivrer d'une oppression mortelle. Qu'était Wildeve ? Tout juste intéressant. Peut-être allait-elle voir cette nuit le héros qui comblerait ses vœux…

Comme ils approchaient de la maison, les masques s'aperçurent qu'à l'intérieur musique et danse allaient bon train. De temps à autre, le serpent – alors, le principal instrument à vent en honneur – lançait une note grave et prolongée qui pénétrait plus avant dans la lande que les notes plus faibles des registres aigus et, seule, atteignait les oreilles des arrivants ; puis, le piétinement exceptionnellement lourd d'un danseur se faisait entendre de même.

Comme les masques s'approchaient davantage, ces sons fragmentaires s'unirent et devinrent les motifs les plus saillants de l'air appelé « Le Caprice de Nancy ».

Il était là, naturellement, dans cette maison, dans cette salle de danse. Avec qui dansait-il ? Une femme inconnue, infiniment moins raffinée qu'Eustacia, lui tendait peut-être le plus subtil des pièges, le liait à elle, scellait la destinée du jeune homme en cet instant même. Danser avec un homme, n'est-ce pas concentrer sur lui, en moins d'une heure, le feu de douze mois de tir de campagne ?... Courtiser sans connaître, épouser sans courtiser, autant de façons de brûler les étapes réservées à ceux qui s'engagent sur cette voie royale. Eustacia verrait à qui Clym avait donné son cœur en observant attentivement tout le monde...

Cette jeune personne entreprenante suivit les masques au-delà de la palissade blanche et s'arrêta avec eux devant le porche.

De lourds pans de chaume s'incrustaient dans les murs de la maison, pendaient entre les fenêtres du dernier étage. La façade, sur laquelle jouaient les rayons de la lune, avait été toute blanche, mais un énorme pyracantha en obscurcissait maintenant la plus grande partie.

Il devint tout de suite évident que le bal avait lieu immédiatement derrière la porte : des frôlements de jupes et de coudes, parfois un heurt d'épaule, s'entendaient à travers les battants mêmes. Eustacia n'avait jamais pénétré dans la curieuse vieille demeure.

— Il n'y a donc pas de couloir entre cette porte et la salle ? demanda-t-elle, tandis que la troupe prolongeait sa halte sous le porche.

— Non, répondit le garçon qui jouait le rôle du Sarrasin. La porte ouvre sur la salle de devant, où les gens sont en train de danser.

— Alors, nous ne pouvons pas entrer sans interrompre la danse ?

— Non. Faut que nous attendions ici devant, jusqu'à ce qu'ils aient fini, parce que, le soir tombé, la porte de derrière est toujours fermée au verrou.

— Ça ne va pas durer bien longtemps maintenant, dit le Père Noël.

Cette assertion ne fut guère corroborée par les faits. Une fois de plus, les instruments achevèrent un air ; une fois de plus, ils en attaquèrent un autre avec autant de feu et de sentiment que si c'eût été le premier. Ils jouaient maintenant cet air qui semble n'avoir ni commencement, ni milieu, ni fin caractérisés – celui qui, entre tous les airs de danse dont peut fourmiller la fantaisie d'un violoneux inspiré, donne peut-être le mieux la sensation de l'interminable – le fameux « Rêve du diable ». La frénésie des danseurs, qu'entraînait la furie des exécutants, pouvait être approximativement imaginée par ceux qui attendaient dehors, sous la lune, d'après les coups d'orteils et de talons qui ébranlaient la porte toutes les fois que s'accusait la vélocité du tourbillon.

Les cinq premières minutes qu'ils passèrent aux écoutes furent assez amusantes pour les masques. Seulement, ces cinq minutes devinrent dix minutes, ces dix minutes un quart d'heure. Les heurts contre la porte, les rires, le piétinement étaient aussi vigoureux que jamais et le plaisir du groupe du dehors se réduisit considérablement.

— Comment se fait-il que Mrs Yeobright donne ce genre de réunions ? demanda Eustacia un peu surprise par une aussi grosse gaieté.

— C'est point une de ses assemblées pour le beau monde, bien sûr. Elle a invité tous les voisins et les travailleurs pour les régaler. Paraît que c'est elle et son fils qui servent les invités.

— Je comprends, dit Eustacia.

— Ça va être la dernière danse, je crois, dit saint Georges, l'oreille appuyée contre la porte. Un gars et une fillette étaient juste à danser ici, dans le coin, et il lui a dit : « Ah, quel dommage ! Ça va être déjà fini pour nous, ce soir, ma mie ! »

— Dieu merci ! dit le Chevalier turc, en battant le sol des semelles et prenant, contre le mur, sa lance, accessoire traditionnel des masques. Ses chaussures étaient plus légères que celles des jeunes gens et la gelée avait mouillé et refroidi ses pieds.

— Allons bon ! Va falloir encore attendre dix minutes de plus, déclara le Vaillant Soldat, qui regardait par le trou de la serrure.

L'air présent se terminait, les musiciens en modulaient un autre sans prendre un temps d'arrêt.

— Le grand-père Cantle est debout dans son coin et il attend son tour.

— Ça ne sera pas long, c'est seulement un rigodon, dit le docteur.

— Et si nous entrions, donc, danse ou pas danse ! Après tout, on nous a demandé de venir, dit le Sarrasin.

— Non, il ne faut pas, dit Eustacia avec autorité, sans s'arrêter d'aller et de venir vivement, de la porte de la maison à la barrière du jardin pour se réchauffer. Faire irruption en plein bal et arrêter les danses, ce serait de jolies manières !

— L'en croit un fameux dans sa peau, celui-là, parce qu'il est un peu plus savant que nous autres, dit le docteur.

— Allez au diable ! répliqua Eustacia.

Deux ou trois masques échangèrent quelques propos à voix basse et l'un d'eux se tourna vers la jeune fille.

— Nous diriez-vous pas une chose ? fit-il, non sans douceur. Seriez-vous pas miss Vye ? Ça vient de nous venir à l'idée.

— Vous êtes libres d'avoir les idées que vous voulez, répondit Eustacia lentement, mais des garçons qui ont un peu d'honneur ne vont pas raconter d'histoires sur une femme.

— Sur l'honneur, mams'el, nous ne raconterons rien.

— Merci, dit-elle.

À ce moment les violons s'arrêtèrent avec un grincement et le serpent émit une dernière note qui souleva presque le toit. Quand, d'après le calme relatif qui s'établit, les masques estimèrent que les danseurs avaient regagné leurs places, le Père Noël s'avança, souleva le loquet et passa la tête par l'entrebâillement de la porte.

— Les masques ! Voilà les masques ! s'écrièrent à la fois plusieurs invités.

Bosse au dos, le Père Noël exécuta alors une entrée en règle. Balançant son gourdin, il écartait le public pour dégager le lieu de la représentation et le désigner aux souffleurs, cependant qu'en vers, sans façon, il informait l'assistance qu'il arrivait et, bien ou mal accueilli, demeurerait. Il conclut son discours par un :

Place, place, mes bonnes gens,
Faites le cercle large et grand,
Car, pour Noël bien célébrer,
Saint Georges nous allons jouer.

Les invités s'installaient maintenant d'un côté de la salle. Parmi eux, le violoneux raccommodait une corde de son violon, le joueur de serpent égouttait l'embouchure de son instrument. Enfin, la représentation commença.

Premier de ceux qui attendaient au dehors, entra le Vaillant Soldat, partisan de saint Georges.

Le Vaillant Soldat, le voici, c'est moi !
Le Pourfendeur l'on me nomme…

et de débiter toute sa tirade, qui concluait par un défi lancé aux infidèles. Sur quoi, Eustacia devait entrer en Chevalier turc. Jusqu'alors, en compagnie de ceux qui attendaient aussi leur tour, elle était demeurée dehors, dans le clair de lune qui inondait le porche. Sans marquer d'effort ni de timidité, elle entra en disant :

Le Chevalier turc, le voici, c'est moi !
En Turquie, longtemps, j'ai appris la guerre.
Affronter la mort ne me soucie guère.
Je défie cet homme et je le vaincrai.
Si son sang est chaud, froid je le rendrai.

Comme elle déclamait, Eustacia tenait la tête bien droite, s'appliquait à prendre un ton rude et se sentait assez en sécurité. Mais l'attention qu'elle devait donner à son jeu pour éviter qu'on la soupçonnât, la nouveauté de la situation, l'éclat des bougies, les rubans de la visière qui gênaient sa vue en cachant ses traits – tout cela la rendait absolument incapable de discerner les spectateurs. À l'extrémité lointaine d'une table qui supportait des bougies, elle entrevoyait faiblement des visages et c'était tout.

Cependant Jim Starks, qui personnifiait le Vaillant Soldat, s'était avancé et, fixant sur le Turc un regard menaçant, il répliquait :

Tire ton épée et luttons en hommes,
Si Chevalier turc vraiment tu te nommes.

Et ils luttèrent. À l'issue du combat, le Vaillant Soldat fut occis par un coup qu'Eustacia lui porta avec une extraordinaire maladresse. Jim, dans son zèle d'artiste, s'abattit comme une bûche sur le carrelage, avec une violence à se disloquer l'épaule. Alors, après que le Chevalier turc eut commenté sa victoire – en accents quelque peu mal assurés – et se fut déclaré prêt à combattre saint Georges en personne, saint Georges, lui-même, entra magnifiquement en scène en lançant sa réplique bien connue :

Saint Georges, le voici, regardez-le, c'est moi !
Avec mon épée nue, avec haute ma lance,
J'ai occis le dragon contre toute espérance
Et, par ce fait, gagné la fille d'un grand roi.
Quel homme mortel voudrait m'affronter,
Lorsque dans ma main j'ai ma grande épée ?

C'était le garçon qui, le premier, avait reconnu Eustacia et quand celle-ci, dans le rôle du Turc, eut relevé le défi et aussitôt engagé la lutte, le jeune homme prit soin de se servir de son épée aussi doucement que possible. Blessé, le Chevalier tomba sur un genou, suivant le rite. Le docteur entra alors, le ranima en lui faisant boire une gorgée de l'élixir qu'il transportait dans sa bouteille et le combat recommença. Le Turc s'affaissa peu à peu jusqu'à sa défaite complète, aussi lent au trépas dans ce drame vénérable, que l'État turc le serait, prétend-on, de nos jours.

C'était en partie à cause de cet affaissement par degrés qu'Eustacia avait pensé que le rôle du Chevalier turc, bien que non des plus courts, serait celui qui lui conviendrait le mieux. Tomber de toute sa hauteur, comme les autres personnages, n'aurait été ni élégant, ni convenable pour une jeune fille, mais il était aisé de mourir en Turc.

Eustacia se trouvait maintenant du nombre des morts, mais n'était point étendue à plat sur le sol : elle s'était arrangée pour glisser à terre de telle sorte qu'appuyée de côté contre la caisse de l'horloge, elle gardait la tête soulevée. Le drame se poursuivait entre saint Georges, le Sarrasin et le Père Noël, et Eustacia trouvait enfin le loisir d'observer la scène autour d'elle et de chercher celui qui l'avait attirée en ce lieu.

17

Tous deux face à face

Dans la salle, préparée pour qu'on y pût danser, la grande table de chêne avait été tellement reculée qu'elle faisait comme un parapet à la cheminée. À chacun de ses bouts, derrière et dans les coins de la haute cheminée, les invités étaient groupés – plusieurs d'entre eux rouges et haletants. Dans le nombre, Eustacia reconnut, sans s'y arrêter, quelques habitants fort à leur aise des régions situées au-delà de la lande. Thomasine, ainsi qu'Eustacia s'y attendait, n'était pas visible et Eustacia se souvint d'avoir vu briller, tandis qu'elle attendait dehors avec les autres masques, une lumière à une fenêtre qui devait être la fenêtre de l'absente. Un nez, un menton, des mains, des genoux en saillie hors du manteau de la cheminée étaient parties d'un tout qu'elle découvrit être la personne du grand-père Cantle, lequel servait parfois de jardinier à Mrs Yeobright et avait été convié en conséquence. Devant lui, la fumée s'élevait d'un Etna de tourbe, jouait dans les crans de la crémaillère, se heurtait à la boîte de sel et allait se perdre parmi les flèches de lard.

Un autre point de la pièce fixa bientôt les regards d'Eustacia. À côté de la cheminée, il y avait le canapé, complément indispensable de ce genre de foyer, où un fort courant d'air est nécessaire pour assurer le tirage. Le canapé est aux vieilles cheminées caverneuses à l'ancienne mode ce que les rangées d'arbres, à l'Est, sont à certaines propriétés rurales, les murs du Nord, aux jardins. Hors du canapé, les chandelles coulent, les boucles de cheveux voltigent, les jeunes femmes frissonnent et les vieilles gens éternuent. À l'abri du canapé, c'est le paradis ; nul symptôme de vent coulis, les dos ont aussi chaud que les visages et, sous l'influence de la température douillette, chansons et vieux contes se détachent des occupants aussi aisément que les fruits des plants de melon sous cloches.

Mais ce n'étaient point les gens installés sur le canapé qui intéressaient Eustacia. Un visage se détachait – très net – sur le bois foncé, couleur de tan, du haut du meuble – le visage d'une personne qui s'appuyait contre l'accotoir, d'une personne qui était Clément Yeobright, Clym, comme on l'appelait dans le pays. Eustacia savait que ce ne pouvait être que lui. Elle riva ses regards sur la vision qui lui était offerte, qui évoquait une toile peinte selon la plus intense manière de Rembrandt. Ce qui rendait frappante l'image de ce jeune homme à la pose nonchalante provenait de la particularité suivante : bien que toute sa silhouette fût visible, seul le visage imposait au spectateur le sentiment de sa présence.

Aux yeux d'un homme entre deux âges, la physionomie de Clym Yeobright était celle d'un jeune homme, et pourtant un jeune homme eût hésité à lui appliquer une épithète qui suggérait la non-maturité. On se trouvait, en réalité, en face d'un de ces visages qui éveillent moins l'idée des années vécues que celle des expériences traversées. Un Jared, un Mahalaleel et tels autres personnages antédiluviens sont peut-être très exactement définis par le nombre de leurs années, mais l'âge d'un homme moderne dépend de l'intensité avec laquelle cet homme vit son histoire. Ce visage était beau – très beau même – mais l'esprit qui habitait derrière cette admirable façade commençait de s'en servir comme d'une simple tablette où inscrire des brouillons, où marquer ses réactions particulières. La beauté, pour l'instant encore visible sur ce front, serait bientôt impitoyablement sacrifiée à un parasite qui eût aussi bien pu se nourrir d'un physique plus ordinaire, qu'il n'eût point été dommage de gâter.

Si les cieux avaient préservé Yeobright d'une épuisante habitude de méditer, on aurait dit de lui « un beau garçon » ; si son intelligence s'était développée sous des contours plus rudes, on l'aurait considéré comme « un homme réfléchi ». Mais, en lui, une constante activité intérieure minait une symétrie extérieure ; aussi le tenait-on pour singulier.

En conséquence, les gens qui le remarquaient finissaient par s'attacher à lire en lui. Son visage était surchargé de significations. Sans être encore usé par les pensées, il accusait des traces d'une impressionnabilité assez fréquente, après quatre ou cinq ans de vie indépendante, chez des hommes qui, adolescents, se plièrent docilement à une tutelle.

Déjà il prouvait, par son seul aspect, que la pensée est une maladie de la chair, que la beauté physique idéale est incompatible avec une sensibilité bien développée, avec le sentiment précis de la complication des choses. La clarté d'esprit doit être entretenue par l'huile de la vie, encore que toute cette huile soit nécessaire au maintien de la santé du corps. Des exigences doubles et une seule ration : tel était le cas pathétique que commençaient de dénoncer les traits du jeune homme.

En face de certains êtres, le philosophe regrette que les penseurs soient faits de tissus périssables et les artistes regrettent que les tissus périssables soient astreints à penser. Le philosophe et l'artiste eussent ainsi déploré, chacun de son point de vue, la destructive interdépendance de l'esprit et de la chair, s'ils se fussent livrés à un examen critique de Yeobright.

Son expression générale était une gaieté naturelle qui aurait lutté contre une mélancolie intime sans tout à fait réussir à vaincre. Expression qui éveillait une idée d'isolement, mais qui révélait aussi autre chose : le dieu qui gisait ignominieusement enchaîné à l'intérieur de cette éphémère carcasse humaine semblait faire émaner de Clym Yeobright un rayon.

L'effet qu'il produisit sur Eustacia fut manifeste. Elle était parvenue d'avance à un degré de surexcitation tel que l'homme le plus banal l'eût impressionnée. La présence de Yeobright la bouleversa…

La pièce s'acheva : la tête du Sarrasin fut coupée et saint Georges proclamé vainqueur. On ne songea pas plus à commenter la représentation qu'on n'eût songé à commenter le fait que les champignons poussent en automne et les perce-neige au printemps. Les spectateurs la prenaient aussi flegmatiquement que les acteurs. C'était un épisode amusant que comportait chaque Noël, et voilà tout.

On chanta la chanson plaintive qui fait suite à la pièce et durant laquelle tous les morts se remettent debout d'une façon silencieuse et effrayante, comme les soldats de Napoléon à la revue de Minuit. Après quoi la porte s'ouvrit et sur le seuil apparurent Fairway, Christian et un autre retardataire. Tous trois avaient attendu dehors la fin de la représentation, comme les acteurs avaient attendu la fin du bal.

— Entrez, entrez, leur dit Mrs Yeobright, et Clym alla au-devant d'eux pour les accueillir. Comment se fait-il que vous soyez tellement en retard ? Le grand-père Cantle est arrivé depuis longtemps et nous pensions que vous seriez venus avec lui, du moment que vous êtes si proches voisins.

— Ma foi, je serais venu plus tôt... répondit Mr Fairway. Et il s'interrompit pour lever les yeux au plafond et chercher au long de la poutre un clou pour accrocher son chapeau. Mais, découvrant que le clou qu'il employait habituellement à cet usage soutenait la touffe de gui et que tous les clous, le long du mur, fixaient des branches de houx, il finit par se débarrasser de son couvre-chef en le posant, en précaire équilibre, entre l'horloge et la boîte aux chandelles.

— Je serais venu plus tôt, madame, reprit-il avec plus d'assurance, mais je sais ce que c'est qu'une assemblée et qu'il n'y a jamais assez de place dans une maison à ces moments-là, et j'ai pensé que mieux valait attendre que tout se soit un brin mis au pas.

— C'était mon avis mêmement, maîtresse Yeobright, dit Christian avec chaleur. Mais mon père, lui, l'était si pressé qu'il est parti de chez nous à peine la nuit tombée. Je lui ai dit que c'était point trop honnête, d'un ancien comme lui, de venir si tôt chez le monde, mais autant en emporte le vent !

— Klk ! J'allais point attendre que la moitié de la fête soit passée ! Je suis aussi léger qu'un cerf-volant, moi, quand y a frairie quèque part et faut que j'y vole ! lança, tout triomphant, le grand-père Cantle du coin de la cheminée.

Fairway, cependant, achevait de scruter la personne de Yeobright.

— Eh bien, vous me croirez ou vous me croirez point, conclut-il en s'adressant à toute la compagnie, mais j'aurais jamais reconnu ce monsieur si j'l'avais rencontré ailleurs qu'au pays. L'a tellement changé !

— Vous aussi, vous avez changé, et en bien, dit Yeobright en considérant le robuste Fairway.

— Maître Yeobright, regardez-moi donc de près. J'ai-t-y pas changé, moi aussi, et en bien, dites ? demanda le vieux Cantle.

Et, se levant, il vint se camper à un demi-pied de Clym : pour provoquer un examen bien approfondi.

— Sûr et certain qu'on va te regarder, déclara Fairway qui prit une chandelle et en projeta la lueur sur toute la surface du grand-père Cantle – lequel se laissa inspecter, tout brillant de lumière et de sourires, en se donnant de petites saccades juvéniles.

— Vous n'avez pas beaucoup changé, lui dit Yeobright.

— S'il a changé, c'est en plus jeune, ajouta Fairway avec décision.

— Eh ben, j'ai beau y être pour rien, j'en suis fier ! déclara le vieux, tout content. Seulement, je peux point me guérir de faire un peu le fou. Ah, ça, je l'avoue ! Oui, maître Cantle a toujours été le même. Tout le monde le sait. Mais je suis rien à côté de vous, maître Clym, rien.

— Comme nous tous ! dit Humphrey en chauds et bas accents d'admiration, non destinés aux oreilles de qui que ce fût.

— C'est vrai qu'y aurait personne ici qui pourrait se comparer à lui, si j'avais pas été soldat, moi, en l'an 1804 dans la milice locale – la milice des Pif-Paf, comme on nous appelait, vu not'belle tenue – dit le grand-père

Cantle. N'empêche qu'aucun de nous n'a l'air de grand-chose à côté de lui... Mais dans mon jeune temps, on disait qu'y avait pas gars mieux tourné que moi dans tout le Wessex. Fallait me voir quand je défilais au pas de course devant les devantures de Budemouth, avec toute ma compagnie, le jour qu'on racontait que Boney[1] avait débarqué dans les parages ! Fallait me voir, droit comme un jeune peuplier, avec mon mousquet, et mes guêtres, et ma jugulaire qui me sciait l'menton, et mon fourniment qui brillait comme les sept étoiles ! Oui, voisins, je valais la peine d'être vu du temps que j'étais soldat en 1804 !

— C'est du côté de sa mère que maître Yeobright tient sa belle taille, Dieu le bénisse ! dit Timothée. J'ai bien connu ses oncles. On a jamais vu, dans tout le comté, des cercueils aussi longs que ceux qu'il leur a fallus. Et on dit même que les jambes du pauvre défunt Georges l'avait fallu les tasser un peu.

— Des cercueils, où ? interrogea Christian en se rapprochant. C'est-y qu'un fantôme serait apparu à quelqu'un, maître Fairway ?

— Mais non, mais non, laisse donc les idées que tu te fais t'entrer dans les oreilles, Christian, et sois un homme, dit Timothée d'un ton de reproche.

— Oui, dit Christian. Seulement, maintenant que j'y pense, mon ombre, la nuit dernière, elle avait tout juste l'air d'un cercueil. De quoi c'est-y signe, voisins, quand votre ombre a l'air d'un cercueil ? Y a pas de quoi avoir peur, j'espère ?

— Avoir peur ! non pas, bien sûr ! dit le vieux Cantle. Par ma foi, rien ne m'a jamais fait peur à moi, rien, excepté Boney, sans ça je n'aurais pas été le soldat que

1. Boney : Bonaparte.

j'ai été ! Ah, c'est dommage, dommage que tu ne m'aies point vu en 1804 !

Cependant, les masques se préparaient à prendre congé, mais Mrs Yeobright les arrêta et les pria à un petit souper. Invitation que le Père Noël accepta volontiers, au nom de la troupe.

Eustacia fut heureuse de cette occasion de rester un peu plus longtemps. La nuit glaciale du dehors était pour elle doublement glaciale. S'attarder présentait néanmoins aussi des inconvénients. Comme la place manquait, Mrs Yeobright ouvrit la porte de l'office, qui communiquait avec la salle, et fit placer un banc dont une extrémité pénétra dans l'office même. Les masques prirent place sur ce banc et, ainsi, ils ne furent pas séparés du reste des invités. La maîtresse de maison murmura ensuite quelques paroles à l'oreille de son fils. Celui-ci traversa alors la pièce, non sans se heurter, au passage, à la touffe de gui, et apporta aux masques des viandes et du pain, des pâtisseries, de l'hydromel et de la liqueur de sureau. Les masques enlevèrent leurs casques et commencèrent de manger et de boire.

— Mais vous prendrez bien quelque chose ? demanda Clym en s'arrêtant devant le Chevalier turc, son plateau à la main. Eustacia avait jusqu'alors tout refusé et gardait son casque sur la tête. Seul le scintillement de ses yeux était visible derrière les rubans qui couvraient son visage.

— Non, merci, rien, répondit-elle.

— C'est un gamin, expliqua le Sarrasin. Faut l'excuser : il n'est pas de notre troupe ; l'est venu avec nous pour en remplacer un qui pouvait point venir.

— Prenez donc quelque chose, insista Yeobright, au moins un verre d'hydromel ou de liqueur de sureau ?

— Faut point refuser, dit le Sarrasin. Faut prendre quéque chose de chaud, pour n'avoir pas froid au retour.

Si Eustacia ne pouvait manger sans se démasquer, elle pouvait assez facilement boire. Elle accepta donc la liqueur de sureau et son verre disparut derrière les rubans.

Pendant cette scène, Eustacia, plus d'une fois, avait tremblé d'être découverte et cet instant comportait néanmoins un terrible élément de joie. Toutes ces attentions dont elle se voyait l'objet – dont elle devait se répéter qu'elle n'était pas vraiment l'objet, cependant, qu'elles s'adressaient à une personne imaginaire – et qui venaient du premier homme qu'elle se fût jamais sentie sur le point d'adorer, tout cela compliquait indescriptiblement son trouble. Elle avait commencé d'aimer cet homme en partie parce qu'il faisait exception dans ce milieu, en partie parce que, d'avance, elle avait décidé de l'aimer, surtout, parce qu'elle ressentait un besoin désespéré d'aimer quelqu'un d'autre, après s'être fatiguée de Wildeve. Convaincue qu'elle aurait une passion pour lui en dépit d'elle-même, elle s'était suggestionnée un peu à la manière de lord Lytton, second du nom, qui, ayant rêvé qu'il mourrait un certain jour, mourut effectivement ce jour-là, sous l'influence d'une morbide tension intérieure.

Qu'une fille admette la possibilité de tomber amoureuse à une heure donnée, dans un endroit donné, et la chose est faite.

Yeobright soupçonna-t-il alors le sexe de la créature que dissimulait cet accoutrement fantastique ? Soupçonna-t-il à quel point elle pouvait vibrer et faire vibrer ? Combien elle était supérieure à ses compagnons ?

Quand la déesse d'amour apparut à Énée, le parfum surnaturel qui l'environnait la trahit. Si la force de son émoi permit à jamais à une mortelle de se manifester de la sorte à l'objet de sa tendresse, c'est ainsi sans doute que la présence d'Eustacia se fit alors deviner par Yeobright. Il la regarda pensivement et parut s'enfoncer dans une rêverie si profonde qu'elle semblait lui faire oublier la personne qu'il considérait. Cet instant s'écoula, Yeobright s'éloigna et Eustacia but sa liqueur à petites gorgées, sans savoir ce qu'elle buvait. L'homme qu'à l'avance elle avait décidé d'aimer de passion se dirigeait vers le fond de la pièce. Elle le suivit du regard, comme il s'enfonçait dans la pénombre. Au fond de l'office, il y avait une porte. À l'instant où Clym allait l'ouvrir, cette porte fut ouverte de l'intérieur et une lumière se répandit.

Thomasine était derrière cette porte. Éclairé par la chandelle qu'elle portait, son visage était pâle, tourmenté, intéressant. Yeobright parut content de la voir, lui prit et lui serra la main.

— À la bonne heure, Tamsine ! dit-il cordialement, comme s'il se ressaisissait en la voyant. Vous vous êtes décidée à descendre et j'en suis bien content.

— Chut ! non, non, fit-elle vivement. Je veux seulement vous parler.

— Pourquoi ne pas vous joindre à nous ?

— Je ne peux pas… Enfin, je préfère ne pas… Je ne suis pas très bien et nous aurons bien le temps de nous voir, puisque vous allez passer ici de longues vacances…

— C'est que ce n'est pas du tout aussi agréable sans vous… Êtes-vous vraiment malade ?

— Seulement un tout petit peu, mon cher vieux cousin. C'est ici que j'ai un peu mal, dit-elle en passant la main sur son cœur comme par plaisanterie.

— Ah ? Il y a peut-être quelqu'un que mère aurait dû inviter à la fête, n'est-ce pas ?

— Non ! oh, non ! je suis simplement descendue, Clym, pour vous demander…

Il la joignit dans la pièce voisine et la porte se referma sur eux. Eustacia et le masque assis à côté d'elle – les seuls témoins de la scène – ne virent ni n'entendirent plus rien.

Une chaleur monta aux joues et à la tête d'Eustacia. Elle comprit instantanément que Clym, arrivé seulement depuis deux ou trois jours, ignorait encore dans quelle pénible impasse se trouvait sa cousine. Il la voyait à la maison, menant la vie d'autrefois, et ne soupçonnait rien. Eustacia ressentit aussitôt une vive jalousie contre Thomasine. Il se pouvait que celle-ci éprouvât encore un faible pour Wildeve, mais comment croire que ce sentiment résisterait longtemps, quand elle vivait ainsi enfermée avec un cousin aussi intéressant ? Toutes les nuances de la tendresse pouvaient se développer entre ces deux êtres constamment ensemble, sans une personne de leur âge pour les divertir l'un de l'autre. L'amour que, adolescent, Clym avait éprouvé pour sa cousine avait langui, soit ! Mais il pourrait aisément se ranimer.

Eustacia était irritée contre son propre stratagème. Dieu ! Être ainsi affublée, quand l'autre brillait à son avantage ! Si elle avait prévu, dans toute son ampleur, l'effet de cette rencontre, elle aurait remué ciel et terre pour être conviée à la fête, pour y assister normalement. Mais ainsi, dépossédée de la puissance de son beau visage, elle voyait faussé le charme qu'aurait pu lui donner son propre trouble. Privée de la moindre chance d'exercer la fascination de sa coquetterie, réduite enfin à sa seule voix, elle sentait peser sur elle l'affreux destin de la nymphe

Écho. « Personne ne me respecte ici », se disait-elle. Elle ne pouvait prendre son parti de ce manque d'égards – bien qu'elle en fût seule responsable, qu'il s'expliquât de lui-même, qu'elle le sût involontaire – tant cette situation mettait sa sensibilité à vif.

Sous le travesti, les femmes ont cependant remporté maints succès à travers les âges. Sans parler de la fortune d'une Polly Peachum et d'une Lydia Languish, qui, la première au début du siècle dernier, la seconde au commencement du nôtre[1], conquirent non seulement l'amour, mais des couronnes ducales en sus, une quantité d'entre elles sont tout au moins parvenues à se faire aimer presque toutes les fois qu'elles l'ont voulu… Mais le Chevalier turc se voyait refuser jusqu'à cette chance, par la faute des rubans que sa main n'osait point écarter.

Yeobright revint dans la pièce sans sa cousine. À deux ou trois pas d'Eustacia, il s'arrêta comme si, de nouveau, une pensée le frappait. Il la regarda fixement. Elle regarda ailleurs, décontenancée, se demandant combien de temps durerait ce purgatoire. Après s'être attardé quelques secondes, il repartit.

S'éprendre de leur propre déconfiture amoureuse est un instinct chez certaines femmes passionnées. Amour, crainte, humiliation se heurtaient en Eustacia, et ces sentiments la réduisirent à un état de malaise complet. S'échapper devint son grand, son plus urgent désir. Les autres masques ne paraissaient point pressés de s'en aller. Elle murmura à son voisin qu'elle préférait attendre dans le jardin, gagna la porte aussi furtivement que possible et se glissa dehors.

Le calme et la solitude du paysage l'apaisèrent. Elle alla jusqu'à la palissade blanche et s'y appuya en regardant la

1. Écrit en 1877.

lune. Elle se tenait ainsi depuis quelque temps, quand la porte de la maison s'ouvrit. Elle crut que le reste de la troupe arrivait, se retourna..., mais non ! C'était Clym Yeobright qui sortait, aussi doucement qu'elle était sortie elle-même. Il referma la porte derrière lui. Il s'avança, s'arrêta et se tint près d'elle.

— J'ai une impression bien étrange, dit-il, et il y a une question qu'il faut que je vous pose... Êtes-vous une femme ou non ?

— Je suis une femme.

Les yeux du jeune homme la considérèrent avec grand intérêt.

— Est-ce que les jeunes filles jouent souvent dans les mascarades, maintenant ? Elles ne jouaient jamais, autrefois.

— Maintenant non plus.

— Pourquoi jouez-vous, alors, vous ?

— Pour me distraire, pour secouer ma tristesse, dit-elle à voix basse.

— Qu'est-ce qui vous attriste ?

— La vie.

— C'est un sujet de tristesse que beaucoup d'entre nous doivent se résigner à subir, vous savez.

— Oui.

Un long silence.

— Et êtes-vous parvenue à vous divertir comme vous le vouliez ? demanda Clym à la fin.

— J'y parviens en ce moment, peut-être.

— Alors, vous êtes fâchée d'être découverte ?

— Oui ; cependant j'avais pensé que cela pourrait arriver.

— J'aurais été heureux de vous inviter à notre réunion si j'avais su que cela aurait pu vous faire plaisir. Nous sommes-nous rencontrés autrefois ?

— Non, jamais.

— Ne voulez-vous pas rentrer et rester aussi longtemps qu'il vous plaira ?

— Non. Je ne veux pas risquer d'être reconnue par d'autres.

— En tout cas, ce n'est pas moi qui vous trahirai.

Après un instant de réflexion, il ajouta doucement :

— Je ne vous importunerai pas plus longtemps. C'est une étrange rencontre et je ne vous demanderai pas pourquoi une femme comme vous joue un rôle pareil.

Elle ne lui donna pas l'explication qu'il semblait espérer ; il lui souhaita alors le bonsoir et alla derrière la maison faire tout seul quelques allées et venues, avant de rentrer dans la salle.

Eustacia, brûlante d'une flamme intérieure, se sentit incapable d'attendre encore ses compagnons après cet événement. Elle rejeta en arrière les rubans qui couvraient son visage, poussa la porte du jardin et pénétra dans la lande. Sur le chemin du retour, elle ne se hâta point. Son grand-père était couché à pareille heure, car elle se promenait si fréquemment sur les collines, par les clairs de lune, que le vieillard n'y prenait plus garde. Se distrayant comme il lui plaisait, il laissait sa petite-fille en faire autant. Une question plus importante que la rentrée au logis occupait Eustacia. Yeobright, pour peu qu'il en fût curieux, découvrirait infailliblement qui elle était. Que se passerait-il alors ? Une sorte d'exaltation la soulevait quand elle se rappelait sur quel épisode s'était terminée son aventure, bien qu'entre deux élans de joie elle se sentît confuse et rougissante. Puis une pensée vint la glacer : à quoi bon son exploit ? Elle demeurait une étrangère pour les Yeobright.

L'auréole dont, si peu raisonnablement, elle avait entouré cet homme, allait peut-être lui devenir un tourment. Comment s'était-elle laissée aller à s'exalter ainsi pour un inconnu ? Et pour que la coupe de ses chagrins fût pleine, il y aurait Thomasine qui vivrait auprès de lui, dans une intimité propice à la passion et durant de nombreux jours… Car Eustacia venait d'apprendre que, contrairement à ce qu'elle avait cru jusqu'alors, le jeune homme comptait passer chez sa mère un assez long temps.

Elle atteignit le Haut de Mistover, mais, avant de pousser la barrière qui fermait le domaine, elle se retourna et fit, une fois de plus, face à la lande. La masse de Rainbarrow se dressait au-dessus des collines et la lune se tenait au-dessus de Rainbarrow. L'air était lourd de gelée et de silence. Cette vue remit en la mémoire d'Eustacia une circonstance qu'elle avait totalement oubliée : elle avait promis à Wildeve de le rencontrer près du tumulus cette même nuit, à huit heures, pour lui donner une réponse définitive au sujet de leur départ ensemble.

Elle-même avait décidé de la date et de l'heure. Sans doute était-il allé au rendez-vous, l'avait-il attendue en vain dans le froid, avait-il été très déçu ?

— Eh bien, tant mieux ! Il ne s'en portera pas plus mal, fit-elle, sereine.

Wildeve n'offrait plus maintenant que les contours, dépouillés de rayons, du soleil vu à travers un verre fumé ; elle pouvait dire pareilles choses sur le ci-devant bien-aimé avec le plus grand naturel.

Elle resta à réfléchir, très absorbée. Elle se rappela les façons caressantes qu'avait eues Thomasine en face de son cousin.

— Oh ! si elle avait pu épouser Damon avant se dit-elle. Et, sans moi, elle l'aurait épousé ! Si j'avais su… si seulement j'avais su !

Eustacia leva, encore une fois, vers la lune, ses beaux yeux profonds et pleins d'orage et, tout en poussant le soupir qui lui était particulier – ce soupir tragique qui ressemblait à un frisson –, elle pénétra dans l'ombre que faisait le toit. Elle se débarrassa de son accoutrement dans le hangar, en fit un paquet, entra dans la maison et gagna sa chambre.

18

Une alliance entre la beauté et le bizarre

L'indifférence habituelle du vieux capitaine envers les passe-temps de sa petite-fille laissait celle-ci aussi libre qu'un oiseau d'agir à sa guise. Mais le vieillard s'avisa le matin suivant de demander à Eustacia pourquoi elle s'était promenée si tard la nuit précédente.

— J'étais seulement en quête d'événements, grand-père, dit-elle, regardant par la fenêtre avec cette somnolence qui, chez elle, voilait une telle force.

— En quête d'événements ? À vous entendre, on vous prendrait pour un de ces gaillards qui étaient mes camarades quand j'avais vingt ans.

— C'est tellement solitaire, ici…

— Heureusement. Si nous habitions une ville, il me faudrait passer tout mon temps à avoir l'œil sur vous… Hier soir, j'étais sûr de vous trouver quand je suis rentré de l'auberge.

— Je ne vous cacherai pas ce que j'ai fait. Je voulais une aventure et j'ai suivi les masques. J'ai joué le rôle du Chevalier turc.

— Non ? Pas possible ? Ah ! ah ! Bon Dieu ! Je n'aurais pas cru ça de vous, Eustacia !

— C'était la première fois et ce sera sûrement la dernière. Maintenant, vous le savez, mais n'oubliez pas que c'est un secret.

— Bien entendu. Mais Eustacia, dire que vous avez… ah ! ah ! Nom de nom, ce qu'elle m'aurait plu il y a quarante ans, votre histoire ! Mais ne recommencez pas, vous entendez, ma petite ? Promenez-vous de jour et de nuit sur la lande, à votre idée, pourvu que vous ne me dérangiez pas, mais sans plus porter culottes, hein ?

— Soyez tranquille, grand-père.

Là s'arrêta la conversation. L'éducation morale d'Eustacia ne comportait jamais d'admonestations plus sévères que celle-ci. Et, bientôt, les pensées de la jeune fille s'égarèrent au-delà de son propre personnage. Pleine d'une sollicitude passionnée et indescriptible envers un être pour qui elle n'était même pas un nom, elle alla parcourir les sauvages étendues bronzées, aussi agitée que le juif Ahasvérus. Elle se trouvait peut-être à un demi-mille de chez elle, quand elle aperçut une forme d'un rouge sinistre qui se dressait hors d'un ravin – terne comme une flamme au soleil –, et elle devina qu'il s'agissait de Diggory Venn.

Quand les fermiers qui désiraient refaire leur provision de craie rouge avaient demandé, durant le mois précédent, où trouver Venn : « Sur la lande d'Egdon », leur avait-il été répondu. Et, jour après jour, la réponse fut la même. Or, la lande d'Egdon était peuplée de brouteurs de bruyère et de coupeurs d'ajoncs plutôt que de moutons et de bergers. On trouvait ceux-ci sur des collines situées les unes au nord, les autres à l'ouest d'Egdon. Les raisons qu'avait le marchand de sanguine pour camper çà et là, en pleine lande, n'étaient donc point apparentes. La position était centrale et offrait parfois des avantages à un vendeur de rouge, mais vendre son rouge ne pouvait être le motif principal qui y retenait Diggory si longtemps, surtout au début de la morte-saison, alors que la plupart des errants de son espèce prenaient leurs quartiers d'hiver.

Eustacia regarda cet homme solitaire. Entre-temps, Wildeve lui avait révélé que Diggory Venn était le prétendant mis en avant par Mrs Yeobright et prêt à le supplanter comme fiancé de Thomasine. La silhouette de cet homme était parfaite, ses yeux brillants, son visage jeune avait de beaux traits, son intelligence était vive et sa situation pouvait promptement s'améliorer s'il le voulait. Il était cependant peu probable que Thomasine acceptât les hommages de cette créature d'aspect diabolique, tant qu'elle aurait à ses côtés un cousin comme Yeobright et tant que Wildeve lui porterait encore quelque intérêt. Eustacia ne mit pas longtemps à deviner que la pauvre Mrs Yeobright, dans son désir d'assurer l'avenir de sa nièce, avait mentionné ce soupirant seulement pour stimuler le zèle matrimonial de Wildeve.

— Bonjour, mams'el, lui dit l'homme au rouge en soulevant son bonnet de peau de lapin et sans paraître lui garder rancune au souvenir de leur dernière rencontre.

— Bonjour, homme au rouge, dit-elle en soulevant à peine ses lourdes paupières pour lui rendre son regard. Je ne vous savais pas si près. Votre roulotte est-elle là, elle aussi ?

Venn indiqua du coude un creux dans lequel un épais buisson de ronces aux tiges pourpres avait pris des dimensions telles qu'il formait une manière de tonnelle. Les ronces, si elles sont rudes au toucher, constituent de bons abris à l'entrée de l'hiver : elles sont les dernières broussailles à perdre leurs feuilles.

Le toit et la cheminée de la roulotte de Venn apparaissaient sous le réseau enchevêtré de ce buisson sauvage.

— Vous demeurez donc par ici ? demanda-t-elle avec plus d'intérêt. Des affaires qui ne concernent pas précisément la vente du rouge ?

— Non.

— Qui concerneraient plutôt miss Yeobright ?

Comme l'expression du visage de la jeune fille semblait annoncer une paix armée, il répondit franchement :

— C'est vrai, c'est à cause d'elle.

— À cause de votre prochain mariage avec elle ?

Venn rougit sous sa couche de teinture.

— Ne vous moquez pas de moi, miss Vye, dit-il.

— Ce n'est donc pas vrai, que vous l'épousez ?

— Non, bien sûr.

Elle fut ainsi tout à fait convaincue que l'homme au rouge n'avait jamais été qu'un pis aller pour Mrs Yeobright – un prétendant qui, en outre, n'avait même pas été informé de sa promotion.

— C'est seulement une idée qui m'était venue, fit-elle paisiblement.

Et elle allait continuer son chemin sans rien ajouter, quand, regardant à sa droite, elle vit une silhouette masculine désagréablement connue. L'homme suivait un des sentiers qui menaient en serpentant au sommet où elle se trouvait. En raison des lacets du chemin, il tournait en ce moment le dos. Eustacia jeta rapidement un regard autour d'elle : pour échapper à cet homme, il n'y avait qu'un moyen. Se tournant vers Diggory, elle dit :

— Voulez-vous me laisser me reposer un moment dans votre roulotte ? Les talus sont trop humides pour s'asseoir.

— Certainement, mams'el. Je vais vous faire une place.

Elle le suivit derrière le rideau de ronces. Il monta dans sa demeure sur roue et plaça l'escabeau à trois pieds juste sur le seuil.

— C'est tout ce que je peux faire pour vous, dit-il en descendant, et il remonta sur le chemin et se remit à fumer sa pipe, tout en faisant les cent pas.

Eustacia sauta dans la voiture et s'assit sur l'escabeau, à l'abri des regards de ceux qui passaient sur le sentier. Bientôt, elle entendit un « bonjour », non fort amical, échangé par les deux hommes qui se croisaient, puis le bruit d'un pas qui diminuait dans la distance. Elle tendit le cou hors de son abri, aperçut ce dos et ces épaules qui s'éloignaient et elle se sentit traversée par un pénible élancement de détresse qu'elle ne sut pas s'expliquer. C'était ce frisson, cette sorte de nausée morale qui, si le cœur a quelque générosité, accompagne la vue subite de l'être qui fut le bien-aimé et qui ne l'est plus. Quand Eustacia descendit de la roulotte pour poursuivre sa promenade, l'homme au rouge s'approcha d'elle.

— C'est Mr Wildeve qui vient de passer, mams'el, dit-il lentement.

Et il laissa lire sur son visage qu'il la croyait fâchée de n'avoir point été vue.

— Je sais, je l'avais vu qui arrivait, répliqua Eustacia. Pourquoi me le dire ?

La question était hardie, étant donné ce que savait l'homme au rouge des anciennes amours de la belle fille. Mais, par ses façons impassibles, celle-ci savait réprimer les opinions de ceux qu'elle entendait tenir à distance.

— Je suis content que vous puissiez me le demander, répondit l'homme au rouge sans plus de façons.

Et maintenant que j'y pense, votre réponse s'accorde avec ce que j'ai vu la nuit dernière.

— Ah ! Qu'avez-vous vu ?

Eustacia aurait voulu s'éloigner de lui, mais elle voulait aussi savoir.

— Mr Wildeve a longtemps attendu, hier soir, à Rainbarrow, une dame qui n'est pas venue.

— Vous attendiez donc, vous aussi ?

— Oui. Je suis toujours là, moi. Il sera encore à attendre ce soir.

— Et il sera encore déçu. La vérité, homme au rouge est que la dame en question est si loin de s'opposer au mariage de Thomasine et de Mr Wildeve, qu'elle serait heureuse de le faciliter.

Venn fut extrêmement surpris par cette déclaration, trop surpris même pour qu'il en parût grand-chose, car l'étonnement ne sait comment se manifester dans les cas importants et complexes.

— Vraiment, mams'el ? fit-il.

— Comment savez-vous que Mr Wildeve viendra encore ce soir à Rainbarrow ? demanda-t-elle.

— Parce qu'il l'a dit lui-même tout haut. Il était tout ce qu'il y a de plus en colère.

Eustacia, durant un instant, laissa lire ses sentiments sur son visage et murmura, en levant avec anxiété ses profonds yeux noirs sur Venn :

— Que faire ? Je ne voudrais pas être impolie envers lui mais je ne veux pas le revoir et j'ai quelques petites choses à lui rendre…

— Si vous voulez me les confier pour que je les lui remette avec un petit mot où vous lui diriez que vous ne voulez plus le voir, je me chargerai de la commission, en vous gardant bien le secret…

— Très bien, dit Eustacia. Suivez-moi jusqu'à la maison et je vous donnerai le paquet et la lettre.

Elle prit les devants. Comme le sentier était fort étroit – juste une raie dans les boucles emmêlées de la lande – l'homme au rouge marcha littéralement sur les traces de la jeune fille. De loin, elle vit que le capitaine, posté sur le petit mur de terre et l'œil au télescope, inspectait l'horizon. Elle demanda à Venn de l'attendre et alla seule à la maison.

Dix minutes plus tard, elle revenait avec un petit paquet et un billet, et elle dit, en posant l'un et l'autre dans la main de l'homme au rouge :

— Pourquoi êtes-vous si disposé à me rendre ce service ?

— Vous le savez bien.

— Évidemment, j'imagine que vous croyez servir Thomasine... Êtes-vous aussi désireux que jamais d'aider à son mariage ?

Venn fut un peu ému.

— J'aurais mieux aimé l'épouser moi-même, dit-il à voix basse. Mais du moment qu'elle met son bonheur à épouser l'autre, il faut bien que je l'aide à être heureuse à son idée.

Eustacia regarda avec curiosité l'homme singulier qui parlait ainsi. Quel étrange amour que celui qui semblait entièrement dégagé de cet égoïsme si fréquemment l'élément essentiel de la passion, et quelquefois son élément unique !

Le désintéressement de l'homme au rouge méritait tellement le respect qu'il allait au-delà du respect, se comprenait à peine. Eustacia le jugea presque absurde.

— Enfin, cette fois, nous sommes d'accord, conclut-elle.

— Oui, répondit Venn, sombre. Mais si vous vouliez bien me dire, mams'el, pourquoi vous vous intéressez tant à elle, je serais plus tranquille… Tout ça est tellement inattendu… tellement drôle…

Eustacia eut l'air embarrassée.

— Je ne peux pas vous le dire, non, répondit-elle froidement.

Venn se tut, mit la lettre dans sa poche, fit un salut à Eustacia et s'en alla.

La nuit, de nouveau, pénétrait Rainbarrow quand Wildeve commença de gravir le sentier qui prenait à la base du tumulus. Comme il parvenait au sommet, une forme sembla jaillir du sol immédiatement derrière lui. C'était celle de l'émissaire d'Eustacia : il frappa Wildeve sur l'épaule. Fiévreux, le jeune aubergiste et ex-ingénieur tressauta – ainsi Satan au toucher de la lance d'Ithurial.

— Le rendez-vous est toujours à huit heures et au même endroit, dit Venn, et nous y sommes trois.

— Trois ? fit Wildeve avec un rapide coup d'œil alentour.

— Oui : vous, moi et elle.

Il tendit la lettre et le petit paquet.

Très surpris, Wildeve prit l'un et l'autre.

— Qu'est-ce que tout cela veut dire ? questionna-t-il. Comment êtes-vous ici ? Il doit y avoir quelque malentendu.

— Vous comprendrez quand vous aurez lu la lettre. Voilà de la lumière.

L'homme au rouge battit le briquet, alluma un pouce de chandelle qu'il avait apporté et abrita la flamme de son bonnet.

— Qui êtes-vous ? demanda Wildeve. Puis il discerna à la lueur de la chandelle la sombre teinte rouge de son compagnon : Ah ! vous êtes l'homme au rouge que j'ai vu ce matin ? Mais alors, vous êtes…

— Lisez donc la lettre.

— Si vous veniez de la part de l'autre, je serais moins surpris, murmura Wildeve en décachetant la lettre.

Il lut. Son visage devint sérieux.

À Mr Wildeve

Après avoir bien réfléchi, j'ai décidé que nous ne devons plus nous revoir. Plus j'y pense, plus je suis convaincue que nos relations doivent cesser. Si vous m'aviez été entièrement fidèle pendant ces deux ans, vous pourriez m'accuser de manquer de cœur. Mais si vous voulez bien songer à tout ce que j'ai enduré, comment j'ai supporté que vous en courtisiez une autre sans intervenir jamais, vous reconnaîtrez que j'ai le droit de bien consulter mes sentiments quand vous revenez à moi. Si ceux-ci ont changé, peut-être est-ce un tort de ma part, mais, avant de me le reprocher, rappelez-vous comment vous m'avez laissée pour Thomasine.

Je vous renvoie par le porteur de cette lettre les petits présents que vous m'aviez faits au début de notre amitié. J'aurais dû vous les retourner dès les premiers bruits de vos fiançailles avec une autre.

EUSTACIA.

Quand Wildeve parvint à la signature, sa consternation était devenue du dépit.

— Elles me font jouer un rôle grotesque, marmotta-t-il avec humeur. Savez-vous ce que dit cette lettre ?

L'homme au rouge se mit à fredonner.

— Me répondrez-vous ? demanda Wildeve furieux.

— Ru-um-tum-tum, chantonna l'homme au rouge.

Wildeve, immobile, tint ses yeux fixés à terre, puis les releva lentement, les laissa errer, de bas en haut, sur la silhouette écarlate qu'éclairait la chandelle, les posa enfin sur le visage de Venn.

— Ah ! ah !... en somme, je dois n'avoir que ce que je mérite... après avoir joué avec elles deux comme je l'ai fait, dit-il à la fin, en se parlant à lui-même autant qu'à Venn. Mais le plus drôle dans toute cette drôle d'affaire est encore de vous voir aller contre vos propres intérêts en m'apportant ce message.

— Mes intérêts ?

— Certainement. Il était de votre intérêt de ne rien faire qui me poussât à courtiser de nouveau Thomasine, maintenant qu'elle vous a accepté comme prétendant ou quelque chose dans ce genre... Mrs Yeobright dit que vous allez épouser sa nièce... Ce n'est donc pas vrai ?

— Grand Dieu ! Je l'ai déjà entendu dire, mais je ne le croyais pas. Quand l'a-t-elle dit ?

Wildeve commença de fredonner comme l'homme au rouge l'avait fait.

— Et je continue à ne pas le croire ! cria Venn.

— Ru-um-tum-tum, chantonna Wildeve.

— Ô Dieu ! Vous aurez le prix pour singer le monde, dit Venn méprisant. J'éclaircirai cette affaire. J'irai la voir.

Diggory s'éloigna un peu théâtralement et Wildeve le regarda passer, moqueur et blessant. Quand la silhouette de l'homme au rouge eut disparu, Wildeve descendit à son tour et plongea dans le creux sombre de la vallée.

Perdre ces deux femmes – lui qui avait été le bien-aimé de l'une et de l'autre : la conclusion était trop ironique pour qu'il la supportât. Seule Thomasine pourrait lui éviter cette défaite. Une fois qu'il serait le mari de Thomasine, le repentir d'Eustacia commencerait, pensait-il, et ferait longue et cuisante carrière... Il était bien naturel que Wildeve, qui ignorait qu'il y avait un autre homme à l'arrière-plan, supposât qu'Eustacia jouait un rôle. Pour croire que cette lettre n'était pas la conséquence d'une pique passagère, pour croire qu'elle désirait vraiment l'abandonner à Thomasine, il aurait fallu être instruit du changement qu'avait opéré l'influence du nouveau venu. Comment deviner que seule l'avidité d'une passion nouvelle rendait Eustacia généreuse ; qu'elle était prête à agir libéralement avec la cousine, parce qu'elle convoitait le cousin qu'elle renonçait par désir ardent de posséder ?

Tout à sa résolution de se marier le plus tôt possible et de torturer le cœur de l'orgueilleuse, Wildeve allait son chemin.

Cependant, Diggory Venn avait regagné sa roulotte. Pensif, il considérait son poêle. De nouvelles perspective s'ouvraient devant lui. Mais, si pleines de promesses que fussent les vues de Mrs Yeobright à son endroit, il devait, pour se rendre Thomasine elle-même favorable, renoncer à son présent mode de vie. Il ne voyait pas à cela grandes difficultés.

Il ne put supporter d'attendre au lendemain pour voir Thomasine et lui exposer ses plans. Il se plongea en hâte dans des préparatifs de toilette, sortit un vieux costume de drap d'une malle et, au bout d'une vingtaine de minutes, il n'était plus un homme au rouge que de visage, car les teintes vermillon de sa peau ne pouvaient s'effacer en un jour. Après avoir fermé sa porte au cadenas, Venn partit pour Blooms-End.

Il parvint à la palissade blanche et il allait entrer dans le jardin, quand la porte de la maison fut ouverte et vivement refermée. Une silhouette féminine s'était glissée à l'intérieur. Au même instant, un homme, qui sans doute s'était tenu auprès de la femme, sous le porche, prit l'allée et s'avança jusqu'au moment où il fut face à face avec Venn. C'était encore Wildeve.

— Eh bien, l'ami, vous n'avez pas perdu de temps ! fit Diggory, sarcastique.

— C'est vous qui en avez perdu – et qui avez perdu, comme vous allez vous en apercevoir, rétorqua Wildeve, et, baissant la voix, il ajouta : vous feriez mieux de vous en retourner. J'ai fait ma demande et elle est acceptée. Bonne nuit, l'homme au rouge.

Sur ce, Wildeve s'en alla.

Venn sentit son cœur se serrer. Il n'avait pas, cependant, laissé l'espoir le dilater beaucoup… Il resta appuyé contre la palissade, indécis, pendant environ un quart d'heure. Puis il suivit l'allée, frappa à la porte et demanda Mrs Yeobright. Au lieu de l'inviter à entrer, celle-ci vint à lui sous le porche. Ils eurent, en accents bas et mesurés, un entretien d'une dizaine de minutes. Après quoi, Mrs Yeobright rentra chez elle et Venn, tristement, revint sur ses pas et reprit la lande.

Une fois dans sa roulotte, il alluma sa lanterne et, avec une expression apathique, commença aussitôt d'enlever son costume de cérémonie. Au bout de quelques minutes, il était redevenu l'homme au rouge.

19

Un tendre cœur révèle sa fermeté

Ce soir-là, l'intérieur de Blooms-End, bien qu'avenant et confortable, avait été assez silencieux. Clym n'était pas à la maison. Après l'assemblée de Noël, il était allé passer quelques jours chez un ami, à dix milles de là.

C'était Thomasine que Venn avait vu se séparer de Wildeve sous le porche et regagner vivement la maison. Quand la jeune fille pénétra dans la salle, elle rejeta la mante dont, en hâte, elle s'était enveloppée et s'approcha du coin éclairé où Mrs Yeobright était assise devant sa table à ouvrage, tirée tout contre le canapé et qui pénétrait à demi sous le manteau de la cheminée.

— Je n'aime pas beaucoup que vous sortiez ainsi seule quand il fait nuit, Tamsine, dit la tante sans quitter des yeux son ouvrage.

— J'ai été tout juste derrière la porte.

— Oui ? fit Mrs Yeobright.

Et, frappée par le ton de la jeune fille, elle lui lança un regard investigateur. Les joues de Thomasine étaient beaucoup plus colorées qu'elles ne l'avaient jamais été – même avant ses chagrins – et ses yeux étincelaient.

— C'est lui qui avait frappé, dit-elle.

— Je m'en doutais.

— Il veut que nous nous mariions tout de suite.

— Ah ? Est-ce qu'il a peur de… – Mrs Yeobright sonda sa nièce du regard… Pourquoi n'est-il pas entré ?

— Parce qu'il dit que vous n'êtes pas de ses amis ! Il veut que notre mariage soit célébré après-demain, dans l'intimité, à l'église de sa paroisse, non à celle de la nôtre.

— Ah ? Et qu'avez-vous répondu ?

— J'ai accepté, répondit Thomasine d'une voix ferme. Je suis une femme pratique maintenant. Je ne crois plus du tout au sentiment… Je l'épouserai coûte que coûte… surtout depuis la lettre de Clym.

Une lettre était posée sur la corbeille à ouvrage de Mrs Yeobright et, après ces mots de Thomasine, Mrs Yeobright la prit, la déplia et, en silence, relut pour la dixième fois de la journée :

Quelle est l'explication de cette stupide histoire qui circule sur le compte de Thomasine et de Mr Wildeve ? Je la trouverais bien humiliante, s'il y avait une possibilité que pareil racontar fût vrai. On dit qu'il faut sortir de chez soi pour savoir ce qui s'y passe et il semble que c'est mon cas. Bien entendu, je contredis ce conte toutes les fois que je l'entends faire, mais il m'exaspère et je me demande comment il a bien pu naître. Une fille comme Thomasine, nous faire subir l'affront d'être abandonnée le jour de son mariage, c'est par trop ridicule ! Que s'est-il donc passé ?

— Eh, oui ! dit Mrs Yeobright tristement, en reposant le feuillet, si vous croyez pouvoir l'épouser, épousez-le. Et, puisque Mr Wildeve entend que tout se passe sans cérémonie, qu'il en soit ainsi également. Votre sort est entre vos mains. Je n'ai plus été responsable de votre bonheur du jour où vous avez quitté cette maison pour suivre cet homme à Anglebury.

Et elle poursuivit à demi amèrement :

— Je pourrais presque vous demander pourquoi vous me consultez ? Si vous étiez partie pour aller l'épouser sans m'en dire un mot, c'est à peine si j'en aurais été fâchée du moment que – pauvre petite – c'est ce qui vous reste de mieux à faire.

— Ne parlez pas ainsi, tante. C'est me décourager.

— Vous avez raison. Je me tairai.

— Ne croyez pas que je plaide sa cause, tante. La nature humaine est faible et je ne suis plus une femme aveugle, je ne soutiens pas qu'il est parfait, lui. J'ai pu le croire, mais je ne le crois plus. Seulement, je sais ce que je dois faire et vous savez que je le sais… Et j'espère pour le mieux.

— Et moi aussi, et nous continuerons toutes les deux à l'espérer, dit Mrs Yeobright, qui, se levant, alla embrasser sa nièce. Alors, le mariage, s'il a lieu, se ferait le matin même du retour de Clym ?

— Oui. J'ai décidé que mieux valait que tout soit réglé avant son retour – ainsi vous pourrez le regarder en face et moi aussi. Les mystères que nous lui avons faits n'auront plus d'importance.

Songeuse, Mrs Yeobright approuva d'un signe de tête et ajouta :

— Voulez-vous que je vous accompagne et que je vous « donne à l'époux » ? Je le ferai volontiers. J'y étais déjà résolue la dernière fois, vous vous en souvenez. Après m'être opposée à la publication des bans, c'est le moins que je puisse faire.

— Non, je ne vous demanderai pas de venir, dit Thomasine à contre-cœur, mais avec décision. Ce serait pénible, j'en suis presque sûre, si vous veniez. Il vaut mieux que des étrangers soient seuls présents. Je vous ai assez fait de tort comme cela et je sens que je serais gênée si vous étiez là, après ce qui s'est passé. Je suis seulement votre nièce et il n'est pas indispensable que vous vous occupiez davantage de moi.

— Il nous a battues, déclara la tante. On dirait vraiment qu'il a tout fait exprès pour se venger de l'humiliation que je lui ai causée au début, quand j'étais contre lui.

— Oh ! non, tante ! murmura Thomasine.

Elles ne dirent pas un mot de plus sur ce sujet ce soir-là.

Le coup de Diggory retentit peu après à la porte et Mrs Yeobright, en revenant d'entretenir le visiteur, déclara négligemment :

— Un autre soupirant est venu demander votre main.

— Non ?

— Si. Cet étrange jeune homme, Venn.

— Il a demandé de m'épouser ?

— Oui. Je lui ai dit qu'il arrivait trop tard.

Thomasine contempla en silence la flamme de la bougie.

— Pauvre Diggory ! fit-elle.

Puis elle s'occupa d'autre chose.

Le jour suivant se passa en besognes machinales. Les deux femmes étaient à l'envi désireuses de se plonger dans des préparatifs matériels pour se détourner du côté émouvant de la situation. Des vêtements, de petits objets furent de nouveau rassemblés pour Thomasine et des remarques concernant des détails domestiques furent fréquemment échangées – comme pour voiler toute inquiétude intime au sujet de l'avenir de la femme de Wildeve.

Le matin du mariage arriva. La tante et la nièce étaient ensemble dans la chambre où la mariée s'habillait. Toutes les fois qu'il le pouvait, le soleil se faisait un miroir des cheveux de Thomasine – de ces beaux cheveux qu'elle portait toujours nattés. Elle tressait cette natte suivant un système à elle : plus important le jour – plus nombreuses les mèches de la natte.

Les jours ordinaires, elle faisait donc sa natte « en trois », les dimanches ordinaires « en quatre » et pour les fêtes de mai et autres réjouissances « en cinq ». Des années auparavant, elle avait déclaré que, le jour de son mariage, elle tresserait sa natte « en sept ». Elle venait de la tresser « en sept » ce matin-là.

— Décidément je mets ma robe de soie bleue, dit-elle. C'est le jour de mon mariage, après tout, même s'il a quelque chose d'un peu triste. Je ne veux pas dire de triste en lui-même, ajouta-t-elle bien vite pour corriger toute impression pénible, mais triste parce qu'il aura été précédé d'une grande déception et de bien des ennuis.

Mrs Yeobright respira comme on soupire.

— Je regrette presque que Clym ne soit pas ici, dit-elle. Mais enfin, puisque vous avez choisi exprès le moment de son absence…

— Je préfère qu'il soit absent, oui. J'ai l'impression d'avoir mal agi envers lui, en ne lui avouant pas tout, mais c'était pour ne pas le peiner… Aussi me semble-t-il que le mieux est de tout terminer pour qu'il trouve le ciel éclairci à son retour.

— Vous êtes une petite femme pratique, dit Mrs Yeobright en souriant. J'aurais bien aimé que vous et lui… Non, non, je n'aurais rien aimé du tout. Voilà qu'il est neuf heures. Elle s'interrompit comme résonnait au rez-de-chaussée un grincement, suivi des premiers coups de neuf heures.

— J'ai dit à Damon que je partirais pour l'église à neuf heures, dit la mariée en se hâtant de quitter la pièce.

Sa tante la suivit. Tandis que Thomasine prenait l'allée qui conduisait de la maison à la barrière du jardin, Mrs Yeobright posa sur elle un regard plein de regrets et dit :

— C'est honteux de vous laisser partir ainsi toute seule.

— Il le faut, assura Thomasine.

— En tout cas, dit Mrs Yeobright avec un entrain forcé, j'irai vous rendre visite cet après-midi et j'apporterai le gâteau de noces. Si Clym est de retour, il m'accompagnera peut-être. Je veux montrer à Mr Wildeve que je ne conserve à son endroit aucune malveillance. Oublions le passé et que Dieu vous bénisse ! Tenez, je ne suis pas superstitieuse, mais je vais faire comme si je l'étais ! Elle lança une de ses pantoufles derrière la jeune fille, qui se retourna, sourit et poursuivit son chemin.

Après avoir fait quelques pas, elle regarda en arrière.

— Est-ce que vous ne m'avez pas appelée, tante ? fit-elle d'une voix qui tremblait. Au revoir.

Mais en voyant le visage ravagé et les yeux pleins de larmes de Mrs Yeobright, mue par une impulsion irrésistible, elle revint en courant sur ses pas, tandis que sa tante avançait vers elle, et toutes deux se rejoignirent.

— Ô Tamsine ! dit en pleurant la plus âgée des deux femmes, je n'aime pas vous laisser partir.

— Je… je suis…, commença Thomasine, cédant elle aussi à l'émotion. Mais elle domina sa détresse : « Au revoir », dit-elle de nouveau.

Et elle s'en alla.

Alors, Mrs Yeobright vit une petite personne poursuivre son chemin entre les épineuses touffes d'ajoncs et devenir de plus en plus petite en gagnant les lointains de la vallée – pâle tache bleue dans la vaste étendue brun neutre – créature solitaire et sans défense, protégée seulement par son espoir.

Et le plus triste trait de cette destinée ne figurait pas dans le paysage : c'était l'homme.

L'heure de la cérémonie avait été choisie pour permettre à la jeune fille d'échapper à une rencontre embarrassante avec son cousin, qui revenait le matin même. Reconnaître devant lui la part de vérité qu'il avait entendu dire eut été par trop affligeant, tant que n'était pas amélioré la situation qui résultait du déboire. Tandis qu'après s'être rendue une seconde fois, et avec succès, à l'autel, Thomasine pourrait relever la tête et parler de son mariage manqué comme d'un simple accident.

Elle était partie depuis une demi-heure à peine quand Clym arriva, mais par le côté opposé, qui était celui des champs, et pénétra dans la maison.

— J'ai déjeuné très tôt, dit-il à sa mère après l'avoir embrassée, et je mangerais bien de nouveau quelque chose.

Ils s'assirent à table et Clym poursuivit, mais d'une voix basse et anxieuse – imaginant sans doute que sa cousine n'était pas encore descendue :

— Quelle est donc cette histoire au sujet de Thomasine et de Mr Wildeve ?

— Elle est vraie en plusieurs points, dit tranquillement Mrs Yeobright. Mais tout est arrangé à l'heure qu'il est, du moins je l'espère. Elle regarda la pendule.

— Vraie, cette histoire ?

— Thomasine est allée retrouver cet homme ce matin. Clym repoussa son assiette :

— Ainsi, il y a bien eu un scandale et c'est ce qui tourmentait Thomasine ? C'est sans doute ce qui la rendait malade ?

— Oui. Mais il n'y a pas eu vraiment un scandale, seulement un malheureux contretemps. Je vais tout vous raconter. Ne vous fâchez pas. Vous allez voir que nous venons d'agir pour le mieux. Et elle lui fit, en détail, le récit des événements.

Pendant qu'il était à Paris, Clym avait seulement appris qu'une sympathie rapprochait Thomasine et Wildeve, que sa mère blâmait cet attachement mais que, en raison de l'insistance de Thomasine, elle s'était mise à le considérer avec moins de défaveur. Quand il sut tout, il fut donc grandement surpris et agité.

— Et elle a décidé que le mariage aurait lieu avant votre retour, conclut Mrs Yeobright, pour n'avoir pas à rougir devant vous. C'est pourquoi elle est allée le retrouver. Ils se sont mis d'accord pour se marier ce matin.

— Mais je n'y comprends rien, dit Yeobright en se levant. Tout cela ressemble si peu à Thomasine… Je ne m'explique pas pourquoi vous ne m'avez pas écrit après ce malencontreux retour d'Anglebury. Et pourquoi ne pas m'avoir annoncé le mariage la première fois ?

— Que voulez-vous ? J'étais fâchée contre elle à ce moment-là. Je la trouvais tellement entêtée. Et quand j'ai vu que, décidément, vous ne comptiez pas pour elle, je me suis jurée qu'elle ne compterait pas pour vous. Je me suis dit qu'après tout elle était seulement ma nièce ; je lui ai déclaré qu'elle n'avait qu'à se marier si elle voulait, mais que je me désintéressais de ce mariage et que je n'irais pas vous en fatiguer, vous aussi.

— M'en fatiguer ! Vous avez eu tort, mère.

— Je pensais que cette histoire vous détournerait de votre travail, que vous étiez capable de renoncer à votre situation, ou enfin de compromettre votre avenir d'une façon ou d'une autre. C'est pourquoi je ne vous ai parlé de rien. Bien entendu, si le mariage avait eu lieu, je vous l'aurais annoncé tout de suite.

— Dire que Thomasine se marie en ce moment et que nous sommes là, assis !

— Oui. Elle se marie. À moins d'une nouvelle anicroche… Ce n'est pas impossible avec cet homme.

— Évidemment. N'était-il pas imprudent de la laisser aller ? Et si ce Wildeve est vraiment un mauvais drôle ?

— Alors, il ne sera pas venu et elle nous reviendra.

— Vous auriez dû être plus circonspecte.

— À quoi bon dire des choses pareilles ? répliqua la mère avec impatience et tristesse. Vous n'imaginez pas à quel point ce genre d'histoires peut être mortifiant pour une femme. Vous n'imaginez pas les nuits sans sommeil que nous avons passées dans cette maison, les paroles presque aigres que nous avons échangées depuis ce soir du 5 novembre. J'espère bien ne plus jamais vivre pareilles semaines. La petite ne mettait pas le pied dehors et je n'osais regarder personne en face, et maintenant vous me blâmez de lui avoir laissé prendre l'unique parti possible pour arranger les choses !

— Non, dit-il lentement. Non. En somme, je ne vous blâme pas. Mais songez que tout cela est pour moi si soudain et si étrange. J'étais là à ne rien savoir et tout à coup on me dit que Tamsine est allée se marier… Sans doute n'y avait-il pas de meilleure solution… Savez-vous, mère, continua-t-il après une petite pause, savez-vous qu'en un temps je songeais moi-même à épouser Thomasine ? Oui… On est drôle quand on est gamin ! Et quand je suis revenu à la maison, cette fois, Tamsine m'a semblé tellement plus affectueuse que d'habitude que le souvenir de ces jours d'autrefois m'est revenu très vif. Surtout le soir de l'assemblée, quand elle était souffrante… Et la fête a eu lieu quand même… Est-ce que ce n'était pas un peu cruel pour elle ?

— Cela ne changeait rien. J'avais décidé de donner une fête pour votre retour, et pourquoi tout assombrir plus qu'il n'était nécessaire ? Nous enfermer entre nos quatre murs et commencer, tout de suite, à vous raconter les infortunes de Thomasine eût été vous faire bien piètre accueil. Clym restait pensif :

— Je préférerais presque qu'elle n'eût pas eu lieu, votre assemblée, dit-il, et pour d'autres raisons que je vous dirai dans un ou deux jours. Pour le moment, songeons seulement à Thomasine.

Ils tombèrent dans le silence.

— Écoutez, reprit Yeobright et son ton révélait qu'un tendre sentiment pour sa cousine sommeillait encore en lui – ce n'est vraiment pas gentil de l'avoir laissée aller ainsi se marier… toute seule… sans qu'aucun de nous deux soit auprès d'elle pour l'encourager, la fêter un peu… En somme, elle n'a rien fait de mal et ne mérite pas d'être traitée ainsi. C'est bien assez que ce mariage soit aussi précipité et aussi secret, sans que nous allions encore nous abstenir d'y assister ! Sur mon âme, c'est presque honteux ! Je vais à l'église.

— La cérémonie doit être terminée maintenant, dit Mrs Yeobright. À moins qu'il n'y ait eu quelque retard ou que Wildeve…

— Alors, j'arriverai à temps pour les féliciter à la sortie. Je regrette vraiment que vous m'ayez laissé dans l'ignorance, mère… J'espère à moitié que cet homme aura manqué de parole…

— Et qu'elle sera perdue de réputation ?

— Allons donc ! Thomasine ne serait pas du tout perdue de réputation pour ça !

Il prit son chapeau et sortit en hâte. L'air assez malheureux, Mrs Yeobright resta assise, immobile et perdue dans ses pensées. Mais elle ne demeura pas seule bien longtemps. Quelques minutes plus tard, Clym revint et avec lui entra Diggory Venn.

— Je viens d'apprendre qu'il est trop tard, dit Clym.

— Est-elle mariée ? interrogea Mrs Yeobright en tournant vers l'homme au rouge un visage où une étrange lutte entre des souhaits contraires se laissait voir. Venn s'inclina :

— Oui, madame.

— Comme c'est étrange, murmura Clym.

— Il ne lui a pas fait d'ennui, cette fois ? interrogea Mrs Yeobright.

— Non, madame. Je me suis dépêché pour vous l'apprendre, vu que vous n'étiez pas là.

— Comment étiez-vous présent vous-même ? Vous saviez donc qu'ils se mariaient ? demanda-t-elle.

— Je me trouvais près de l'église et je les ai vus arriver, dit l'homme au rouge. Wildeve le premier – aussi à l'heure qu'une pendule – ce que je n'aurais pas cru de lui.

Le narrateur s'abstint d'ajouter que ce n'était point par hasard qu'il s'était trouvé près de l'église ; que, depuis que Wildeve avait repris ses droits sur Thomasine, lui – avec cette conscience qui le caractérisait – avait décidé qu'il verrait le dénouement de l'histoire.

— Qui y avait-il ? demanda Mrs Yeobright.

— Presque personne. Je me tenais hors de son chemin et elle ne m'a pas vu. L'homme au rouge parlait d'une voix un peu rauque et regardait dans le jardin.

— Mais qui l'a « donnée à l'époux » ?

— Miss Vye.

— Par exemple ! Miss Vye ! Il faut considérer cela comme un honneur, je suppose ?

— Qui est miss Vye ? demanda Clym.

— La petite-fille du capitaine Vye du Haut de Mistover. Une jeune fille de Budemouth – une orgueilleuse qui ne me plaît guère. Les gens la croient sorcière, ce qui est absurde, bien entendu.

L'homme au rouge tut ses rapports avec cette belle personne, et aussi qu'elle s'était trouvée présente parce que – selon une promesse qu'il lui avait faite – il était allé l'avertir. Il revint simplement à son récit.

— J'étais assis sur le mur du cimetière quand ils sont arrivés : l'un venant d'un côté, l'autre de l'autre. Et miss Vye se promenait par là, elle regardait les tombes. Dès qu'ils sont entrés dans l'église, je suis entré aussi. J'ai eu envie d'assister au mariage, vu que je connaissais si bien la mariée. J'ai enlevé mes bottes parce qu'elles craquent et je suis monté dans la tribune. Le pasteur était déjà là.

— Mais comment se fait-il que miss Vye ait pris part à la cérémonie, si elle se promenait seulement dans le voisinage ?

— Parce qu'il n'y avait personne d'autre. Elle était entrée dans l'église avant moi mais, elle, elle était restée en bas. Le pasteur a regardé tout autour avant de commencer le service et, comme il n'a vu qu'elle, il lui a fait signe et elle s'est approchée de l'autel. Après, quand il a fallu signer sur le livre, elle a levé son voile et elle a signé, et Tamsine a eu l'air de la remercier de sa bonté.

L'homme au rouge faisait ce récit d'un air pensif, car il croyait voir encore le visage de Wildeve changer de couleur quand Eustacia, levant le voile épais qui jusqu'alors l'avait dissimulée, calmement, avait regardé le marié en face.

— Et alors, conclut Diggory tristement, je m'en suis allé. L'histoire de Tamsine Yeobright était finie.

— Je voulais l'accompagner, dit Mrs Yeobright avec regret, mais elle n'a pas voulu.

— Peu importe, dit l'homme au rouge. La chose est enfin faite comme il se devait. Que Dieu lui accorde d'être heureuse ! Maintenant, je vous dis au revoir.

Il remit son bonnet sur sa tête et sortit.

Après qu'il se fut éloigné du seuil de Mrs Yeobright, on ne vit plus, durant de nombreux mois, l'homme au rouge sur la lande d'Egdon. Le creux broussailleux qui avait abrité sa roulotte était aussi désert que jamais le matin suivant. Seuls quelques brins de paille et quelques traces de rouge sur le sol – que devait entamer la première averse – attestaient que l'errant avait campé là.

Le compte rendu que Diggory avait fait du mariage était fidèle. Il y manquait seulement un détail significatif qui, de la tribune, lui avait d'ailleurs échappé. Tandis que Thomasine était occupée à signer, d'une main tremblante, son nom sur le registre des mariages, Wildeve avait jeté à Eustacia un regard qui disait clairement :

— Je vous ai bien punie, n'est-ce pas ?

Et elle avait répondu, à voix très basse – et avec quelle sincérité, il s'en doutait bien peu :

— Vous vous trompez ; je suis enchantée de la voir aujourd'hui votre femme.

TROISIÈME PARTIE

LA FASCINATION

20

« Mon esprit m'est un royaume »

Sur le visage de Clym Yeobright, on pouvait entrevoir l'expression typique de l'humanité à venir. S'il doit y avoir, plus tard, une période d'art classique, le Phidias d'alors sculptera sans doute pareils visages. Le sentiment que l'existence est une chose qu'il faut supporter – remplaçant l'élan vers la vie, si fort aux temps des civilisations antiques – finira par faire tellement corps avec une race plus avancée, que les visages qui l'exprimeront le mieux seront les modèles reconnus du nouvel art. Déjà, on a l'impression qu'un homme qui vit sans qu'une courbe de ses traits ne soit dérangée, sans laisser un signe de perplexité mentale se marquer sur lui, manque trop de sensibilité moderne pour incarner un type moderne. Les hommes physiquement beaux – gloires de l'humanité quand elle était jeune – constituent presque, aujourd'hui, un anachronisme. Et nous pouvons nous demander si, un jour ou l'autre, les femmes physiquement belles ne seront pas, elles aussi, un anachronisme.

La vérité semble bien, en effet, qu'une longue suite de siècles a laissé à l'humanité tant de désillusions que l'idée hellénique de la vie en a été peu à peu transformée. Ce que les Grecs soupçonnaient, nous le savons ;

ce que leur Eschyle imaginait, nos tout petits enfants le sentent. Goûter, à la manière des anciens, l'état général des choses devient de plus en plus impossible à mesure que nous découvrons l'imperfection des lois naturelles et quelle proie elles se font de l'homme.

Le visage de l'individu qui incarnera l'idéal fondé sur ces vues nouvelles ressemblera donc, probablement, à ce visage de Yeobright, qui retenait les regards de l'observateur comme un texte, et non comme une image, intéressait moins en soi que par ce qu'il attestait. Clym avait été un adolescent de qui on attendait quelque chose. Hors de cette attente, tout était chaos. Qu'il s'illustrât de façon originale ou qu'il se perdît de façon originale paraissait également possible. Sur son compte on n'entretenait qu'une seule certitude absolue : il ne demeurerait point à mener tranquillement au pays une vie toute faite.

Son nom, mentionné en passant, attirait toujours un : « Ah ! Clym Yeobright, et que fait-il maintenant ? » Et, quand la question : « Que fait-il maintenant ? » devient automatique au sujet d'un individu, il va de soi que celui-ci ne saurait être en train de faire, comme la plupart d'entre nous, rien de particulier. Il est vaguement sous-entendu qu'il explore quelque région singulière – bonne ou mauvaise. On espère dévotement qu'il fait merveille ; on croit en secret qu'il gâche tout.

Une demi-douzaine de marchands cossus, qui faisaient les marchés, prenaient Clym pour principal sujet de conversation quand ils se retrouvaient à la Femme tranquille où ils avaient coutume de s'arrêter en traversant la région. Bien qu'ils ne fussent pas des hommes de la lande, il leur était à peu près impossible de ne point parler de cet enfant de la lande, tandis qu'ils tiraient sur le long tuyau de leur pipe en terre et regardaient le paysage à travers les fenêtre de l'auberge. Clym avait tellement été mêlé à la lande dans son enfance et son adolescence qu'on ne pouvait presque pas l'oublier, lui, quand on la voyait, elle... Et, à la Femme tranquille, les conjectures allaient leur train : Yeobright se ferait-il un nom et une fortune ? Si oui, tant mieux pour lui. S'il devait, au contraire, faire tragique figure dans le monde – tant mieux pour les conteurs d'anecdotes.

À vrai dire, le renom de Yeobright ne s'était que trop étendu du temps que le jeune homme vivait dans le pays. « Il est mauvais que notre réputation excède notre valeur », a dit le jésuite espagnol Gracian. Or, à l'âge de six ans, Clym avait posé une devinette biblique : « Quel est le premier homme qui porta des culottes ? » Et toute la lande avait retenti d'applaudissements. À sept ans, il avait peint la bataille de Waterloo avec du pollen de lis et du jus de cassis à défaut de boîte de couleurs. Quand il atteignit sa douzième année, il était déjà célèbre comme savant et comme artiste à deux milles au moins à la ronde. Cette célébrité de Clym – semblable à celle d'Homère – s'expliquait probablement quelque peu par les circonstances, mais, en tout cas, célèbre il était bel et bien.

Il grandit et eut une occasion de se lancer dans la vie. Ces malices du destin qui font débuter un Clive comme gratte-papier, un Gray comme commis drapier, un Keat comme chirurgien et un millier d'autres d'un millier de façons bizarres, exilèrent le sauvage et ascétique enfant de la lande dans un commerce qui s'adresse à l'égoïsme et à la vanité.

Il est inutile de détailler ici comment cette situation lui échut. À la mort du vieux Yeobright, un notable du voisinage eut la bonté de s'occuper de l'avenir de l'orphelin et cette sollicitude eut pour conséquence une transplantation à Budemouth. Le jeune homme ne souhaitait point d'aller à la ville, mais c'était pour lui la seule chance possible de débuter dans un métier. De Budemouth, sa maison de commerce l'envoya à Londres et, peu après, lui fit quitter Londres pour Paris – où il était resté jusqu'alors.

Du moment qu'on attendait beaucoup de Yeobright, le séjour qu'il faisait au pays, dès qu'il commença de se prolonger, souleva bien vite une grande curiosité dans la lande. Le temps normal des vacances de Noël était passé et Clym demeurait. Le matin du dimanche qui suivit le mariage de Thomasine, une discussion eut lieu, à ce propos, devant la maison de Fairway, pendant la coupe des cheveux.

C'était toujours à cet endroit, à ce moment et le dimanche que s'accomplissait, dans le pays, l'office du barbier. Venait ensuite, sur le coup de midi, l'hebdomadaire lavage à grande eau des indigènes. Une heure après, ceux-ci revêtaient leurs habits de fête. Sur la lande d'Egdon, le dimanche ne commençait pas avant l'heure du déjeuner et n'était, même alors, qu'un piètre spécimen de jour.

Cette besogne de perruquier était accomplie par Fairway. Après avoir enlevé sa veste, la victime prenait place sur un billot de cuisine, devant la maison, et les voisins bavardaient alentour, suivant paresseusement de l'œil les mèches de cheveux dont se saisissait le vent, après la coupe, et qui s'envolaient, vite perdues, aux quatre coins du ciel. Hiver comme été, la scène était la même – à moins que les vents fussent exceptionnellement violents. Dans ce cas, le billot était transporté un peu plus près de la maison. Se plaindre du froid qu'on ressentait assis dehors, sans veste ni chapeau, tandis que Fairway contait des anecdotes entre chaque coup de ciseaux, eût été renoncer à sa qualité d'homme. Broncher, se récrier, bouger un muscle de son visage en recevant des coups de ciseaux derrière l'oreille, ou les égratignures au cou que faisait le peigne, eût été considéré comme un grossier manque de savoir-vivre, car Fairway opérait bénévolement. Un occiput saignant le dimanche après-midi était amplement expliqué par un : « C'est que je me suis fait couper les cheveux ce matin. »

On s'était mis à parler de Clym, ce dimanche matin-là, en l'apercevant qui, au loin, errait par la lande.

— Un gars qui réussit bien ailleurs reste point ici deux ou trois semaines pour rien, disait Fairway. Faut qu'il ait son idée en tête, croyez-moi ou ne me croyez pas.

— Y voudrait pourtant pas ouvrir une boutique de diamants dans le pays, fit Sam.

— Je ne vois pas pourquoi il a apporté deux malles tant lourdes si ce n'est point pour rester ; mais ce qu'il pourrait bien faire ici, Dieu seul le sait !

Avant qu'on eût pu se laisser aller à d'autres considérations, Yeobright s'approcha. Il avait vu le groupe et s'était détourné de sa promenade pour le joindre. Il les regarda tous, attentivement, comme il avançait vers eux, et leur dit sans préambule :

— Vous allez bien me laisser deviner de quoi vous étiez en train de parler ?

— Oui, bien sûr, dit Sam.

— De moi.

— Ma foi, c'est pas une chose que je serais jamais allé vous dire, déclara Fairway loyalement, mais puisque vous avez mis le doigt dessus, maître Yeobright, je ne vous cacherai point que c'était de vous qu'on causait. Nous nous demandions pourquoi donc vous restiez ici, à baguenauder, quand vous vous êtes si bien fait connaître dans le commerce des babioles, voilà la vérité.

— Oui, eh bien, je vais vous le dire, pourquoi, répondit Yeobright avec un sérieux inattendu. Je ne suis pas fâché d'en avoir l'occasion. Je suis revenu au pays parce que, tout bien considéré, je pense être un peu moins inutile ici qu'ailleurs. Mais je n'ai pas toujours eu ces idées. Quand je suis parti du pays, je pensais qu'il n'y avait pas grand-chose à y faire, que la vie qu'on y menait était sans intérêt. Je me disais : huiler ses chaussures au lieu de les cirer, battre ses habits avec une baguette au lieu de les brosser, comme c'est ridicule !

— C'est vrai, c'est vrai, pour sûr que c'est ridicule !

— Mais non, non ! ce n'est pas ridicule du tout !

— Non ? faites excuses : nous avions cru que c'était ce que vous vouliez dire…

— Quand mes idées ont changé, ma vie là-bas est devenue très triste. J'ai découvert que j'essayais de ressembler à des gens qui n'avaient presque rien de commun avec moi, que je m'efforçais de mener une vie qui ne valait pas mieux que celle que j'avais menée jusqu'alors… qui était simplement différente.

— Oui-da ! Un bon peu différente ! dit Fairway.

— Oui, Paris doit être un endroit bien plaisant, dit Humphrey. De belles devantures aux boutiques, et des trompettes et des tambours ! Tandis que nous, ici, nous sommes dehors par tous les vents et tous les temps.

— Mais vous ne me comprenez pas, insista Clym. Toutes ces idées qui me venaient étaient très attristantes, mais le plus triste de tout a été de découvrir, ensuite, que je faisais le plus inutile, le plus vain, le plus efféminé des métiers qu'un homme pût faire. Cela m'a décidé, décidé à abandonner ce métier, à me chercher une occupation sensée parmi les gens que je connais le mieux et auxquels je peux être utile. Je suis revenu au pays et voilà ce que je veux y faire : je veux ouvrir une école, aussi près d'ici qu'il sera possible, pour pouvoir demeurer quand même chez ma mère et faire la classe, chez elle, le soir. Mais il faut que je commence par étudier pour avoir les titres nécessaires. Voilà, voisins, et maintenant je vous laisse.

Et Clym reprit sa marche dans la lande.

— Il n'ira pas loin avec cet'histoire, dit Fairway. Dans quèques semaines, il verra les choses d'un autre œil.

— C'est ben honnête de la part du gars, dit un autre, mais m'est avis qu'il ferait mieux de s'occuper de ses affaires.

21

Le nouveau plan de vie est cause de désappointement

Yeobright aimait son prochain. Il était convaincu que la plupart des hommes manquent d'un savoir qui ferait passer la sagesse avant la prospérité matérielle. Il souhaitait d'élever une classe sociale aux dépens des individus, plutôt que les individus aux dépens d'une classe sociale. Mieux : il était prêt à être le premier individu sacrifié.

Pour passer de la vie rustique à la vie intellectuelle, il faut traverser au moins deux phases intermédiaires, et l'une de ces deux phases est, presque inévitablement, une réussite en quelque sorte mondaine. Yeobright, lui, entendait faire coïncider l'élan vers la pensée avec un mode de vie très simple – voire primitif et difficile – et fraterniser avec des rustres.

En bien des points, il était aussi avancé que les penseurs des grandes villes de son temps ; il devait probablement beaucoup de ses idées à la vie studieuse qu'il avait menée à Paris, où il s'était familiarisé avec les systèmes de morale alors en vogue.

Mais on pouvait considérer que cette position, relativement avancée, faisait de Yeobright un homme à plaindre. Le monde rural n'était pas prêt pour l'enseignement qu'il lui réservait. Un individu ne doit être précurseur que partiellement : être tout à fait à l'avant-garde par ses aspirations est fatal à toute gloire.

Les apôtres qui réussissent sont ceux qui répandent une doctrine que les foules sentent depuis quelque temps sans savoir la formuler. Un homme qui prône l'effort esthétique et fait fi de l'effort social ne saurait être entendu que par une classe pour laquelle la question de l'effort social est vidée d'intérêt – rebattue. Qu'un berger puisse, sans avoir entre-temps connu le luxe, devenir un homme cultivé, cette théorie est peut-être défendable, mais tenter l'application de ce principe revient à se dresser contre un mode d'évolution adopté depuis des siècles par l'humanité.

Yeobright avait-il un esprit bien équilibré ? Non. Un esprit bien équilibré ne se laisse entraîner par nulle tendance particulière. L'homme qu'il anime ne sera jamais enfermé comme fou, torturé comme hérétique, crucifié comme blasphémateur. D'autre part, il ne sera pas non plus applaudi comme prophète, vénéré comme prêtre, élevé au titre de roi. Les bienfaits habituels d'un esprit équilibré sont le bonheur et la médiocrité : cet esprit aiguille, en effet, ses possesseurs vers la richesse et les honneurs, leur assure une mort digne et confortable dans leurs lits, enfin, des monuments, en beaucoup de cas mérités. Il n'aurait jamais permis à Yeobright de prendre une résolution aussi ridicule, de sacrifier, au profit de ses semblables, son avenir dans les affaires.

Clym revenait chez lui sans prêter attention au choix des sentiers. Si quelqu'un connaissait bien la lande, c'était Clym Yeobright. Imprégné par les paysages et les odeurs de la lande, on eût pu dire de lui qu'il en était un produit. Tous ses premiers souvenirs étaient liés à des visions que la lande lui avait offertes. Ses jouets avaient été les couteaux de silex et les pointes de flèches qu'enfant il s'étonnait d'y voir « pousser » ses fleurs, les bruyères pourpres et les ajonc jaunes. Les serpents et les poneys sauvages avaient peuplé son royaume des animaux ; pendant longtemps, les habitants de la lande avaient composé son unique société. Prenez les haines d'Eustacia Vye contre la lande, traduisez-le en autant d'amours et vous aurez le cœur de Clym.

Tandis qu'il marchait, le jeune homme contemplait la vaste étendue et il était content.

Pour beaucoup, cet Egdon était un lieu qui, des années et des années auparavant, avait glissé hors de son siècle et faisait rôle d'intrus dans le monde moderne – objet baroque, archaïque, que peu se souciaient d'étudier. Comment pouvait-il en aller autrement en ces temps de champs bien carrés, de haies soigneusement tressées, de prairies irriguées sur un plan si rectangulaire que, par les beaux jours, elles figuraient des grils d'argent ?

Le fermier qui pouvait sourire à une prairie artificielle, jeter un regard de sollicitude à du blé en herbe, soupirer en voyant un champ de navets ravagé par les vers, n'accordait aux distantes ondulations de la lande rien de mieux qu'un froncement de sourcils. Mais Yeobright, tout en suivant sur les hauteurs le chemin du retour, ne pouvait se retenir d'éprouver une satisfaction barbare en constatant que la culture, qu'on avait tenté d'imposer en certains points de l'étendue rebelle, après avoir résisté pendant un an ou deux, reculait devant la contre-offensive obstinée de l'ajonc et de la fougère.

Il descendit dans la vallée et bientôt arriva chez lui, à Blooms-End. Sa mère était en train de couper les feuilles mortes des plantes en pots qui ornaient ses fenêtres. Elle le regarda, en femme qui ne s'expliquait point pourquoi il s'attardait ainsi auprès d'elle : depuis plusieurs jours, son visage exprimait cette perplexité. Il sentit que la curiosité que les flâneurs dominicaux venaient de manifester à son endroit prenait, chez sa mère, proportion de souci. Pourtant, elle ne lui avait posé nulle question, pas même à l'arrivée significative des deux grosses malles.

— Je ne retourne pas à Paris, mère, dit-il. Pas pour y faire le même métier, en tout cas : je l'ai abandonné.

Mrs Yeobright se tourna vers lui, peinée et surprise.

— Je pensais bien que quelque chose allait de travers, fit-elle, quand j'ai vu arriver ces malles. Pourquoi ne m'avoir pas parlé plus tôt ?

— J'aurais dû le faire, évidemment... Mais j'étais à me demander comment vous prendriez ces nouvelles. D'ailleurs, sur certains points, j'étais moi-même dans le vague. Je vais changer entièrement mon plan de vie.

— J'en suis bien étonnée, Clym. Comment changeriez-vous en mieux ?

— Oh ! ce ne sera pas difficile ! Seulement, je ne changerai pas en mieux dans le sens où vous entendez le mieux. Sans doute dira-t-on que je change en pire. Mais je déteste mon ancien métier. Je voudrais faire quelque chose d'utile avant de mourir et c'est en me faisant maître d'école que je crois pouvoir y arriver... Maître d'école pour les pauvres et les ignorants, à qui j'apprendrai ce que personne ne songe à leur apprendre.

— Après tout le mal qu'on s'est donné pour vous lancer dans la vie, au moment où il vous suffit de poursuivre votre chemin pour arriver à la richesse, vous deviendriez un pauvre maître d'école ? Vos fantaisies vous perdront, Clym !

Mrs Yeobright parlait avec calme. Mais la force des sentiments qu'il y avait derrière ses paroles n'était que trop évidente pour quelqu'un qui la connaissait aussi bien que son fils. Il ne répondit pas. Il y avait, sur son visage, l'air de désespérer d'être compris de ceux qui sentent un interlocuteur invulnérable à leur logique intime.

La mère et le fils n'abordèrent plus le sujet de la matinée, mais alors qu'ils achevaient de déjeuner, Mrs Yeobright dit, comme si la discussion n'avait pas été interrompue :

— Cela me tourmente, Clym, que vous reveniez à la maison avec des idées pareilles. J'étais loin de me douter que, de votre propre mouvement, vous reculeriez dans la vie… J'avais toujours supposé que vous continueriez votre marche en avant, comme le font tous les hommes – c'est-à-dire ceux qui méritent vraiment de s'appeler des hommes – une fois mis sur une bonne voie.

— Je n'y peux rien, dit Clym troublé. Je déteste ce commerce voyant, mère. Vous parlez de ceux qui méritent le nom d'homme, est-ce le mériter, de gaspiller son temps à faire un métier d'efféminé tandis que la moitié du genre humain court à sa perte, faute de quelqu'un qui tente d'apprendre aux malheureux comment lutter contre leur sort ? Se lever chaque matin pour voir la création entière « gémir et travailler dans la souffrance », comme dit saint Paul, et continuer à vendre des cailloux brillants à des femmes riches et à des libertins titrés, est-ce tenable ? Quand on a, comme moi, assez de forces pour entreprendre n'importe quoi ? Non, je ne peux continuer ainsi.

— Pourquoi ne pouvez-vous faire ce que tant d'autres font ?

— Je ne sais pas. Je sais seulement que les gens se passionnent pour des quantités de choses qui me laissent indifférent… J'ai peu de besoins, moi. Les raffinements du luxe, les bonnes choses, je n'en jouis pas... Eh bien, sans doute est-il de mon devoir de faire de ces défauts des avantages et, du moment que je peux me passer de ce que les autres recherchent, je n'ai qu'à dépenser autrement mon superflu.

Or, Yeobright avait hérité quelques-uns de ces instincts-là de la femme qui lui faisait face, aussi la touchait-il malgré tout au cœur, s'il ne pouvait la réduire par le raisonnement, et c'était pour son bien à lui qu'elle cachait de son mieux les affinités qu'il éveillait en elle. Elle parla avec moins d'assurance :

— Et pourtant vous auriez pu être riche, si seulement vous aviez persévéré... Diriger un jour cette grande maison de diamants... Un beau poste de confiance. Vous tenez de votre père sans doute... Comme lui, vous vous fatiguez de bien faire.

— Non, dit son fils, pas de bien faire, mais de ce que vous entendez par l'expression. Mère, « bien faire », qu'est-ce donc ?

Mrs Yeobright était une femme trop réfléchie pour se satisfaire de définitions toutes faites et, semblable au « Qu'est-ce que la sagesse ? » de Platon, au « Qu'est-ce que la vérité ? » de Ponce Pilate, la brûlante question de Clym resta sans réponse.

Le silence fut rompu par le bruit de la barrière du jardin qu'on refermait, puis par un coup frappé à la porte. Christian Cantle apparut sur le seuil, en habits des dimanches.

Il était d'usage, en Egdon, de donner une manière de préface aux histoires qu'on venait conter avant d'avoir tout à fait pénétré dans les maisons, afin que le récit battît son plein au moment où l'hôte et le visiteur se joignaient. Christian avait dit aux Yeobright, comme la porte se séparait du loquet :

— Penser que moi, qui ne mets presque jamais les pieds hors de chez nous, j'aie été là ce matin !

— Vous nous apportez donc des nouvelles, Christian ? demande Mrs Yeobright.

— Des nouvelles, oui, sûr et certain, c'est à propos d'une sorcière et, faites excuses, mais « faut que j'aille leur raconter, bien qu'y doivent à peine être au milieu de leur déjeuner », que je me suis dit. C'est que ça m'a rendu tremblant comme une feuille que le vent chasse. Croyez-vous qu'il en adviendra du mal ?

— De quoi ?

— Ce matin à l'église, nous étions tous debout et le pasteur a dit : « Prions, mes frères », et nous v'là tous à genoux. Ça durait depuis un moment, quand il y a eu un cri, mais un cri à faire croire que quelqu'un perdait tout le sang de son cœur ! Tout le monde a sauté en l'air... C'était Susan Nunsuch qui avait piqué miss Vye avec une longue aiguille à tricoter, comme elle avait toujours dit qu'elle le ferait, sitôt qu'elle verrait à l'église la demoiselle qui n'y vient pas souvent : elle voulait lui tirer du sang, pour lever un mauvais sort qu'elle aurait jeté sur ses enfants, cette miss Vye. Y a des semaines qu'elle attendait son moment, Sue... Alors, quand elle l'a vue là, en avant l'aiguille à tricoter dans le bras de la demoiselle !

— Quelle horreur ! dit Mrs Yeobright.

— Sue avait tant enfoncé l'aiguille que la fille est tombée en faiblesse, et moi, j'ai eu peur, je me suis caché derrière la basse de viole, et j'ai plus rien vu. Mais paraît qu'on l'a emportée dehors et, après, plus personne n'a trouvé Sue. Quel cri elle a poussé, la pauvre fille ! Et le pasteur qui levait la main et qui disait : « Asseyez-vous, mes amis, asseyez-vous donc ! » Mais personne ne l'écoutait. Et vous ne savez pas, maîtresse Yeobright, ce que j'ai découvert ? Le pasteur porte ses habits sous son surplis ! Oui, j'ai vu sa manche noire quand il levait le bras !

— Quelle cruauté, fit Yeobright.

— Oui, dit sa mère.

— Le gouvernement devrait s'occuper de ça, déclara Christian. V'là Humphrey qui arrive, on dirait, ajouta-t-il.

Humphrey entre à son tour dans la salle.

— Savez-vous la nouvelle ? oui, je vois que vous la savez. Y a pas à dire, c'est particulier : toutes les fois que quelqu'un d'Egdon va à l'église, y se passe quèque chose de pas ordinaire… La dernière fois, c'est Fairway qui y était allé, et c'est le jour que vous avez empêché la publication des bans, maîtresse Yeobright.

— Est-ce que cette pauvre jeune fille a pu rentrer chez elle ? demanda Clym.

— Paraît que oui, dit Christian, et maintenant que j'ai raconté, je vais rentrer chez nous aussi.

— Et moi aussi, dit Humphrey. Nous le saurons maintenant, s'il y a du vrai, dans les contes qu'on fait sur elle.

Quand les visiteurs furent partis, Clym demanda tranquillement à sa mère :

— Pensez-vous toujours qu'un maître d'école sera inutile dans ce pays ?

— Il est naturel de souhaiter qu'il y ait des maîtres d'école et des missionnaires, et des hommes pareils, répliqua Mrs Yeobright, mais il est naturel aussi que j'aie souhaité de vous élever au-dessus de la vie qu'on mène ici. Il est naturel qu'il me peine de vous voir revenir comme si je n'avais pas essayé du tout…

Plus tard, dans la journée, Sam, le coupeur de tourbe, arriva à son tour chez les Yeobright.

— Je viens vous demander service, maîtresse Yeobright… Vous avez entendu dire ce qui est arrivé à la Beauté de la lande, pas vrai ?

— Est-ce une beauté ? fit Clym.

— Oui-da, elle est assez bien tournée donc, répondit Sam. Seigneur, tout le monde le dit, dans le pays, que c'est bien étonnant qu'une fille pareille habite ici !

— Brune ou blonde ?

— Eh ben… je l'ai peut-être vue vingt fois… et v'là que je saurais point vous le dire !

— Plus brune que Tamsine, murmura Mrs Yeobright.

— Une femme qu'a l'air comme qui dirait de faire attention à rien, ajouta Sam.

— Elle est mélancolique ? interrogea Clym.

— Elle languit toute seule sans jamais se mêler au monde.

— Elle aime les aventures, peut-être ? Elle s'intéresse aux jeux des garçons, pour se distraire un peu, dans un pays aussi perdu ?

— Non point.

— Elle n'irait pas jouer dans les mascarades, par exemple ?

— Non, c'est pas ses idées. Comme qui dirait, plutôt, que ses pensées sont loin d'ici avec des messieurs et des dames qu'elle ne rencontre jamais et des palais qu'elle ne reverra plus.

Remarquant que son fils paraissait fort intéressé, Mrs Yeobright, assez gênée, dit à Sam :

— Vous voyez en elle plus de choses que la plupart d'entre nous. Miss Vye est, selon moi, trop paresseuse pour être charmante. Je n'ai jamais entendu dire qu'elle ait été bonne pour quelqu'un ou bonne à quelque chose. Des filles comme il faut ne sont pas traitées comme des sorcières, non, pas même dans le pays d'Egdon.

— Allons donc ! cette histoire ne prouve rien, ni dans un sens ni dans l'autre, protesta Yeobright.

— Moi, pour sûr, je n'entends goutte à ces finesses, dit Sam, prudent. Ce que la demoiselle vaut, c'est le temps qui nous l'apprendra. Si je suis venu, c'est pour vous demander de prêter la plus longue et la plus solide de vos cordes. Le seau du capitaine est tombé dans le puits et on manque d'eau là-haut. Comme c'est dimanche, et qu'on n'a rien à faire, on va essayer de le lui repêcher. Nous avons bien déjà trois bonnes cordes, mais elles ne sont pas assez longues.

Mrs Yeobright lui permit de prendre dans le hangar toutes les cordes qu'il voudrait. Sam alla faire des recherches. Clym l'accompagna.

— Cette jeune magicienne va-t-elle rester longtemps encore à Mistover ? demanda-t-il au coupeur de tourbe.

— Probable.

— C'est une honte de l'avoir traitée ainsi ! Quelle cruauté ! Elle doit avoir beaucoup souffert… et moralement plus que physiquement, peut-être.

— Un méchant tour, pour ça oui ! Et un si beau brin de fille ! Vous devriez la voir, monsieur Clym, vous, un jeune homme qui a voyagé et qui en savez plus long, pour votre âge, que nous autres.

— Croyez-vous qu'elle consentirait à faire la classe à des enfants ?

Sam hocha la tête :

— Ça ne me paraît pas son affaire, non.

— Oh ! c'est seulement une idée qui me vient en passant… Mais il faudrait que je voie cette jeune fille, que j'en parle avec elle et ce n'est pas très facile : sa famille et la mienne ne semblent pas en très bons termes.

— Je vas vous dire comment vous pourriez la voir, monsieur Yeobright, dit Sam. Ce soir, vers les cinq heures, on se réunit à Mistover pour repêcher le seau. Vous pourriez venir aussi donner un coup de main. Nous serons déjà cinq ou six, mais le puits est profond et vous ne seriez pas de trop. Si ça ne vous déplaît point de vous montrer sous ce jour, s'entend… Elle sera là, sûr et certain.

— J'y penserai, dit Yeobright et ils se séparèrent.

Yeobright y pensa en effet, et beaucoup. Mais le nom d'Eustacia ne devait point être prononcé de nouveau dans cette maison, ce jour-là, et le jeune homme continua d'ignorer si la romantique victime de la superstition et le masque mélancolique avec qui il avait échangé quelques propos au clair de lune étaient une seule et même personne.

22

Premier acte d'un drame bien ancien

L'après-midi était belle et Yeobright alla se promener sur la lande en compagnie de sa mère. Au bout d'une heure, quand tous deux eurent atteint l'imposante crête qui séparait la vallée de Blooms-End de la vallée voisine, ils s'arrêtèrent et, immobiles, regardèrent autour d'eux. D'un côté se voyait, posée sur la limite de la lande, l'auberge de la Femme tranquille, de l'autre se dressait le Haut de Mistover.

— Vous aviez l'intention d'aller voir Thomasine ? interrogea le jeune homme.

— Oui. Mais vous n'avez pas besoin de m'accompagner cette fois-ci, lui répondit Mrs Yeobright…

— Alors, je prends par ici, mère. Je vais à Mistover.

Elle se tourna vers lui d'un air interrogateur.

— Je vais les aider à sortir le seau du puits, poursuivit-il. Du moment que le puits est très profond, mon aide ne sera peut-être pas inutile et j'aimerais rencontrer cette miss Vye… Non tellement parce qu'on la dit belle… pour une autre raison.

— Vraiment, vous voulez y aller ? fit-elle.

— Mais oui. Et ils se séparèrent. « Il est impossible de l'empêcher, murmura sombrement la mère de Clym, tandis que le jeune homme s'éloignait. Ils vont sûrement se voir. Sam pourrait bien aller colporter ses nouvelles ailleurs que chez moi ! »

La silhouette de Clym se rapetissait, comme le jeune homme montait et descendait les pentes de son chemin. « Il a le cœur sensible, se disait Mrs Yeobright en le suivant des yeux. Autrement, peu importerait. Comme il va vite. » Sa marche, en effet, semblait couper d'une ligne droite l'étendue broussailleuse. Il se hâtait, comme si sa vie dépendait de sa vitesse. La mère poussa un profond soupir, renonça à sa visite à Thomasine et revint sur ses pas. Les voiles du soir commençaient d'embrumer les vallées, mais les terres hautes étaient encore ratissées par les rayons obliques d'un soleil d'hiver sur son déclin qui éclairait Clym, tandis qu'il avançait, suivi des yeux par tous les lapins et les lièvres des alentours, une ombre avançant devant lui.

Comme il approchait du fossé et des bancs de terre plantés d'ajoncs qui fortifiaient la demeure du capitaine, Clym entendit un bruit de voix. À l'entrée, de côté, il s'arrêta et regarda.

Six hommes vigoureux s'espaçaient en une file qui partait du puits et ils maintenaient une grosse corde passée autour de la poulie, et qui plongeait dans les profondeurs souterraines. Lié, pour éviter les accidents, à l'un des piliers du puits par une autre corde, Fairway se penchait au-dessus de l'orifice, dévidant, de sa main droite, la grosse corde pendante.

— Silence, les gars ! commanda Fairway.

On cessa de parler. Fairway imprima à la corde un mouvement giratoire comme s'il barattait du lait. Au bout d'un instant, un sourd clapotement monta du puits : grâce à ce mouvement d'hélice, le grappin, au bout de la corde, avait accroché quelque chose.

— Oh, hisse ! dit Fairway, et les hommes commencèrent de tirer sur la corde.

— J'ai l'idée que nous le ramenons, dit un des hommes.

— Tenez bon, alors, dit Fairway.

Les hommes continuèrent de ramener la corde à eux et bientôt un égouttement régulier monta du puits. Fairway alluma une lanterne, l'attacha à une ficelle et l'introduisit dans le puits. Clym s'approcha pour regarder lui aussi, dans le gouffre.

D'étranges feuilles humides qui ignoraient tout des saisons, des mousses bizarres se laissaient voir sur les parois du puits comme descendait la lanterne ; la petite lueur tomba enfin sur un amas confus qui ballottait dans l'air noir et mouillé.

— Nous l'avons mal attrapé ; doucement, pour l'amour de Dieu ! dit Fairway.

Les autres tirèrent très doucement jusqu'à ce que le seau tout dégouttant d'eau se montrât à deux mètres environ du sol, comme un ami mort revenu sur terre. Trois ou quatre mains se tendaient pour le saisir ; mais il y eut une saccade : la corde fut brusquement tirée, se redévida aussitôt, les deux premiers haleurs tombèrent à la renverse, la chute d'un corps s'accéléra dans le puits, un fracas final retentit : le seau avait de nouveau disparu !

— Sacré baquet ! dit Fairway.

— Faut redescendre le crochet, dit Sam.

— C'est que je suis aussi raide qu'un bois de cerf, à force de m'être tenu si longtemps plié en deux, dit Fairway.

Et, se redressant, il s'étira jusqu'à faire craquer ses jointures.

— Reposez-vous quelques minutes, Timothée, dit Yeobright. Je vais prendre votre place.

Le grappin fut abaissé une fois de plus, alla joindre l'eau avec un choc gluant qui parvint aux oreilles comme un bruit de baiser.

Yeobright alors s'agenouilla et, penché sur le puits, il commença d'en fouiller le fond avec le grappin comme Fairway l'avait fait.

— Attachez-le au pilier, c'est dangereux ! cria, quelque part, au-dessus du groupe, une voix harmonieuse et inquiète.

Tous se retournèrent. Une femme venait de parler ainsi. Elle les regardait du haut d'une fenêtre dont les vitres étincelaient dans la lueur vermeille du couchant. Ses lèvres étaient entrouvertes. Elle paraissait oublier, pour l'instant, où elle se trouvait.

On attacha, par la taille, Yeobright au pilier, et la manœuvre reprit. Mais on hissa seulement quelques tronçons tout entortillés de l'ancienne corde du puits. Humphrey prit alors la place de Yeobright et le grappin fut abaissé une fois de plus.

Yeobright se retira, tout rêveur, près du tas de cordes sauvé des eaux. La voix de cette jeune femme et celle du masque mélancolique étaient la même, il en était sûr. « Comme elle s'est montrée bonne envers moi », se dit-il.

Eustacia, qui avait rougi en voyant l'effet de son exclamation sur le groupe, n'était plus visible à la fenêtre que Clym contemplait pensivement.

Cependant, les hommes s'étaient enfin saisis du seau. On cherchait le capitaine pour lui demander ce qu'il comptait faire pour la réparation de la poulie.

Mais le capitaine était absent et Eustacia apparut sur la porte et sortit. Elle avait recouvré son attitude habituelle, calme, aisée et digne, si éloignée de l'ardeur dont elle venait de faire montre, alors que la sécurité de Clym était en jeu.

— Pourra-t-on tirer de l'eau ce soir ? demanda-t-elle.

— Non, mams'el. Le seau n'a plus de fond. Nous ne pouvons pas faire plus maintenant. Nous reviendrons demain matin.

— Pas d'eau..., murmura-t-elle en se détournant pour rentrer.

— Je pourrais vous en envoyer de Blooms-End, dit Clym, qui s'avança en ôtant son chapeau pendant que les autres se retiraient.

Yeobright et Eustacia se regardèrent, comme s'ils se souvenaient de certain clair de lune qui avait brillé sur eux deux, et la fixité calme des traits de la jeune fille se fondit en une expression subtile et rayonnante.

— Merci, ce n'est pas la peine, répondit-elle.

— Mais si vous n'avez pas d'eau ?

— Moi, j'appelle cela n'avoir pas d'eau, dit-elle en rougissant et en levant ses lourdes paupières aux longs cils. Mais mon grand-père appelle cela en avoir assez. Venez voir.

Elle se dirigea vers l'extrémité du domaine et Clym la suivit. Parvenue à l'angle que formaient les murs de clôture, elle escalada les degrés de terre durcie avec une légèreté qui surprenait, après la nonchalance de ses mouvements. Clym gravit les degrés derrière elle et remarqua, sur le rempart, une grande marque circulaire.

— Des cendres ? demanda-t-il.

— Oui, dit Eustacia. Nous avons eu là un petit feu de joie le 5 novembre dernier. Ce sont ses traces.

Là avait brûlé le feu qu'elle avait allumé pour attirer Wildeve.

— Voilà la seule eau que nous ayons, poursuivit-elle en lançant une pierre dans la mare qui s'étalait au pied du remblai, semblable au blanc d'un œil dépourvu de pupille. La pierre tomba avec un « ploc ». Mais nul Wildeve n'apparut sur l'autre bord, comme une certaine autre fois.

— Mon grand-père prétend que, pendant les vingt ans qu'il a vécu en mer, il buvait de l'eau deux fois moins bonne que celle-ci, continua-t-elle et, en cas de besoin, il la trouve très suffisante.

— Mon Dieu, ces petits étangs ne contiennent pas d'impuretés à cette époque de l'année. C'est de l'eau de pluie.

Elle secoua la tête :

— J'arrive à vivre dans un désert sauvage, dit-elle, mais je n'irai pas jusqu'à boire de l'eau de mare.

Clym regarda vers le puits, aux abords maintenant solitaires.

— L'eau de source est loin, dit-il après un silence. Puisque vous n'aimez pas celle-ci, je vais essayer de vous en tirer un peu…

Ils revinrent au puits.

— Oui, je devrais pouvoir vous en tirer en attachant ce seau à la corde.

— Je ne peux vraiment pas vous laisser prendre cette peine.

— Mais ce ne sera pas du tout une peine.

Il fixa le seau à la longue corde, fit passer cette corde sur la poulie et la laissa filer doucement entre ses mains. Mais bientôt il s'arrêta.

— Il faut que je fixe le bout de la corde quelque part, ou nous risquons de voir le tout nous échapper, dit-il à Eustacia qui s'était approchée. Pourriez-vous tenir la corde un moment, ou faut-il appeler la servante ?

— Je tiendrai la corde, dit Eustacia.

Il la lui confia et alla en attacher l'extrémité.

— Je peux bien la laisser glisser ? demanda-t-elle.

— Très doucement, alors, ou le poids l'entraînera plus vite que vous ne voudrez, dit Clym. Mais elle avait commencé de laisser aller. Tandis qu'il attachait la corde, elle cria :

— Je ne peux plus l'arrêter ! Clym courut à elle, comprit que le seul moyen de retenir la corde était d'en enrouler la partie lâche à un des piliers et le fit aussitôt. La corde s'arrêta en effet avec une secousse.

— Vous êtes-vous fait mal ? demanda-t-il.

— Oui, répondit-elle.

— Très mal ?

— Non, je ne pense pas.

Elle ouvrit les mains. Une d'elles saignait, la peau arrachée. Eustacia l'enveloppa de son mouchoir.

— Pourquoi n'avez-vous pas tout lâché ? fit-il.

— Vous m'aviez dit de tenir… C'est la seconde fois que je suis blessée aujourd'hui.

— Ah, oui !… C'est vrai… Je rougis pour mon Egdon natal. Vous a-t-on fait très mal à l'église, miss Vye ?

Il y avait dans le ton de Clym une telle sympathie qu'Eustacia releva lentement sa manche et découvrit son bras blanc et rond. Un point rouge et brillant marquait la surface lisse – rubis incrusté dans un marbre de Paros.

— C'est ici, dit-elle en mettant son doigt sur la piqûre.

— C'est ignoble de la part de cette femme, dit Clym. Le capitaine Vye ne portera-t-il pas plainte ?

— Il est sorti pour s'en occuper. Je ne savais pas que je passais pour magicienne.

— Et vous vous êtes évanouie, dit Clym.

Il regardait la menue blessure, comme s'il souhaitait de la baiser pour la guérir.

— Oui, j'ai eu peur. Il y avait longtemps que je n'étais pas allée à l'église. Et maintenant, je n'y reviendrai pas de bien longtemps – peut-être même n'y reviendrai-je jamais. C'était affreusement humiliant, n'est-ce pas ? Après, j'aurais voulu mourir. Mais maintenant, cela m'est égal.

— Je suis revenu ici pour balayer toutes ces toiles d'araignées, dit Yeobright. Ne voudriez-vous pas m'aider à instruire ces pauvres gens ? Nous pourrions leur faire beaucoup de bien.

— Je ne m'en sens pas grande envie... Je n'aime pas beaucoup mon prochain... quelquefois même, je le déteste.

— Je crois pourtant que mon plan d'éducation vous intéresserait, si vous voulez bien me laisser vous l'exposer un jour.

— Certainement, je serai contente de le connaître.

Il ne leur restait qu'à se séparer. Clym le savait et Eustacia fit un mouvement pour conclure leur entretien ; cependant, il la regardait comme s'il avait eu un mot encore à dire. Peut-être n'aurait-il rien dit s'il n'avait vécu à Paris...

— Nous nous sommes déjà rencontrés, dit-il en la regardant avec plus d'intérêt qu'il n'était indispensable.

— Je n'en conviens pas, répliqua Eustacia.

— Mais je peux le croire si je veux ?

— Oui.

— Vous êtes bien seule ici.

— Je ne peux pas supporter la lande, excepté quand elle est fleurie et toute violette. La lande est pour moi comme un cruel maître d'étude.

— Comment pouvez-vous parler ainsi ? Pour moi, la lande est suprêmement vivifiante et apaisante. Je préférerais vivre sur ces collines plutôt que partout ailleurs au monde.

— C'est un pays intéressant pour des artistes, mais je n'ai jamais pu apprendre à peindre.

— Et il y a une pierre druidique si curieuse, là, tenez (il lança un caillou dans la direction qu'il voulait dire). Allez-vous souvent la voir ?

— Je ne savais pas seulement qu'elle existât. Mais je sais qu'il y a des boulevards à Paris.

Yeobright regardait pensivement le sol.

— Voilà qui est révélateur, dit-il.

— Certes, fit-elle.

— Je me souviens d'avoir éprouvé ce même désir pour le mouvement des villes. Cinq ans passés dans une capitale vous en guérissent.

— Dieu m'accorde une cure pareille, alors ! Maintenant monsieur Yeobright, je vais rentrer et panser ma main.

Ils se séparèrent et Eustacia s'enfonça dans l'ombre qui gagnait le jardin. Elle se sentait comblée. Son passé n'existait plus. Sa vie commençait. Quant à Clym, il devait découvrir seulement plus tard l'effet qu'avait eu sur lui cette rencontre. Tandis qu'il revenait à Blooms-End il sentait surtout que ses projets étaient en quelque sorte glorifiés : une belle femme y était mêlée.

De retour chez lui, il monta à la pièce qui lui servirai désormais de cabinet de travail et s'occupa, durant toute la soirée, à déballer ses livres et à les ranger sur des rayons. D'une de ses caisses, il sortit ensuite une lampe et un bidon d'huile. Il garnit la lampe, disposa sa table et dit : « Là. Me voilà prêt à commencer. »

Il se leva le lendemain matin à l'aube. À la lumière de sa lampe, il lut pendant deux heures avant le petit-déjeuner. Il lut ensuite toute la matinée, toute l'après-midi. Comme le soleil allait se coucher, les yeux fatigués, il se laissa aller contre le dossier de sa chaise.

Sa fenêtre avait vue sur le jardin et sur toute la vallée. Les derniers rayons du soleil d'hiver projetaient l'ombre de la maison au-delà de la palissade, sur la lisière herbeuse de la lande et, dans la vallée, les ombres des cheminées et celles du faîte des arbres environnants s'allongeaient en longues pointes. Le jeune homme décida qu'après être demeuré un jour entier assis à sa table de travail, il allait sortir et faire une promenade par les collines avant la nuit. Et il prit la lande dans la direction de Mistover.

Une heure et demie s'était écoulée quand il poussa, pour rentrer, la barrière du jardin. Les volets de la maison étaient fermés et Christian Cantle qui, tout le jour, avait brouetté du fumier, était parti. Clym pénétra dans la maison. Sa mère, après l'avoir longtemps attendu, s'était mise à table et avait terminé son repas.

— Où êtes-vous donc allé, Clym ? demanda-t-elle aussitôt. Pourquoi ne m'avez-vous pas avertie que vous sortiez si tard ?

— J'ai été dans la lande.

— Vous rencontrerez Eustacia Vye, si vous grimpez par là-haut.

Clym ne répondit pas tout de suite.

— Eh bien, je l'ai rencontrée ce soir, fit-il enfin, comme uniquement poussé par le besoin d'être franc.

— Je me le demandais.

— Ce n'était pas un rendez-vous.

— Non, ces rencontres n'en sont jamais.

— Mais vous n'êtes pas fâchée, mère ?

— Fâchée n'est peut-être pas le mot... Mais quand je songe au genre de trappe où vont tomber, en général, les jeunes gens bien doués qui manquent leur avenir, je ne peux pas m'empêcher d'être inquiète.

— Mais je vous assure que vous avez tort de vous tourmenter à mon sujet, mère.

— Quand je vous vois cette nouvelle lubie, comment voulez-vous que je me sente aussi tranquille qu'il y a un an ? dit Mrs Yeobright avec quelque emphase. Je trouve incroyable qu'un homme, qui a rencontré des femmes aussi attirantes que des Parisiennes, se laisse aussi aisément entortiller par une fille qui vit sur une lande. Vous auriez pu aller vous promener ailleurs.

— J'avais étudié toute la journée.

— C'est vrai, dit-elle adoucie. Je commence à croire que vous réussirez peut-être à faire votre chemin dans l'enseignement, du moment que vous ne voulez plus entendre parler de votre ancien métier.

Yeobright ne se sentit pas, pour l'instant, disposé à troubler ce point de vue. Il ne visait pourtant pas à utiliser l'éducation de la jeunesse comme un moyen de s'élever socialement. Il avait atteint cet âge où un jeune homme prend clairement conscience de la misère ambiante, conscience qui, pour un temps, tient l'ambition en échec. En France, il n'est pas rare de voir alors des suicides parmi les jeunes gens. En Angleterre, nous faisons, suivant les cas, mieux ou pire.

L'amour entre le jeune homme et sa mère était alors étrangement invisible. De l'amour on peut dire que plus il est pur, moins il est démonstratif, et, sous sa forme la plus absolue, la plus indestructible, toute manifestation extérieure lui devient pénible. Ainsi, entre ce fils et cette mère. « Comme ils sont froids l'un envers l'autre ! », aurait déclaré un tiers qui eût surpris leurs conversations…

Les théories de Clym, son désir de dédier son avenir à l'instruction des humbles impressionnaient Mrs Yeobright. Pouvait-il en aller autrement, quand son fils était une partie d'elle-même ? Et lui, après avoir désespéré de la toucher par des raisonnements, s'étonnait presque de la sentir sensible à ce magnétique courant d'amour qui est aussi supérieur aux paroles que les paroles aux hurlements.

Chose étrange, il pressentait qu'il ne lui serait pas tellement difficile de la convaincre, elle, sa meilleure amie, qu'il trouverait vraiment dans une pauvreté relative la plus belle des destinées ; le difficile allait être de concilier ses propres sentiments avec l'entreprise de la persuader… Du point de vue de la prévoyance, elle avait si indubitablement raison que ce n'était pas sans un serrement de cœur qu'il se découvrait le pouvoir de l'ébranler.

Sa mère avait de la vie une idée singulièrement exacte quand on considère qu'elle avait toujours vécu à part. Elle était de ces personnes qui, sans avoir une notion claire des choses soumises à leur critique, ont des idées nettes sur les rapports entre ces choses. Qualité qui se trouve surtout chez les femmes et que nous appelons intuition.

Qu'était le monde pour Mrs Yeobright ? Une multitude dont elle pouvait percevoir les tendances et non l'essence. Elle voyait les communautés comme à distance, comme nous voyons les foules qui couvrent les toiles d'un Sallaert, d'un Van Asloot, comme de vastes masses de créatures qui se coudoient, zigzaguent, prennent des directions précises, mais dont les traits individuels sont indiscernables.

Un autre léger coup de pouce fut donné, quelques jours après, à la forme que la destinée de Clym était en train de prendre. Un tumulus fut ouvert dans la lande et le jeune homme alla assister aux fouilles, s'éloigna pendant plusieurs heures de sa table de travail. Dans l'après-midi, Christian, revenant des environs de ce tumulus, se trouva passer à Blooms-End et Mrs Yeobright le questionna.

— Ils ont creusé un trou et ils ont trouvé des choses qu'on dirait des pots de fleurs sens dessus dessous, maîtresse Yeobright, et dedans y a des os, de vrais os. On les a emportés dans les maisons. C'est pas moi qui voudrais coucher à côté, qu'on dit que les morts reviennent souvent chercher ça, donc ! Maître Yeobright voulait en rapporter. Mais vous serez bien aise d'apprendre qu'il y a regardé à deux fois et que, pour finir, l'en a fait cadeau. Une bénédiction pour vous, maîtresse Yeobright, avec ces vents qui soufflent la nuit.

— Il en a fait cadeau ?

— Oui. À miss Vye. Paraît qu'elle a un goût comme qui dirait de cannibale pour ces bibelots de cimetière.

— Miss Vye assistait donc aux fouilles ?

— Ben oui. Probable.

Quand Clym revint à la maison, peu après, sa mère lui dit d'une voix étrange :

— Vous avez donné les urnes dont vous vouliez me faire cadeau.

Yeobright ne répondit rien. Il la sentait trop bouleversée pour accepter une réponse.

Les premières semaines de l'année s'écoulèrent. Certes, Yeobright étudiait beaucoup à la maison, mais il sortait également beaucoup pour se promener, et ses promenades avaient presque toujours pour but quelque point entre Mistover et Rainbarrow. Le mois de mars arriva et la lande, encore engourdie par l'hiver, montra les premiers signes d'un éveil presque félin, tant il était furtif. Au pied de la clôture de la demeure d'Eustacia, la mare paraissait aussi morte et désolée que jamais, si on l'observait en faisant quelque bruit. Mais elle se révélait en grande agitation à qui l'épiait en silence. Un timide univers animal y prenait vie avec la saison. De petits têtards commençaient d'envoyer des bulles à la surface de l'eau et de se pourchasser dans les profondeurs. Deux par deux, trois par trois, les crapauds pataugeaient sur les bords avec des bruits de jeunes canards. Des bourdons volaient, çà et là, dans la lumière plus vive, et leur bourdonnement se rapprochait et se perdait comme le son d'un gong.

Un soir, Yeobright descendait la vallée de Blooms-End, après s'être tenu au bord de cette mare, en compagnie d'une autre personne, assez longtemps et assez silencieusement pour entendre cette menue vibration du renouveau… Mais il ne l'avait point entendue. Il avançait d'un pas allongé, élastique. Avant de pénétrer dans le jardin de sa mère, il s'arrêta et reprit haleine. La lumière qui venait de la fenêtre le montrait animé de teint et les yeux brillants. Elle ne révélait pas une empreinte qu'il sentait posée sur ses lèvres – empreinte pour lui si réelle qu'il osait à peine pénétrer dans la maison, qu'il lui semblait que sa mère allait lui demander : « Quelle est donc cette tache rouge et brillante que vous avez, là, sur votre bouche ? »

Il entra bientôt, toutefois. Le thé était servi et Clym s'assit à table en face de sa mère.

Celle-ci prononça à peine quelques mots. Et un événement qui venait d'avoir lieu, des paroles qui venaient d'être échangées sur la colline retenaient le jeune homme d'engager une conversation banale.

Le mutisme de sa mère était d'assez mauvais augure, mais il y paraissait indifférent. Il savait pourquoi elle restait taciturne, mais ne pouvait supprimer la cause de cette attitude qu'elle prenait envers lui. Ces tête-à-tête à demi silencieux n'étaient pas rares entre eux maintenant. Il finit cependant par essayer une explication.

— Voilà cinq jours que nous ne nous parlons presque plus… À quoi bon, mère ?

— À rien, sans doute, répondit-elle le cœur gros. Mais nous entendrions-nous mieux en parlant ?

— Peut-être, si vous me laissiez bien vous expliquer tout, comme je voudrais le faire. C'est au sujet d'Eustacia Vye, n'est-ce pas, que vous m'en voulez ? Eh bien, je l'ai vue souvent ces temps derniers, je l'avoue, très souvent même.

— Oui et je sais ce que signifient ces rencontres, et je me tourmente, Clym. Vous gaspillez votre vie ici et uniquement à cause de cette fille. Sans elle, vous n'auriez pas persisté dans vos nouveaux projets.

Clym regarda sa mère bien en face :

— Vous savez que si, dit-il.

— Mon Dieu, je sais que vous aviez pris cette décision avant de l'avoir vue… Mais vous vous seriez arrêté aux intentions. Votre projet était très joli en paroles, mais ridicule à mettre en pratique. Je comptais qu'au bout d'un ou deux mois vous auriez senti qu'il était fou de sacrifier ainsi votre avenir. Vous seriez revenu à Paris maintenant, vous y auriez trouvé une nouvelle occupation. Que le commerce des diamants vous déplaise, je le comprends… Oui, j'étais arrivée à admettre que ce métier pouvait être contraire à une nature comme la vôtre, à admettre que vous l'abandonniez, même s'il avait dû vous apporter des millions. Mais, maintenant que je vois combien vous vous trompez sur le compte de cette fille, je me demande jusqu'à quel point vous avez jamais pu être dans le vrai.

— Je me trompe sur son compte ?

— C'est une paresseuse et une mécontente. D'ailleurs même si elle était la meilleure des femmes que vous puissiez jamais rencontrer – ce qui n'est certainement pas le cas – est-ce le moment, pour vous, de former un attachement ?

— Eh bien, mais il y a justement des raisons pratique pour m'y pousser, commença Clym – et il fut sur le point de s'arrêter, sentant toute la force des arguments qu'on lui opposerait. Si j'ouvre une école, une femme instruite me sera une aide inappréciable.

— Comment ! Vous penseriez vraiment à l'épouser ?

— Pas encore, non… Mais étant donné les avantages qu'offrirait ce mariage…

— N'imaginez pas qu'elle est riche – elle n'a pas un liard.

— Elle a reçu une très bonne éducation et tiendrait très bien un internat. À la réflexion, et pour vous faire plaisir, j'ai un peu modifié mes premiers plans, je l'avoue. J'ai renoncé à donner une instruction rudimentaire aux plus humbles. Je peux faire mieux : ouvrir une bonne école pour des fils de fermiers. Tout en la dirigeant, je pourrai passer des examens et, avec l'aide d'une femme comme elle…

— Ô Clym !

— … je finirais, j'espère, par être à la tête d'une des meilleures écoles du pays.

Yeobright avait prononcé le mot « elle » avec une ferveur d'une imprudence absurde dans une conversation avec une mère. Peu de cœurs maternels au monde, en pareilles circonstances, eussent pu s'empêcher d'être irrités par une manifestation de tendresse aussi naïve et aussi déplacée envers une femme nouvelle.

— Quel aveuglement, Clym ! dit Mrs Yeobright avec passion. C'est un triste jour que celui où vous l'avez vue pour la première fois, et votre nouveau projet n'est qu'un château en Espagne que vous bâtissez pour excuser votre folie et mettre votre conscience en repos !

— Non, mère, non, ce n'est pas vrai, répondit-il avec fermeté.

— Allez-vous dire que je mens ? Moi qui n'ai qu'un désir, vous épargner des chagrins ! C'est honteux, Clym ! Honteux ! Mais c'est la faute de cette femme – une dévergondée !

Clym rougit comme feu et roses. Il posa la main sur l'épaule de sa mère et dit, d'un ton qui restait étrangement en suspens entre la supplication et l'autorité :

— Je ne veux pas entendre chose pareille. Je serais peut-être entraîné à vous répondre d'une façon que nous regretterions tous les deux.

Sa mère entrouvrait de nouveau les lèvres pour émettre une autre vérité véhémente, mais elle vit à son fils une expression qui la poussa à se taire. Yeobright se mit à aller et venir par la salle et subitement sortit de la maison. Il rentra seulement à onze heures, bien que n'étant pas sorti du jardin. Sa mère était allée se coucher. Une lumière brûlait sur la table et le souper était servi. Sans toucher à la nourriture, il verrouilla les portes et monta chez lui…

23

Une heure de délices et beaucoup d'heures de tristesse

Le jour suivant fut assez sombre à Blooms-End. Yeobright demeura dans son cabinet, devant ses livres ouverts ; mais le travail qu'il accomplit fut lamentablement mince. Bien résolu à ne point marquer d'humeur, il avait, à plusieurs reprises, adressé la parole à sa mère, sans tenir compte de la brièveté des réponses obtenues. Toujours décidé à maintenir entre eux un semblant de conversation, il dit vers sept heures : « Il y a ce soir une éclipse de lune, je vais la regarder » et, mettant son manteau, il sortit, laissant sa mère seule.

La lune était encore trop basse pour être visible devant la maison, et Yeobright remonta la vallée jusqu'au moment où il fut baigné de rayons lunaires. Mais il continua, même alors, d'avancer, et c'est vers Rainbarrow qu'il se dirigea.

Au bout d'une demi-heure, il avait atteint le sommet du tumulus. Le ciel était clair d'un horizon à l'autre et la lune jetait ses rayons sur la lande entière, mais sans l'éclairer sensiblement, excepté aux endroits où des sentiers et des eaux vives avaient mis à nu du silex blanc et du sable brillant qui posaient des stries sur la teinte générale.

Après être demeuré un instant immobile, le jeune homme se courba et tâta la bruyère. Elle était sèche. Il s'allongea alors sur le tumulus, le visage tourné du côté de la lune qui vint peindre, en petit, son image dans chacun des deux yeux levés vers elle.

Il était souvent venu en ce lieu sans donner d'explication à sa mère. Mais ce soir, pour la première fois, il lui en avait donné une, et celle-ci était incomplète, au point d'être mensongère. Situation morale dans laquelle, six mois auparavant, il aurait eu peine à s'imaginer. En retournant dans ce lieu perdu pour y travailler, il avait compté s'évader des irritantes tyrannies sociales et voici qu'elles existaient ici aussi. Plus que jamais, il souhaitait d'habiter un monde où l'ambition personnelle ne serait pas la seule forme reconnue du progrès... Un tel monde avait eu son temps peut-être dans le globe d'argent qui en ce moment déversait sur lui ses rayons. Du regard, il parcourut le pays si distant : la baie de l'Arc-en-Ciel, la sombre mer des Crises, l'océan des Tempêtes, le lac des Rêves, la merveilleuse montagne de l'Anneau. Il finit par avoir presque l'impression de voyager vraiment à travers ces paysages sauvages. Il se vit debout sur les collines creuses, en train de traverser les déserts, de descendre dans les cuvettes de mers desséchées ou de grimper sur les bords des cratères...

Tandis qu'il l'observait ainsi, une tache brune apparut sur le bord inférieur du disque étincelant : l'éclipse avait commencé. Or, le lointain phénomène céleste avait été utilisé à une fin plus proche : pris pour signal par des amoureux. L'esprit de Yeobright redescendit sur terre. Le jeune homme se leva, se secoua et écouta. Plusieurs minutes s'écoulèrent – dix peut-être – et la tache d'ombre s'élargit perceptiblement sur la lune. Il entendit un léger bruit à sa gauche : une forme, enveloppée d'une mante, apparut le visage levé, à la base du tumulus et Clym descendit. En un moment, il tint la forme dans ses bras et appuya se lèvres sur des lèvres offertes.

— Mon Eustacia !

— Clym ! mon bien-aimé !

Trois mois entiers n'avaient pas été nécessaires pour amener pareille situation.

Ils demeurèrent longtemps sans rien dire, car nul langage ne pouvait atteindre le niveau de leur émotion, les mots semblaient devenus le pauvre apanage d'une époque reculée et barbare, tolérée seulement par incident.

— Je commençais à me demander pourquoi vous ne veniez pas, dit Yeobright quand elle s'écarta un peu.

— Vous aviez dit : dix minutes après la première trace d'ombre sur le bord de la lune, et c'est maintenant.

— Oui ? Eh bien, pensons seulement à la joie de nous revoir.

La main dans la main, ils demeurèrent de nouveau silencieux et, sur le disque de la lune, l'ombre s'agrandit un peu.

— Le temps vous a-t-il semblé long depuis que vous ne m'avez vue ? demanda-t-elle.

— Il m'a semblé triste.

— Mais long, non ? C'est parce que vous avez votre travail. Moi, qui ne peux rien faire, j'ai eu l'impression de vivre sous une eau stagnante.

— J'aurais préféré supporter l'ennui que certaines façons que j'ai eues de passer ce temps, chérie.

— Que voulez-vous dire ? L'auriez-vous passé à penser que vous aimeriez mieux ne pas m'aimer ?

— Un homme pourrait-il faire un souhait pareil et continuer d'aimer ? Non, Eustacia.

— Un homme pourrait, si. Une femme, non.

— Enfin, quelles qu'aient été mes pensées, une chose est certaine : je vous aime. Oui, au-delà de toute limite et de toute expression. Je vous aime jusqu'à l'angoisse, moi qui n'avais, jusqu'ici, éprouvé envers les femmes que de passagers caprices. Laissez-moi bien regarder votre visage au clair de lune, bien, bien le regarder... Si peu de choses doivent le distinguer de tant de visages que j'ai vus avant lui... ce sont affaires de millimètres... et pourtant, quelle différence ! La différence du tout au rien... Pressez votre bouche encore... encore, encore et encore... Vos yeux sont tristes, Eustacia.

— Non. C'est un air que je dois avoir souvent... Il me vient sans doute de la grande pitié qu'il m'arrive d'éprouver envers moi-même quand je regrette d'être née.

— L'éprouvez-vous en ce moment, cette grande pitié ?

— Non. Et pourtant, je sais bien que nous ne nous aimerons pas toujours ainsi. Rien ne peut forcer l'amour à durer. Il s'évapore comme un parfum et c'est pourquoi je me sens pleine de larmes.

— Il ne faut pas : vous pouvez être tranquille.

— Ah, vous croyez ? Alors, vous ne savez pas... Vous avez vu beaucoup plus de choses que moi, vous avez vécu dans des villes, et parmi des gens dont j'ai seulement entendu parler, vous êtes né, aussi, depuis plus longtemps que moi... Mais c'est moi la plus âgée, quand il s'agit de ces choses. J'ai aimé un autre homme et, maintenant, c'est vous que j'aime.

— Au nom du ciel, Eustacia, ne parlez pas ainsi !

— Mais je ne crois pas que je me lasserai la première. Voici, j'en ai peur, comment notre amour finira : votre mère découvrira nos rencontres et elle vous éloignera de moi.

— Pas du tout. Elle sait déjà que nous nous rencontrons.

— Et elle vous a parlé contre moi ?

— Je ne veux pas vous répondre.

— C'est bien cela ! Allez-vous-en alors ! Obéissez-lui ! Je causerai votre perte ! C'est folie de venir me retrouver ainsi ! Un baiser encore et partez pour toujours. Pour toujours, vous entendez ? Pour toujours !

— Non.

— C'est votre seule chance de salut ! Vous ne seriez pas le seul homme que l'amour eût perdu…

— Cœur désespéré ! Tête folle ! Votre imagination vous emporte et vous vous trompez. Écoutez-moi : ce n'est pas seulement parce que je vous aime que je voulais vous rencontrer ce soir. C'est parce que, si je ne suis pas comme vous, moi, si je crois que notre amour sera éternel, je crois cependant, avec vous, que nous ne pouvons continuer à vivre ainsi.

— C'est l'avis de votre mère, n'est-ce pas ? Ah, je m'y attendais !

— Oh, cessez donc de vous tourmenter ! Dites-vous seulement que je ne peux pas supporter l'idée de vous perdre, qu'il faut que je vous aie toujours auprès de moi. Je déteste jusqu'à l'idée que vous allez me quitter ce soir. Il n'y a qu'un remède à mes tourments, chérie – il faut que vous soyez ma femme.

Elle tressaillit, puis s'efforça de répliquer avec calme :

— Les cyniques disent que le mariage guérit de ces tourments parce qu'il guérit de l'amour.

— Je veux une réponse. Serez-vous à moi un jour ?

— Il faut que je réfléchisse, murmura Eustacia. À présent, parlez-moi un peu de Paris. N'est-ce pas le plus bel endroit du monde ?

— Oui, Paris est très beau, mais… Il me faut ma réponse.

— Je n'appartiendrai à personne d'autre qu'à vous. Êtes-vous content ?

— Oui… pour le moment.

— Maintenant, fit-elle évasive, parlez-moi de Paris et du Louvre.

— Je déteste parler de Paris… Enfin… Eh bien, il y a au Louvre une salle tout ensoleillée faite pour vous – la galerie d'Apollon. La plupart des fenêtres sont à l'est et, le matin, de bonne heure, c'est un flamboiement de splendeurs. Les rayons du soleil se jouent sur les incrustations et les dorures des vieux coffres, sur les plats d'or et d'argent, les émaux, les pierres précieuses et finissent par emprisonner toutes ces belles choses dans un véritable filet de lumière qui éblouit les yeux. Maintenant, à propos de notre mariage…

— Et Versailles ?

— Le Petit Trianon serait pour vous une demeure idéale. Vous pourriez vous promener dans le jardin, au clair de lune, et vous croire dans un jardin anglais.

— Ah, mais non ! Je n'aimerais pas du tout croire cela !

— Alors, vous pourriez rester dans l'allée qui est devant le palais même. Là, vous vous sentiriez tout à fait dans un décor de roman historique.

Il continua, puisque tout cela était nouveau et amusant pour elle, à parler de Versailles, puis l'entretint de Fontainebleau, de Saint-Cloud, du Bois. Elle lui demanda :

— Quand alliez-vous visiter ces endroits ?

— Le dimanche.

— Ah, oui ! Moi qui déteste tant les dimanches anglais ! Comme je me plairais là-bas ! Cher Clym, ne retournerez-vous pas à Paris ?

Clym secoua négativement la tête et regarda l'éclipse.

— Si vous y retourniez, je serais votre… devinez ? dit-elle tendrement en rapprochant sa tête de la poitrine du jeune homme. Dites que vous y retournerez et je vous dirai « Oui » tout de suite…

— Qu'il est étrange que vous soyez, ma mère et vous, du même avis à ce sujet, dit Yeobright. Je me suis juré de ne pas repartir, Eustacia, ce n'est pas la ville que je déteste, mais le métier que j'y faisais.

— Mais vous pourriez en faire un autre.

— Non. Et d'ailleurs cela contrarierait mes projets. N'insistez pas, Eustacia. M'épouserez-vous ?

— Je ne sais pas.

— Oubliez Paris, c'est une ville comme une autre, et dites « Oui », chérie ?

— Vous ne persévérerez pas, j'en suis sûre, dans vos projets d'enseignement, et alors ce sera parfait pour moi. Aussi je promets d'être à vous pour toujours.

D'une douce pression de main, Clym rapprocha du sien le visage de la jeune fille et le baisa.

— Ah, mais vous ne me connaissez pas ! dit-elle. Je doute souvent qu'Eustacia Vye soit de l'étoffe dont on tisse les bonnes épouses… Enfin, laissons aller… Regardez notre temps comme il passe, passe, passe !

Et elle désignait du doigt la lune maintenant à demi éclipsée.

— Vous êtes trop mélancolique.

— Non, mais penser au lendemain me fait peur. Le moment présent est le seul dont nous soyons sûrs. Ainsi, maintenant nous sommes ensemble. Le serons-nous souvent encore ? L'inconnu m'emplit toujours l'esprit de pressentiments terribles, même si j'ai des raisons de l'espérer heureux... Clym, cette lumière d'éclipse donne à votre visage une étrange couleur : on le dirait sculpté dans l'or... C'est signe que vous devriez tenter de grandes choses.

— Vous êtes ambitieuse, Eustacia ; c'est-à-dire, non ambitieuse exactement, mais vous aimez le luxe... Sans doute devrais-je vous ressembler pour vous rendre heureuse... et, au contraire... pourvu que j'aie un travail selon mes idées, je pourrais vivre et mourir content dans un ermitage.

Dans son ton, une nuance impliquait des scrupules et des doutes. Agissait-il honnêtement envers la jeune fille, dont les goûts ne coïncidaient avec les siens que par intervalles et sur des points si rares ? Elle comprit et murmura en accents bas et doux, pleins de foi passionnée :

— Ne vous y trompez pas, Clym : il me plairait de vivre à Paris, c'est vrai, mais je vous aime pour vous-même. Être votre femme et vivre à Paris ce serait pour moi le paradis. Mais je préférerais vivre avec vous dans un ermitage que ne pas vous appartenir du tout...

— Voilà qui est parler en femme ! Et maintenant, il va bientôt falloir nous séparer. Je vais marcher un peu sur votre chemin avec vous.

— Faut-il déjà que vous rentriez ? Oui, le sable a presque entièrement glissé et l'éclipse gagne de plus en plus. Non, ne partez pas encore ! Attendez que toute l'heure se soit écoulée et je ne vous retiendrai plus : vous rentrerez chez vous et vous dormirez bien. Moi, en dormant, je ne cesse de soupirer ! Rêvez-vous quelquefois de moi ?

— Je ne me souviens pas de vous avoir nettement vue en rêve.

— Moi, je vois votre visage dans tous mes rêves, j'entends votre voix dans chaque rumeur… Je préférerais qu'il en fût autrement. C'est trop ; on dit qu'un amour pareil ne peut pas durer. Mais il durera, il le faut. Pourtant, une fois, j'ai vu un officier de hussards passer à cheval dans une rue de Budemouth. C'était un étranger pour moi, il ne m'a jamais parlé et cependant je l'ai tant aimé que j'ai cru mourir d'amour. Je ne suis pas morte et j'ai fini par ne plus penser à lui… Que ce serait terrible si je cessais un jour de vous aimer, mon Clym !

— Je vous en prie, ne dites pas de folies ! Si jamais nous sentons s'approcher un jour pareil, nous dirons : « Je ne survivrai pas à ma foi ! » et nous mourrons. Mais l'heure est écoulée. Il faut nous mettre en route.

La main dans la main, ils prirent le chemin de Mistover. Quand ils furent près du domaine, Clym déclara :

— Il est trop tard pour que je parle à votre grand-père… Croyez-vous qu'il approuvera nos fiançailles ?

— Je lui parlerai, fit-elle. Mais il me laisse tellement libre que je n'avais même pas pensé qu'il faudrait lui demander son consentement.

Ils se firent de longs adieux, puis Clym redescendit vers Blooms-End.

À mesure qu'il s'éloignait de sa belle Olympienne, un charme semblait se dissiper et son visage s'imprégnait d'un nouvelle sorte de tristesse. Le sentiment de l'impasse où le plaçait son amour lui revenait dans toute sa force. Eustacia promettait de l'attendre pendant des fiançailles longues et hasardeuses. Il ne pouvait, pourtant, s'empêcher de discerner que la jeune fille aimait en lui l'envoyé d'un univers, auquel elle appartenait de droit, plutôt qu'un homme qui reniait un passé très attirant pour elle. Souvent au cours de leur rencontre, un mot, un soupir échappaient à la jeune fille. Ils signifiaient que, si elle ne faisait pas de la vie à Paris une condition essentielle de bonheur, c'était Paris, pourtant, qu'en secret elle attendait du mariage… Et ce mot, ce soupir gâtaient pour Yeobright maintes heures agréables. En même temps, il souffrait de cette brèche qui s'élargissait entre sa mère et lui. Toutes les fois qu'un incident avait mis en évidence la déception qu'il causait à sa mère, Clym s'en était allé, solitaire et morne, errer par les collines, ou avait passé, sans dormir, une bonne partie de la nuit, tant il était agité d'envisager un malentendu semblable. Si Mrs Yeobright avait pu être amenée à voir à quel point le projet de son fils était viable, sérieux, existait en dehors de tout amour pour Eustacia, son attitude eût été bien différente !

Ainsi, comme il s'accoutumait à l'éclat, tout d'abord aveuglant, qu'avaient épandu autour de lui l'amour et la beauté, Yeobright commençait à se voir prisonnier d'une situation. Quelquefois, il souhaitait de n'avoir jamais rencontré Eustacia et rétractait aussitôt ce souhait comme brutal. Il lui fallait assurer le développement simultané de trois éléments contraires : le contentement de sa mère, son plan d'éducation et le bonheur d'Eustacia. Sa nature fervente ne pouvait se résoudre à sacrifier l'un des trois bien qu'il ne pût espérer en concilier plus de deux. Une situation qui n'était pas des plus simples, quand son cœur était libre, devenait indescriptiblement compliquée, maintenant qu'il aimait Eustacia. Juste au moment où il commençait de réconcilier sa mère avec un projet, Clym en arrêtait un autre, encore plus amer, pour elle, que le premier… Et le mélange était trop révoltant pour qu'elle le pût supporter.

24

Des mots durs sont échangés et une crise s'ensuit

Quand Yeobright n'était pas auprès d'Eustacia, il se penchait sans répit sur ses livres ; quand il n'étudiait pas, il rencontrait la jeune fille. Rencontres qui avaient lieu dans le plus grand secret.

Un après-midi, comme Mrs Yeobright revenait de passer la matinée auprès de Thomasine, son fils lui vit un visage troublé.

— On m'a dit une chose incompréhensible, dit-elle avec chagrin. Le capitaine aurait laissé entendre que vous êtes fiancés – sa petite-fille et vous.

— C'est vrai, répondit le jeune homme. Mais notre mariage ne se fera probablement pas de longtemps.

— À votre place, je dirai plutôt *sûrement* pas de longtemps. Vous l'emmènerez à Paris, sans doute ? Elle parlait d'un ton las et découragé.

— Je ne retournerai pas à Paris.

— Comment entretiendrez-vous votre femme, alors ?

— En ouvrant une école à Budemouth, comme je vous l'ai dit.

— C'est incroyable ! Mais les écoles foisonnent à Budemouth ! Vous n'avez pas de titres spéciaux… Quelle chance aurez-vous ?

— Pas celle de faire fortune, évidemment. Mais, grâce à mon système, qui est aussi bon qu'il est nouveau, je ferai beaucoup de bien à mes semblables.

— Quelles chimères ! S'il restait encore des systèmes à inventer, les universités les auraient découverts depuis longtemps.

— Pas du tout. Dans les universités, les professeurs ne sont pas en contact avec la classe qui a besoin de pareil système. Moi, je veux faire pénétrer le savoir dans des esprits encore vides, sans commencer par les embarrasser de notions dont il faudrait les débarrasser ensuite…

— Je vous aurais peut-être cru si vous n'étiez pas allé vous empêtrer dans cette intrigue. Mais cette femme, même si elle s'était trouvée être une honnête fille, l'histoire serait regrettable, mais comme elle est…

— C'est une honnête fille.

— Oui ? La fille d'un chef d'orchestre ! D'un Corfiote ! Qui ne porte même pas le nom de son père !

— C'est la petite-fille du capitaine Vye et son père avait pris le nom de sa femme.

— On l'appelle « capitaine », mais n'importe qui peut se faire appeler « capitaine » !

— Comment ! Il était dans la marine royale.

— Oh, certainement, il doit bien avoir navigué sur quelque vieux sabot ! Et après ? Est-ce qu'il ne devrait pas s'occuper un peu de sa petite-fille ? Est-ce qu'une fille comme il faut irait se promener dans la lande à toute heure du jour et de la nuit comme elle fait ? Et ce n'est pas tout. Il y a eu quelque chose de louche, entre elle et le mari de Thomasine, pendant un temps. J'en suis aussi sûre que d'être ici debout.

— Eustacia m'a tout dit. Il lui faisait un peu la cour il y a un an. Où est le mal ? Je ne l'en aime que mieux.

— Clym, dit la mère avec fermeté, je ne peux rien prouver contre elle, malheureusement. Mais si elle est pour vous une bonne épouse, c'est qu'il n'en aura jamais existé de mauvaise.

— Croyez-moi, vous êtes presque exaspérante ! dit Yeobright avec véhémence. Et moi qui avais arrangé une rencontre entre vous deux pour aujourd'hui ! Mais vous ne me laissez jamais en paix, vous me contrecarrez en tout !

— Il m'est odieux de penser que mon fils fera un mauvais mariage. Je voudrais ne pas avoir assez vécu pour voir une chose pareille. C'est trop pour moi. C'est pire qu'un cauchemar.

Elle se tourna vers la fenêtre. Sa respiration était précipitée, ses lèvres, pâles et entrouvertes, tremblaient.

— Mère, dit Clym, quoi que vous fassiez, vous me serez toujours chère, vous le savez bien, mais je crois avoir l'âge de décider ce qui me convient le mieux.

Mrs Yeobright demeura pendant quelques instants silencieuse et vibrante, comme si elle ne pouvait plus rien dire. Enfin, elle répondit :

— Le mieux ? Le mieux est-il de gâcher votre avenir pour une femme voluptueuse et oisive ? Ne voyez-vous pas que, par le fait même de la choisir, vous prouvez que vous l'ignorez, ce qui vous convient le mieux ? Vous abandonnez tout, vous mettez votre âme en jeu pour plaire à une femme !

— C'est vrai et cette femme, c'est vous !

— Comment pouvez-vous me traiter avec cette insolence ! dit la mère se retournant vers lui, l'air désolé.

Vous parlez en fils dénaturé, Clym. Je n'aurais jamais attendu cela de vous.

— Évidemment, fit-il, sombre, vous ne vous doutiez pas des coups que vous me porteriez ni, par conséquent, de ceux que je vous porterais en retour.

— Vous me répondez ! Vous ne pensez qu'à elle ! Vous la soutenez en tout !

— Cela prouve en sa faveur : je n'ai jamais encore jusqu'ici soutenu la cause du mal. Et je ne pense pas seulement à elle, mais à vous, à moi... Quand une femme en déteste une autre, elle est sans merci !

— Oh, Clym ! N'essayez pas de me rendre responsable de votre obstination. Si vous vouliez vous lier avec une créature indigne, pourquoi être revenu au pays ? Il fallait vous passer vos caprices à Paris ! C'est plus à la mode là-bas. Vous n'êtes revenu que pour me torturer, moi, une pauvre femme solitaire, et pour raccourcir mes jours ! Accordez donc votre présence à qui vous accordez votre amour !

Clym répondit d'une voix sourde :

— Vous êtes ma mère, je ne dirai pas un mot de plus. Je vous demande seulement pardon d'avoir considéré cette maison comme la mienne. Je ne vous infligerai pas plus longtemps ma présence. Je m'en irai.

Et il sortit, les larmes aux yeux.

C'était une belle journée du début de l'été et les creux moites de la lande étaient passés du brun au vert. Yeobright suivit le bord de la cuvette qui s'étendait sous Mistover et Rainbarrow. Peu à peu, il se calma et contempla le site. Aux pieds des petits vallons, qui variaient les contours de la vallée, les jeunes fougères poussaient, toutes fraîches, luxuriantes, en bonne voie d'atteindre leurs cinq ou six pieds de hauteur. Il descendit vers ces terres basses, se jeta sur le sol, en un endroit où un sentier émergeait de l'un des petits creux, et attendit. Il avait promis à Eustacia d'entraîner sa mère en ce lieu cet après-midi… Là, les deux femmes auraient dû se rencontrer et devenir amies…

Il se trouvait dans un nid d'un vert vif. Autour de lui, la végétation, bien que foisonnante, était uniforme : c'était un fourré au feuillage comme découpé à l'emporte-pièce, un univers de verts triangles aux bords en dents de scie, sans une seule fleur. L'air était chaud, d'une chaleur vaporeuse, et le calme parfait. Des lézards, des sauterelles et des fourmis étaient les seuls êtres vivants qu'on pût voir. Le décor semblait appartenir à l'ancien monde, à la période carbonifère, au temps où les formes des plantes étaient peu nombreuses et du genre fougère, au temps où il n'y avait ni bourgeons, ni floraisons, rien qu'une monotone étendue de feuillage parmi laquelle nul oiseau ne chantait.

Le jeune homme était ainsi allongé depuis longtemps, livré à des méditations sombres, quand il aperçut, au-dessus de la verdure, à sa gauche, une capeline de soie blanche ; et il sut tout de suite que cette capeline couvrait la tête de celle qu'il aimait. Il s'éveilla de son apathie, son cœur palpita d'enthousiasme et, sautant sur ses pieds, Clym dit tout haut :

— J'étais sûr qu'elle viendrait !

Elle disparut dans un creux, puis reparut au-dessus des fougères.

— Vous êtes seul ? s'écria-t-elle d'un air déçu mais feint : la rougeur qui lui montait au visage le prouvait, et son petit rire à demi coupable. Où est Mrs Yeobright ?

— Elle n'est pas venue, répondit-il d'une voix étouffée.

— Je regrette de n'avoir pas su que je vous trouverais seul, dit-elle sérieusement. Le plaisir dont on ne jouit pas à l'avance est en partie gaspillé, tandis qu'il est doublé quand on l'a imaginé. Je n'ai pas pu me dire que j'allais vous avoir à moi toute seule cet après-midi... Et le moment présent s'enfuit si vite !

— Comme c'est vrai !

— Pauvre Clym ! poursuivit-elle en le regardant tendrement. Vous êtes triste... Il y a eu chez vous une scène désagréable ?... Tant pis, n'y pensons pas ! Pensons seulement que nous sommes ensemble.

— Cependant, chérie, il faut prendre un parti, fit-il.

— Il faut continuer à vivre comme nous vivons maintenant : de rencontre en rencontre, sans penser aux lendemains. Vous y pensez toujours, vous, je le sais bien. Mais vous n'y penserez plus, n'est-ce pas, cher Clym ?

— Voilà qui est tout à fait d'une femme. Les femmes sont toujours prêtes à bâtir leur vie sur la première position venue, si précaire soit-elle. Tandis que les hommes se construiraient volontiers un autre univers à leur convenance... Écoutez, Eustacia, je ne veux plus remettre. Votre sentiment de la sagesse du *carpe diem* ne m'impressionne pas aujourd'hui. Nous ne pouvons continuer à vivre ainsi.

— Encore votre mère !

— Oui. Je ne vous aime pas moins parce que je vous l'avoue : il est juste que vous le sachiez.

— Mon bonheur me faisait peur, dit-elle en remuant à peine les lèvres, il était trop intense et dévorant.

— Tout n'est pas perdu, voyons. Il me reste la force de travailler. La passe est mauvaise, voilà tout. C'est un tort de croire qu'on progresse seulement sur les chemins unis.

— Ah ! vous cherchez un point de vue philosophique ? Je pense, moi, que ces obstacles sur nos chemins sont bien décourageants et bien tristes, mais bienfaisants, en un sens, oui : ils nous préparent à envisager avec indifférence ces tours cruels et ironiques que le destin se plaît à nous jouer. On dit que des gens, en touchant subitement au bonheur, sont morts de la crainte de ne pas vivre pour en jouir… Je ressentais comme une crainte pareille, moi, ces temps derniers… Eh bien, maintenant je n'en souffrirai plus. Venez, promenons-nous.

Clym prit une main déjà dégantée pour lui – ils aimaient se promener la main dans la main et il conduisit la jeune fille à travers la fougère.

Ils composaient une charmante image de l'amour en sa fleur, tandis qu'ils avançaient ainsi dans la vallée, par cette fin d'après-midi. Le soleil, qui s'abaissait à leur droite, projetait leurs ombres, longues et minces comme des peupliers, sur les ajoncs et les fougères. Eustacia tenait la tête un peu renversée, avec une grâce libre ; un éclat de joyeux et voluptueux triomphe brillait dans ses yeux, car elle avait conquis, à elle toute seule, un homme qui était son complément parfait. Sur le visage de Clym, la pâleur rapportée de Paris et les marques que commençaient d'imprimer le temps et les pensées étaient moins apparentes qu'à son arrivée, sa vigueur naturelle ayant en partie repris ses droits.

Ils atteignirent, en errant ainsi, un endroit de la lande au-delà duquel régnaient des marécages.

— Je vous quitte ici, Clym, dit Eustacia.

Ils s'arrêtèrent et se préparèrent à échanger des adieux. Devant eux, le paysage se déroulait, parfaitement plat. Le soleil, posé sur la ligne d'horizon, dispensait ses derniers rayons à travers des nuages cuivrés et lilas qui striaient, au couchant, le ciel d'un doux vert pâle. À terre, sur la surface que tournaient vers le soleil les objets déjà sombres, s'étendait un pan de cette gaze lumineuse où des groupes de moustiques plaintifs montaient et descendaient, brillants comme des étincelles.

— Oh, vous quitter est trop dur ! laissa échapper Eustacia, en un soudain murmure d'angoisse. Votre mère va vous influencer, il sera dit du mal de moi, et cette histoire de sorcellerie achèvera de me noircir !

— Non. Personne n'ose me parler irrespectueusement de vous.

— Oh ! je voudrais tant être sûre de ne jamais vous perdre ! Sûre que vous ne m'abandonnerez pas !

Clym resta un moment silencieux. Ses sentiments étaient exaltés, la minute passionnée. Il franchit le pas.

— Vous ne douterez plus de moi, chérie, dit-il en l'enfermant dans ses bras. Nous nous marierons maintenant.

— Oh ! Clym.

— Oui… si… si c'est possible.

— C'est possible. Nous sommes tous deux en âge. Je ne suis pas sans avoir mis quelque argent de côté depuis que je travaille et, si vous acceptez de vivre dans un tout petit cottage quelque part sur la lande, nous pourrons nous y installer et y vivre à peu de frais.

— Et combien de temps y vivrions-nous, Clym, dans le tout petit cottage ?

— Six mois environ. Jusqu'à ce que j'aie complété mes études et arrêté une maison à Budemouth pour y ouvrir l'école. Oui, décidons-nous, et que le tourment de nos cœurs finisse ! Votre grand-père consentira bien ?

— Oui, je pense… si nous ne devons pas rester plus de six mois dans le petit cottage ?

— Pas plus de six mois. Je le promets. À moins qu'un malheur n'arrive.

— À moins qu'un malheur n'arrive, répéta-t-elle lentement.

— Mais je ne vois pas du tout quel malheur pourrait arriver. Alors, décidez du jour, chérie.

Le jour fut choisi… Le mariage aurait lieu dans deux semaines.

Leur conversation prit fin et Eustacia s'en alla. Clym la suivit des yeux, tandis qu'elle s'enfonçait dans une gloire de lumière qui, peu à peu, la cachait, tandis que décroissait le bruissement de sa jupe sur l'herbe et les pousses de joncs. Clym regardait toujours et, soudain, il fut accablé par la vision d'une étendue aussi plate. Il était très sensible à la grâce de ce vert pur du début de l'été qui revêtait, pour la circonstance, le plus humble brin d'herbe. Mais cette plaine marécageuse l'oppressait par son manque absolu de relief, lui rappelait trop l'arène de la vie, lui donnait le sentiment de ne l'emporter en rien sur une seule créature animée.

Eustacia n'était plus une déesse pour lui, mais une femme : un être pour lequel il faudrait combattre, qu'il faudrait entretenir et protéger, pour l'amour de qui il serait en butte à la malveillance. Maintenant qu'il se sentait plus calme, il aurait préféré un mariage moins précipité. Mais les cartes étaient distribuées et il serait beau joueur. Si Eustacia devait ajouter son nom à la liste de celles qui aiment trop ardemment pour aimer bien et longtemps, le proche événement fournirait une autre occasion de le savoir.

25

Yeobright s'en va et la rupture est complète

Durant toute cette soirée, des bruits d'empaquetage partirent de la chambre de Clym et parvinrent aux oreilles de sa mère.

Le lendemain matin, Clym reprit la lande. Il avait devant lui une fatigante journée de marche. Il se proposait, en effet, de s'assurer d'une habitation où conduire Eustacia après leur mariage. Or, un mois auparavant, il avait remarqué, par hasard, portant un écriteau à la fenêtre, une maison petite et retirée comme il la leur faudrait. Elle était située à cinq bons milles de Blooms-End. Il se mit donc en route.

Le temps était tout autre que celui de la journée précédente. Le coucher de soleil doré et vaporeux qui, la veille au soir, enveloppait Eustacia, la dérobait comme une apothéose aux regards d'adieu de son ami, avait présagé un changement. Ce nouveau jour de juin était aussi humide et tumultueux qu'un jour de novembre.

Des nuages froids couraient en masses compactes qui semblaient peintes sur un panneau mouvant. Portées par la bise, des vapeurs arrivaient des continents, s'enroulaient et se dissipaient autour du jeune homme en marche.

Clym atteignit un petit bois de sapins et de hêtres implantés dans la lande l'année de sa naissance. Les arbres, lourdement chargés de leur feuillage jaune et humide, souffraient beaucoup plus que s'ils eussent été aux prises avec les grands vents d'hiver ; à la mauvaise saison leurs rameaux sont spécialement allégés pour lutter contre les ouragans. Mais, ce matin-là, les jeunes hêtres mouillés subissaient des amputations et des meurtrissures, étaient estropiés et impitoyablement lacérés. Leur sève allait saigner longtemps et des cicatrices les marqueraient ensuite, jusqu'au jour où ils seraient abattus et brûlés. Un mouvement de torsion faisait tourner chaque tronc à ras de terre comme un os dans la cavité d'une articulation et, à chaque poussée de la bourrasque, des sons convulsifs s'élevaient des branches comme sous le coup de la douleur. Dans les fougères, un pinson essayait de chanter. Mais le vent ébouriffa les pauvres plumes jusqu'à les faire tenir toutes droites et tirailla tellement la petite queue qu'il fit taire la chanson.

Pourtant, à quelques mètres de Yeobright, la tourmente s'acharnait en vain : les rafales qui déchiraient rageusement les arbres faisaient seulement onduler l'ajonc et la bruyère comme sous une caresse légère. Egdon était fait pour des temps pareils.

Yeobright atteignit vers midi la maison à louer. Elle était presque aussi solitaire que celle du grand-père d'Eustacia, mais les pins qui lui faisaient une ceinture dissimulaient sa situation en bordure d'une lande.

Le jeune homme se rendit au village d'East Egdon, distant d'un mille environ, où habitait le propriétaire. Il s'entendit avec cet homme, qui lui promit qu'une pièce au moins serait nettoyée pour le lendemain. Yeobright avait, en effet, l'intention de vivre là tout seul, jusqu'au jour où Eustacia viendrait le rejoindre.

À travers la bruine qui transformait tellement le paysage, il revint alors vers Blooms-End. Les fougères qui, hier, lui offraient un confortable lit de repos égouttaient, aujourd'hui, leurs frondaisons, trempaient ses jambes au passage et le poil des lapins qui détalaient devant lui était tout collé et emmêlé par l'eau.

Il arriva à Blooms-End, mouillé et assez las. Il venait de faire un premier pas sous d'assez mauvais auspices, mais il avait choisi sa voie maintenant et ne s'en écarterait point.

Le lendemain matin, il acheva ses préparatifs de départ. Du moment que sa décision était prise, il sentait qu'en demeurant à Blooms-End plus qu'il n'était indispensable, il risquait d'aggraver le chagrin de sa mère par un mot, un regard, un geste.

Il avait loué une carriole et ses bagages y furent chargés vers deux heures. Il lui faudrait aussi acheter un ameublement sommaire qui, après avoir servi dans le cottage, serait ensuite transporté – mais complété et embelli – dans la future résidence du couple à Budemouth. Clym comptait se le procurer à Anglebury, ville relativement proche de son nouveau domicile et où il passerait la prochaine nuit.

Il ne lui restait plus qu'à prendre congé de sa mère.

Elle était assise près de la fenêtre, comme d'habitude, quand il descendit.

— Mère, dit-il en lui tendant la main, je vous quitte.

— Je l'ai compris puisque vous emballiez, répondit Mrs Yeobright d'une voix péniblement dépouillée de toute trace d'émotion.

— Vous voulez bien que nous nous séparions en amis ?

— Certainement, Clym.

— Je me marie le 25.

— Je supposais en effet que vous alliez vous marier.

— Et… après, il faudra venir nous voir… vous me comprendrez mieux alors, j'en suis sûr… et nous ne serons plus malheureux comme maintenant.

— Je ne pense pas aller jamais vous voir.

— Ce ne sera ni ma faute, ni celle d'Eustacia, alors, mère. Adieu.

Il lui baisa la joue et partit, le cœur lourd d'une misère qui mit plusieurs heures à devenir supportable.

À peine Clym s'était-il éloigné que, sur le visage de sa mère, un morne désespoir succédait à l'impassibilité. Elle pleura et les larmes la soulagèrent un peu. Durant le reste de la journée, elle ne fit que marcher par son jardin dans un état voisin de la stupeur. La nuit arriva et peu de repos avec elle. Le lendemain, poussée par le besoin de passer de la prostration à la tristesse, elle monta à la chambre de son fils et, de ses propres mains, la mit en ordre pour le jour imaginaire où il y reviendrait. Elle s'occupa de ses fleurs, mais sans entrain, car ses fleurs ne la charmaient plus.

Ce fut un grand soulagement pour elle quand, tôt dans l'après-midi, Thomasine vint lui faire une visite inopinée. Les deux femmes s'étaient souvent revues depuis le mariage de Thomasine et, les anciennes erreurs ayant été, dans l'ensemble, rectifiées, la tante et la nièce se rencontraient toujours avec plaisir et sans embarras.

Les rayons de soleil qui, lorsqu'elle ouvrit la porte, pénétrèrent dans la maison en même temps qu'elle, seyaient bien à la jeune mariée. Ils l'illuminaient comme sa présence venait d'illuminer la lande. Ses mouvements, ses regards rappelaient les créatures ailées qui vivaient près de chez elle. Au reste, les comparaisons entre elle et les oiseaux s'imposaient sans cesse. Quand elle rêvait, elle était l'émouchet qui, dans les airs, se tient en suspens par un invisible battement d'ailes. Quand elle allait dans un grand vent, son corps léger était malmené comme celui d'un héron. Effrayée, elle fuyait d'un trait silencieux comme le martin-pêcheur. Sereine, elle avançait avec le glissement d'un vol d'hirondelle. Ainsi avançait-elle ce jour-là.

— Mais vous semblez toute joyeuse, Tamsine, dit Mrs Yeobright avec un sourire triste. Comment va Damon ?

— Il va très bien.

— Est-il bon pour vous, Thomasine ? Et Mrs Yeobright observa attentivement sa visiteuse.

— Oh, mais oui !

— Bien vrai ?

— Oui, tante, s'il n'était pas gentil, je vous le dirais... Hésitante, elle ajouta en rougissant un peu : il... Je ne sais pas si je devrais vous en parler, mais je suis bien embarrassée. J'ai besoin d'argent, comprenez-vous, tante... pour m'acheter de petites choses, et il ne m'en donne jamais. Cela m'ennuie de lui en demander et, pourtant, s'il ne m'en donne pas, c'est peut-être parce qu'il n'y pense pas ? Devrais-je lui en demander, tante ?

— Certainement. Ne lui avez-vous jamais dit un mot à ce sujet ?

— Jusqu'à ces temps derniers, il me restait encore un peu de mon argent, dit Thomasine, évasive. C'est seulement la semaine passée que je... que j'ai fait une petite allusion. Mais il paraît... l'avoir oubliée.

— Il faut l'obliger à s'en souvenir. Vous savez que votre oncle m'a laissé une petite boîte pleine de vieilles guinées à partager, quand bon me semblerait, entre Clym et vous ? Peut-être le moment est-il venu de vous donner votre part ?

— J'aimerais avoir ma part, oui... Si cela ne vous contrarie pas.

— Vous l'aurez si c'est indispensable, mais il faut que vous disiez d'abord nettement à votre mari que vous manquez d'argent, pour voir ce qu'il fera.

— Je le lui dirai, tante... Tante, je sais que vous avez de la peine au sujet de Clym et c'est pourquoi je suis venue.

Mrs Yeobright détourna son visage pour cacher son chagrin, mais ce fut peine perdue, et elle dit en pleurant :

— Oh, Thomasine, il s'est mis à me détester, n'est-ce pas ? Comment peut-il me faire tant de peine, à moi qui toutes ces années, n'ai vécu que pour lui ?

— Il ne vous déteste pas, oh non ! dit Thomasine d'une voix apaisante. Seulement, il aime trop sa fiancée, voilà. Essayez de voir les choses calmement. Si, essayez. Ce n'est pas tellement mal de sa part et, en somme, il ne fait pas du tout un mauvais mariage... Du côté de sa mère, miss Vye est d'une bonne famille et son père était un personnage romantique... un voyageur dans le genre du Grec Ulysse...

— N'essayez pas de me consoler, Tamsine. Vos intentions sont bonnes... Mais c'est inutile de prendre cette peine, voyez-vous, j'ai considéré les deux côtés de la question, allez ! Et plus d'une fois... Nous ne nous sommes pas séparés sur une querelle violente... mais d'une façon bien pire... Sa colère ne m'aurait pas brisé le cœur... Mais son opposition raisonnée, la persistance dans l'erreur dont il fait preuve, voilà ce que je n'ai pu supporter... Thomasine, lui qui était si sage quand il était petit ! Si affectueux ! Si tendre !

— Oui, je m'en souviens…

— Penser que mon enfant devait grandir pour me traiter en ennemie ! On aurait dit que je le contrariais par méchanceté… Comme si je pouvais, moi ! vouloir autre chose que son bien !

— Il y a beaucoup de femmes pires qu'Eustacia Vye.

— Ah ! mais il n'y en a que trop qui sont de beaucoup meilleures, et c'est là ce qui me torture ! C'est elle Thomasine, elle seule qui a poussé votre mari à agir comme il a fait : j'en jurerais !

— Non, dit Thomasine avec chaleur. Il pensait à elle avant de me connaître et il l'a seulement un peu courtisée.

— Soit. À quoi bon d'ailleurs aller parler de tout cela maintenant ? Laissons les fils s'aveugler… et les mères prévoir en vain. Que Clym agisse à sa guise : il ne m'est plus rien. Être mère, c'est donner ses meilleures années et le meilleur de son cœur à un être qui ne vous rendra que mépris.

— Vous êtes trop intransigeante, tante. Pensez aux fils qui commettent de vrais crimes et qui déshonorent leur famille…

— Non, Thomasine, ne me faites pas la morale – je ne peux pas le supporter. C'est l'écart entre ce qu'on attendait de ses enfants et ce qu'on leur voit faire qui accable les parents… et la déception des parents des criminels ne peut pas dépasser la mienne… Eux prévoyaient peut-être le pire… Voyez-vous, je ne suis pas faite comme il faudrait, Thomasine, ajouta-t-elle avec un douloureux sourire. Il y a des veuves qui savent se préserver des blessures que leur feront leurs enfants en s'attachant à un nouveau mari… mais j'ai toujours été une pauvre et faible créature, avec une seule idée en tête…

Je n'ai eu ni le cœur assez large, ni assez d'esprit d'entreprise pour recommencer ma vie. Depuis que mon mari a rendu l'âme, je suis restée engourdie et solitaire… J'étais encore jeune alors… Une autre famille me consolerait aujourd'hui, si je m'étais remariée…

— Il est plus noble de n'en avoir rien fait, tante.

— Plus noble et moins sage.

— Ne pensez pas à cela et calmez-vous, chère tante, je ne vous laisserai pas longtemps seule. Je viendrai vous voir tous les jours.

Pendant une semaine, Thomasine devait tenir parole. Durant ses visites quotidiennes, elle s'efforça de parler légèrement du mariage, annonça qu'elle y était invitée. Mais la semaine suivante, elle fut souffrante et n'apparut point. Nulle décision n'avait été prise au sujet des guinées, car Thomasine redoutait d'aborder avec son mari la question de son argent de poche et Mrs Yeobright tenait à ce que la jeune femme fît, au préalable, cette démarche.

Entre-temps, Wildeve, un jour, se tenait sur le seuil de la Femme tranquille quand une charrette, qui appartenait à un marchand d'un gros bourg voisin et qui descendait de Mistover, s'arrêta devant l'auberge et le charretier demanda à se rafraîchir.

— Vous venez de Mistover ? fit Wildeve.

— Oui, je leur ai monté de bonnes choses. C'est qu'il vont faire noce là-haut !

Et l'homme enfouit son visage dans son pot de bière. Wildeve ignorait encore la nouvelle. Une expression de douleur envahit ses traits et, pour la cacher, il entra un moment dans le couloir.

Puis il ressortit.

— Miss Vye se marierait-elle ? demanda-t-il. Comment serait-ce possible, si vite ?

— Par la volonté de Dieu et d'un promis pressé, probable.

— Quel promis ? Mr Yeobright ?

— Bien sûr. Y se sont fréquentés tout ce printemps.

— Elle est donc très éprise de lui ?

— Paraît qu'elle en est folle. Du moins, c'est leur servante qui le dit. Et le gars qui s'occupe de leurs chevaux vous savez ? L'en est tout badaud : l'était allé s'amouracher de la demoiselle, cet innocent-là !

— Alors, elle est contente ? Se marier si vite… Enfin.

— C'est pas si vite.

— Non… pas si vite.

Wildeve rentra dans la salle vide, le cœur curieusement endolori. Il s'accouda sur le manteau de la cheminée et cacha son visage dans sa main. Quand Thomasine le rejoignit, il ne lui dit pas ce qu'il venait d'apprendre. L'ancien désir pour Eustacia lui revenait, surtout parce qu'il savait qu'un autre homme allait la posséder.

Soupirer pour l'inaccessible et se fatiguer de ce qui s'offrait fut toujours la caractéristique de Wildeve. Ce trait est la véritable marque de l'homme de sentiments. Bien que sa sensibilité fiévreuse n'atteignît point l'envergure poétique, il y avait du poète en Wildeve : on aurait pu l'appeler « le Rousseau de la lande d'Egdon ».

26

Le matin et le soir d'un jour

Vint le matin du mariage. Nul n'aurait imaginé, d'après les apparences, qu'à Blooms-End on aurait pu s'intéresser aux événements de Mistover ce jour-là. Un calme solennel régnait autour de la maison de la mère de Clym. Il n'y avait pas plus d'animation à l'intérieur. Mrs Yeobright, qui avait refusé d'assister à la cérémonie, était assise devant la table du petit-déjeuner dans la vieille salle qui ouvrait directement sur le porche, ses regards distraits tournés vers la porte. Dans cette salle avait eu lieu, six mois auparavant, la joyeuse assemblée de Noël – à laquelle secrètement Eustacia s'était jointe. Un seul être vivant en franchissait en ce moment le seuil : un moineau. Enhardi par le calme, il sautilla de-ci de-là et alla voleter parmi les pots de fleurs de la fenêtre. Tirée de sa torpeur, la solitaire se leva, libéra l'oiseau et alla jusqu'à la porte. Elle attendait Thomasine qui, la veille, avait écrit qu'elle aimerait bien avoir sa part des guinées et viendrait, si elle pouvait, à Blooms-End ce jour-là.

Cependant, Mrs Yeobright ne pensait pas beaucoup à sa nièce, tandis qu'elle contemplait la vallée toute bruissante de vols de papillons et de bonds de sauterelles. Le prologue d'un drame domestique, qui débutait à deux milles d'elle, lui était à peine moins présent que joué sous ses yeux. Elle essaya de chasser la vision, marcha par le jardin, mais ses regards cherchaient la direction d'East Egdon – paroisse de Mistover – et son imagination aplanissait les collines qui lui cachaient l'église. La matinée s'écoulait. Onze heures sonnèrent. Le mariage allait-il vraiment se célébrer maintenant ? Sans doute. Elle se représenta les abords de l'église, dont Clym devait approcher avec sa fiancée, vit le petit groupe d'enfants postés près de la grille, l'arrivée de la voiture… Vit l'entrée des mariés, les vit se diriger vers l'autel, s'agenouiller. Et le service sembla se dérouler.

Elle couvrit son visage de ses mains. « Oh ! c'est une erreur ! une erreur ! gémit-elle, et il s'en repentira un jour et se souviendra de moi ! »

Tandis qu'elle se tenait ainsi, la vieille horloge, à l'intérieur de la maison, grinça, puis martela les douze coups de midi. Peu après, des traces de sons flottèrent dans la distance et une brise apporta aux oreilles de la mère le gai carillon des cloches lointaines qui annonçaient le mariage d'Eustacia et de son fils.

— C'est donc fini, murmura-t-elle, mon Dieu ! La vie finira bientôt, elle aussi. Pourquoi brûler mon visage de mes larmes ? Pleurer sur une chose dans la vie, c'est pleurer sur toutes, car un même fil les relie… Et pourtant, on dit qu'il y a un temps pour rire et un temps pour pleurer !

Vers le soir, elle reçut la visite de Wildeve. Depuis le mariage de Thomasine, Mrs Yeobright avait pris envers le jeune homme cette attitude spéciale de bienveillance farouche qu'on finit par adopter, dans les familles, envers des alliés qu'on n'a pas souhaités. La vision de ce qui aurait pu être est écartée par pure lassitude et, humiliée, la créature humaine s'efforce, presque machinalement, de s'accommoder au mieux du fait accompli. Wildeve, il faut le reconnaître, s'était, de son côté, montré fort courtois envers la tante de sa femme.

— Thomasine n'a pas pu venir comme elle vous l'avait promis, dit-il en réponse à la question anxieuse de Mrs Yeobright. Le capitaine est venu lui-même insister, hier soir, pour qu'elle aille au mariage et elle n'a pu refuser. On est venu la chercher en voiture et on la ramènera de même.

— Alors, c'en est donc fait, dit Mrs Yeobright. Sont-ils allés s'installer chez eux ?

— Je ne sais pas. Je n'ai aucune nouvelle de Mistover depuis le départ de Thomasine.

— Vous ne l'avez pas accompagnée ? demanda-t-elle, comme si elle lui avait connu de bonnes raisons de s'abstenir.

— Je ne pouvais pas, répondit Wildeve en rougissant légèrement. Il était impossible de laisser la maison sans surveillance ce matin, en raison du grand marché d'Anglebury... Je crois que vous avez quelque chose à donner à Thomasine ? Je m'en chargerai, si vous voulez.

Mrs Yeobright hésita... Wildeve savait-il de quoi il s'agissait ?

— Vous a-t-elle demandé de faire cette commission ? interrogea-t-elle.

— Non. Elle a dit, en passant, qu'elle aurait besoin de venir ici chercher quelque chose.

— Inutile de vous en charger. Elle trouvera cette chose quand elle le voudra.

— Peut-être ne viendra-t-elle pas de plusieurs jours. Dans son état de santé, il vaut mieux qu'elle marche moins, rétorqua Wildeve. Puis il ajouta, un peu sarcastique : quelle est donc cette chose merveilleuse qu'on ne peut pas me confier ?

— Rien qui vous intéresse.

— Auriez-vous des doutes sur mon honnêteté ? poursuivit-il en riant.

Mais le rouge lui monta au visage, par un subit et typique mouvement de susceptibilité et de rancune. Et, comme elle haussait les épaules :

— Très bien, très bien, conclut-il, il n'y a sûrement pas de quoi discuter.

Et il partit sur un « au revoir » moins aimable que son bonjour. Mrs Yeobright le connaissait maintenant trop bien pour tenir compte de ses manières, bonnes ou mauvaises. Mais l'incident la mettait dans l'embarras. Il était invraisemblable que Thomasine eût prié son mari de lui rapporter les guinées. D'autre part, la jeune femme, qui ne pourrait peut-être, en effet, revenir à Blooms-End de plusieurs jours, semblait avoir grand besoin de son argent. Le lui remettre à l'auberge serait maladroit : Wildeve en aurait vent et Mrs Yeobright – qui avait des doutes sur le bonheur conjugal de sa nièce – voyait assez bien le personnage détournant à son profit l'or de la timide Thomasine. Mais ce soir-là, Thomasine était à Mistover et pouvait y recevoir un paquet sans que son mari le sût. Clym aussi était là-haut… Nouvellement marié… Y aurait-il meilleur moment pour lui faire tenir à lui-même sa part des guinées ? Cette occasion de prouver à son fils qu'elle ne lui tenait point rigueur réjouit le cœur meurtri de Mrs Yeobright. Elle monta à sa chambre, sortit d'un tiroir une petite boîte, compta de larges guinées, anciennes et pourtant toutes neuves, qui y dormaient depuis bien longtemps. Il y en avait cent. Elle en fit deux parts égales, les enferma chacune dans un petit sac de toile. Puis elle descendit au jardin, appela Christian Cantle, qui rôdait autour de la maison dans l'espoir de se faire donner à souper, et lui confia les deux sacs avec ordre de se rendre à Mistover et de ne les remettre qu'entre les mains de Thomasine et de Clym.

À la réflexion, elle jugea préférable de ne point cacher au commissionnaire le contenu des deux sacs, afin de le bien pénétrer de l'importance de sa mission. Christian empocha les sacs, promit d'en avoir le plus grand soin et se mit en route.

— Inutile de vous dépêcher, fit Mrs Yeobright. Il suffit que vous arriviez là-haut à la tombée du jour. On vous remarquera moins. Revenez pour souper ensuite, s'il n'est pas trop tard.

Il était environ neuf heures quand Christian eut remonté la vallée, mais c'était le moment des plus longs jours de l'année et le soir brunissait à peine le paysage. Comme il prenait le chemin de Mistover, Christian entendit un bruit de voix et découvrit que des gens le précédaient : ils venaient de plonger dans un creux et, seules, leurs têtes étaient visibles. Christian s'arrêta, songeant à l'argent qu'il portait. Il était trop tôt pour que même Christian redoutât des voleurs. Par excès de précaution, il se conforma pourtant à la pratique qui avait ses faveurs quand il transportait sur lui plus de trois shillings. Il se déchaussa, versa le contenu d'un sac dans son soulier droit, le contenu de l'autre sac dans son soulier gauche, aplanit bien les guinées, enfila de nouveau ses chaussures, les laça jusqu'au dernier œillet et reprit son chemin, l'esprit allégé et les pieds alourdis. Il joignit le groupe et s'aperçut, à son grand soulagement, qu'il se composait d'habitants d'Egdon. Il fut aussi reconnu et interpellé par Timothée Fairway :

— Tiens ! Christian ! Tu viens aussi à l'auberge, Christian ? T'as pourtant point de femme ni de bonne amie pour aller lui gagner une robe en pièce ?

— Quoi, que vous voulez dire ? demanda Christian.

— C'est-y que tu viens à la loterie avec nous ?

— La loterie ? C'est-y une lutte avec du sang qui coule ? Parce qu'alors, vous me ferez excuse, voisins, mais j'irai pas avec vous, non !

— T'as donc jamais vu la loterie, Christian ? Eh bien, mais c'est à voir, dit une grosse commère. C'est sans danger. Chacun mise un shilling et celui qu'a le plus de points aux dés gagne une robe en pièce pour sa femme ou sa promise.

— Moi, de femme, j'en ai point, alors ça ne m'intéresse guère. Pourtant, j'aimerais voir comment ça se gagne une robe pour un shilling. Y a pas magie noire, au moins ?

— Mais non !

— Ni des plaisanteries déshonnêtes ? Parce que je voudrais point être un mauvais exemple pour mon ancien qu'est déjà si peu porté sur la bonne conduite… Ça me retardera guère plus d'une demi-heure et dans le cas qu'il ferait noir après, y en a-t-il qui m'accompagneront jusqu'à Mistover ?

Un ou deux voisins lui promirent escorte et Christian, au lieu de prendre le chemin de Mistover, prit, avec les autres, celui de la Femme tranquille. Quand le groupe fit son entrée, une dizaine d'hommes étaient déjà assemblés dans la grande salle de l'auberge. La plupart avaient pris place sur un banc de bois qui régnait autour de la pièce divisé, par des accoudoirs, en sièges qui paraissaient autant de stalles grossières et sur lesquels maints ivrognes notoires avaient gravé leurs initiales. Sur la longue table qui occupait le centre de la salle, une pièce de cotonnade était déroulée parmi les pots de bière : la « robe en pièce », le lot en jeu. Wildeve, le dos appuyé à la cheminée, fumait un cigare et l'organisateur de la séance, un colporteur venu d'une ville lointaine, discourait sur les avantages de la robe d'été que ferait sa cotonnade.

— Messieurs, poursuivit-il, comme les nouveaux arrivants s'approchaient de la table, il ne nous manque plus que quatre personnes pour commencer et je lis, sur le visage de ces messieurs qui viennent d'entrer, qu'ils sont trop avisés pour laisser passer une aussi rare occasion de vêtir élégamment leurs épouses comme qui dirait sans bourse délier.

Fairway, Sam et un autre placèrent leur shilling sur le bord de la table et le colporteur se tourna vers Christian.

— Non, monsieur, fit celui-ci en reculant vivement avec un regard inquiet. Je ne suis qu'un pauvre gars venu pour regarder. Je ne connais pas le jeu. Si j'étais sûr de gagner, sûr et certain que je miserais mon shilling… Mais autrement, non.

— Eh bien, monsieur, vous pouvez presque en être sûr, déclara le colporteur. Maintenant que je vous vois bien en face, je ne crains pas de vous le dire : vous ne gagnerez peut-être pas, mais vous avez tout à fait la tête à gagner, oui, monsieur.

— T'as autant de chances que nous autres en tout cas, dit Sam.

— T'en as même plus parce que t'es le dernier à miser, fit un autre.

— Et puis c'est vrai que je suis né coiffé. C'est signe que je périrai point par l'eau, mais c'est peut-être aussi signe que je peux pas me ruiner ?…, ajouta Christian, ébranlé.

Finalement, il risqua son shilling et le cornet à dés circula. Quand vint son tour, Christian prit le cornet d'une main tremblante, l'agita avec émotion et amena un double six. Trois des joueurs avaient tiré de petits doubles et les autres, seulement des points.

— Je l'avais bien dit, que monsieur avait une tête à gagner, fit le marchand fort affable. Prenez, monsieur : l'objet vous appartient.

— Ah ! ah ! ah ! Nom de Dieu ! J'ai jamais rien vu d'aussi particulier ! s'écria Fairway.

— C'est pour moi ? balbutia Christian avec un regard ahuri de ses yeux de lièvre. Mais j'ai ni fiancée, ni femme, ni veuve à qui l'offrir, et j'ai crainte qu'on se gausse de moi, monsieur le marchand. J'avais envie de me mêler au jeu et je pensais pourtant pas que chose pareille arriverait. Comment garder des vêtements de femme dans ma chambre sans perdre mon bon renom ?

— Garde donc, dit Fairway, quand ça ne serait que comme porte-bonheur. Et peut-être ça tentera-t-il quèque femme que ta pauvre carcasse toucherait point à elle toute seule.

— Mais oui, gardez donc, fit Wildeve qui avait distraitement suivi la scène de loin.

La table fut alors débarrassée de l'étoffe et les hommes se mirent à boire.

— Ah ! fit Christian, à moitié pour lui seul, penser que je suis tant chanceux et que je m'en aperçois seulement aujourd'hui ! Des créatures bien étranges, ces dés ! Ils sont nos maîtres à tous et pourtant tout à mon service. Je suis sûr que j'aurai jamais plus peur de rien après ça… (Il se mit à manier les dés, un à un, avec tendresse.) Ah, monsieur, chuchota-t-il en confidence à Wildeve, si j'avais l'occasion d'utiliser mon pouvoir de multiplier l'argent… ça pourrait être une bonne chose pour quelqu'un qui vous touche de près – vu ce que j'ai là… qui est à elle… Et il frappa le sol de sa chaussure chargée d'or.

— Que voulez-vous dire ? interrogea Wildeve.

— Ah, c'est un secret. Il faut que je m'en aille maintenant. Et il lança un regard suppliant à Fairway.

— Où allez-vous ? lui demanda Wildeve.

— Au Haut de Mistover. Faut que je voie vot'dame. Sans plus.

— J'y monte moi aussi, pour chercher ma femme. Nous pourrons faire route ensemble.

Wildeve se mit à réfléchir et, soudain, une lumière se fit en son esprit et ses yeux s'éclairèrent. C'était de l'argent que Mrs Yeobright n'avait pas voulu lui confier ! Un argent destiné à sa propre femme ! « Mais qu'elle est allée à ce grotesque, se dit-il… Comme si ce qui appartient à la femme n'appartient pas aussi au mari ! »

Il réclama son chapeau au garçon de l'auberge, puis :

— Venez, Christian, je suis prêt, dit-il.

— Monsieur Wildeve, dit Christian timidement, avant de sortir de la salle, voudriez-vous, s'il vous plaît, me prêter ces merveilleuses petites choses qui contiennent ma chance ? Pour que je puisse m'exercer un peu tout seul, vous comprenez ?

Il regardait, pensif, le cornet à dés posé sur le manteau de la cheminée.

— Prenez-les si vous voulez, dit Wildeve indifférent. Ils ont été taillés au couteau par quelque paysan. Ils n'ont aucune valeur.

Et Christian revint sur ses pas et empocha les dés.

Wildeve ouvrit la porte et regarda au dehors. La nuit était chaude et le ciel couvert.

— Bon Dieu, il fait noir, dit-il, j'espère que nous trouverons notre chemin quand même.

— Y vaudrait mieux prendre une lanterne, dit Christian.

La lanterne de l'écurie fut apportée et allumée, Christian mit sa robe en pièce sous son bras, et les deux hommes commencèrent l'ascension de la colline.

Dans la salle, les buveurs engagèrent une conversation, mais soudain leur attention fut attirée vers la cheminée. Celle-ci, comme nombre d'autres dans le pays, dissimulait dans son profond retrait une sorte de niche munie d'un siège où une personne pouvait être assise et invisible, pourvu que, comme en ce soir d'été, il n'y eût pas de feu. Or, un objet sortait de la niche et se laissait voir à la lueur des bougies posées sur la table : une pipe en terre rougeâtre que les hommes remarquèrent quand une voix, derrière cette pipe, leur demanda du feu.

— Par ma foi ! J'en ai sauté quand il a parlé, celui-là dit Fairway qui alla à la cheminée en portant une bougie. Tiens ! mais c'est l'homme au rouge ! T'as tenu ta langue bien tranquille, jeunesse !

— Je n'avais rien à dire, répondit Venn.

Bientôt, il se leva, souhaita le bonsoir à la compagnie et s'en alla.

Cependant, Wildeve et Christian avaient pénétré assez avant dans la lande.

La nuit était chaude, brumeuse et comme stagnante, imprégnée des senteurs lourdes d'une végétation que le soleil n'avait pas encore desséchée.

L'odeur des fougères dominait. La lanterne qui pendillait aux doigts de Christian effleurait au passage les frondes duveteuses, dérangeait des papillons de nuit qui s'envolaient, puis venaient se poser sur les plaques de corne.

— Alors, vous apportez de l'argent à Mrs Wildeve ? dit le compagnon de Christian rompant le silence. Vous ne trouvez pas drôle de ne pas me le remettre aussi bien à moi ?

— Vu que mari et femme ne font qu'un, ça aurait été tout comme, bien sûr, dit Christian. Mais il m'a été dit de donner l'argent seulement à vot'dame. Et le dit est le dit.

— Oh, certes ! approuva Wildeve.

Il était naturellement très mortifié de découvrir que c'était de l'argent que Mrs Yeobright avait refusé de lui confier, et non, comme il l'avait supposé, quelque bagatelle dont les deux femmes eussent été seules à faire cas.

— On étouffe ! fit-il, haletant, comme ils approchaient de Rainbarrow. Asseyons-nous un instant pour l'amour du ciel !

Et il se laissa tomber sur la fougère douce. Christian déposa sur le sol la lanterne et le paquet d'étoffe, et s'assit, les genoux au menton, dans une position inconfortable. Au bout d'un instant, il plongea une main dans sa poche et on entendit comme un bruit d'osselets remués.

— Que tripotez-vous donc ? demanda Wildeve.

— Les dés, monsieur, dit Christian en retirant bien vite sa main. Est-ce que je ne pourrais pas les sortir de ma poche et les regarder de près ? Je n'ai pas voulu trop les regarder devant les autres, crainte qu'ils me trouvent de mauvaises manières.

Christian sortit les dés de sa poche et les considéra, dans le creux de sa main, à la lueur de la lanterne :

— Dire que c'est si plein de chance, et de magie, et de pouvoir, ça si petit ! poursuivit-il, fasciné par les cubes de bois où les points avaient été marqués au fer rouge. Croyez-vous que ce sont les jouets du diable, monsieur Wildeve parce qu'alors ça ne serait pas bon signe pour moi, d'avoir de la chance…

— Il faut faire fortune avec ces dés, Christian. N'importe quelle femme vous épousera alors. Il y a des hommes comme vous qui naissent avec de la chance et des hommes comme moi qui naissent sans en avoir. Quand on en a, il faut en profiter.

— Avez-vous entendu parler de gens qui soient nés avec la chance ? À part moi ?

— Certainement. J'ai entendu parler d'un Italien qui s'était assis devant une table de jeu avec une seule pièce d'or en poche et qui gagna dix mille livres. D'un homme qui était simple garçon dans une maison de jeu à Londres. Il jouait des demi-couronnes par-ci, des demi-couronnes par-là. Comme il gagnait toujours, il a misé des sommes de plus en plus fortes. Et il est devenu tellement riche qu'il a été nommé gouverneur de Madras, que sa fille a épousé un ministre et que l'archevêque de Carlisle a été le parrain de son petit-fils.

— Pas possible ! cria Christian. Racontez-m'en d'autres !

— Eh bien, une fois, en Amérique, un jeune homme avait joué et perdu son dernier dollar. Le voilà qui joue sa montre et sa chaîne, il perd encore ; son parapluie, il perd encore ; son chapeau, il perd encore ; sa veste, il perd encore. Il enlevait ses culottes pour les jouer aussi quand un assistant lui donna quelques sous pour le récompenser de son audace. Avec cet argent il gagna. Ensuite, il regagna sa veste, regagna son parapluie, regagna son chapeau, regagna sa montre, sa chaîne, son argent et ne s'arrêta de jouer qu'une fois millionnaire.

— Oh, c'est trop beau, j'en ai le souffle coupé ! Écoutez, monsieur Wildeve, j'ai envie de jouer encore un shilling… si vous voulez jouer avec moi. Puisque je suis un homme dans ce genre, je ne risque rien et vous, vous avez assez de quoi pour perdre.

— Bon, dit Wildeve.

Il se leva, découvrit à la lueur de la lanterne une large pierre plate, la plaça entre lui et Christian. La lanterne fut ouverte pour bien éclairer le jeu. Christian posa un shilling sur la pierre, Wildeve en posa un autre et ils jetèrent les dés. Christian gagna. Ils doublèrent la mise. Christian gagna encore.

— Quatruplons, dit Wildeve.

Ils quadruplèrent la mise et, cette fois, Wildeve l'emporta.

— Ces petits accidents arrivent aux joueurs les plus heureux, remarqua-t-il.

— C'est que je n'ai plus d'argent, maintenant ! s'écria Christian très animé. Dire que si j'en avais je regagnerais : tout ce que j'ai perdu et plus encore ! Ah ! si celui que j'ai là m'appartenait !

Il frappa le sol du pied pour faire tinter les guinées dans son soulier.

— Dites donc ! Vous n'auriez pas mis là-dedans l'argent de ma femme ?

— Si, c'était plus sûr. Ça doit être pas malhonnête de jouer avec l'argent d'une dame mariée vu que, si je gagne, je garderai seulement mon gain et lui rendrai son dû et que, si je perds, l'argent ira à son mari, c'est-à-dire comme qui dirait à elle !

— Parbleu !

Wildeve n'avait cessé, depuis son départ de l'auberge, de se répéter, avec dépit, que les parents de sa femme le tenaient en piètre estime, et cette constatation le blessait cruellement. À mesure que les minutes s'écoulaient, il se laissait aller à des projets de vengeance, mais imprécis.

Il tenait maintenant l'occasion de donner une leçon à Mrs Yeobright ; d'apprendre à la tante qu'il était le gardien tout désigné de l'argent de la nièce.

— Alors, allons-y, dit Christian en délaçant un de ses souliers. J'y rêverai des nuits et des nuits, sûr et certain.

Il mit la main dans sa chaussure et en retira, toute brûlante, une des précieuses guinées de la pauvre Thomasine. Wildeve avait déjà placé un souverain sur la pierre. Le jeu reprit. Wildeve gagna. Christian risqua une autre guinée et gagna à son tour. Il y eut des fluctuations mais, dans l'ensemble, Wildeve l'emportait. Les deux hommes s'absorbèrent tellement dans la partie que seuls existaient pour eux les menus objets immédiatement sous leurs yeux. La pierre plate, la lanterne ouverte, les dés et les quelques feuilles de fougère éclairés par la bougie leur étaient devenus l'univers.

À la fin, Christian perdit avec rapidité et s'aperçut bientôt, à sa profonde horreur, que les cinquante guinées de Thomasine étaient aux mains de son adversaire.

— Tant pis, tant pis, gémit-il avec désespoir. Le diable me fera rôtir dans les flammes du bout de sa fourche à trois piques pour me punir, je le sais ! Mais peut-être que je vais gagner et alors je pourrai avoir une femme qui me tiendra compagnie la nuit, et comme ça je n'aurai pas peur ! Tenez ! en voilà encore une, mon gars !

Et il appliqua une nouvelle guinée sur la pierre, avec force, et les dés recommencèrent à cliqueter.

Le temps s'écoulait. Maintenant Wildeve se passionnait autant que Christian. Au début, il avait eu seulement l'intention de jouer une amère plaisanterie à Mrs Yeobright. Gagner l'argent, le restituer ensuite dédaigneusement à Thomasine en présence de sa tante, avait été à peu près son objet. Mais les hommes se détournent de leurs intentions, même pendant qu'ils sont en train de les réaliser. À la vingtième guinée, il n'était pas certain que Wildeve fût poussé par un autre appât que celui d'un gain tout matériel. D'ailleurs, ce n'était plus l'argent de sa femme qu'il raflait, mais celui de Yeobright, encore que Christian lui eût laissé ignorer ce détail.

Il était près de onze heures lorsque Christian, presque avec un cri, plaça sur la pierre plate la dernière des brillantes guinées qui lui avaient été confiées. Celle-ci, en trente secondes, alla rejoindre ses compagnes.

Christian se détourna alors et se jeta sur la fougère, secoué par des convulsions de remords.

— Oh, que vais-je devenir ! Pauvre de moi ! Que vais-je devenir ? gémissait-il. Que faire, seigneur ? Que faire ?

— Vivre comme avant.

— Oh non ! oh, je ne pourrai pas ! je mourrai ! oh, vous êtes un… un…

— Un homme plus malin que son compère.

— Plus malin ? Plus coquin, vous voulez dire !

— Pauvre petit semblant d'homme ! Voilà de mauvaises manières !

— Oui, vous êtes un coquin, oui. Vous avez pris un argent qui n'est pas vôtre. La moitié des guinées sont au pauvre Mr Clym !

— Ah bah !

— Oui, je devais lui en donner cinquante à lui, maîtresse Yeobright me l'avait dit.

— Ah, oui ? C'est à Eustacia, à sa femme qu'elle aurait dû les donner. Ç'aurait été plus aimable. En tout cas c'est moi qui les tiens maintenant.

Christian se rechaussa avec de gros soupirs, se leva, s'éloigna tout chancelant et disparut. Wildeve se mit en devoir de fermer la lanterne et de reprendre le chemin de son logis, car il estimait qu'il était trop tard pour aller chercher sa femme. Comme il rabattait le petit volet de corne, une silhouette se dressa derrière un buisson et se dirigea vers la lumière. C'était l'homme au rouge qui ainsi s'avançait.

27

Une force nouvelle détourne le courant

Wildeve ouvrit de grands yeux, Venn le regarda, très froid, et, sans un mot, s'assit à la place de Christian, sortit un souverain de sa poche et le plaça sur la pierre.

— Vous étiez derrière ce buisson à nous épier ? demanda Wildeve.

L'autre hocha affirmativement la tête.

— Misez à votre tour, fit-il. Ou si vous avez peur de continuer ?

Or, quand on a les poches pleines, il est plus facile de recommencer que de s'arrêter de jouer. Plus calme, Wildeve eût peut-être été plus prudent, mais, grisé par son succès il n'hésita point, plaça une pièce d'or à côté de celle de l'homme au rouge.

— Je mise une guinée, moi, remarqua-t-il.

— Une guinée qui ne vous appartient pas, riposta Venn, sarcastique.

— Qui m'appartient, répliqua Wildeve, hautain, elle est à ma femme et ce qui est à ma femme est à moi.

— Bon. Commençons.

Venn agita le cornet, jeta les trois dés par trois fois et amena successivement huit, dix et neuf points : vingt-sept points en tout seulement.

Ce début encouragea Wildeve. À son tour, il jeta par trois fois les dés et obtint un total de quarante-cinq points.

Venn posa un autre souverain à côté de celui que Wildeve venait de lui gagner et remit en jeu. Cette fois-ci, Wildeve perdit et l'homme au rouge empocha les mises.

— Doublons, dit Wildeve, grand seigneur.

Il posa sur la pierre deux des guinées de Thomasine. L'homme au rouge posa les deux souverains et gagna encore. De nouveaux enjeux furent déposés sur la pierre et la partie continua.

Wildeve était d'un tempérament très nerveux et le jeu commençait à lui enlever tout sang-froid : il s'agitait, s'échauffait, les battements de son cœur pouvaient presque s'entendre. Venn, impassible, gardait les lèvres serrées, ses yeux étaient réduits à deux étincelles insignifiantes, il semblait à peine respirer. Il évoquait un fakir ou un automate. On l'eût pu prendre pour une statue de grès rouge si, d'un mouvement du bras, il n'eût jeté les dés.

La fortune favorisait tantôt l'un, tantôt l'autre des deux adversaires. La lumière de la chandelle attirait des moucherons, des phalènes, qui voletaient autour de la lanterne, se jetaient dans la flamme, effleuraient le visage des joueurs. Ceux-ci n'en avaient cure. Leurs regards ne quittaient pas la pierre plate, aussi importante pour eux qu'un champ de bataille.

Un changement vint à se produire : l'homme au rouge se mit à gagner sans arrêt. Il eut bientôt en main 60 guinées – les 50 guinées de Thomasine et 10 des guinées de Clym.

Wildeve se montrait téméraire, frénétique, exaspéré.

— Il regagna son veston, fit Venn avec malice.

Et sur un nouveau coup heureux :

— Regagna son chapeau.

— Oh !… oh ! fit Wildeve.

— … regagna sa montre ; regagna son argent… ne s'arrêta de jouer qu'une fois millionnaire…, récitait Venn au fur et à mesure qu'il raflait les enjeux.

— Quintuplons ! cria Wildeve en lançant d'une claque l'argent sur la pierre, cinq guinées à la fois ! Et pas en trois coups, le diable les emporte ! En un !

L'automate rouge qui lui faisait face retomba dans le silence, opina d'un signe de tête et misa. Wildeve agita le cornet, jeta un double six et un cinq. Il battit des mains :

— Cette fois-ci, ça y est ! Bravo ! cria-t-il.

— Attendez : nous sommes deux à jouer, fit l'homme au rouge en abattant tranquillement le cornet. Leurs regards se fixèrent alors sur la pierre avec une telle intensité qu'ils semblaient devoir émettre des rayons aussi visibles que ceux qui percent un brouillard.

Venn souleva le cornet et découvrit un triple six.

Wildeve était gonflé de rage : tandis que l'homme au rouge saisissait son gain, il empoigna dés et cornet et lança le tout dans la nuit avec un affreux juron.

Puis il se leva et se mit à frapper le sol du pied comme un possédé.

— Alors ? nous nous arrêtons ? fit Venn.

— Non ! non ! cria Wildeve, je veux encore tenter la chance !

— Oui, mais… et les dés, mon brave homme ? Qu'en avez-vous fait ?

— Je les ai jetés dans un moment d'irritation, c'est idiot. Venez. Aidez-moi à les chercher.

Il saisit la lanterne et commença des recherches parmi l'ajonc et la fougère.

— Vous aurez du mal à les retrouver, fit l'autre en suivant. Ah, voilà le cornet ! Les dés ne doivent pas être loin.

Wildeve s'empressa de tourner la lanterne vers l'endroit où Venn avait ramassé le cornet. Un dé fut découvert. Les autres demeurèrent introuvables.

— Tant pis, jouons avec un seul dé, proposa Wildeve.

— Soit ! dit Venn.

Ils reprirent leurs places et se remirent à jouer. Mais la fortune ce soir-là était évidemment tombée amoureuse de l'homme au rouge. Celui-ci gagnait continuellement. Bientôt, soixante-dix-neuf guinées se trouvèrent en sa possession. Wildeve n'en avait plus que vingt et une.

Les deux adversaires offraient maintenant un spectacle singulier. Indépendante du calme de l'un et de la nervosité de l'autre, une parfaite image des fluctuations du jeu était visible dans leurs yeux où se mirait, rapetissée, la flamme de la chandelle. Wildeve jouait avec l'abandon du désespoir.

— Qui est là ? s'écria-t-il soudain en entendant un froissement dans les fourrés, et les deux hommes levèrent la tête et regardèrent.

Ils se virent entourés par des formes sombres de quatre ou cinq pieds de haut qui se dressaient à quelques pas de la lanterne. Une minute d'examen leur révéla qu'il s'agissait de brouteurs de bruyère : ils faisaient cercle, leurs têtes tournées vers les joueurs, qu'ils contemplaient avec grande attention.

— Ouch ! ouch ! fit Wildeve, et cette cinquantaine d'animaux détala immédiatement.

Le jeu reprit.

Dix minutes s'écoulèrent. Puis un gros sphinx-tête-de-mort sortit de l'obscurité environnante, tourna autour de la lanterne et vola dans la flamme avec une telle force qu'il l'éteignit net. Wildeve venait de jeter le dé, mais n'avait pas relevé le cornet et ignorait encore le résultat de son coup.

— Oh, l'enfer ! cria-t-il. J'ai peut-être amené un six. Avez-vous des allumettes ?

— Pas la moindre, dit Venn.

— Christian en avait ! Où est-il passé ? Christian !

Mais l'appel de Wildeve demeura sans réponse. Seul se fit entendre un mélancolique gémissement poussé par des hérons qui nichaient plus bas dans la vallée.

Les deux hommes regardèrent autour d'eux, consternés, sans se lever. Comme leur vue s'habituait à l'obscurité, ils aperçurent de faibles points de lumière verte qui brillaient sur l'herbe et la fougère. Le flanc de la colline en était parsemé, comme d'étoiles de faible éclat.

— Ah, des vers luisants ! dit Wildeve, attendez ! Nous allons pouvoir continuer.

Venn resta à sa place et son compagnon, après avoir erré çà et là, recueillit treize vers luisants et les rapporta sur une feuille de digitale.

L'homme au rouge laissa échapper un petit rire en voyant revenir son adversaire.

— Décidé à continuer, alors ? dit-il d'un ton sec.

— Parfaitement, riposta l'autre avec colère.

Et il secoua la feuille, en fit tomber les vers luisants, d'une main tremblante les rangea en cercle sur la pierre, ménageant, au milieu, un espace où lancer les dés sur lequel les treize lampes minuscules projetèrent une pâle lueur phosphorescente. Lueur plus que suffisante, car c'était le temps de l'année où les vers luisants brillent plus, où on peut lire une lettre à la lumière de deux ou trois d'entre eux.

Le contraste entre l'occupation qui absorbait ces hommes et leur environnement était extrême. Parmi la douce végétation du creux où ils étaient assis, par l'immobilité et la solitude, le tintement des guinées et le cliquetis du cornet à dés détonnaient en intrus.

Wildeve avait relevé le cornet aussitôt après avoir fait la lumière, l'unique dé avait démontré que la chance demeurait toujours contre lui.

— Je ne joue plus ! Vous avez truqué les dés ! cria-t-il alors.

— Comment les aurais-je truqués ? Ils sont à vous, dit l'homme au rouge.

— Changeons : celui qui aura le moins de point gagnera… Ça fera peut-être tourner la chance… vous ne voulez pas ?

— Si, dit Venn.

— Oh, les voilà encore. Le diable les emporte ! cria Wildeve.

Les brouteurs de bruyère étaient revenus sans bruit et, la tête droite, ils regardaient la scène, comme avant, de leurs yeux timides. Ils semblaient chercher à comprendre ce que l'homme avait à faire en ces lieux, à cette heure.

— Quelle peste, ces animaux-là ! Qu'ont-ils à me regarder ? dit-il.

Et il leur lança une pierre qui les mit en fuite.

La partie allait donc se jouer maintenant à qui perd gagne.

Il restait à Wildeve dix guinées. Chaque joueur en risqua cinq. Wildeve jeta le dé, fit trois points. Venn en fit deux, d'un revers de main, attira à lui les dix pièces d'or.

L'autre saisit le dé et le mordit de pure rage.

— Voilà mes cinq dernières, cria-t-il. Sales vers luisants ! Bien le moment de s'éteindre ! Brûlerez-vous, sales petites bêtes ? Attendez que je vous secoue avec une bonne épine !

Il tourmenta les vers luisants d'un bout de bois, les fit rouler, exposa à l'air leur côté lumineux.

— On y voit assez. Jouez, dit Venn.

Wildeve abaissa le cornet dans l'espace éclairé et regarda avidement. Il avait amené un as.

— Bien joué ! Je l'avais dit, que la chance tournerait ! Venn se tut, mais sa main tremblait un peu.

Il amena aussi un as.

— Oh ! dit Wildeve. Le diable m'emporte !

Il se ressaisit du cornet. Le dé heurta la pierre une fois de plus. Un nouvel as. Venn, sombre, jeta le dé à son tour : le dé se fendit et retomba en deux morceaux présentant à la vue leur cassure.

— Je n'ai rien, dit Venn.

— Bien fait pour moi. J'ai fendu le dé avec mes dents. Zéro est moins que un. Prenez votre argent.

— Ça ne semble pas de jeu, fit l'autre.

— Si, ça compte ! Prenez-le donc, cet argent. Vous l'avez gagné !

Et Wildeve jeta les pièces d'or contre la poitrine de l'homme au rouge.

Venn recueillit les guinées, se leva et se retira du creux. Wildeve demeura assis à sa place, comme étourdi.

Revenu à lui, il se leva à son tour, prit la lanterne éteinte et se dirigea vers la grand-route. En l'atteignant il s'arrêta et se tint immobile. Le silence nocturne qui régnait partout était troublé du côté de Mistover. Wildeve entendait un bruit de roues légères et il vit bientôt les deux lanternes d'une voiture qui descendait la colline. Il se dissimula derrière un buisson et attendit.

Le véhicule arriva et passa devant lui. C'était une voiture de louage et, derrière le conducteur, il y avait deux personnes que Wildeve connaissait bien. Il y avait Eustacia et Clym. Le bras du jeune homme entourait la taille de la jeune femme. La voiture disparut au tournant du chemin qui menait à la demeure provisoire que Clym avait louée et meublée à cinq milles de là.

Wildeve oublia le désastre des guinées à la vue de sa bien-aimée perdue, qu'il regrettait de plus en plus passionnément chaque fois qu'un incident nouveau venait lui rappeler leur séparation sans espoir. Et, ivre de cette misère qui était son fait, il prit le chemin opposé qui menait à l'auberge.

À peu près au moment où Wildeve parvenait à la grand-route, Venn y parvenait également, mais à cent mètres de là. En entendant le bruit des mêmes roues, il attendit, lui aussi, que passât la voiture. Quand il en vit les occupants, il eut l'air désappointé.

Mais, peu après, une autre paire de lanternes brilla au flanc de la colline, celle de l'indescriptible vieux véhicule qui appartenait au capitaine. Charley le conduisait et Thomasine s'y trouvait assise, toute seule.

L'homme au rouge s'approcha au moment où la voiture prenait lentement le tournant :

— Excusez-moi de vous arrêter, Mrs Wildeve, dit-il à la jeune femme effarée. Mais j'ai quelque chose à vous remettre de la part de Mrs Yeobright.

Il lui tendit un petit paquet : les cent guinées qu'il venait de gagner, enroulées dans un morceau de papier.

Revenue de sa surprise, Thomasine prit le paquet :

— C'est tout, madame, je vous salue bien, dit l'homme au rouge.

Ainsi, Venn, dans son désir de redresser les choses, avait placé entre les mains de Thomasine non seulement les cinquante guinées qui revenaient à la jeune femme, mais aussi les cinquante guinées destinées à Clym.

Wildeve ayant, au début du jeu, protesté avec indignation qu'il risquait un argent sur lequel il avait des droits, Venn ne s'était pas rendu compte qu'au milieu de la partie son adversaire avait commencé de miser avec l'argent d'un autre.

Cette erreur de l'homme au rouge devait entraîner plus de malheurs que n'en aurait causé une perte d'argent trois fois plus importante.

La nuit était maintenant assez avancée et Diggory Venn s'enfonça dans la lande et atteignit un ravin où se trouvait sa roulotte à deux cents mètres tout au plus de l'endroit où s'était disputée la partie. Il pénétra dans son logis roulant et, avant de s'y enfermer, se tint sur le seuil, réfléchissant aux événements qui venaient d'avoir lieu.

Tandis qu'il se tenait ainsi, l'aube, bien qu'il ne fût pas encore deux heures, se laissa pressentir au nord-est des cieux qui, dégagés maintenant de tout nuage, brillaient du doux éclat de la mi-été. Très las, Venn ferma alors sa porte et se jeta sur sa couche pour dormir.

QUATRIÈME PARTIE

LA PORTE CLOSE

28

La rencontre au bord de la mare

Le flamboyant soleil de juin brillait sur Egdon et portait la bruyère du cramoisi à l'écarlate. C'était seulement en cette saison et seulement par ce temps que la lande atteignait au fastueux. Cette période de floraison représentait comme le midi du cycle des changements, tout superficiels, seuls possibles en ce lieu : elle succédait à la verte période des jeunes fougères, qui représentait le matin, et elle précédait la période bronzée pendant laquelle bruyères et fougères prendraient les tons brun roux du soir et que remplacerait, enfin, la sombre couleur nocturne de la période d'hiver.

À Alderworth, Clym et Eustacia menaient une existence monotone, pour eux pleine de délices. Ils étaient comme enveloppés dans une claire vapeur qui leur cachait toute couleur discordante, donnait à toute chose les qualités de la lumière. S'il pleuvait, ils étaient ravis, parce qu'ils avaient un prétexte pour demeurer le jour enfermés ensemble dans leur petite maison. S'il faisait beau, ils étaient ravis, parce qu'ils pouvaient aller passer la journée ensemble sur les collines. Ils étaient semblables à ces écales doubles qui tournent l'une autour de l'autre et, de loin, paraissent ne faire qu'une. Leur solitude absolue augmentait la réciprocité de leurs sentiments, mais sans doute avait-elle le défaut de consumer leur tendresse mutuelle avec une effrayante prodigalité. Yeobright était sûr de la nature durable de son amour, mais le souvenir des paroles d'Eustacia sur la fugacité de la passion – paroles qu'elle semblait avoir, pour l'instant, oubliées – le poussait quelquefois à se poser une question… Et il reculait devant la pensée que l'éternité du bonheur n'avait pu s'acclimater dans l'Éden…

Quand trois ou quatre semaines se furent ainsi écoulées, Yeobright revint à ses livres. Pour rattraper le temps perdu, il étudia sans répit, car il tenait à entrer dans sa nouvelle profession le plus tôt possible.

Or, Eustacia avait toujours rêvé qu'une fois mariée, elle aurait le pouvoir de ramener Clym à Paris. Fiancé, le jeune homme avait pris soin de ne faire à ce sujet aucune promesse, mais résisterait-il aux caresses et aux arguments de sa femme ? Elle comptait tellement sur sa victoire que c'était Paris, et non Budemouth, qu'elle avait présenté à son grand-père comme sa probable résidence future. Durant les jours paisibles qui suivirent son mariage, alors que Clym contemplait, sans se lasser jamais, les lèvres, les yeux, tous les traits du visage de sa bien-aimée, elle n'avait cessé de rêver son rêve, même quand elle rendait regard pour regard… Et maintenant ces livres, symboles d'un avenir contraire à son espoir, heurtaient Eustacia comme une affreuse dissonance. Elle voulait vivre dans le voisinage d'un boulevard parisien, modestement s'il le fallait mais à la lisière, tout au moins, de cet univers joyeux : elle voulait recueillir des bouffées de ces plaisirs de ville qu'elle était si bien faite pour goûter. Et Yeobright se montrait si ferme dans le dessein opposé qu'on eût pu croire que le mariage tendait à renforcer, plutôt qu'à ralentir, ses fantaisies de jeune philanthrope.

Le tourment d'Eustacia croissait, mais quelque chose dans l'attitude inébranlable de son mari la retenait d'aborder ce sujet, quand un incident lui vint en aide.

Incident qui se produisit six semaines environ après le mariage et qui fut une conséquence directe de l'erreur de Venn au sujet des guinées de Yeobright.

Après avoir reçu les cent guinées, Thomasine avait écrit à sa tante pour la remercier. L'importance de la somme l'avait étonnée, mais Mrs Yeobright n'avait mentionné nul chiffre, et Thomasine crut tout devoir à la générosité de son oncle.

Sa tante lui avait, d'autre part, défendu de parler du legs à Wildeve. Wildeve, de son côté, n'avait soufflé mot à sa femme de la partie de dés. Quant à Christian, la terreur lui avait lié la langue. Il avait seulement déclaré que l'argent était revenu à ses destinataires dans l'espoir que, d'une façon ou d'une autre, il finirait par en être ainsi en effet. Une semaine s'écoula, puis une autre. Mrs Yeobright s'étonnait que son fils n'accusât point réception de l'envoi. Elle pouvait à peine croire à de l'ingratitude. Mais pourquoi n'écrivait-il pas ? Elle interrogea Christian, obtint des réponses confuses qui l'eussent convaincue d'un malentendu si le billet de Thomasine n'avait corroboré les assurances du commissionnaire.

Mrs Yeobright en était là de ses incertitudes quand elle apprit, un matin, que la femme de son fils était venue faire une visite au capitaine.

Elle décida d'aller à Mistover et d'apprendre de la bouche de sa belle-fille des nouvelles des guinées familiales, aussi précieuses à ses yeux que des bijoux de famille aux yeux d'une riche douairière.

Quand Christian eut vent de cette résolution, son angoisse atteignit au comble. Comme sa maîtresse partait pour Mistover, il ne put différer de parler plus longtemps : avoua la partie de dés, dit la vérité qu'il savait, c'est-à-dire comment toutes les guinées avaient été gagnées par Wildeve.

— Quoi ! Aurait-il l'intention de les garder ? cria Mrs Yeobright.

— J'espère et je crois que non ! gémit Christian. C'est un brave homme. Il a dit que vous auriez dû remettre la part de Mr Clym à Mrs Eustacia ; alors, c'est peut-être ce qu'il va faire.

Cette supposition parut assez plausible à Mrs Yeobright, car elle trouvait difficile de croire que Wildeve fût aller jusqu'à s'approprier l'argent de Clym. Et prendre le biais de donner cet argent à Eustacia devait séduire un Wildeve… Envisager pareille solution laissait la mère de Clym aussi furieuse que la possibilité d'un détournement. Que Wildeve eût eu les guinées à sa merci, les eût distribuées à son gré remettant la part de Clym entre les mains de la femme de Clym – parce qu'elle avait été son amoureuse et l'était peut-être encore – causait à Mrs Yeobright une douleur aussi cuisante qu'aucune de celles qu'elle avait dû jusqu'alors supporter.

Elle congédia aussitôt l'infortuné Christian (mais, dans l'embarras sans lui, elle devait lui dire, plus tard, qu'il pourrait, s'il voulait, rester un peu plus longtemps chez elle). Puis elle se hâta d'aller vers Eustacia, agitée par des sentiments beaucoup moins conciliants que ceux qui l'animaient une demi-heure auparavant, quand elle avait décidé cette expédition. Maintenant, elle allait crûment demander à sa belle-fille si Wildeve ne lui avait pas remis, en cachette, un argent qui revenait à Clym comme un don sacré.

Elle se mit en marche vers deux heures et son entrevue avec Eustacia eut lieu plus tôt qu'elle ne s'y attendait, car la jeune femme lui apparut au pied du banc de terre durcie qui encerclait le domaine de son grand-père. Elle se tenait au bord de la mare et contemplait le paysage, non sans penser, peut-être, aux scènes romanesques dont il fut le théâtre au temps passé.

La belle-mère parla la première :

— Je venais vous voir, dit-elle.

— Vraiment ? fit Eustacia surprise. (Elle avait été froissée que Mrs Yeobright eût refusé d'assister à son mariage)... Vraiment ? Je ne m'y serais pas attendue.

— Je venais seulement pour affaire, dit la visiteuse plus froidement. Vous m'excuserez de vous le demander, mais n'avez-vous pas reçu un cadeau du mari de Thomasine ?

— Un cadeau ?

— Oui, de l'argent ?

— Comment ? moi ?

— Oui, vous, personnellement.

— De l'argent de Mr Wildeve ? Mais non, jamais ! Expliquez-vous, madame.

Eustacia ne s'emporta que trop vite, car, gênée par le souvenir du passé, elle conclut aussitôt que son ancien attachement était connu de sa belle-mère et que celle-ci venait l'accuser d'accepter, maintenant, de honteux cadeaux du soupirant d'autrefois.

— C'est une simple question que je vous pose, répondit Mrs Yeobright, parce que j'ai...

Mais Eustacia l'interrompit.

— Comment pouvez-vous avoir sur moi des idées pareilles ! s'écria-t-elle. Dès le début vous avez été contre moi je l'ai bien senti.

— Je n'étais pas contre vous, j'étais simplement avec mon fils, répliqua Mrs Yeobright avec une conviction un peu trop appuyée. C'était tout naturel.

— Naturel, de le mettre en garde contre moi ! protesta Eustacia, tandis que des larmes de colère lui montaient aux yeux. Mais pourquoi, enfin, pourquoi ? Lui ai-je fait tort en l'épousant ? Quel crime ai-je donc commis pour que vous pensiez tant de mal de moi ? Vous n'aviez pas le droit de lui parler contre moi, puisque je ne vous ai jamais rien fait !

— Mon Dieu, j'ai agi comme il était normal et honnête d'agir en la circonstance, dit Mrs Yeobright plus doucement. J'aurais préféré laisser cette question de côté, mais, puisque vous m'y forcez, je n'ai pas honte de dire la vérité. J'étais convaincue qu'il valait mieux, pour lui, ne pas vous épouser ; alors, j'ai essayé de l'en empêcher. Mais, maintenant que vous voilà mariés, je n'ai pas du tout l'intention de me plaindre. Je suis prête à vous accueillir.

— Oui, oui, c'est bien de présenter les choses sous ce jour, murmura Eustacia avec une sourde véhémence. Mais pourquoi allez-vous insinuer qu'il y a quelque chose entre moi et Mr Wildeve, je vous prie ? J'ai autant d'amour-propre que vous et vous me révoltez. En épousant Clym j'ai fait preuve de condescendance, permettez-moi de vous le rappeler, et par conséquent, je ne supporterai pas d'être traitée comme une intrigante, qu'on est bien obligé de supporter une fois qu'elle s'est glissée dans la famille.

— Oh ! dit Mrs Yeobright, s'efforçant en vain de dominer sa colère, je ne vois pas en quoi la famille de mon fils est inférieure à la famille Vye. Beaucoup la tiennent pour meilleure. Il est vraiment comique de vous entendre parler de condescendance.

— Et ce fut pourtant de la condescendance, dit Eustacia violemment Et si j'avais su qu'un mois après mon mariage je vivrais encore dans cette lande sauvage, je… j'aurais réfléchi avant de consentir.

— Voilà des paroles que vous ferez mieux de taire si vous voulez qu'on vous croie. Je suis sûre qu'il n'y a pas de promesses trompeuses… j'entends de sa part à lui.

— C'est intolérable, repartit la plus jeune des deux femmes d'une voix étranglée (son visage s'empourpra et ses yeux lancèrent des éclairs), comment osez-vous me parler ainsi ? Je le répète : si j'avais su que je mènerais, un mois après mon mariage, la vie que je mène aujourd'hui, j'aurais dit « NON ». Je ne me plains pas : mon mari ne m'a jamais entendu dire un mot de mes regrets, et j'espère que vous garderez le silence sur mon aveu. Du reste, me faire tort, c'est désormais vous faire tort à vous-même.

— Vous faire tort ? Me prenez-vous pour une méchante femme ?

— Vous avez bien dit du mal de moi avant mon mariage, maintenant, vous me soupçonnez de favoriser, en secret, un autre homme pour de l'argent !

— J'ai pensé ce que je ne pouvais pas m'empêcher de penser. Mais je n'ai jamais dit un mot contre vous hors de chez moi.

— Oui, mais chez vous, vous avez parlé à Clym contre moi. Vous ne pouviez faire pire.

— Je faisais mon devoir.

— Et moi, je ferai le mien.

— Qui consistera peut-être en partie à endurcir votre mari contre sa mère ? Mais quoi ! C'est toujours ainsi, je supporterai ce que tant d'autres ont supporté avant moi.

— Oh, dit Eustacia, le souffle coupé par l'émotion, vous me croyez donc capable de tout ! Y a-t-il pire créature qu'une femme qui encourage un amant et qui empoisonne l'esprit de son mari contre sa belle-famille ? Voilà pour qui vous me faites passer ! Ne viendrez-vous pas essayer de m'arracher Clym ?

Yeobright rendit colère pour colère :

— Ne vous mettez pas en fureur, madame, cela ne convient pas à votre genre de beauté et je suis bien indigne que vous vous enlaidissiez pour moi, je vous assure. Je ne suis qu'une pauvre vieille femme qui a perdu son fils.

— Si vous m'aviez traitée convenablement, vous ne l'auriez pas perdu, répliqua Eustacia, et des larmes brûlantes s'échappèrent de ses yeux. Votre folie a causé une séparation sans remède !

— Ma folie ! Tant d'insolence de la part d'une jeune femme est plus que je ne peux supporter !

— Vous l'avez bien voulu ! Vous m'avez poussée à bout avec vos soupçons et en me faisant parler de mon mari et de mon mariage comme j'aurais voulu ne jamais le faire... Sans doute allez-vous tout lui répéter et nous rendre tous les deux misérables ? Ne vous en irez-vous pas ? Vous êtes une ennemie !

— Je m'en irai, mais écoutez-moi avant : si quelqu'un dit que je suis venue vous poser une certaine question sans avoir de bonnes raisons pour le faire – ce quelqu'un ne dit pas la vérité ; si quelqu'un dit que j'ai essayé d'empêcher votre mariage par des moyens déloyaux – ce quelqu'un non plus ne dit pas la vérité. Je suis venue à une mauvaise heure. Dieu a été injuste envers moi en vous laissant m'insulter. Il est probable que mon fils ne trouvera pas le bonheur de ce côté-ci de la tombe, car l'homme qui néglige les conseils de ses parents est un pauvre égaré. Quant à vous, Eustacia, vous vous tenez, sans le savoir, sur le bord d'un abîme. Laissez-vous voir à mon fils sous le jour que vous vous êtes montrée à moi aujourd'hui – et cela pourrait arriver avant peu – et vous découvrirez que, s'il est doux comme un enfant avec vous maintenant, il peut faire aussi dur que l'acier !

La mère se retira alors fort surexcitée, et Eustacia resta sur place, haletante, les regards fixés sur la mare.

29

L'adversité s'abat sur lui, mais il chante

Après cette entrevue malheureuse, Eustacia, au lieu de passer l'après-midi auprès de son grand-père, se hâta de venir chez elle, où elle arriva trois heures plus tôt que son mari ne l'attendait.

Elle entra dans le petit cottage, le visage empourpré, les yeux portant encore les traces de son agitation récente. Yeobright la regarda, stupéfait : jamais encore il ne l'avait vue dans un état approchant de celui-ci... Elle passa auprès de lui sans rien manifester et monta dans sa chambre. Clym très inquiet, la suivit.

— Qu'y a-t-il, Eustacia ? demanda-t-il.

Elle se tenait debout devant la cheminée de la chambre à coucher, les regards à terre, les mains croisées au bout de ses bras pendants, sa capote encore sur sa tête. Elle ne répondit pas tout de suite, puis dit à voix basse :

— J'ai vu votre mère et je ne la reverrai jamais.

Un poids s'abattit sur Clym comme une chape de pierre. Le matin même, quand Eustacia avait décidé d'aller voir son grand-père, le jeune homme avait exprimé qu'elle allât jusqu'à Blooms-End, prît des nouvelles de sa belle-mère, tentât, par le moyen qu'elle voudrait, d'amener une réconciliation… Elle s'était gaiement mise en route. Et lui avait beaucoup espéré.

— Pourquoi ?

— Je ne peux vous le dire. Je ne peux pas bien me souvenir… J'ai rencontré votre mère et je ne la rencontrerai plus jamais.

— Mais enfin, pourquoi ?

— Qu'ai-je à voir avec Mr Wildeve maintenant ? Je ne supporterai pas des méchancetés pareilles ! Oh, c'était trop humiliant ! Me demander si cet homme m'avait donné de l'argent, ou si je l'encourageais, ou quelque chose dans ce genre, enfin… je ne sais pas exactement quoi !

— Comment ? Ma mère vous aurait posé des questions pareilles ?

— Oui.

— Voyons, vous n'avez pas dû vous comprendre… Qu'a-t-elle dit d'autre ?

— Je ne sais pas exactement ce qu'elle a dit. Je sais seulement que nous avons échangé des paroles qu'on ne se pardonne pas.

— Il y a sûrement eu une méprise… Laquelle de vous deux est responsable de ne l'avoir point éclaircie ?

— Je ne saurais le dire… Ce fut peut-être seulement faute des circonstances… Mais, ô Clym ! Je ne peux m'empêcher de vous le déclarer : vous m'avez mise dans une situation bien pénible et il faut tout arranger… dites que vous allez tout arranger… J'ai pris tout en horreur ici, maintenant, voyez-vous… Il faut m'emmener à Paris, reprendre votre ancien métier. Il me sera égal de vivre très modestement pour commencer, pourvu que ce soit Paris que ce ne soit pas Egdon.

— Mais j'ai tout à fait abandonné ces idées-là ! dit Yeobright, surpris. Sûrement je ne vous ai jamais laissé entendre que nous irions vivre à Paris ?

— C'est vrai. Mais il y a des idées qu'on n'arrive pas à écarter de son esprit… N'ai-je pas le droit de débattre cette question, maintenant que je suis votre femme ? que je partage votre sort ?

— Il y a des questions sur lesquelles on ne saurait discuter et je croyais tacitement reconnu entre nous que celle-ci était du nombre.

— Clym, vous me faites de la peine, dit-elle à voix basse. Et, détournant les yeux, elle s'éloigna de lui.

Découvrir, dans le cœur d'Eustacia, les indices de cette mine d'espoirs déconcerta le jeune mari. Pour la première fois, il se trouvait en butte aux attaques indirectes d'une femme qui poursuit un désir. Mais sa résolution demeurait inébranlable, bien qu'il aimât chèrement Eustacia, et cette discussion eut, pour seule conséquence, d'enchaîner plus étroitement que jamais le jeune homme à ses livres. Il voulait être, aussitôt que possible, en mesure d'en appeler à des résultats pratiques, s'il lui fallait, de nouveau, tenir en échec le caprice de sa compagne.

Le jour suivant, le mystère des guinées fut éclairci. Thomasine vint faire aux Yeobright une brève visite et Clym reçut sa part du legs de son père des mains mêmes de sa cousine. Eustacia était absente.

— Voilà donc de quel argent ma mère voulait parler ! s'écria Clym. Savez-vous, Thomasine, qu'il y a eu une amère dispute entre ma mère et ma femme ?

Thomasine se montrait un peu moins communicative avec son cousin maintenant. C'est un des effets du mariage d'accentuer, envers plusieurs, un peu de la réserve qu'il supprime envers un seul.

— Votre mère m'a tout raconté, dit-elle d'une voix égale. Elle est venue chez moi après avoir rencontré Eustacia.

— Ce que je redoutais le plus est arrivé. Ma mère était-elle très bouleversée quand vous l'avez vue ?

— Oui.

— Très, très bouleversée ?

— Oui.

Clym s'appuya du coude contre le montant de la barrière du jardin et couvrit ses yeux de sa main.

— Il ne faut pas avoir trop de peine, Clym. Elles se réconcilieront peut-être.

Il protesta d'un signe de tête :

— Non, deux natures aussi vives que les leurs ne sauraient… Enfin, ce qui doit arriver arrivera.

— En tout cas, les guinées ne sont pas perdues…

— J'aurais mieux aimé perdre le double de leur valeur, répondit-il, et que cette histoire ne fût pas arrivée.

Ces événements contrariants rendirent donc Yeobright encore plus sensible à la nécessité de faire rapidement montre de progrès dans sa voie. Aussi passa-t-il à lire plus d'une longue nuit.

Un matin, il s'éveilla avec une étrange sensation dans les yeux. Les rayons du soleil se glissaient à travers les lamelles des volets : à peine Clym eut-il regardé vers la fenêtre qu'une douleur aiguë l'obligea aussitôt à rabattre ses paupières. Chaque fois qu'il tenta de les soulever de nouveau, la même sensibilité morbide à la lumière se manisfesta et des larmes brûlantes coulèrent le long de ses joues. Il dut mettre un bandeau sur ses yeux pendant qu'il s'habillait, fut obligé de le conserver toute la journée. Eustacia s'alarma. Nul mieux n'étant perceptible le lendemain, un médecin oculiste d'Anglebury fut appelé.

Il vint vers le soir et diagnostiqua une inflammation très accentuée, conséquence des lectures prolongées que Clym avait continué de faire la nuit, alors qu'un rhume lui avait, un temps, affaibli les yeux.

Dépité d'être contraint d'interrompre un travail qu'il lui tardait tellement d'achever, Clym dût demeurer enfermé dans une chambre obscure. Il eût été bien misérable si Eustacia ne lui avait fait la lecture à la faible lueur d'une lampe voilée. Au moins espérait-il aller bientôt beaucoup mieux. Mais à la troisième visite de l'oculiste, il apprit à sa grande consternation que si, au bout d'un mois, il lui serait possible de s'aventurer dehors, en prenant des précautions, il ne saurait, de longtemps, être pour lui question de lire.

Une semaine s'écoula. Puis une autre. Rien ne venait atténuer l'accablement du jeune couple. De noires imaginations tourmentaient Eustacia, qu'elle se gardait soigneusement de communiquer à son mari. Si Clym allait devenir aveugle ? ou seulement ne jamais recouvrer une assez bonne vue pour occuper une situation en rapport avec ses goûts, à elle ? une situation qui lui permettrait de quitter cette demeure solitaire parmi les collines ? Comme les jours passaient sans que Clym allât mieux, elle s'abandonnait à des pensées lugubres et elle s'éloignait de son mari pour aller au jardin pleurer des larmes de désespoir.

En lui-même, Yeobright décidait d'envoyer chercher sa mère, puis changeait d'avis. Non, mieux valait ne pas l'avertir. Si elle le savait en cet état, elle ne souffrirait que davantage. Et Eustacia et lui menaient une vie si retirée qu'il était peu probable que Mrs Yeobright apprît la nouvelle, sinon par un message spécial.

Au bout de trois semaines, Clym eut la permission de sortir à l'air libre. Ensuite, le médecin l'examina. Clym le pressa de donner un avis et apprit, à sa grandissante surprise, que la date à laquelle il pourrait espérer reprendre ses travaux demeurait aussi incertaine que jamais. Il pouvait se servir de ses yeux pour se diriger, mais, s'il les fatiguait, il risquait de provoquer une nouvelle crise d'ophtalmie aiguë.

Cette information laissa Clym très grave, mais non désespéré. Une fermeté tranquille, voire enjouée, s'empara de lui. Il ne serait pas aveugle : c'était l'essentiel. Être condamné pour un temps indéfini à ne voir le monde qu'à travers des lunettes noires était certes assez pénible et fatal à toute réussite, mais Yeobright était absolument stoïque en face d'un accident qui affectait seulement son rang social. S'il n'avait dû songer à Eustacia, le plus humble mode de vie l'eût satisfait, pourvu qu'il pût y faire place à une réalisation quelconque de son cher projet. Et il pourrait toujours ouvrir, dans un cottage, une école du soir. Son malheur ne l'abattait donc pas comme il l'eût pu faire.

Il se promenait, dans la lande, un après-midi, sous le chaud soleil, vers l'est, par les sentiers qu'il connaissait le mieux, parce qu'ils étaient relativement proches de son ancienne maison. Il vit, dans un des vallons, étinceler l'éclair de l'acier et perçut qu'un coupeur d'ajoncs maniait son outil. Il avança vers le travailleur et le salua. Il reconnut la voix d'Humphrey. Celui-ci exprima la peine qu'il éprouvait en voyant Clym en cet état et ajouta :

— Ce n'est pas comme si votre travail était du genre du mien… Moi, si ça m'arrivait, je pourrais continuer à couper mes fagots.

— C'est vrai, fit Yeobright rêveur, combien gagnez-vous ?

— Une demi-couronne le cent et, quand les jours sont longs, comme en cette saison, je peux très bien vivre sur ma paie.

En revenant chez lui, Yeobright s'absorba en des réflexions qui n'étaient point désagréables. Comme il approchait de sa maison, Eustacia lui parla de la fenêtre ouverte. Il alla à elle.

— Chérie, dit-il, je me sens beaucoup plus heureux je serais même, je crois, tout à fait heureux, si nous étions réconciliés avec ma mère.

— J'ai peur que cela n'arrive jamais, dit-elle, regardant au loin de ses beaux yeux pleins d'orages. Comment pouvez-vous vous sentir plus heureux, quand rien n'est changé ?

— C'est parce que j'ai découvert un travail que je peux faire et qui me permettra de gagner ma vie en ce temps d'épreuves.

— Oui ?

— Je vais devenir coupeur d'ajoncs et de tourbe.

— Non, Clym ! dit-elle.

Le léger espoir qui s'y était montré s'effaça de son visage et le laissa plus sombre que jamais.

— Mais si ! Croyez-vous qu'il serait sage de vivre sur le peu d'argent que nous avons, quand, grâce à une occupation honnête, j'ai la possibilité de neutraliser nos dépenses par un gain ? Le grand air me fera du bien. Et qui sait ? peut-être pourrai-je, d'ici à quelques mois, reprendre mes études ?

— Mais mon grand-père offre de nous aider si nous en avons besoin.

— Nous n'en aurons pas besoin. Si je me fais coupeur d'ajoncs, nous serons très à notre aise.

— Oui, en comparaison avec des esclaves, avec les juifs en Égypte et leurs pareils !

Une larme amère roula sur la joue d'Eustacia sans qu'il la vît. Son mari avait parlé avec une désinvolture qui prouvait à la jeune femme qu'il acceptait sans chagrin une extrémité pour elle vraiment horrible.

Dès le lendemain, Yeobright se rendit chez Humphrey, lui emprunta provisoirement des jambières, des gants, une pierre à aiguiser et une faucille, et partit avec lui pour s'essayer à son nouveau travail. Choisissant un lieu où le jonc poussait très dru, il donna son premier coup de faucille et il se convainquit qu'une fois ses paumes endurcies contre les ampoules, cette besogne lui serait aisée.

Maintenant, il se levait avec le soleil, bouclait ses jambières et allait joindre Humphrey. Il travaillait de quatre heures du matin à midi, au moment de la forte chaleur revenait chez lui et dormait une heure ou deux, reprenait ensuite le travail jusqu'à la tombée de la nuit, c'est-à-dire jusque vers neuf heures.

Cet homme venu de Paris était maintenant tellement transformé, par son accoutrement de cuir et par les lunettes qu'il lui fallait porter, que ses plus intimes amis fussent passés auprès de lui sans le reconnaître. Il était un simple point brun dans une étendue vert olive.

Si, entre ses heures de travail, le souci le visitait souvent au sujet de l'avenir d'Eustacia et de la rupture avec sa mère, Clym, en plein labeur se sentait joyeux et calme.

Son univers quotidien était curieusement microscopique, limité par un cercle tracé à quelques mètres de sa personne. Ses familiers étaient des créatures ailées et rampantes qui semblaient l'enrôler dans leur troupe.

Des abeilles bourdonnaient à ses oreilles, affairées et confiantes, surchargeaient, à côté de lui, les fleurs d'ajoncs et de bruyère au point de les incliner jusqu'au sol. Les étranges papillons couleur d'ambre que produisait Egdon palpitaient au souffle qui sortait de ses lèvres, se posaient sur son dos courbé, jouaient avec le bout étincelant de la faucille qu'il brandissait. Des tribus de sauterelles vertes sautaient par-dessous ses pieds, retombaient gauchement sur leur dos, leur flanc ou leur tête, comme des acrobates maladroits ou contaient bruyamment fleurette, sous la fougère, à d'autres sauterelles silencieuses et de nuances plus tendres. D'énormes mouches qui ignoraient garde-manger et cloches grillagées, des mouches tout à fait sauvages, grondaient autour de lui, ne savaient pas qu'il était un homme. Des serpents se coulaient parmi la fougère, brillants de leurs plus beaux bleus et de leurs plus beaux jaunes, car, cette saison, ils venaient de faire peau neuve. Des portées de lapins s'exposaient aux rayons du soleil sur les monticules, la chaude lumière écarlate pénétrait le tissu délicat de leurs oreilles de chair mince, les colorait de rouge sang par transparence, en révélait les veines : aucun n'avait peur de lui.

La monotonie de sa besogne apaisait Clym, était en elle comme un plaisir. L'obligation de restreindre ses efforts vivifiait le choix d'une vie simple pour cet homme dénué d'ambition, que sa conscience eût tiraillé s'il était demeuré dans cette obscurité avec des facultés intactes. Aussi, lui arrivait-il de chantonner, tout en travaillant, et, quand il allait avec Humphrey à la recherche de ronces pour lier les fagots, il amusait son compagnon en lui parlant de Paris, et le temps passait de la sorte.

Par une de ces journées belles et chaudes, Eustacia alla se promener du côté du lieu où travaillait son mari. Celui-ci était fort occupé à trancher dans la masse d'ajoncs. Une longue file de fagots étendue à ses pieds représentait le travail du jour. Il ne s'aperçut point de l'approche de sa femme et elle parvint assez près de lui pour l'entendre chantonner. Elle fut choquée qu'il chantât. Le voir ainsi, pauvre homme éprouvé en train de travailler à la sueur de son front, l'avait d'abord émue jusqu'aux larmes. Mais quand elle l'entendit chanter, quand elle le vit se plier, sans révolte, à une besogne qui, si elle le satisfaisait, lui, était dégradante à ses yeux à elle – à elle, sa femme, une dame – elle fut blessée au vif. Sans se douter de la présence d'Eustacia, Clym poursuivait sa chanson :

Le point du jour
À nos bosquets rend toute leur parure
Flore est plus belle à son retour ;
L'oiseau reprend son doux chant d'amour ;
Tout célèbre dans la nature
Le point du jour.
Le point du jour
Cause, parfois, douleur extrême ;
Que l'espace des nuits est court
Pour le berger brûlant d'amour
Forcé de quitter ce qu'il aime
Au point du jour[1]*…*

Il était amèrement évident pour Eustacia que Clym se souciait peu de sa déchéance sociale, et la belle orgueilleuse courba la tête et pleura, prise d'un désespoir qui tenait de la nausée, en pensant à l'influence pernicieuse,

1. En français dans le texte.

qu'avaient, sur sa vie à elle, l'humeur et la condition de cet homme. Puis elle s'avança :

— Je mourrais de faim, moi, plutôt que de faire ce métier ! s'écria-t-elle. Et vous chantez, vous ! Je reviendrai vivre chez mon grand-père !

— Eustacia ! Je ne vous avais pas vue ! J'avais pourtant remarqué que quelque chose bougeait, dit-il doucement.

Il alla vers elle, enleva son gros gant de cuir et prit la main de la jeune femme.

— Pourquoi vous fâcher ainsi ? Ce n'est qu'une petite chanson d'autrefois qui m'avait plu, quand j'étais à Paris, et qui s'applique à ma vie avec vous... Est-ce que vous ne m'aimez plus du tout parce que j'ai perdu mes allures de beau monsieur ?

— Chéri, ne me posez pas de questions désagréables, je finirai par ne plus vous aimer.

— Croyez-vous que j'entende courir pareil risque ?

— Mon Dieu, vous suivez bien vos idées sans vous soucier des miennes... Vous passez outre quand je voudrais vous voir abandonner ce travail humiliant. Quelque chose vous déplaît-il en moi, pour que vous agissiez contre mes désirs ? Pourquoi ne m'écoutez-vous pas ? Moi qui suis votre femme – oui, votre femme !

— Je comprends...

— Que comprenez-vous ?

— Que quand vous dites « Oui, votre femme », vous voulez dire « Votre femme, malheureusement ».

— Vous êtes dur... Vous n'auriez pas dû faire cette remarque. Une femme peut avoir des raisons, aussi bien que des sentiments, et si j'ai pensé « votre femme, malheureusement », ce n'était point mesquinerie de ma part, mais fierté naturelle. Vous voyez qu'en tout cas, je n'essaie pas de mentir. Ne vous souvenez-vous pas qu'avant notre mariage je vous avais averti que je n'avais pas les qualités d'une épouse modèle ?

— C'est une ironie de me dire cela maintenant. Il serait plus noble de vous taire, car vous êtes toujours ma reine, si je ne suis plus votre roi.

— Vous êtes mon mari, cela ne vous suffit-il pas ?

— Non. Pas si vous regrettez d'être ma femme.

— Je vous avais averti que m'épouser était chose grave, qu'être heureux nous serait difficile.

— Je m'en étais bien rendu compte.

— Alors, vous étiez trop clairvoyant pour un amoureux ! Un homme vraiment épris ne se serait pas rendu compte… Ô Clym, vous êtes trop sévère pour moi ! Je n'aime pas que vous me parliez ainsi.

— Enfin, je vous ai épousée quand même. Et je ne le regrette pas. Comme vous êtes froide, cet après-midi ! Moi qui croyais qu'il n'y avait pas, au monde, cœur plus chaud que le vôtre !

— Oui, nous nous refroidissons, je m'en aperçois aussi bien que vous, soupira-t-elle avec tristesse. Et nous nous aimions tellement, il y a deux mois ! Qui aurait pensé, alors, qu'au bout de si peu de temps mes yeux paraîtraient moins brillants à vos yeux et vos lèvres moins douces à mes lèvres ?

— Vous soupirez, chérie, comme si vous aviez des regrets, et c'est bon signe pour notre amour.

— Non, ce n'est pas à cause du passé que je soupire, mais pour d'autres raisons qu'aurait toute femme à ma place.

— Parce que vous avez gâté vos chances dans la vie en épousant à la légère un homme infortuné ?

— Pourquoi me forcez-vous, Clym, à dire d'amères vérités ? Je suis aussi à plaindre que vous et même peut-être plus à plaindre encore. Vous, vous pouvez chanter ! Il serait bien étrange qu'on m'entendît chanter, moi ! Oh ! mon chéri, je pourrais pleurer des larmes qui confondraient un esprit de l'élasticité du vôtre ! Même si vous êtes indifférent à votre propre malheur, ne pourriez-vous vous retenir de chanter, en pensant à ma peine ? Dieu ! si j'étais à votre place, on ne m'entendrait pas chanter, mais maudire !

Yeobright posa la main sur le bras de sa femme.

— Me croyez-vous donc, ma pauvre et naïve petite, incapable de révolte dans le grand style à la Prométhé contre les dieux et le destin ? J'ai ressenti plus d'amertume que vous ne pouvez imaginer. Mais, plus je vis plus je comprends qu'il n'y a rien de particulièrement élevé dans les hautes situations et, par conséquent, rien de particulièrement bas dans la mienne, comme coupeur d'ajoncs. Si j'ai l'impression que les biens de ce monde sont de peu de valeur, comment pourrais-je tenir leur perte pour une grande épreuve ? Aussi, je chante pour passer le temps. Avez-vous donc vraiment perdu toute tendresse envers moi, pour me chicaner ainsi sur quelques instants de détente ?

— Non, je n'ai pas perdu envers vous toute tendresse.

— Vos paroles n'ont plus leur saveur ancienne… Ainsi, l'amour s'en va quand le malheur arrive !

— Je ne peux vous entendre parler ainsi, Clym, dit-elle d'une voix brisée. Tout cela finira cruellement. Je rentre à la maison.

30

Elle tente une sortie pour lutter contre sa tristesse

Quelques jours plus tard, le mois d'août durait encore, Eustacia et Clym prirent place devant leur déjeuner.

L'attitude d'Eustacia était maintenant devenue presque apathique. Il y avait, dans ses beaux yeux, un regard d'abandonnée qui eût excité – qu'elle le méritât ou non – la pitié de toute personne ayant connu cette jeune femme en plein bonheur d'amour.

Clym, l'homme éprouvé, se montrait, lui, presque joyeux, essayait même de réconforter sa compagne.

— Allons, courage, chérie. Tout s'arrangera. Je retrouverai peut-être bientôt mes yeux d'autrefois et je m'engage solennellement à ne plus couper d'ajoncs dès que je peux mieux faire. Vous ne voudriez pas me voir rester à la maison inoccupé du matin au soir ?

— Mais coupeur d'ajoncs, vous ! Vous, un homme qui a voyagé, qui parle français et allemand ! C'est trop affreux !

— Quand vous avez entendu parler de moi et quand vous m'avez vu pour la première fois, je devais vous apparaître comme à travers une lumière dorée, n'est-ce pas ? Comme un voyageur venant d'un pays merveilleux ? Enfin, comme un héros délicieux, adorable, irrésistible ?

— Oui, dit-elle avec un sanglot.

— Et maintenant, je ne suis plus qu'un pauvre garçon vêtu de cuir brun.

— Ne vous moquez pas de moi… Laissons ce sujet. Je ne veux plus être triste. Cet après-midi, je sors, à moins que vous ne vous y opposiez tout à fait. Il y a une fête au village d'East Egdon et j'y vais.

— Vous danserez ?

— Pourquoi non ? Vous chantez bien, vous !

— Bon, bon, à votre aise. Faudra-t-il que j'aille vous chercher ?

— Si vous revenez assez tôt de votre travail, oui, mais ne vous dérangez pas pour moi. Je connais le chemin et je n'ai jamais peur dans la lande.

— Tenez-vous vraiment tant à vous amuser ? Pour aller chercher du plaisir jusque dans une fête de village ?

— Il vous contrarie que j'y aille seule, n'est-ce pas ? Seriez-vous jaloux ?

— Non. Mais j'aurais aimé vous accompagner… c'est-à-dire aimé que ma compagnie vous y fût agréable. Mais je suppose que je ne vous encombre déjà que trop de ma présence. J'aimerais qu'il ne vous fît point envie d'aller à cette fête. C'est vrai, après tout, je suis peut-être jaloux… Et qui aurait de meilleures raisons de l'être que le mari, à demi aveugle, d'une femme aussi belle que vous ?

— Qu'allez-vous penser ? Laissez-moi aller à la fête et ne me gâtez pas mon plaisir !

— « Gâter votre plaisir » ? Non, je préférerais renoncer à goûter moi-même tout plaisir, ma douce chérie. Comment vous interdire de satisfaire un caprice ? Je crois bien que vous avez encore tout mon cœur et je vous dois de la gratitude parce que vous me supportez… moi qui vous suis devenu une entrave. Oui, allez à la fête ! Allez-y seule et brillez ! Je reste attaché à mon sort. On m'éviterait dans l'assemblée, ma faucille et mes gants de cuir sont semblables à la cliquette du lépreux qui avertissait les gens de s'écarter d'un spectacle attristant.

Il l'embrassa, mit ses jambières et sortit.

Restée seule, Eustacia laissa tomber sa tête dans ses mains et se dit en elle-même :

— Deux vies gâchées, la sienne et la mienne… Mon Dieu vais-je devenir folle ?

Elle essaya d'imaginer des événements qui améliorent le présent état de choses et n'en put trouver aucun. Elle pensa aux gens qu'elle avait connus à Budemouth. S'ils apprenaient son sort, ils diraient : « Voilà donc cette fille pour qui personne n'était assez bon ! » Elle voyait en sa situation une telle dérision de ses espérances que la mort lui paraissait la seule voie où trouver du soulagement, si la satire divine devait se prolonger.

Soudain, elle se ressaisit et s'écria :

— Oh, mais je lutterai ! oui. Personne ne connaîtra mes tourments. Je serai amèrement gaie. Je rendrai au destin ironie pour ironie. Et, pour commencer, je vais aller danser sur l'herbe !

Elle monta à sa chambre, s'habilla avec un soin extrême. À qui l'eût contemplée, sa beauté eût fait paraître presque légitimes les sentiments de la jeune femme. Voir dans quelle sombre encoignure le mauvais sort, autant que son étourderie, reléguait une créature d'une perfection aussi exquise, aurait amené un partisan, même modéré, de sa cause, à reconnaître qu'elle avait droit de révolte contre la Puissance suprême qui la plaçait dans des circonstances calculées pour faire de tant de charmes une malédiction au lieu d'un privilège.

Il était cinq heures de l'après-midi quand elle quitta sa maison et son apparence était assez séduisante pour exercer sur les cœurs maints ravages. La tristesse et la rébellion qui se marquaient un peu trop quand elle restait chez elle, en vêtements d'intérieur, étaient comme adoucies par une capote et un mantelet qui avaient quelque chose d'enveloppant, de nuageux, quelque chose qui fondait ensemble la chair et les étoffes.

La chaleur du jour baissait à peine et elle alla par les collines d'un pas nonchalant, car elle avait beaucoup de temps devant elle. Parfois, de hautes fougères l'enfermaient dans leur feuillage. Elles formaient, à présent, des forêts en miniature, ces fougères, mais nulle d'entre elles ne devait reverdir avant l'été suivant. Le lieu choisi pour donner la fête était une de ces manières d'oasis qu'on trouvait parfois sur les plateaux de la lande. Les fourrés sauvages cessaient brusquement et laissaient s'étaler un pré bien uni. Un sentier à l'usage du bétail et bordé de hautes fougères contournait le site. Eustacia le suivit pour voir le groupe avant de s'y joindre.

Les accents entraînants de l'orchestre villageois l'avaient sûrement guidée et, maintenant, elle voyait les musiciens eux-mêmes, assis dans un char bleu à roues rouges frotté à neuf, au-dessus duquel s'arrondissait une armature de baguettes ornée de fleurs et de branchages. Devant le chariot était le principal emplacement du bal, où évoluait une vingtaine de couples, et que flanquaient des emplacements réduits pour les couples moins brillants, dont les tourbillons ne suivaient pas toujours rigoureusement la mesure.

Les jeunes gens arboraient des rosettes bleues et blanches et, le teint animé, entraînaient les jeunes filles que le plaisir et l'exercice rendaient plus roses encore que leurs nombreux rubans. De jolies filles aux longues boucles, de jolies filles aux boucles courtes et de jolies filles aux cheveux nattés tournaient et tournaient encore et encore. Et un spectateur aurait pu s'étonner que deux villages eussent suffi à fournir une telle quantité de séduisantes jeunes personnes. Sous un arbre épineux et écimé, brûlait un feu et, au-dessus du feu, étaient suspendues trois bouilloires. À une table voisine, quelques notables matrones servaient du thé. Mais Eustacia ne vit point, parmi elles, la femme de l'éleveur qui lui avait conseillé de venir à la fête, en l'assurant qu'elle lui ferait faire accueil.

Eustacia ne sut comment concilier cette absence avec son programme de gaieté insouciante. Se mêler à la comédie lui devint difficile. Si elle s'avançait, d'avenantes dames viendraient à elle pourtant, tasse de thé en main, la fêteraient comme une étrangère de grâce et de savoir rieurs… Mais, après avoir regardé de loin danser deux danses, elle décida de s'éloigner au contraire, de gagner un cottage proche où elle pourrait se rafraîchir un peu avant de reprendre le chemin de sa maison, dans l'ombre du crépuscule. Et ainsi fit-elle.

Quand elle se dirigea de nouveau vers l'emplacement de la fête, auprès duquel il lui fallait passer pour retrouver le chemin d'Alderworth, le soleil se couchait. L'air était si calme que la musique s'entendait de fort loin ; elle semblait plus entraînante encore. Le soleil avait disparu au moment où la promeneuse atteignait le bal, mais peu importait aux danseurs, car une lune ronde et jaune se levait, dont les rayons n'offusquaient d'ailleurs pas encore la lueur du couchant.

Un village entier se gonflait d'émotion sensuelle, palpitait en une heure, d'élans éparpillés tout au long d'une année. Les quarante cœurs de ces couples ondulant battaient comme s'ils n'avaient point battu depuis que, douze mois auparavant, une réjouissance semblable les avait rapprochés. Pour un temps, le paganisme ressuscitait, la joie de vivre existait seule, et ces êtres n'adoraient rien d'autre qu'eux-mêmes. Combien, parmi ces étreintes passionnées, mais passagères, devaient se nouer pour durer toujours ? Certains de ces jeunes gens enlacés se le demandaient peut-être, comme se le demandait Eustacia qui les regardait. Elle commençait à envier ces faiseurs de pirouettes, à désirer l'espoir et le bonheur que la danse semblait alimenter en eux. Elle aimait la danse à la folie, avait attendu de Paris, entre autres délices, des occasions de se livrer à son plaisir favori… Mais cet espoir, hélas, était maintenant éteint à jamais. Tandis que, distraitement, elle regardait les couples tournoyer dans la lune croissante du clair de lune, elle entendit soudain son nom murmuré par une voix derrière son épaule. Surprise, elle se retourna, vit à côté un homme dont la présence la fit rougir jusqu'aux tempes.

C'était Wildeve. Leurs regards ne s'étaient pas croisés de nouveau depuis que, le matin du mariage du jeune homme, Eustacia avait levé son voile pour signer comme témoin. Pourquoi rougissait-elle ainsi en le voyant ? Elle n'aurait pu le dire.

Avant qu'elle eût pu parler, il murmura :

— Aimez-vous toujours autant la danse ?

— Je crois que oui, répondit-elle à voix basse.

— Voulez-vous danser avec moi ?

— Je voudrais bien. Mais cela ne paraîtra-t-il pas étrange ?

— Étrange ? Que des parents par alliance dansent ensemble ?

— Des parents ?... Ah, oui...

— Si vous avez peur d'être remarquée, baissez votre voile. Mais comme il ne fait pas très clair, il y a peu de risques d'être reconnu, d'autant qu'il y a beaucoup d'étrangers.

Elle suivit le conseil – ce qui était tacitement accepter l'invitation.

Ils entrèrent dans la danse.

Comme ils commençaient d'y figurer, Eustacia, à plusieurs reprises, souhaita d'avoir refusé la proposition de Wildeve. Puis elle se dit que, venue en quête de divertissement, il était tout naturel qu'elle eût accepté cette occasion d'atteindre son but.

Les tours et les glissements incessants de la danse l'entraînaient et son pouls, bientôt, battit trop vite pour qu'elle eût le loisir de faire la moindre réflexion.

Dans une file de vingt-cinq couples, Eustacia et Wildeve se frayaient un vertigineux chemin et une vitalité nouvelle semblait les pénétrer. La pâle lumière du soir prêtait à leur aventure un charme irrésistible. Il existe, en effet, une certaine qualité de lumière qui tend à rompre l'équilibre des sens, incline dangereusement aux plus tendres positions : que le mouvement s'y ajoute, et ces émois croîtront jusqu'aux transports, tandis que la raison glisse vers l'engourdissement. Et c'est cette lumière que déversait, sur Eustacia et Wildeve, le disque de la lune. Toutes danseuses en ressentaient l'influence, mais Eustacia dessus toutes. Sous les pieds, l'herbe fut bientôt complètement foulée et la surface dure et battue du sol, vue de côté, brillait au clair de la lune comme une table cirée. Nul souffle n'agitait l'air. Les jolies robes des jeunes filles perdaient les subtiles nuances qui les distinguaient au jour, se montraient toutes plus ou moins d'un blanc vaporeux. Légère, Eustacia tournait, soutenue par le bras de Wildeve. Son âme semblait s'être envolée, avoir oublié son visage qui, extasié, ressemblait à celui d'une statue, comme il arrive quand les sentiments s'évadent au-delà de l'expression.

Qu'elle était près de Wildeve ! Qu'il était terrible de s'en rendre compte ! Elle pouvait le sentir respirer contre elle et il pouvait, naturellement, la sentir respirer contre lui. Comme elle l'avait traité durement ! Et pourtant, voici qu'ils dansaient ensemble la même danse… Son propre enchantement la surprenait. Il semblait qu'une barrière tangible séparât sa vie en deux vies, dont l'une se déroulait à l'intérieur du dédale de la danse, dont l'autre stagnait à l'extérieur. Wildeve, à lui tout seul, l'eût à peine émue. Mais Wildeve ajouté au bal, au clair de lune et au secret devenait charmant. Fournissait-il l'élément essentiel de doux émoi complexe, ou étaient-ce le bal et le clair de lune ? Point délicat qui, pour Eustacia elle-même, s'enveloppait de vague.

Autour d'eux on commençait bien à se demander « Qui sont-ils ? », mais sans envie ni insistance. Dans une assemblée ordinaire, il en fût allé différemment, mais, ce jour-là, toutes les filles paraissaient à leur avantage et telle la planète Mercure dans l'éblouissement d'un coucher de soleil, l'éclat permanent de la jeune femme passait presque inaperçu dans l'éclat temporaire de cette fête.

Quant à Wildeve, ses sentiments sont aisés à deviner. Les obstacles alimentaient tout naturellement chez lui la passion, et il se grisait en ce moment d'une exquise misère. Il y avait longtemps qu'il s'était remis à soupirer pour Eustacia. En vérité, on peut soutenir qu'apposer sa signature auprès de celle de Thomasine sur le registre des mariages avait été pour son cœur le signal d'un retour vers ses amours anciennes. Et la complication supplémentaire du mariage d'Eustacia était le détail requis pour rendre ce retour obligatoire. Étreindre comme sienne, pendant cinq minutes, celle qui était la femme d'un autre pendant tout le reste du temps était un genre de jouissance que, plus que tout homme au monde, devait apprécier Wildeve.

Ainsi ce bal – mouvement et gaieté pour les autres – était pour ces deux êtres une chevauchée en pleine tourmente. La danse était venue attaquer, avec une force irrésistible, ce qu'ils pouvaient posséder de respect pour l'ordre social, afin de les entraîner vers des chemins anciens, maintenant doublement irréguliers.

Ils dansèrent ainsi trois danses de suite, puis, se sentant lasse, Eustacia s'écarta de ce cercle où elle ne s'était que trop attardée. Wildeve la conduisit sur une petite éminence herbeuse à quelques mètres du bal. Là elle s'assit, tandis que son compagnon demeurait debout auprès d'elle. Depuis qu'il l'avait invitée à danser ils n'avaient point échangé de paroles.

— La danse et votre promenade vous ont fatiguée ? dit-il tendrement.

— Non, à peine.

— Il est étrange que nous nous soyons rencontrés ici, après être restés si longtemps sans nous voir.

— Nous ne nous sommes pas vus parce que nous nous évitions, j'imagine.

— Oui, mais c'est vous qui avez amené cet état de choses, qui avez manqué à votre parole…

— Pourquoi parler du passé, maintenant ? Nous avons formé de nouveaux liens ; vous aussi bien que moi.

— J'ai été peiné d'apprendre le malheur arrivé à votre mari. Je sympathise de tout cœur avec vous. Le destin vous a cruellement traitée.

Elle demeura un instant silencieuse, puis :

— Avez-vous entendu dire qu'il s'est fait coupeur d'ajoncs ? dit-elle d'une voix basse et douloureuse.

— Oui, répondit Wildeve avec hésitation. Mais je ne pouvais le croire.

— C'est vrai. Que pensez-vous de moi dans le rôle de femme d'un coupeur d'ajoncs ?

— Je pense toujours la même chose de vous, Eustacia. Le métier de votre mari ne saurait vous dégrader : vous l'ennoblissez au contraire.

— Je voudrais avoir cette impression.

— Mr Yeobright a-t-il quelque chance de guérir ?

— Il le croit. Moi, j'en doute.

— J'ai été si étonné d'apprendre qu'il louait un cottage dans le pays. Je croyais, avec tout le monde, qu'il vous emmènerait à Paris aussitôt après votre mariage. Je pensais : « Quelle vie brillante et gaie elle a devant elle ! » Sans doute partirez-vous en effet pour la France, si la vue de votre mari s'améliore ?

Comme elle ne répondait pas, il la regarda plus attentivement. Elle pleurait presque. Les images d'un avenir dont elle ne jouirait jamais, le sentiment ravivé de déconvenue, le ridicule que les commentaires des gens avaient en réserve pour sa situation, les paroles de Wildeve évoquaient tout cela, et c'était trop pour laisser l'orgueilleuse Eustacia impassible.

Wildeve eut peine à dominer ses propres et par trop impétueux sentiments, quand il la vit accablée par cet émoi silencieux. Mais il affecta de ne le point remarquer et la jeune femme recouvra bientôt son calme.

— Vous ne comptez pas rentrer seule ? lui demanda-t-il.

— Oh si, dit-elle. Qui pourrait m'attaquer sur la lande ? Moi qui ne possède rien ?

— En faisant un tout petit détour, je peux revenir chez moi en prenant en partie le même chemin que vous. Je serais heureux de vous accompagner jusqu'à Throope Corner. Et, voyant qu'Eustacia restait assise et hésitait, il ajouta : Mais vous craignez peut-être que les gens nous voient ensemble après les événements de l'été passé ?

— Non, pas du tout, dit-elle avec hauteur. J'accepte la compagnie qu'il me plaît sans me soucier de ce qu'en pourront dire les misérables habitants d'Egdon.

— Venez alors, si vous êtes prête. Le meilleur chemin prend du côté du buisson de houx qui fait cette grande ombre, là, en bas.

Eustacia se leva et marcha à côté de lui dans la direction qu'il avait indiquée. Son passage écartait la fougère humide, tandis qu'elle avançait dans la lande, suivie par les accents de la musique du bal qui continuait. La lune étincelait maintenant, pleine et couleur d'argent. Mais la lande était insensible à cette illumination et on pouvait observer le spectacle frappant d'une noire étendue de pays, déroulée sous des cieux saturés, de l'horizon au zénith, par la plus blanche des lumières. À l'œil d'un témoin placé au-dessus d'eux, les visages d'Eustacia et de Wildeve eussent figuré, sur cette étendue, deux perles sur une table d'ébène.

Les irrégularités du sentier restaient donc invisibles et Wildeve, par moment, trébuchait. Eustacia, elle, se trouvait obligée d'accomplir de gracieux exploits, pour assurer son équilibre, toutes les fois qu'une touffe de bruyère ou une racine d'ajonc saillait sous ses pas. Dans ces cas, une main, invariablement, lui prêtait appui, la soutenait jusqu'à ce que l'étroite voie redevînt unie. Cette main se retirait, alors, à respectueuse distance.

Ils firent le trajet presque en silence et approchèrent bientôt de Throope Corner où un court sentier, qui s'embranchait sur le leur, conduisait à la maison d'Eustacia. Peu à peu, ils distinguèrent, venant à eux, deux silhouettes masculines. Eustacia rompit le silence en disant :

— Un de ces hommes est mon mari. Il m'avait promis de venir à ma rencontre.

— Et l'autre est mon plus grand ennemi, dit Wildeve.

— On dirait que c'est Diggory Venn.

— Parfaitement : Diggory Venn.

— C'est malencontreux, fit-elle. Il sait trop de choses sur mon compte et il n'en sait pas assez pour comprendre que ce qu'il sait ne signifie rien. Enfin, tant pis. Il faut que vous m'accompagniez jusqu'à eux.

— Ah, mais non ! Un de ces hommes n'a rien oublié de nos rendez-vous à Rainbarrow et l'autre est votre mari. Aucun des deux ne voudra croire que nous nous sommes rencontrés par hasard à la danse sur l'herbe.

— Très bien, chuchota-t-elle, assombrie. Allez-vous-en avant qu'ils ne nous aient rejoints, alors.

Wildeve lui souhaita tendrement le bonsoir et plongea dans l'ajonc et la fougère. Eustacia, lentement, poursuivit son chemin. Deux ou trois minutes après, elle rencontrait son mari et Venn.

— Ma promenade s'arrête ici pour ce soir, dit Yeobright aussitôt qu'apparut sa femme. Au revoir.

— Au revoir, Mr Yeobright, répondit Venn. J'espère que vous irez bientôt beaucoup mieux.

La lumière de la lune tombait d'aplomb sur le visage de Diggory et Eustacia lui vit une expression soupçonneuse. Que l'œil perçant de Venn eût distingué – ce qui avait sûrement échappé à la vue affaiblie de Clym – qu'un homme s'était vivement éloigné d'elle, parut fort probable à Eustacia.

Si elle avait pu suivre l'homme au rouge, ses suppositions bientôt eussent été confirmées. À peine, en effet, s'éloignait-elle au bras de son mari que l'homme au rouge tournait ses pas dans la direction prise par Wildeve, mais en coupant à travers la lande pour plus de rapidité.

Il allait à grandes enjambées et seul un habitué de pareilles courses nocturnes pouvait, à cette heure, dévaler ainsi ces pentes hérissées et raboteuses sans tomber dans un creux ou se casser la jambe en se prenant le pied dans un terrier de lapin.

C'était vers l'auberge de la Femme tranquille que Venn s'élançait ainsi.

En une demi-heure, environ, il atteignit son but. Il était certain qu'une personne, prenant le chemin à Throope Corner quand il s'était mis en route, ne pouvait l'avoir devancé.

L'auberge solitaire n'était pas encore fermée, bien que vide de clients. Venn entra dans la grande salle, se servir un pot de bière et demanda à la servante, d'un ton détaché, si Mr Wildeve était au logis.

Thomasine, de la pièce où elle se tenait, entendit la voix de Venn. Il était rare qu'elle se montrât quand il y avait des clients, car elle n'aimait pas le métier de son mari. Mais, Diggory étant le seul consommateur, elle entra dans la salle.

— Il n'est pas encore rentré, Diggory, dit-elle aimablement. Je l'attendais plus tôt. Il a été à East Egdon pour acheter un cheval.

— N'a-t-il pas un feutre clair ?

— Si.

— Alors, je l'ai vu à Throope Corner qui ramenait la bête, dit Venn froidement. Une belle bête blanche, à crinière aussi noire que la nuit. Il sera sûrement bientôt de retour.

Il se leva et, comme il contemplait le doux et pur visage de Thomasine sur lequel une ombre de tristesse, nouvelle pour lui, s'étendait maintenant, il se permit d'ajouter :

— Mr Wildeve semble sortir beaucoup ?

— En effet, dit Thomasine, d'un ton qui voulait être gai. Les maris aiment à vagabonder, vous savez… Vous devriez bien m'apprendre un moyen de le retenir à la maison le soir !

— J'en chercherai un, dit Venn du même ton de gaieté superficielle.

Puis il fit un salut de son invention. Thomasine lui tendit la main et, sans un soupir, bien qu'il y eût ample matière à soupirer, l'homme au rouge s'en alla.

Quand Wildeve revint, un quart d'heure plus tard, Thomasine lui dit simplement, avec la timidité qui lui était devenue habituelle :

— Et le cheval, Damon ?

— Oh, je ne l'ai pas acheté, il était trop cher.

— Mais quelqu'un vous a vu à Throope Corner ramener une belle bête blanche, à la crinière aussi noire que la nuit !

— Ah, dit Wildeve en la regardant fixement, qui m'a vu ?

— Venn, l'homme au rouge.

Le visage de Wildeve se contracta.

— Il s'est trompé, fit-il avec humeur, car il constatait que Venn, de nouveau, avait pris la contre-offensive.

31

Une rude contrainte est exercée

Les mots de Thomasine, si légers en apparence, si lourds de signification en réalité, restaient dans les oreilles de Diggory Venn : « Aidez-moi à le faire rester à la maison le soir. »

Venn, cette fois, traversait tout simplement la lande : il n'avait plus à s'occuper des intérêts de la famille Yeobright et devait vaquer à ses propres affaires. Mais voici qu'il se sentait de nouveau entraîné à manœuvrer en faveur de Thomasine.

Il s'assit dans sa roulotte et médita. Le ton, l'attitude de Thomasine lui prouvaient que Wildeve négligeait sa femme. Et pour qui, sinon pour Eustacia ? Qu'Eustacia en fût déjà arrivée à encourager systématiquement le personnage était, pourtant, à peine croyable... Venn résolut de surveiller le chemin solitaire qui conduisait de la demeure de Wildeve à la maison de Clym.

À ce moment-là, on l'a vu, Wildeve était encore innocent de toute manœuvre préméditée et, excepté à la danse sur l'herbe, n'avait pas rencontré Eustacia une seule fois depuis qu'il s'était marié. Néanmoins, l'esprit d'intrigue qui l'habitait se manifestait par une romanesque habitude, que depuis peu, il avait prise : celle de sortir à la nuit tombée et d'aller flâner du côté d'Alderworth. Il regardait la lune, les étoiles, la maison d'Eustacia, puis revenait chez lui bien à loisir.

Aussi quand, dès le lendemain de la danse sur l'herbe, l'homme au rouge commença de l'épier, il vit le mari de Thomasine monter le petit chemin, s'appuyer à la barrière du jardin de Clym, soupirer et se détourner pour partir. Venn le devança dans la descente de la colline. Arrivé à un endroit où le chemin n'était qu'une étroite crevasse dans la bruyère, il se pencha mystérieusement sur le sol, pendant quelques minutes, puis s'éloigna. Quand Wildeve atteignit à son tour cet endroit, sa cheville fut prise par un obstacle et il tomba en avant de toute sa hauteur.

Aussitôt qu'il eut repris haleine, le jeune homme se releva, s'assit et écouta. La nuit sombre était silencieuse, seule une brise d'été bruissait mollement. Tâtant le sol à la recherche de l'obstacle qui l'avait fait tomber, il rencontra une ficelle qui, liée à deux touffes de bruyère, barrait le chemin et représentait, pour tout promeneur, une culbute certaine. Wildeve s'en saisit et poursuivit assez rapidement sa route. Arrivé chez lui, il constata que la ficelle était rougeâtre. Il s'y était bien attendu.

Bien que le courage physique ne fît vraiment pas défaut à Wildeve, cette manière de « coup de Jarnac[1] », dont il ne reconnaissait que trop bien l'auteur, ne laissa point de le troubler. Toutefois, il ne modifia pas ses mouvements : un ou deux soirs après, il remontait la vallée vers Alderworth, en prenant seulement la précaution de marcher en dehors du sentier.

L'impression qu'il était surveillé – qu'on usait de ruse pour contrarier ses goûts vagabonds – lui rendait

1. En français dans le texte.

piquantes des expéditions jusqu'alors toutes sentimentales. Il imaginait que Venn et Mrs Yeobright étaient ligués contre lui et trouvait assez légitime de braver pareille coalition.

La lande, ce soir-là, paraissait totalement déserte et Wildeve, après avoir, tout en fumant un cigare, regardé le jardin d'Eustacia, céda à la tentation qu'exerçait sur lui tout plaisir de contrebande et s'approcha d'une fenêtre aux volets entrebâillés. Il put voir l'intérieur d'une pièce et Eustacia, qui s'y trouvait assise et seule. Wildeve la contempla pendant une minute, puis revint dans la lande et battit légèrement les fougères, d'où s'échappa un vol de phalènes alarmées. Wildeve attrapa une phalène, revint à la fenêtre et, tout contre la fente des volets, ouvrit la main qui retenait sa capture. Celle-ci vola vers la bougie qui brûlait sur la table d'Eustacia, tournoya autour et se jeta dans la flamme.

Eustacia tressaillit : Wildeve, autrefois, usait de ce moyen pour lui signaler sa présence, quand il venait, en secret, la courtiser à Mistover. Elle fut tout de suite sûre que son ancien amoureux était là. Mais, avant qu'elle eût pu décider du parti à prendre, son mari descendit de l'étage et vint la rejoindre. Le choc inattendu de ces deux incidents fit monter au visage d'Eustacia une rougeur brûlante, lui prêta une animation dont elle manquait trop souvent.

— Vous avez de bien belles couleurs, chérie, dit Yeobright quand il fut assez près d'elle pour s'en apercevoir. Il ne vous irait pas mal, vous savez, d'être toujours aussi rose.

— J'ai chaud, dit Eustacia, je vais aller prendre un peu l'air.

— Voulez-vous que je vous accompagne ?

— Oh, non. Je vais seulement jusqu'à la barrière du jardin.

Elle se leva, mais, avant qu'elle eût le temps de sortir de la pièce, des coups violents ébranlèrent la porte d'entrée.

— J'y vais, j'y vais, dit Eustacia avec une vivacité rare chez elle, et elle jeta un coup d'œil ardent vers la fenêtre d'où la phalène était venue, mais ne vit rien.

— Non, n'allez pas ouvrir à cette heure-ci, dit Clym.

Il sortit dans le couloir et elle demeura en attente, ses manières somnolentes voilant sa chaleur et son agitation intime. Elle écoutait. Clym ouvrit la porte. Mais il n'y eut aucun bruit de voix, et bientôt Clym referma la porte et revint en disant :

— Il n'y a personne. Je me demande ce que cela veut dire ?

Il resta dans son étonnement, car nulle explication se proposa. Eustacia ne dit rien. Ce qu'elle savait de plus que son mari ne servait, d'ailleurs, qu'à épaissir le mystère.

Or, un petit drame s'était joué au dehors, enlevant à Eustacia toute possibilité de se compromettre, tout au moins ce soir-là.

Tandis que Wildeve préparait le signal de la phalène, un autre homme s'était approché de lui et l'avait observé. Cet homme, qui portait un fusil, s'engagea dans le jardin, frappa à la porte de la maison, puis sauta par-dessus la haie et disparut.

— Le diable l'emporte, maugréa Wildeve. Il était encore à m'épier !

Comme son signal avait été rendu inutile par la bruyante intervention de l'importun, Wildeve se retira rapidement, préoccupé de s'en aller inaperçu.

À mi-chemin de la colline, le sentier passait près d'un buisson de houx rabougri, qui se détachait en très sombre sur l'obscurité générale du paysage, semblable à la pupille d'un œil noir.

Wildeve parvenait à ce buisson, quand une détonation le fit sursauter et quelques plombs retombèrent autour de lui parmi les feuilles de houx.

Sans aucun doute, ce coup de fusil était parti à son intention et il se rua sur le buisson de houx, le battit furieusement de sa canne. Mais il n'y avait là personne. Cette agression était plus sérieuse que la précédente et quelques instants s'écoulèrent avant que Wildeve recouvrât son calme. Un nouveau système d'intimidation entrait en vigueur et semblait lui faire courir de graves dangers physiques ; les bornes qui séparent le désagréable du périlleux étaient franchies.

Si Wildeve avait su à quel point Venn prenait maintenant leur duel à cœur, il eût été, sans aucun doute beaucoup plus alarmé encore. L'homme au rouge avait été exaspéré par les manigances de Wildeve autour de la maison de Clym et, s'il n'allait pas jusqu'à décider de lui envoyer une balle dans la tête, du moins était-il tout prêt à employer des moyens fort violents pour terrifier le jeune aubergiste et lui enlever toute velléité récalcitrante. L'illégalité de procédés aussi rudes ne troublait nullement Venn. Elle ne trouble guère, en général, des esprits pareils au sien, en des cas semblables, et il arrive qu'on ne saurait le regretter.

Cette alerte avait calmé et même presque glacé la tendresse dévoyée de Wildeve. Le mari de Thomasine ne se sentait plus en humeur d'errer, à la brune, du côté d'Alderworth, en quête d'un regard fortuit d'Eustacia.

L'homme au rouge venait donc de remporter un succès. Seulement, il ne prévoyait point que sa tactique tendrait à modifier les mouvements de Wildeve, plutôt qu'à les supprimer. Après l'épisode des guinées, il était probable que Clym n'accueillerait pas chaleureusement le mari de Thomasine ; il n'en demeurait pas moins normal que Wildeve allât voir les parents de sa femme, et Wildeve voulait rencontrer de nouveau Eustacia. Alors, il choisirait une heure moins scabreuse que dix heures du soir. « Puisqu'il est dangereux d'aller la voir la nuit, se dit-il, j'irai la voir le jour. »

Pendant ce temps, Diggory Venn quittait la lande et se rendait chez Mrs Yeobright, avec qui il était en termes amicaux depuis la restitution des guinées familiales. Bien que surprise que Venn lui fît une visite aussi tardive, Mrs Yeobright le reçut volontiers.

Il ne lui cacha rien du malheur arrivé à Clym, puis parla discrètement de Thomasine, de la tristesse apparente de la vie de la jeune femme et il conclut :

— Eh bien, croyez-moi, madame, vous ne pourriez pas leur rendre plus grand service qu'en allant les voir souvent, l'un comme l'autre… même s'il y avait, au commencement, quelques rebuffades.

— Tous les deux m'ont désobéi en se mariant. Je n'ai donc pas à prendre l'intérêt de leurs ménages. S'ils ont des ennuis, ils les ont bien cherchés.

Mrs Yeobright essayait de s'exprimer avec sévérité, mais les nouvelles de son fils l'avaient émue plus qu'elle ne voulait le laisser voir.

— Vos visites feraient marcher Wildeve plus droit qu'il n'y est porté et empêcheraient, peut-être, des malheurs dans la lande.

— Que voulez-vous dire ?

— J'ai vu quelque chose ce soir qui ne m'a pas fait plaisir. C'est malheureux qu'il y ait seulement quatre ou cinq milles de distance entre la maison de Mr Clym et celle de Mr Wildeve… Il en vaudrait mieux cent…

— Ah ? Il y aurait donc bien eu quelque chose entre la femme de Clym et cet individu… avant qu'il fît sa dupe de Thomasine ?

— Espérons qu'il n'y a rien entre eux maintenant.

— Et ce sera sans doute espérer en vain… Ô Clym ! Ô Thomasine !

— Il ne s'est encore rien passé de mal. Je vous dirai même que j'ai persuadé Mr Wildeve de s'occuper de ses affaires.

— Comment ?

— Oh, sans paroles !… Par un moyen de mon invention, que j'appelle « le plan du silence ».

— Je souhaite que vous réussissiez.

— Je réussirai si vous m'aidez. En vous réconciliant avec votre fils, en allant le voir, vous verriez un peu ce qui se passe chez lui.

— Eh bien, puisque les choses en sont là, dit tristement Mrs Yeobright, je ne vous cacherai pas, homme au rouge, que je songeais en effet à aller voir mon fils. Je serais tellement moins malheureuse si nous étions réconciliés. Le mariage est une chose qui dure, ma vie peut finir vite et je préfère mourir en paix. Il est mon unique enfant et, du moment que les fils sont ainsi faits, je ne regrette pas de n'en point avoir eu d'autres. Quant à Thomasine, je n'ai jamais attendu grand-chose d'elle, elle ne m'a donc pas vraiment déçue. Je lui ai pardonné depuis longtemps et maintenant je pardonne aussi à mon fils… J'irai le voir.

Au moment même où ce dialogue se déroulait à Blooms-End entre Mrs Yeobright et l'homme au rouge, des propos s'échangeaient languissamment sur le même sujet à Alderworth.

Pendant tout le jour, Clym s'était montré absorbé et taciturne. Peu après que le coup mystérieux eut été frappé à la porte, il parla et ses paroles révélèrent le sujet de sa préoccupation.

— Je n'ai cessé de me répéter aujourd'hui qu'il faudrait tenter de combler cette affreuse brèche entre ma mère et moi, dit-il.

— Que comptez-vous faire ? fit Eustacia distraite.

Elle ne pouvait se remettre de l'agitation que lui avait causée la tentative de Wildeve pour la revoir.

— Vous semblez prendre un très mince intérêt à ce que je compte faire ou ne pas faire, dit Clym en s'échauffant quelque peu.

— Vous vous trompez, répliqua-t-elle en se ressaisissant sous le reproche. Je rêvais.

— À quoi ?

— En partie à cette phalène qui achève de brûler sur la mèche de la bougie, dit-elle lentement. Mais vous savez que je m'intéresse toujours à ce que vous dites.

— Très bien, chérie. Je disais donc que je pense aller voir ma mère !… Et il poursuivit, avec plus de tendresse dans la voix : Si je n'y suis pas allé encore, ce n'est pas l'amour-propre qui m'en a empêché… Seule la crainte de l'irriter m'a retenu. Mais maintenant il faut que j'agisse… Il est mal de ma part de laisser ainsi aller les choses.

— Qu'avez-vous à vous reprocher ?

— Elle vieillit, elle est toute seule et je suis son unique enfant.

— Elle a Thomasine.

— Thomasine n'est pas sa fille – le serait-elle que ce ne serait d'ailleurs pas une excuse pour moi. Enfin, là n'est pas la question. J'ai décidé d'aller trouver ma mère et je voudrais savoir si vous m'aiderez à tout arranger, c'est-à-dire si vous oublierez le passé ? Si, dans le cas où elle se montrerait disposée à une réconciliation, vous feriez la moitié du chemin, soit en l'accueillant chez nous, soit en acceptant d'être accueillie chez elle ?

Tout d'abord, Eustacia serra les lèvres comme si elle eût préféré faire quoi que ce fût au monde plutôt que ce qui lui était demandé. Puis, comme elle réfléchissait, la courbe de ses lèvres se détendit, sans cependant s'adoucir tout à fait. Elle dit enfin :

— Je ne ferai rien pour vous barrer la route, mais me demander de faire des avances est trop me demander après ce qui s'est passé entre elle et moi.

— Mais enfin, que s'est-il passé ? Vous ne me l'avez jamais nettement dit.

— Je n'ai pas pu vous le dire alors et je ne peux pas maintenant. Il arrive que plus d'amertume naisse en cinq minutes qu'on n'en peut oublier au cours d'une vie… et ce fut peut-être le cas.

Elle fit une pause et ajouta :

— Si vous n'étiez pas revenu dans votre pays natal, Clym, quelle bénédiction pour vous ! Votre retour a modifié la destinée de…

— Trois personnes.

« De cinq », pensa Eustacia.

Mais elle se garda de rien dire.

32

À travers la lande

Ce jeudi – trente et unième jour d'août – fut un de ces jours durant lesquels les plus confortables maisons étaient des étouffoirs et les frais courants d'air, des régals. Un de ces jours où des crevasses fendillaient le sol argileux des jardins et étaient appelées des « tremblements de terre » par les enfants craintifs, où les jantes des roues se disjoignaient, où des insectes au dard féroce hantaient l'air, la terre et toute goutte d'eau.

Dans le jardin de Mrs Yeobright, les plantes aux larges feuilles tendres languirent dès dix heures du matin, la rhubarbe s'affaissa vers onze heures et les choux eux-mêmes, si rigides, s'étaient amollis vers midi.

Il était à peu près onze heures quand, le matin de ce jour, Mrs Yeobright s'engagea dans la lande pour aller chez son fils et tenter de se réconcilier avec lui, selon l'intention qu'elle avait manifestée à l'homme au rouge. Elle avait espéré avoir bien entamé son trajet avant que la chaleur du jour eût atteint au maximum. Mais elle se rendit bientôt compte qu'il n'en pourrait être ainsi.

Le soleil avait marqué toute la lande de son fer rouge, les bruyères pourpres avaient roussi sous les embrasements des quelques jours précédents, et le sable net des lits des eaux vives d'hiver, sentiers de la saison d'été, semblait incinéré sous l'action de la sécheresse.

Par une température fraîche, Mrs Yeobright eût marché sans inconvénient jusqu'à Alderworth, mais une chaleur aussi torride rendait cette expédition très pénible pour une femme ayant dépassé la quarantaine et, au bout de trois milles, elle regretta de n'avoir point loué la carriole de Fairway pour accomplir, à tout le moins, une partie du trajet. Mais au point qu'elle avait atteint, il n'était pas plus difficile d'aller jusque chez Clym que de revenir chez elle ; aussi poursuivit-elle sa route et, tout autour d'elle, l'air vibrait d'une pulsation silencieuse, oppressant la terre de lassitude.

Elle leva les yeux au ciel et vit les couleurs saphir du printemps et du début de l'été remplacées au zénith par un violet métallique.

Par moments, elle arrivait auprès de l'univers clos de menus peuples éphémères qui passaient leur temps en folles orgies, soit dans l'air, soit sur terre, parmi la végétation chaude, soit dans l'eau tiède et visqueuse d'une mare. Toutes les mares peu profondes avaient encore baissé de niveau, n'étaient plus que les réceptacles d'innombrables larves obscures, en train de se gonfler et de se vautrer avec délices. En femme qui ne répugnait point à philosopher, Mrs Yeobright s'asseyait alors parfois sous son ombrelle et considérait, tout en se reposant, le bonheur de ces créatures. L'espoir qu'elle entretenait quant au résultat de sa visite lui allégeait, en effet, l'esprit, la laissait libre de s'intéresser, entre deux réflexions importantes, aux détails infinitésimaux qui arrêtaient ses yeux.

Mrs Yeobright n'avait jamais vu la maison de son fils et en ignorait l'emplacement exact. Elle prit une montée au hasard, puis une autre, s'aperçut qu'elle s'égarait. Revenant sur ses pas, elle vit à une certaine distance un homme au travail. Elle alla lui demander son chemin. L'autre indiqua une direction et ajouta :

— Voyez-vous ce coupeur d'ajoncs qui va sur ce sentier, tout là-bas ?

Mrs Yeobright, après quelques vains efforts, dit qu'elle le voyait en effet.

— Eh bien, si vous le suivez, vous ne pourrez point vous tromper, vu qu'il va au même endroit que vous, fit le paysan.

Elle se mit à suivre la silhouette indiquée. Celle-ci, d'une teinte brun roux, ne tranchait pas plus sur le paysage qui l'entourait que la chenille verte sur la feuille qui la nourrit. L'homme marchait plus rapidement que Mrs Yeobright, mais la distance, entre eux, ne s'élargissait pas en raison des haltes qu'il faisait devant les buissons de ronces. Quand elle passait, à son tour, devant les buissons, elle voyait des demi-douzaines de longues ronces souples qu'il avait coupées, durant sa halte, et laissées sur place : il entendait évidemment s'en servir pour lier, plus tard, ses fagots.

L'être silencieux qui s'occupait ainsi semblait aussi peu compter dans la vie qu'un insecte. Il se montrait semblable à un parasite de la lande, dont il rongeait la surface, en son labeur quotidien, comme un ver ronge un vêtement, ne connaissant rien d'autre au monde que la fougère, l'ajonc, la bruyère, le lichen et la mousse.

Le coupeur d'ajoncs était tellement absorbé par sa besogne qu'il ne tourna pas une seule fois la tête, et la forme guêtrée et gantée de cuir de cet homme finit par n'être plus autre chose, pour Mrs Yeobright, qu'un poteau indicateur mouvant. Soudain, des particularités la frappèrent dans l'allure de son guide, l'amenèrent à lui accorder une individualité. Elle avait déjà vu à quelqu'un cette démarche. « Il marche comme marchait mon mari », se dit-elle. Et il lui apparut brusquement que ce coupeur d'ajoncs était son fils.

Il lui fut presque impossible de se familiariser avec une réalité aussi étrange. On lui avait dit que Clym s'était mis à couper l'ajonc, mais elle avait supposé qu'il se livrait à cette besogne à ses moments perdus seulement, pour se distraire d'une façon utile.

Et voici qu'il lui apparaissait comme un coupeur d'ajoncs authentique, portant le costume du coupeur d'ajoncs, pensant, à en juger par ses mouvements, les pensées du coupeur d'ajoncs. Échafaudant une douzaine de plans hâtifs pour arracher et son fils et Eustacia à ce mode de vie, toute palpitante, elle continua de cheminer à la suite de son fils et elle le vit entrer chez lui.

D'un côté de la maison de Clym, il y avait un tertre et, sur le sommet de ce tertre, quelques pins projetaient si haut leurs ramures que, de loin, leur feuillage figurait, au-dessus des collines, une tache noire dans le ciel. En arrivant au pied du tertre, Mrs Yeobright se sentit péniblement agitée, lasse et incommodée. Elle monta s'asseoir à l'ombre du bouquet d'arbres, pour se remettre et pour réfléchir au moyen de reprendre des relations avec Eustacia sans irriter cette jeune femme qui, sous son indolence apparente, dissimulait une nature plus violente et plus décidée que la sienne propre.

Les arbres sous lesquels elle s'assit étaient singulièrement délabrés et hagards et, pendant quelques instants, Mrs Yeobright oublia sa détresse pour contempler la leur. Il n'y avait pas un rameau de ces neuf arbres qui ne fût brisé, noué, tordu par un mauvais temps très âpre qui, toutes les fois qu'il régnait, les tenait à sa merci. Certains étaient brûlés et fendus comme par la foudre, des taches noires les marquaient au flanc, tandis que, sur le sol, à leurs pieds, s'amoncelaient des aiguilles et des pommes de pins mortes arrachées par les bourrasques des temps passés. On appelait cet endroit « le soufflet du diable » et il suffisait d'y venir par une nuit de mars ou de novembre pour s'expliquer le choix de ce nom. Par cet après-midi surchauffé, alors que nulle brise n'était perceptible, ces arbres faisaient entendre un bruissement perpétuel qu'il était difficile de croire causé par un souffle d'air.

Mrs Yeobright resta là assise pendant vingt minutes au moins, avant de pouvoir rassembler assez d'énergie pour descendre et aller frapper à la porte de la maison. Son courage était annihilé par l'épuisement physique.

À tout autre qu'à une mère, il eût pu sembler humiliant qu'elle, la plus âgée des deux femmes, fît des avances. Mais Mrs Yeobright avait bien considéré tous les aspects de la question et se souciait seulement de la meilleure façon de présenter sa visite à Eustacia, non comme un manque de dignité, mais comme un acte de sagesse.

De son poste élevé, la femme lasse pouvait voir au-dessous d'elle le toit de la maison, le jardin, toute la petite habitation. Et voici qu'au moment de se lever, elle vit un homme approcher de la barrière du jardin. Il avait des manières étranges, il hésitait, au lieu de se comporter en personne venue pour affaires ou sur invitation, restait à regarder le cottage avec intérêt. Puis il marcha autour du jardin, et il inspectait tout, comme s'il avait eu sous les yeux la maison natale de Shakespeare ou la prison de Marie Stuart. Après avoir contourné l'enclos, il se retrouva devant la barrière et la poussa. Mrs Yeobright en fut contrariée, car elle avait compté trouver son fils et sa belle-fille seuls. Mais un instant de réflexion lui montra que la présence d'un visiteur rendrait moins embarrassante sa première visite au jeune ménage, maintiendrait la conversation sur des généralités, lui donnerait le temps de se sentir l'aise. Elle descendit, atteignit la barrière et regarda le jardin sous la chaleur.

Le chat s'étalait, endormi, sur le gravier nu de l'allée, comme si lits, paillasson, tapis étaient intolérables. Les roses trémières pendaient comme des ombrelles à demi fermées, la sève semblait presque mijoter dans les tiges et les feuilles lisses de certains arbustes renvoyaient l'éclat du soleil comme des miroirs de métal poli. Un petit pommier poussait à côté de la barrière et, parmi les pommes éparpillées sur le sol, des guêpes roulaient, ivres de jus, ou se traînaient dans la petite cavité qu'était devenu le fruit dont elles avaient dévoré la chair, avant d'être engourdies par sa douceur sucrée. Près de la porte, gisaient la faucille de Clym et aussi la dernière poignée de ronces que Mrs Yeobright lui avait vu ramasser : il l'avait simplement jetée là, avant d'entrer dans la maison.

33

Une conjoncture et ses effets sur la voyageuse

Wildeve, ainsi qu'il a été dit, avait décidé de faire hardiment de jour une visite à Eustacia, à la manière toute naturelle d'un parent, du moment que les promenades nocturnes qui le menaient à Alderworth avaient été découvertes et gâtées par l'homme au rouge. Le charme qu'Eustacia lui avait jeté, pendant leur danse au clair de lune, interdisait à un homme comme lui de se tenir tout à fait éloigné d'une femme comme elle. Il complotait d'ailleurs simplement de la rencontrer, elle et son mari, de bavarder avec eux un moment et de se retirer. Toutes les apparences seraient conformes aux plus exactes convenances. Mais – satisfaction infinie – il verrait Eustacia. Wildeve ne désirait même pas l'absence de Clym, car Eustacia, peut-être, se serait offensée d'une visite compromettante pour sa dignité d'épouse, quels que fussent ses sentiments envers le visiteur… Les femmes sont souvent ainsi.

Il mit donc son projet à exécution et son arrivée devant le cottage de Clym se trouva coïncider avec la halte que faisait Mrs Yeobright sur le tertre voisin. Après avoir hésité et inspecté les lieux, le jeune homme entra dans le jardin et frappa à la porte de la maison. Il y eut un intervalle de quelques minutes, puis la clé tourna dans la serrure, la porte s'ouvrit et il se trouva en présence d'Eustacia elle-même.

Elle ne trahit aucun trouble. Nul n'aurait imaginé qu'une semaine auparavant cette femme dansait passionnément avec cet homme, à moins d'avoir le don de percer les surfaces et d'évaluer la profondeur d'une belle eau calme.

— J'espère que vous êtes rentrée sans incident l'autre soir ? dit Wildeve.

— Oh, oui ! répondit-elle d'un ton détaché.

— Et ne vous êtes-vous pas sentie fatiguée le lendemain ? Je l'ai craint.

— Un peu. Mais vous n'avez pas besoin de parler bas, personne ne peut nous entendre : ma petite servante est allée au village pour faire des commissions.

— Clym n'est donc pas à la maison ?

— Si.

— Ah ! Je pensais que vous aviez peut-être fermé la porte à clé parce que vous étiez seule et aviez peur des vagabonds.

— Non. Mon mari est là.

Ils s'étaient tenus, jusqu'alors, dans le couloir. Eustacia referma à clé la porte de la maison, en ouvrit une qui donnait sur une salle, et dit à Wildeve d'entrer. Il obéit et crut d'abord la pièce vide, mais, à peine y pénétrait-il qu'il tressaillit : sur le tapis du foyer, Clym était étendu et dormait. À côté de lui, il y avait ses guêtres, ses épaisses chaussures, ses gants et sa veste de cuir.

— Vous pouvez entrer, vous ne le dérangerez pas, dit Eustacia. Je ferme la porte à clé pour que, au cas où je serais en haut ou dans le jardin, il ne risque pas d'être surpris par quelque intrus, tandis qu'il dort ainsi.

— Pourquoi dort-il ici ? demanda Wildeve à voix basse.

— Il est très fatigué. Il travaille depuis quatre heures et demie du matin. Couper des ajoncs est la seule occupation qui ne fatigue pas ses pauvres yeux.

Le contraste entre l'apparence du dormeur et celle de Wildeve frappait douloureusement Eustacia. Wildeve portait un élégant costume d'été, un feutre clair. Elle poursuivit :

— Ah, vous ne pouvez pas savoir combien il était différent quand je l'ai rencontré pour la première fois et il y a si peu de temps ! Ses mains étaient alors aussi blanches et aussi douces que les miennes ; regardez comme elles sont brunes et rudes, maintenant ! Son teint est naturellement clair et cette couleur que vous lui voyez – la même que celle des vêtements de cuir qu'il porte – est causée par les brûlures du soleil.

— Mais pourquoi s'astreint-il à ce travail ? murmura Wildeve.

— Parce qu'il déteste l'oisiveté. Ce qu'il gagne est certes peu de chose, mais il dit que, lorsqu'on vit sur son capital, il est bon d'atténuer les dépenses courantes en gagnant l'argent qu'on peut…

— Le destin vous a traitée durement, Eustacia Yeobright.

— Je ne lui dois, en effet, nulle reconnaissance.

— L'homme qui dort ici non plus – excepté pour le très grand don qui lui a été accordé.

— Lequel ?

Wildeve la regarda dans les yeux.

Elle rougit pour la première fois ce jour-là.

— Il est contestable que je sois un si grand don, dit-elle tranquillement. Je croyais que vous faisiez allusion au don de contentement qu'il a et que je n'ai pas.

— Je comprends qu'il connaisse le contentement – mais qu'il se plaise à faire le coupeur d'ajoncs m'intrigue.

— C'est parce que vous ne le connaissez pas. Il s'enthousiasme pour des idées et ne se soucie pas du reste. Il me fait souvent penser à l'apôtre Paul.

— Je suis heureux de lui savoir un aussi beau caractère.

— Malheureusement, un apôtre, tout parfait qu'il soit comme apôtre, est mieux à sa place dans l'Évangile que dans la vie.

Leurs voix, instinctivement, avaient baissé de ton, bien qu'au début ils n'eussent pris nulle précaution particulière pour ne pas éveiller Clym.

— Si vos paroles signifient que vous tenez votre mariage pour un malheur, vous savez qui est à blâmer, dit Wildeve.

— Mon mariage n'est pas un malheur en lui-même, fit-elle avec impatience. C'est l'accident qui est arrivé depuis qui en est un… Certainement, les événements m'ont déçue… Mais pouvais-je les prévoir ?

— Parfois, Eustacia, je ne peux m'empêcher de croire qu'il y a là pour vous un châtiment mérité… Vous m'apparteniez de droit, vous savez, et je n'entendais pas vous perdre.

— Il ne fallait pas m'écarter pour vous occuper d'une autre, alors… Non, il n'y a nullement eu de ma faute… Vous avez fait preuve d'une cruelle légèreté. Je n'aurai jamais songé à jouer ce jeu moi-même si vous n'aviez pas commencé.

— Mais il ne signifiait rien de ma part, ce jeu, voyons ! répliqua Wildeve. C'était un simple intermède. Les hommes ressentent ainsi des caprices passagers, même quand un amour permanent domine leur vie… Et cet amour, ensuite, s'affirme de nouveau… Vos révoltes m'ont fait aller plus loin que je n'aurais dû… et, quand vous avez continué de me braver, je suis allé plus loin encore, je me suis marié… Il se tourna vers la personne inconsciente de Clym et murmura : Je crains que vous n'appréciez pas à son prix le don du destin, Clym… Oui, voilà un homme éprouvé qui doit être tenu pour plus heureux que moi… Une grande calamité s'est abattue sur lui, mais sans doute ignore-t-il la douleur de voir lui échapper la femme qu'il aime.

— Il n'est pas ingrat, murmura Eustacia en retour ; non, bien au contraire, et beaucoup de femmes souhaiteraient avoir pareil mari. Mais suis-je donc si peu raisonnable de désirer la musique, la poésie, la passion, la guerre, tout ce qui pour moi est la vie ? Ce qui fait battre plus vite le grand cœur de l'univers, ce qui m'a toujours fait rêver et m'a toujours été refusé… ce que je croyais obtenir grâce à mon Clym…

— Est-ce seulement pour cela que vous l'avez épousé ?

— Si vous croyez chose pareille, vous ne me comprenez pas. Je l'ai épousé parce que je l'aimais. Mais peut-être l'aimais-je, en partie, parce que je voyais en lui une promesse de vivre la vie que je rêvais.

— Vous retombez dans vos anciennes humeurs sombres.

— Non, je ne veux pas être triste, protesta-t-elle avec intensité. J'ai commencé une vie nouvelle en allant danser sur l'herbe et j'entends continuer de la mener. Clym peut chanter gaiement, pourquoi ne ferais-je pas de même ?

Wildeve la regardait pensivement.

— Il est plus facile de dire qu'on va chanter que de chanter, dit-il. Je voudrais vous encourager dans votre tentative. Mais, comme la vie ne m'est rien sans un certain élément de bonheur qui m'est devenu impossible, vous me pardonnerez de ne pas vous encourager, en effet.

— Damon, qu'y a-t-il pour que vous me parliez ainsi ? demanda-t-elle en levant sur lui ses beaux yeux profonds et sombres.

— Rien que je puisse vous dire en toute simplicité... et si je parle par énigme, peut-être ne vous soucierez-vous pas de me deviner.

Eustacia resta silencieuse, puis elle dit :

— C'est emprunter des chemins bien détournés... Vous voulez dire, Damon, que vous m'aimez encore ? Eh bien la nouvelle me peine, parce que mon mariage ne me rend pas tout à fait assez heureuse pour que je la repousse comme je devrais... Mais c'est trop s'arrêter sur ce sujet... Avez-vous l'intention de demeurer jusqu'au réveil de mon mari ?

— Je pensais causer un peu avec lui... Mais je n'ai rien d'indispensable à lui dire. Si je vous offense en ne vous oubliant pas, vous avez raison de me le déclarer... Mais ne parlez pas de me repousser.

Elle ne répondit point et ils se turent, regardant Clym qui continuait de dormir du profond sommeil qui suit un grand labeur physique.

— Dieu ! Combien je lui envie ce doux sommeil ! fit Wildeve. Je n'ai pas dormi ainsi depuis que j'étais enfant... depuis des années et des années...

Tandis que leur contemplation se prolongeait, ils entendirent jouer le déclic de la barrière du jardin, puis on frappa un coup à la porte d'entrée. Eustacia alla regarder par une fenêtre.

Elle se montra aussitôt très troublée, devint d'abord très rouge puis ses couleurs s'effacèrent et ses lèvres même pâlirent.

— Dois-je m'en aller ? dit Wildeve en se levant.

— Ah, je ne sais pas ! C'est Mrs Yeobright ! Et quand je pense à ce qu'elle m'a dit un jour ! Que vient-elle faire ici ? Et elle soupçonne quelque chose de nos rapports d'autrefois !

— Je suis à vos ordres. Si vous croyez qu'il vaut mieux qu'elle ne me voit pas ici, je passerai dans la pièce à côté ?

— Oui… peut-être… allez…

Wildeve se retira aussitôt, mais à peine entrait-il dans la pièce voisine qu'Eustacia l'y joignait.

— Non, dit-elle, nous ne jouerons pas ce jeu-là. Si elle entre, elle vous verra et elle pensera le mal qu'elle voudra… Mais comment irais-je moi-même lui ouvrir la porte, quand elle me déteste et ne vient pas pour me voir, mais pour voir son fils ? Non, je n'irai pas ouvrir.

Mrs Yeobright frappa une seconde fois, un coup plus fort.

— Ses coups vont probablement éveiller mon mari, poursuivit Eustacia, et c'est lui qui ira ouvrir et la fera entrer. Ah, écoutez !

Clym remuait dans l'autre pièce, comme si le bruit l'eût dérangé et ils l'entendirent prononcer le mot « mère ».

— Oui, il est éveillé, il va aller ouvrir, dit Eustacia, avec un soupir de soulagement. Venez par ici, j'ai une mauvaise réputation auprès de ma belle-mère et il vaut mieux ne pas vous laisser voir. Ainsi, je suis obligée d'agir en cachette, non que je fasse le mal, mais parce qu'il plaît aux autres de le prétendre.

Tout en parlant, elle le conduisait à la porte de derrière qui était ouverte et révélait un sentier par où sortir du jardin.

— Encore un mot, Damon, dit-elle, comme il allait la quitter. C'est votre première visite ici, que ce soit la dernière. Nous nous sommes ardemment aimés autrefois, mais maintenant c'est fini. Adieu.

— Adieu, dit Wildeve. J'ai eu ce que je voulais en venant ici. Je ne me plains pas.

— Que vouliez-vous ?

— Vous voir. Oui, sur mon honneur, vous voir et rien de plus.

Il lui envoya un baiser et passa dans le jardin et, de là, dans la lande. Elle le suivit des yeux, comme il se coulait parmi les fougères qui frôlaient ses hanches au passage et s'enfonçait de plus en plus dans le fourré. Quand il fut hors de vue, elle se détourna lentement et songea à ce qui devait se passer dans l'intérieur de la maison.

Sa présence n'était peut-être pas désirée par Clym et la mère de Clym, en cet instant de leur première rencontre. Eustacia n'était pas, en tout cas, pressée d'affronter Mrs Yeobright. Elle décida d'attendre que son mari l'appelât et elle se glissa, elle aussi, dans le jardin, flâna pendant quelques minutes, et finit par rentrer dans la maison par la porte de derrière. Elle s'approcha de la salle où elle avait reçu Wildeve, écouta. Comme elle n'entendait nul son de voix elle ouvrit la porte, entra. À sa stupeur, Clym était étendu comme Wildeve et elle l'avaient laissé, son sommeil ne semblait pas avoir été interrompu. Les coups frappés à la porte avaient troublé son repos, l'avaient fait rêver et parler dans son rêve, mais ne l'avaient pas éveillé. Eustacia se hâta d'aller à la porte d'entrée pour l'ouvrir, en dépit de sa répugnance, à la femme qui lui avait parlé si durement. Elle tourna la clé, attira le battant à elle et regarda au dehors. Personne n'était en vue. Près du seuil, gisaient la faucille de Clym et la poignée de ronces qu'il avait rapportée devant Eustacia, la petite allée vide joignait la barrière, restée légèrement entrouverte et, au-delà de la barrière, la grande vallée aux bruyères pourpres vibrait silencieusement sous le soleil. Mrs Yeobright était partie.

La mère de Clym suivait, en cet instant, un sentier qu'un pli du terrain cachait à Eustacia. Depuis qu'elle était sortie du jardin, elle avait marché d'un pas rapide et précis, en femme aussi pressée de s'éloigner de ces lieux qu'elle avait été, auparavant, désireuse de les approcher. Elle tenait ses regards fixés sur le sol. En elle, deux images étaient gravées : celle de la faucille et des ronces de Clym près de la porte et celle d'un visage de femme à une fenêtre. Ses lèvres tremblaient, tandis qu'elle répétait : « C'est trop… Clym… Comment a-t-il pu ?… Il est à la maison et il l'a laissée me fermer leur porte ! »

Dans sa hâte, elle avait négligé de choisir le chemin le plus direct pour Blooms-End et, tandis qu'elle regardait autour d'elle pour le retrouver, elle vit, dans un creux, un petit garçon qui cueillait des myrtilles. L'enfant était ce même Johnny Nunsuch qui avait entretenu le feu de joie d'Eustacia et, suivant la tendance qui pousse un petit corps à graviter autour d'un corps plus grand, il s'approcha de Mrs Yeobright, dès qu'elle apparut, puis se mit à trottiner à côté d'elle sans paraître avoir une claire conscience de son acte.

Mrs Yeobright lui parla comme si elle eût été sous l'influence d'un sommeil hypnotique :

— La route est longue, mon enfant, et nous n'arriverons pas avant la nuit.

— Oh, moi, si ! lui répondit son petit compagnon, parce que je veux jouer à la marelle avant le souper. Et nous soupons à six heures quand mon père revient. Est-ce que c'est aussi à six heures qu'il revient votre père ?

— Non. Il ne revient plus jamais, ni mon fils, ni personne.

— Qu'est-ce qui vous rend si drôle ? C'est-y que vous auriez vu un loup-garou ?

— J'ai vu une chose pire : j'ai vu un visage de femme regarder une voyageuse fatiguée sans la laisser entrer.

— Moi, une fois, j'étais allé à la grande mare de Throope pour attraper des têtards et, dans l'eau, j'ai vu ma figure qui me regardait et j'ai eu peur ! J'ai sauté en arrière comme je ne sais pas quoi !

— ... S'ils avaient fait seulement un pas vers moi... le moindre geste d'accueillir mes avances... comme tout aurait pu être facile ! Mais non... non... À la porte. Ils m'ont laissée à la porte... Il faut qu'elle l'ait bien endurci contre moi... Il n'y a donc pas de cœur dans ce beau corps ? Mais je n'aurais pas pu repousser le chat du voisin, moi, par un jour brûlant comme celui-ci !

— Qu'est-ce que vous dites ?

— Jamais plus ! Jamais ! Pas même s'ils m'envoyaient chercher !

— Faut que vous soyez une femme pas ordinaire pour parler comme ça ?

— Oh non ! pas du tout ! fit-elle, accordant quelque attention au babillage du petit. Beaucoup de grandes personnes qui ont des enfants parlent comme moi… Quand tu seras grand, ta mère en fera bien autant.

— J'espère que non, parce que c'est mal de dire des bêtises.

— Oui, petit… Tu dois avoir raison, ce sont des bêtises. Dis-moi, n'es-tu pas très fatigué par cette chaleur ?

— Si. Mais vous êtes plus fatiguée que moi, vous.

— Comment le sais-tu ?

— Votre figure est toute blanche et toute mouillée, et vous penchez tant la tête.

— Ah, c'est mon âme, vois-tu, qui n'en peut plus.

— Pourquoi marchez-vous comme ça ?

L'enfant, en parlant, imita le pas saccadé et vacillant d'un malade.

— Parce que je porte un fardeau trop lourd pour mes forces.

Le petit se mit à réfléchir en silence et, chancelant un peu l'un et l'autre, ils continuèrent de cheminer ensemble. Au bout d'un quart d'heure, Mrs Yeobright, dont la faiblesse augmentait, dit à l'enfant :

— Il faut que je m'assoie un moment pour me reposer.

Elle s'assit. Le petit la regarda longuement et dit :

— Vous respirez drôlement, comme un agneau quand on l'a tant forcé à marcher qu'il n'en peut plus. C'est-y que vous respirez toujours comme ça ?

— Non, pas toujours.

Sa voix n'était plus qu'un murmure.

— Vous allez vous endormir ? Vous avez déjà fermé les yeux.

— Non. Je ne dormirai plus beaucoup jusqu'à… plus tard. Mais j'espère dormir, alors, d'un long, très long sommeil. Sais-tu si la mare de Rinsmoor est à sec cet été ?

— Oui, elle l'est, mais il y a de l'eau dans la mare d'Oker, qui est plus profonde et jamais à sec. Elle est tout près.

— L'eau y est-elle claire ?

— Oh, oui, assez… quand les brouteurs de bruyère ne pataugent pas dedans.

— Alors, prends cette tasse et cours me la remplir de l'eau la plus claire que tu pourras trouver. Je me sens bien fatiguée.

Elle sortit du petit sac de jonc tressé qu'elle portait à la main une tasse de porcelaine ancienne sans anse. Elle en possédait six semblables, les conservait précieusement depuis son enfance et, en ce jour, elles les avait apportées à Clym et à Eustacia pour leur faire un petit cadeau.

L'enfant partit et revint bientôt avec l'eau. Mrs Yeobright essaya de boire, mais l'eau était chaude au point de lui soulever le cœur et elle la jeta. Ensuite, elle demeura assise, immobile, les yeux fermés.

L'enfant attendit en jouant près d'elle. Il attrapa plusieurs des petits papillons bruns qui abondaient. Il dit enfin :

— Je préfère marcher que rester ici. Allez-vous bientôt repartir ?

— Je ne sais pas.

— J'aimerais partir tout seul, moi, alors, reprit-il, craignant sans doute qu'on exigeât de lui quelque service désagréable. Avez-vous encore besoin de moi, s'il vous plaît ?

Mrs Yeobright ne répondit pas.

— Faudra-t-il dire quelque chose à ma mère ? poursuivit le petit.

— Tu lui diras que tu as vu une femme au cœur brisé, une mère rejetée par son fils.

Avant de s'éloigner, l'enfant, comme retenu par des scrupules, posa sur le visage de la femme un regard pensif, un regard vague et perplexe : celui qu'on jetterait sur un vieux manuscrit indéchiffrable. Il n'était pas assez jeune pour ignorer absolument que le cas demandait de la sympathie, il n'était pas assez âgé pour être exempt de la terreur qu'inspire aux petits enfants la détresse des grandes personnes. Cette femme faisait-elle du mal ou lui en faisait-on ? Était-elle à plaindre ou à redouter ? Question que le petit ne pouvait trancher. Il baissa les yeux et partit sans un mot de plus. Avant de s'être éloigné d'un demi-mille, il se souvenait de sa compagne de route tout au plus comme d'une femme qui s'était assise pour se reposer.

La fatigue et les émotions avaient presque anéanti Mrs Yeobright. Elle continua pourtant de se traîner sur le chemin, en faisant des haltes fréquentes et longues.

Le soleil, maintenant au sud-ouest, se tenait bien en face d'elle, comme un incendiaire sans merci qui, torche en main, l'eût attendue sur la route. Une fois l'enfant parti, toute trace de vie avait disparu du paysage. Pourtant, le cri intermittent et voilé des sauterelles mâles qui partaient de la moindre touffe d'ajoncs, prouvait qu'au milieu de l'accablement des plus grandes espèces animales, la vie d'un invisible univers d'insectes, loin de se ralentir, s'épanouissait.

Au bout de deux heures, Mrs Yeobright avait couvert les trois quarts environ de la distance qui la séparait de chez elle. Une plaque de thym venait s'étaler sur le sentier de la pente qu'elle atteignait et elle s'assit sur cette natte parfumée. Devant elle, une colonie de fourmis allait et venait, en files interminables et pesamment chargées. Elle se souvint que les fourmis s'affairaient depuis des années en travers de ce chemin – sûrement, les fourmis d'autrefois étaient les ancêtres des fourmis qui peinaient là maintenant.

Elle s'étendit pour mieux se reposer et la couleur tendre de l'est du ciel fut un grand soulagement pour ses yeux, le thym fut très doux à sa tête.

Comme elle tenait ainsi ses regards levés, un héron prit son essor vers le soleil. Il sortait, tout mouillé, de quelque mare de la vallée et, tandis qu'il volait, les bords et le dessous de ses ailes, ses flancs et sa poitrine accrochaient si bien les rayons brillants que l'oiseau paraissait d'argent poli. Les hauteurs qu'il atteignait semblaient un séjour libre et heureux, dégagé de toute attache avec la boule de terre où la femme lasse était enchaînée. Et Mrs Yeobright souhaita que, guérie de toute meurtrissure, il lui fût possible de voler aux mêmes hauteurs que l'oiseau.

Mais elle était mère et il était inévitable qu'elle cessât bientôt de rêver à son propre sort. Si la pensée qui l'occupa ensuite avait marqué dans les airs, comme le passage d'un météore, sa trace ne se fût point déroulée à la suite du héron, mais dans une direction opposée et fût descendue sur le toit de la maison de Clym.

34

Tragique rencontre de deux vieux amis

Cependant, Clym s'éveillait, se redressait, parcourait la salle du regard. Eustacia était assise tout près de lui. Bien qu'elle tînt un livre, il y avait longtemps qu'elle ne lisait pas.

— Comme j'ai dormi ! dit Clym en se frottant les yeux. Et j'ai fait aussi un rêve affreux. Un rêve que je n'oublierai jamais.

— Je pensais en effet que vous deviez avoir rêvé, fit-elle.

— Oui. Je rêvais que je vous emmenais voir ma mère pour tout raccommoder et, comme nous arrivions chez elle, nous ne pouvions pas entrer et pourtant, de l'intérieur, elle nous appelait à l'aide. Enfin, les rêves ne sont que des rêves. Quelle heure est-il ?

— Deux heures et demie.

— Déjà ? Je n'entendais pas m'attarder ainsi. Le temps de manger un morceau et il sera plus de trois heures.

— Anne n'est pas encore revenue du village et j'ai pensé que mieux valait vous laisser dormir jusqu'à son retour.

Clym s'approcha de la fenêtre et regarda au dehors. Puis il dit rêveusement :

— Les semaines passent et ma mère ne vient pas nous voir, ne nous fait rien dire… J'en suis étonné.

Scrupules, regrets, craintes, résolutions se reflétèrent en succession rapide dans les yeux noirs d'Eustacia. Mise en face d'une terrible difficulté, la jeune femme décida de l'écarter en remettant de l'examiner.

— Il faut que j'aille à Blooms-End sans tarder, poursuivit Clym. Et il vaudra mieux que j'y aille seul.

Il ramassa ses guêtres et ses gants, mais les laissa retomber en disant :

— Puisque le repas est tellement en retard aujourd'hui, j'ai envie de ne pas retourner dans la lande, mais de travailler dans le jardin. Quand la chaleur sera tombée, j'irai jusqu'à Blooms-End. Je suis sûr que, si je fais la moindre avance, mère sera prête à tout oublier. Il sera assez tard quand je rentrerai, car il faut bien compter une heure et demie, tant pour l'aller que pour le retour, mais il vous sera égal de rester seule pour un soir, n'est-ce pas, chérie ? À quoi pensez-vous donc avec tant de sérieux ?

— Je ne saurais vous le dire, fit-elle avec abattement. Je voudrais tant vivre ailleurs, Clym. Ici, tout semble aller mal.

— Tout va mal quand nous laissons tout aller mal… Je me demande si Thomasine a pu se rendre à Blooms-End ces temps derniers ? Je l'espère. Mais sans doute a-t-elle été empêchée par son état… J'aurais dû penser à cela plus tôt. Ma pauvre mère doit se sentir vraiment bien seule.

— Il me contrarie que vous alliez là-bas ce soir.

— Pourquoi ?

— On vous dira peut-être quelque chose de terrible contre moi.

— Ma mère n'est pas vindicative ! fit Clym, tandis que le rouge lui montait légèrement au visage.

— Mais j'aimerais mieux vous voir remettre à un autre jour, répéta Eustacia à voix basse. Si vous consentez à ne pas aller là-bas ce soir, je vous promets d'y aller, moi, demain et de me réconcilier avec votre mère et d'attendre chez elle que vous veniez me chercher.

— Comment se fait-il que vous soyez disposée à faire maintenant ce que vous avez toujours refusé de faire jusqu'ici ?

— Je ne peux pas vous expliquer pourquoi, mais j'aimerais être la première à la voir, répondit-elle avec un mouvement impatient de la tête et en le regardant avec une anxiété qu'il était peu dans sa nature de manifester.

— Encore une fois, il est très bizarre que vous consentiez à faire cette démarche au moment précis où je vais la tenter moi-même. Si je remets cette visite à demain, un autre jour sera perdu, et je ne pourrai avoir de repos avant d'avoir revu ma mère. Vous irez après, vous, cela reviendra tout à fait au même.

— Et si j'allais avec vous ce soir ?

— Non, ce serait trop fatigant pour vous, parce que je m'arrêterai à peine entre les deux trajets.

— Comme vous voudrez, alors, fit-elle, à la manière tranquille de ceux qui consentent à faire un léger effort pour écarter des ennuis probables, mais qui n'iront pas jusqu'à engager une lutte pour diriger les événements.

Clym alla travailler dans le jardin et, pendant le reste de la journée, Eustacia fut en proie à une langueur que son mari attribua à l'accablante température.

Le soir, Clym se mit en route pour Blooms-End. Bien que la chaleur d'été fût encore intense, les jours étaient déjà considérablement plus courts et, avant que le voyageur eût avancé d'un mille, les pourpres, les bruns et les verts de la lande s'étaient fondus en une grise teinte unie. Seuls ressortaient, çà et là, les petits tas de sable blanc qui révélaient l'entrée d'un terrier de lapin ou les fils, également blancs, d'un sentier se ramifiant au flanc d'une colline. Sur presque tous les buissons d'épines, isolés et rabougris, rencontrés en chemin, une crécelle révélait sa présence en faisant un bruit semblable au tic-tac d'un moulin, aussi longtemps qu'elle pouvait suspendre sa respiration, puis elle s'arrêtait, battait des ailes tout autour du buisson et, après s'être tenue silencieuse et aux écoutes, reprenait son tic-tac. Sous les pas de Clym, de blancs papillons de nuit volaient juste assez haut pour que leurs ailes cendreuses fussent touchées par un reflet de la lumière du couchant qui glissait encore, de côté, sur les surfaces qu'elle n'illuminait plus.

Yeobright marchait dans ces paysages tranquilles avec l'espoir que bientôt tout irait bien. Au bout de trois milles, un doux parfum s'éleva sur son chemin et il s'arrêta un instant pour respirer cette senteur familière. Là sa mère, quatre heures auparavant, s'était assise, épuisée, sur la pente couverte de thym. Pendant qu'il faisait halte, un son qui tenait de la respiration et du gémissement soudain parvint aux oreilles du jeune homme. Il regarda, mais vit seulement la crête de la colline qui découpait sur le ciel sa ligne ininterrompue. Il avança de quelques pas dans la direction du son et aperçut, presque à ses pieds, une forme étendue.

Différentes suppositions vinrent à l'esprit de Yeobright au sujet de l'identité de la personne qui gisait là, mais l'idée que cette personne était quelqu'un de sa famille ne l'effleura pas. Il arrivait à des coupeurs d'ajoncs de coucher en plein air, en cette saison, pour éviter de faire les longs trajets qui les séparaient de chez eux. Mais Clym, frappé par le gémissement, regarda de plus près, et il vit que la silhouette était féminine, et une détresse le pénétra, comme l'air froid qui sort d'une grotte. Mais il ne fut pas absolument certain que cette femme fût sa mère, jusqu'au moment où il se pencha davantage et vit de près le pâle visage aux yeux fermés.

Le souffle sembla quitter à jamais sa poitrine, son cri de douleur mourut sur ses lèvres. Pendant l'intervalle qui s'écoula avant que l'idée d'agir lui vînt, tout sentiment du temps abandonna Clym et il lui sembla être encore enfant et sur la lande avec sa mère, par un soir d'été. Puis il s'éveilla à la nécessité de porter du secours. Il se pencha davantage, découvrit que sa mère respirait encore, que sa respiration, quoique faible, était régulière, coupée parfois, cependant, de soupirs convulsifs.

— Oh ! qu'est-il arrivé ? Mère, êtes-vous très malade ? Vous n'allez pas mourir ! cria-t-il en pressant de ses lèvres le visage inanimé. C'est moi, votre Clym ! Comment vous trouvez-vous ici ? Que veut dire tout cela ?

À cet instant, Yeobright oubliait tout à fait que son amour pour Eustacia avait creusé un abîme entre sa mère et lui ; le présent se soudait exactement au passé amical d'avant la séparation.

Elle remua les lèvres, parut le reconnaître, mais ne put parler, et Clym faisait de grands efforts pour trouver un moyen de la transporter hors de cet endroit avant que la rosée ne devînt intense. Il était robuste et sa mère était frêle. Il la prit dans ses bras en lui demandant :

— Est-ce que je vous fais mal ?

Elle fit « non » de la tête. Il la souleva alors tout à fait et, à pas lents, se mit à avancer avec son fardeau. L'air était maintenant très frais, mais, quand Yeobright passait à côté d'emplacements sablonneux et nus, il recevait au visage une bouffée de la chaleur que ces lieux avaient absorbée durant le jour. Au début, il avait fait peu de cas de la distance qui restait à franchir pour atteindre Blooms-End, mais, en dépit de son sommeil au début de la journée, la lassitude lui vint et il plia bientôt sous sa charge. Il avançait ainsi, comme Énée portant son père. Les chauves-souris décrivaient des cercles autour de sa tête, des oiseaux de nuit battaient des ailes à un mètre de son visage et nulle créature humaine n'était à portée de voix.

Il lui restait un mille environ à parcourir, quand sa mère laissa voir des signes d'agitation. Il l'assit sur ses genoux et regarda autour de lui. Il se trouvait maintenant à moins d'un mille des cottages de Blooms-End, où habitaient Fairway, Sam, Humphrey et les Cantle. De plus, une sorte de hutte abandonnée, en terre durcie, au mince toit de bruyère se dressait à une cinquantaine de mètres. Clym joignit cet abri, déposa, avec précaution, sa mère sur le seuil, courut couper, à l'aide de son couteau de poche, une brassée de fougères sèches, en fit, à l'intérieur de la cabane, qui était entièrement ouverte d'un côté, une couche sur laquelle il étendit sa mère, puis il se mit à courir de toutes ses forces vers la demeure de Fairway.

Un quart d'heure s'écoula dans un silence que troublait seulement le souffle entrecoupé de la malade, puis des silhouettes en marche bougèrent entre le ciel et la lande et Clym, accompagné de Fairway, d'Humphrey, de Susan Nunsuch, rejoignit la cabane. Olly Dowden qui s'était trouvée être chez Fairway, Christian et le grand-père Cantle suivaient, pêle-mêle. Ces gens apportaient des allumettes, de l'eau, un oreiller – tout ce à quoi ils avaient pu penser dans la hâte et la confusion du moment. Sam était revenu au village pour chercher de l'eau-de-vie ; un jeune garçon avait enfourché le poney de Fairway et était parti en quête du médecin le plus proche et avec mission de s'arrêter chez Wildeve, pour avertir Thomasine de l'accident arrivé à sa tante.

Sam et l'eau-de-vie arrivèrent bientôt et, à la lueur d'une lanterne, quelques gouttes d'alcool furent administrées à la malade. Celle-ci reprit alors suffisamment conscience pour indiquer, du geste, qu'un de ses pieds lui faisait mal. Olly Dowden la comprit la première et examina le pied : il était gonflé et rouge, d'un rouge qui commença de tourner au livide pendant l'examen même, et, sur la peau lisse de la cheville, apparut une tache écarlate plus petite qu'un pois : une goutte de sang.

— Je sais ce que c'est ! cria Sam. Elle a été piquée par une vipère !

— Oui, dit aussitôt Clym. Je me souviens d'avoir vu une morsure semblable quand j'étais enfant. Oh, pauvre mère !

— C'est mon père qu'avait été piqué, dit Sam. Et n'y a qu'un remède : frotter l'endroit avec de la graisse de vipère et, pour en avoir, faut faire frire d'autres vipères. C'est comme ça qu'on avait soigné le père chez nous.

— C'est un vieux remède, dit Clym, indécis. Je n'ai pas grande confiance en lui. Mais nous ne pouvons rien faire d'autre avant l'arrivée du médecin.

— C'est un bon remède, dit Olly Dowden avec force. Je m'en suis souvent servi quand j'allais garder les malades.

— Alors, prions pour que le jour arrive vite, afin que nous puissions attraper des vipères, dit Clym avec accablement.

— Je vais un peu voir s'y a moyen d'en attraper maintenant, dit Sam.

Il fendit le bout d'une baguette de noisetier encore verte, dont il s'était servi comme d'une canne, introduisit un caillou dans la fente, prit la lanterne et pénétra dans les fourrés. Clym, cependant, allumait du feu et envoyait Susan Nunsuch chercher une poêle.

Avant que cette dernière ne fût revenue, Sam reparaissait avec trois vipères. L'une s'enroulait et se déroulait prestement au bout fendu du bâton, les deux autres y étaient suspendues, mortes.

— J'ai pu en trouver une seulement d'en vie, comme il les faut, dit Sam. Ces deux mollasses-là, je les ai tuées aujourd'hui au travail. Mais, vu qu'elles sont mortes après le coucher du soleil, elles doivent point être trop rances.

La vipère vivante regardait le groupe avec, dans ses petits yeux noirs, une expression sinistre et le beau dessin marron et couleur de jais qu'elle avait au dos parut devenir plus foncé sous le coup de la colère. Mrs Yeobright vit le serpent et le serpent vit Mrs Yeobright : un long frisson parcourut la femme et elle détourna les yeux.

— Oh, voyez ! murmura Christian Cantle. Voisins, ça se pourrait-il pas que le vieux serpent qui a donné la pomme à la jeune femme sans habit dans le jardin de Dieu, y vive toujours dans les serpents et dans les vipères ? Voyez ces yeux ? Si on ne dirait point des espèces de cassis empoisonnés ! Faut espérer qu'ils peuvent point donner le mauvais sort ? Je tuerai plus une vipère de ma vie !

— Ben, c'est pas un mal d'avoir peur des choses, si on peut pas faire autrement, dit le grand-père Cantle. Ça m'aurait épargné plus d'une mauvaise rencontre, à moi, dans le temps, d'avoir peur.

— Il me semble que j'ai entendu remuer derrière la cabane ? dit Christian. Les malheurs devraient arriver pendant le jour… Voisins, si maîtresse Yeobright allait passer, croyez-vous que nous serions mis en prison, censés que nous aurions tué une femme ?

— Non, on ne pourrait pas nous accuser, dit Sam, vu que nous ne sommes pas des braconniers. Mais maîtresse Yeobright s'en tirera.

— Eh bien, moi-même si j'avais été piqué par dix vipères, c'est tout juste si je me serais arrêté de travailler pendant un jour, dit le grand-père Cantle. Quand je suis en train, rien ne m'arrête. Faut dire que c'est peut-être naturel à un soldat… Ah, c'est que j'en ai vu ! Mais rien ne m'a fait broncher, après que j'ai joint la milice locale, en 1804. Et il secoua la tête et sourit à une image mentale de lui-même en uniforme. J'étais toujours en avant dès qu'il y avait à se battre, moi !

— C'est donc qu'on mettait les plus grands imbéciles au premier rang, dans le temps, dit Fairway du coin où, agenouillé, il soufflait sur le feu.

— C'est-y ton idée, Timothée ? dit le vieux Cantle, allant à Fairway et soudain tout déconfit. Un homme pourrait croire pendant des années et des années qu'il est un bon compère et se tromper sur son propre compte ?

— C'est pas le moment de se demander ça, grand-père. Fais plutôt manœuvrer tes jambes et va ramasser de quoi faire du feu. C'est manque de bon sens pour un ancien de jaser pareillement, quand y a question de vie et de mort.

— T'as raison, t'as raison, dit le grand-père Cantle avec conviction et mélancolie. Ah ! c'est une mauvaise nuit pour ceux qu'ont valu quelque chose dans leur temps ! Et, si j'étais de force au hautbois, j'aurais point le cœur à jouer des airs en leur honneur en ce moment-ci.

Susan arrivait avec la poêle. On tua la vipère vivante. On enleva la tête des trois serpents, leurs corps furent coupés en morceaux et jetés dans la poêle qui se mit à siffler et à grésiller sur le feu. Bientôt un filet d'huile claire suinta de ces tronçons et Clym trempa un coin de son mouchoir dans ce liquide et oignit la blessure.

35

Eustacia entend parler d'un heureux coup de la fortune et le malheur lui apparaît

Pendant ce temps, Eustacia, demeurée seule dans le cottage d'Alderworth, se sentait fort oppressée par l'allure que prenaient les événements. Clym allait apprendre que sa mère s'était vu refuser, ce jour-là, l'entrée de sa maison. Les conséquences de cette découverte seraient vraisemblablement désagréables et Eustacia appréhendait le désagréable autant que le terrible.

Cela la contrariait toujours de veiller seule, mais, ce soir-là, elle trouvait particulièrement irritant d'être livrée à elle-même. Les deux visites qui avaient marqué la journée la laissaient, en effet, très agitée. Envisager la probabilité d'apparaître à Clym sous un mauvais jour, dans la conversation qu'il allait avoir avec sa mère, ne la tourmentait pas à l'excès, mais la travaillait d'un sourd dépit et elle allait jusqu'à souhaiter d'avoir ouvert la porte. Elle avait vraiment cru que Clym était éveillé, mais cette excuse ne pourrait valoir contre son refus d'ouvrir au premier coup qu'avait frappé la visiteuse… Toutefois, au lieu de se reprocher sa faute, Eustacia en rejetait la responsabilité sur les épaules du maître de sa vie, d'un colossal et indistinct Prince du monde, qui, seul, aurait dirigé les événements.

En cette saison, il était plus agréable de se promener la nuit que le jour et, au bout d'une heure de solitude, elle résolut soudain de sortir, d'aller dans la direction de Blooms-End au-devant de son mari. Elle poussait la barrière du jardin quand elle entendit un bruit de roues et vit son grand-père qui arrivait en voiture.

— Non, merci, je m'arrête seulement une minute, répondit-il, comme elle lui offrait d'entrer. Je vais à East Egdon et je passe par ici pour vous dire la nouvelle, en avez-vous déjà eu vent ? du coup de chance de Wildeve ?

— Non, fit Eustacia d'un air absent.

— Eh bien, il vient d'hériter douze mille livres. Un de ses oncles est mort au Canada en apprenant que sa femme et ses enfants, qu'il avait embarqués pour l'Angleterre, avaient coulé à pic avec le *Cassiopeia*. Et Wildeve hérite de tout, et il s'y attendait autant que moi !

Eustacia demeura immobile.

— Quand a-t-il appris cette nouvelle ? demanda-t-elle.

— Ce matin de bonne heure, j'imagine, parce que, moi, je l'ai apprise vers les dix heures par Charley. Voilà ce qui s'appelle un homme chanceux, hein ? Et vous, vous avez manqué de flair, ma petite !

— Comment cela ? fit-elle, levant les yeux sur lui avec un calme apparent.

— Eh bien, en ne gardant pas ce garçon, puisque vous le teniez !

— Je le tenais ? Vraiment ?

— Je ne savais pas, jusqu'à tout dernièrement, qu'il y avait eu des manigances entre lui et vous et, si je l'avais su dans le temps, vous pouvez croire que je me serais fâché tout rouge, mais, du moment que vous vous étiez tournés autour, pourquoi diable l'avoir lâché ?

Eustacia ne dit rien, mais eut l'air d'en pouvoir dire plus long que son interlocuteur, si elle l'avait souhaité.

— Et votre pauvre moitié aveugle de mari ? pousuivit le vieil homme, pas un mauvais garçon dans son genre… Mais enfin, comment va-t-il ?

— Il va très bien.

— Une fameuse aubaine pour sa cousine, comment s'appelle-t-elle déjà ? Par saint Georges ! vous avez manqué le coche, ma petite ! Maintenant, au revoir. À propos n'avez-vous besoin de rien ? Ce qui est à moi est à vous, vous savez.

— Merci, grand-père, nous n'avons besoin de rien pour le moment, fit-elle froidement. Si Clym coupe des ajoncs c'est surtout comme passe-temps… parce qu'il ne peut pas faire autre chose.

— Un passe-temps qui lui est payé, hein ? Combien ? Trois shillings le cent de fagots, je crois ?

— Clym a des économies, dit-elle en rougissant un peu. Mais il n'aime pas l'oisiveté.

— Très bien. Bonne nuit.

Et le capitaine partit dans sa voiture.

Quand elle se retrouva seule, Eustacia prit, machinalement, le chemin qu'elle s'était proposé, mais elle ne songeait plus maintenant à sa belle-mère et à Clym. Ainsi, ce Wildeve qui se plaignait de son sort venait d'être traité en favori par le destin. Douze mille livres ! La richesse aux yeux de tout Egdon ! Aux yeux d'Eustacia aussi douze mille livres étaient une fortune, et assez considérable pour alimenter des goûts que Clym, en ses heures austères, qualifiait de vains et de voluptueux. Eustacia n'aimait pas l'argent, mais elle aimait ce que l'argent peut donner. Wildeve riche s'entourait de prestige… Elle se souvenait de l'élégance simple et de bon aloi qu'elle avait vu à son visiteur le jour même… Sans doute avait-il mis le plus neuf de ses costumes, sans se soucier des ronces des épines… Puis elle pensa aux façons qu'il avait eues envers elle.

— Oh, je comprends, je comprends, dit-elle. Il voudrait que je sois à lui, maintenant qu'il pourrait me donner tout ce que je désire !

Elle évoquait en détail des regards et des paroles qu'elle avait, sur le moment, à peine remarqués, qui prenaient maintenant une valeur toute nouvelle. Elle se disait :

— S'il avait été de ceux qui gardent méchamment rancune, il se serait complu à m'annoncer sa bonne chance… mais il ne m'en a pas dit un mot… par déférence pour mon mauvais sort. Il a seulement fait entendre qu'il m'aimait toujours… qu'il voyait en moi une femme supérieure à lui.

Le silence observé en ce jour par Wildeve au sujet de sa chance était l'attitude la mieux faite pour toucher une femme comme Eustacia. Pareilles touches de délicatesse faisaient la force de Wildeve dans ses rapports avec l'autre sexe. C'était la particularité de cet homme, que, s'il se montrait à un moment emporté, hargneux et vindicatif envers une femme, à un autre moment il traitait la même femme avec une grâce telle que son sans-gêne précédent ne paraissait plus discourtois, ni ses impertinences, injurieuses ! Il semblait l'avoir querellée par gentillesse et déshonorée par excès de dévouement chevaleresque.

Eustacia se répétait donc que cet homme, qui lui avait, en ce jour, témoigné une admiration qu'elle avait méprisée et qu'elle avait fait sortir de chez elle par les communs, possédait douze mille livres et ses titres d'ingénieur. Et elle était tellement occupée par cet événement qu'elle oublia que la destinée de Clym la touchait de plus près que celle de Wildeve et, au lieu de poursuivre sa route à l'avance de son mari, elle s'assit sur une pierre. Elle fut troublée dans sa rêverie par une voix. Quelqu'un était derrière elle et lui parlait. Elle tourna la tête et vit, tout près d'elle, son ancien amoureux, l'heureux héritier d'une fortune. Elle demeura assise, mais quelque chose de son expression, qui vacilla un peu, devait laisser deviner à un survenant qui la connaissait si bien, que c'était à lui qu'elle songeait.

— Comment êtes-vous ici ? demanda-t-elle de sa voix nette aux intonations graves. Je vous croyais revenu chez vous.

— Je suis allé jusqu'au village en sortant de votre jardin et maintenant, je reviens. De quel côté allez-vous, s'il n'est pas indiscret de vous le demander ?

Elle agita la main du côté de Blooms-End.

— Je vais au-devant de mon mari. J'ai peur d'avoir des ennuis parce que je n'ai pas ouvert la porte à Mrs Yeobright.

— J'espère que ma visite n'aura pas été cause de complications fâcheuses pour vous ?

— Non. Ce n'était pas votre faute, dit-elle avec calme.

Entre-temps, elle s'était levée et, machinalement, sans parler, ils se mirent à marcher côte à côte pendant deux ou trois minutes. Puis, Eustacia rompit le silence en disant :

— Je suppose que je dois vous féliciter ?

— À quel propos ? Ah, oui ! Mon héritage. Mon Dieu, du moment que je n'ai pu avoir une certaine autre chose, il faut bien que je me contente d'avoir celle-ci…

— Ce coup de chance semble vous laisser bien indifférent. Pourquoi ne m'avez-vous pas annoncé la nouvelle quand vous êtes venu ? dit-elle du ton d'une personne qu'on néglige. Je l'ai apprise tout à fait par hasard.

— J'avais l'intention de vous l'annoncer, dit Wildeve. Mais je… Eh bien, je vais vous parler tout à fait franchement… Je n'ai pu m'y résoudre quand j'ai vu que votre propre étoile ne brillait que d'un éclat si faible… Voir étendu, assommé de fatigue, un travailleur qui était votre mari m'a donné l'impression que me vanter devant vous de ma bonne chance serait fort déplacé. Pourtant, comme vous vous teniez près de lui, je ne pouvais m'empêcher de penser qu'à bien des points de vue, cet homme était plus riche que moi.

À quoi Eustacia répliqua avec une somnolente espièglerie.

— Quoi, vous échangeriez votre lot pour le sien ? Votre richesse pour moi ?

— Certainement, dit Wildeve.

— Si nous parlions d'autre chose, au lieu de faire des suppositions impossibles et absurdes ?

— Soit. Je vais vous parler de mes projets, si vous vous souciez de les connaître. J'ai l'intention de placer neuf mille livres, d'en garder mille en argent liquide, et de consacrer les deux mille autres à voyager pendant environ un an.

— À voyager ? Quelle bonne idée ! Et où irez-vous ?

— D'ici, je compte aller à Paris, où je passerai l'hiver et le début du printemps. Puis j'irai en Italie, en Grèce, en Égypte, en Palestine. Ensuite, en Amérique. Après, peut-être en Australie et aux Indes, mais ce n'est pas encore très sûr. J'en aurai probablement assez des voyages à ce moment ! Alors je reviendrai sans doute à Paris et j'y resterai le plus longtemps possible.

— À Paris…, fit-elle en un murmure qui était presque un soupir. Elle n'avait pas dit un mot à Wildeve des rêves secrets qu'avaient éveillés en elle les récits de Clym et voici que cet homme se fût trouvé en mesure de les réaliser ! Vous pensez beaucoup de bien de Paris ? ajouta-t-elle.

— Oui. Pour moi, c'est le centre du monde.

— Ah, pour moi aussi ! Et Thomasine vous accompagnera ?

— Oui, si elle veut. Mais elle préférera peut-être rester à la maison.

— Ainsi, vous irez par le monde et moi je resterai ici !

— Sans doute… Mais à qui la faute ?

— Je ne vous fais pas de reproches, dit-elle vivement.

— Ah, je croyais… Si vous vous sentiez jamais disposée à m'en faire, pensez à un certain soir où vous deviez venir me trouver à Rainbarrow… Je vous attendais et vous n'êtes pas venue… Vous m'avez envoyé une lettre et j'ai souffert, en la lisant, comme j'espère que vous ne souffrirez jamais, vous… Et j'ai fait ensuite quelque chose de trop précipité… Mais c'est une bonne petite femme et je n'en dirai pas davantage…

— Je sais que c'est moi qui avais tort cette fois-là, dit Eustacia. Mais il n'en fut pas toujours ainsi. Cependant, c'est mon malheur d'être trop impulsive… Ô Damon ne me faites pas de reproches ! C'est plus que je ne peux supporter !

Ils marchèrent en silence pendant deux ou trois milles et Eustacia dit subitement :

— Mais vous vous écartez de votre chemin, Mr Wildeve ?

— Mon chemin est partout ce soir. Je vais aller avec vous jusqu'à la colline, du haut de laquelle nous apercevrons Blooms-End, car il est tard pour vous laisser aller seule.

— Ne vous inquiétez pas. Rien ne m'obligeait à sortir. Je préfère que vous ne m'accompagniez pas plus avant. Cela pourrait sembler étrange si on nous rencontrait.

— Très bien, je vais vous laisser. (Il lui prit la main et par surprise, il la lui baisa, pour la première fois depuis qu'elle était mariée.) Qu'est-ce que cette lumière ? ajouta-t-il, comme pour dissimuler sa caresse.

Elle regarda du même côté que lui, vit clignoter un feu, à peu de distance, près d'une cabane qu'elle avait toujours vue abandonnée et qui semblait habitée en ce moment.

— Puisque vous m'avez accompagnée aussi loin, dit-elle, voulez-vous venir avec moi jusqu'à cette cabane ? Je pensais rencontrer Clym par ici, mais, puisqu'il n'est pas en vue, mieux vaut me hâter et arriver à Blooms-End avant qu'il n'en soit parti.

Ils avancèrent donc vers l'abri et distinguèrent bientôt, à la lueur du feu et à celle d'une lanterne, une femme allongée sur un lit de fougères et un groupe de gens de la lande qui se tenait auprès. Eustacia ne reconnut pas Mrs Yeobright dans la femme étendue. Elle ne vit pas, non plus, que Clym faisait partie du groupe avant d'arriver fort près de l'abri. Alors elle pressa de la main le bras de son compagnon et attira le jeune homme dans l'ombre.

— C'est mon mari et sa mère, murmura-t-elle d'une voix agitée. Qu'est-ce que cela peut bien vouloir dire ? Voulez-vous vous approcher, essayer de voir ce qui se passe et revenir me le dire ?

L'autre obéit, passa derrière la hutte après avoir fait un détour. Bientôt la jeune femme s'aperçut qu'il lui faisait un signe d'appel et elle alla le rejoindre.

De leur poste d'observation, Eustacia et Wildeve entendaient ce qui se disait à l'intérieur de l'abri.

— Je ne peux pas m'expliquer où elle a bien pu aller, disait Clym. Elle a évidemment marché très longtemps, mais, tout à l'heure, quand elle aurait pu parler, elle n'a pas voulu me dire où elle allait. Quel est votre avis ?

— Il faut s'attendre à tout, répondit la voix de l'unique médecin de la commune. La piqûre de vipère l'a éprouvée, mais c'est un effort trop grand qui l'a ainsi épuisée. Elle a dû faire une marche exceptionnellement longue.

— Moi qui lui avais toujours recommandé de ne pas se fatiguer par des chaleurs comme celles d'aujourd'hui ! dit Clym avec détresse. Vous ne pensez pas que nous ayons eu tort d'essayer de la graisse de vipère ?

— C'est un vieux remède..., le remède des chasseurs de vipère, si je ne me trompe. Hoffmann, Head le citent comme un onguent infaillible..., et aussi, je crois, l'abbé Fontana... Vous ne pouviez tenter mieux... Seulement, une application de tout autre corps gras eût probablement été tout aussi indiquée.

— C'est ici, c'est ici, dit, en accents rapides, une voix inquiète, et on entendit Clym et le médecin quitter le fond de la cabane où gisait Mrs Yeobright.

— Qu'est-ce que c'est ? chuchota Eustacia.

— C'est la voix de Thomasine, répondit Wildeve. On l'aura envoyé chercher... Je me demande si je ne ferais pas mieux d'entrer aussi ? Non... Sans doute ma présence ferait-elle plus de mal que de bien.

Pendant longtemps, le silence fut absolu à l'intérieur de la cabane. Puis on entendit Clym demander d'une voix déchirée par l'angoisse :

— Oh, docteur ? Qu'est-ce que cela veut dire ?

Le médecin ne répondit pas aussitôt. Finalement, il déclara :

— Elle s'affaiblit rapidement. Son cœur était déjà malade et un trop grand effort physique lui a porté un coup fatal.

Il y eut des sanglots de femmes, puis une pause ; puis des exclamations étouffées ; un étrange bruit de respiration étranglée. Enfin, un calme oppressant.

— C'est fini, dit le médecin.

Presque au même instant, Eustacia et Wildeve aperçurent un petit garçon vieillot qui approchait de la cabane. Susan Nunsuch, qui était la mère de l'enfant, alla au-devant de lui et, silencieusement, lui fit signe de s'en retourner. Mais il passa outre.

— J'ai quelque chose à dire, mère, cria le petit d'une voix aiguë. Cette femme qui dort là, j'ai marché avec elle dans la lande, aujourd'hui, et elle m'a dit de dire que je l'avais vue et qu'elle était une femme au cœur brisé, une mère rejetée par son fils, et alors je suis rentré chez nous.

Un sanglot sourd – un sanglot d'homme – se fit entendre et Eustacia chuchota en accents faibles et entrecoupés.

— C'est Clym ! Il faut que j'aille auprès de lui ! Mais oserai-je ? Non. Venez.

Quand ils se furent éloignés de la hutte, Eustacia dit d'une voix altérée :

— Tout cela est de ma faute. Il y a du malheur en réserve pour moi.

— Est-ce qu'elle n'aurait pas été reçue chez vous, finalement ? interrogea Wildeve.

— Non, et tout vient de là !... Oh, que vais-je faire ? Je ne saurais aller auprès d'eux tous... Je vais rentrer à la maison. Adieu, Damon ! Je ne peux pas vous dire un mot de plus en ce moment.

Ils se séparèrent. Et, quand Eustacia eut atteint le sommet de la colline suivante, elle regarda en arrière. À la lueur de la lanterne, un triste cortège quittait la cabane et se dirigeait vers Blooms-End. Wildeve avait disparu.

CINQUIÈME PARTIE

LA DÉCOUVERTE

36

« La lumière sera donnée à celui qui souffre »

Un soir, trois semaines environ après l'enterrement de Mrs Yeobright, alors que, du disque argenté de la lune, des faisceaux de rayons tombaient sur les planchers de la maison de Clym à Alderworth, une femme sortit de cette maison. Elle alla s'appuyer contre la barrière du jardin comme pour se reposer un instant : les pâles touches du pinceau lunaire, qui d'une laide font une beauté, portaient au divin son visage déjà beau.

Il y avait peu de temps qu'elle se tenait ainsi, quand un homme apparut sur le sentier, s'approcha du jardin avec quelque hésitation et demanda :

— Comment va-t-il, ce soir, madame, s'il vous plaît ?

— Il va mieux, Humphrey, mais il est encore bien malade, répondit Eustacia.

— Bat-il toujours autant la campagne, madame ?

— Il a repris conscience maintenant.

— Alors, il n'est plus à toujours divaguer à propos de sa mère, le pauvre ? poursuivit Humphrey.

— Si, il continue… mais non avec la même violence, dit-elle à voix basse.

— Ah, c'est bien du malheur que Johnny soit allé lui répéter les dernières paroles de sa mère !… sur le cœur brisé... et le fils qui l'avait rejetée... Y avait de quoi vous abattre un homme.

Pour toute réponse, Eustacia suspendit son souffle pendant une demi-seconde, comme quelqu'un qui voudrait parler et ne pourrait. Humphrey n'accepta pas d'entrer, quand elle l'y invita ensuite, et s'en alla.

Eustacia rentra dans la maison, monta au premier étage, pénétra dans la chambre à coucher qu'une lumière voilée éclairait. Sur le lit gisait Clym, pâle, hagard, jeté par l'insomnie d'un côté de sa couche à l'autre, les yeux luisant d'un feu qui paraissait les consumer.

— C'est vous, Eustacia ? demanda-t-il comme elle s'asseyait.

— Oui, Clym. Je suis allée jusqu'à la barrière. La lune brille merveilleusement et pas une feuille ne bouge.

— Oui ? La lune brille ? Ah, qu'importe pour un homme comme moi ! Oh, si je pouvais ne pas voir un autre jour se lever ! Eustacia, je ne sais de quel côté regarder : partout, ce sont des pensées qui me transpercent comme feraient des épées... Oh, si un peintre cherche à gagner l'immortalité en peignant un malheureux, qu'il vienne ici !

— Ne parlez pas ainsi !

— C'est que je ne peux pas m'empêcher de me dire que j'ai tout fait pour la tuer !

— Mais non, Clym !

— Oh ! si ! si ! Il est inutile d'essayer de m'excuser. Ma conduite envers elle a été atroce. Je n'ai pas cherché à me rapprocher d'elle et elle n'a pu se résoudre à me pardonner. Maintenant, elle est morte. Si je m'étais seulement montré plus tôt désireux de réconciliation ! Si nous étions redevenus amis avant sa mort, ce ne serait pas si dur à supporter ! Mais je n'ai jamais pris le chemin de sa maison ; alors, elle n'a jamais pris le chemin de la mienne. Elle ne saura jamais avec quelle joie elle aurait été accueillie ici ! Voilà ce qui me torture. Elle n'a pas même su que j'allais la voir le soir même de sa mort… Elle était trop malade quand j'ai voulu le lui dire… Si elle était venue me voir, elle ! J'en avais tant, tant envie ! Mais non ! ce ne devait pas être !

Eustacia ne put retenir un de ces soupirs qui la secouaient comme un souffle pernicieux. Elle n'avait encore rien avoué. Mais le remords absorbait trop Yeobright pour qu'il prêtât attention à sa femme. Pendant la maladie qu'il venait de faire, il n'avait cessé de délirer sur ce thème. Son deuil se compliquait d'une infinie détresse, due à la malheureuse révélation de l'enfant qui avait recueilli les dernières paroles de Mrs Yeobright, paroles trop amères, dictées par une méprise. Écrasé sous le désespoir, Clym avait désiré la mort comme un laboureur désire l'ombre, offert le déchirant spectacle d'un homme enfoncé au plus profond de la douleur. Il déplorait sans répit la faute irréparable d'avoir décidé trop tard d'aller chez sa mère ; il assurait qu'un démon devait l'avoir perverti, sans quoi il eût songé, sans aucun doute, qu'il était de son devoir d'aller à elle, puisqu'elle ne venait point à lui. Il insistait pour qu'Eustacia le blâmât comme il se blâmait lui-même et quand, ravagée intérieurement par le secret qu'elle n'osait pas dire, elle répondait qu'il lui était impossible de trancher pareille question, il disait : « C'est parce que vous ne connaissiez pas ma mère : elle était toujours prête à pardonner si on l'en priait, mais elle a vu en moi un enfant entêté ; c'est pourquoi elle n'a pas cédé… Et pourtant, elle n'était pas même sévère… Elle était seulement fière et réservée… Oui, je comprends pourquoi elle m'a gardé rigueur pendant si longtemps : elle comptait sur un bon mouvement de ma part. Dans sa peine, elle a dû se dire plus de cent fois : “C’est ainsi qu’il reconnaît les sacrifices que j’ai faits pour lui ?” Elle m’attendait et je ne venais jamais. Quand je me suis décidé, il était trop tard… Trop tard ! C’est presque intolérable à penser. »

Parfois, le remords seul le tourmentait, sans que l’adoucît une larme de chagrin pur, et il se tordait sur son lit, ses pensées l’enfiévraient plus que la maladie.

— Avoir une preuve, une preuve qu’elle n’est pas morte en me croyant endurci contre elle, dit-il un jour qu’il souffrait ainsi, me serait meilleur que d’espérer le ciel ! Mais c’est impossible.

— Vous vous abandonnez trop à ce désespoir épuisant, lui avait répondu Eustacia. D’autres hommes ont perdu leur mère.

— Mon propre deuil n’en est pas moins lourd. Et, d’ailleurs, les circonstances de sa mort sont plus affreuses que sa mort même. J’avais des torts envers elle et c’est pourquoi il ne saurait y avoir d’apaisement pour moi.

— Elle avait des torts envers vous, elle aussi, il me semble.

— Non, non. C’est moi le coupable, moi seul. Puisse tout le poids du châtiment m’accabler !

— Vous devriez réfléchir avant de dire des choses pareilles, avait alors répliqué Eustacia. Les hommes seuls ont sans doute le droit d’appeler sur eux toutes les malédictions qu’ils veulent, mais un homme marié condamne sa femme en se faisant condamner.

— Ah ! je n’ai pas la force de songer à ces subtilités, voyez-vous ! avait conclu l’infortuné. De jour, de nuit, une voix me répète : « Tu as aidé à la tuer ! » Mais, en me prenant en horreur, je dois, en effet, être injuste envers vous, ma pauvre femme. Pardonnez-moi, Eustacia, parce que je sais à peine ce que je fais !

Eustacia redoutait extrêmement, fuyait autant que possible ces scènes, qui lui étaient aussi accablantes que le jugement du Christ dut l'être pour Judas Iscariote. Elles évoquaient, pour elle, le spectre d'une femme recrue de fatigue qui frappait à une porte qu'elle, Eustacia, n'ouvrait pas. Mais, pour Yeobright lui-même, il valait mieux qu'il parlât ouvertement de ses cuisants regrets. Il endurait des souffrances infiniment plus cruelles quand il se laissait dévorer en silence par son idée fixe, et il fallait absolument le pousser à parler tout haut, afin que l'effort qu'il faisait pour l'exprimer engourdît sa misère. Il y avait peu de temps qu'Eustacia était rentrée après avoir contemplé le clair de lune, quand un pas léger se fit entendre dans la maison et la servante annonça Thomasine.

— Ah, Thomasine ! merci d'être venue ce soir ! dit Clym quand la visiteuse entra. Vous voyez dans quel pauvre état je suis ? Je me sens si misérable que j'aurais honte d'être vu par un ami et que j'ai presque honte d'être vu par vous.

— Il ne faut pas avoir honte devant moi, cher Clym, dit Thomasine avec empressement, de sa voix douce, qui parvint aux oreilles de l'homme éprouvé comme une brise parfumée pénétrerait dans un cachot. Venant de vous, rien ne pourra jamais me choquer ou m'éloigner. Je suis déjà venue vous voir, mais vous ne vous en souvenez pas.

— Si, je me souviens. Je n'ai pas le délire, Thomasine. Je ne l'ai jamais eu. Je suis seulement très malheureux d'avoir fait ce que j'ai fait et c'est le remords qui, joint à ma faiblesse, me donne l'air d'avoir perdu la raison.

Mais croyez-vous que je me souviendrais si bien de tous les détails de la mort de ma mère si j'étais fou ? Fou ? Je n'ai pas cette chance ! Pendant deux mois et demi, pendant les derniers temps de sa vie, Thomasine, ma pauvre mère a vécu seule, tourmentée et désolée à cause de moi ; et jamais je ne suis allé la voir ; et j'habitais seulement à six milles de distance… Pendant deux mois et demi – soixante-quinze jours –, le soleil s'est levé et l'a trouvée plus seule qu'on ne laisserait un chien ! Des humbles, des étrangers l'eussent entourée, visitée chaque jour, s'ils avaient imaginé sa détresse et sa solitude, et moi, moi qui aurais dû être tout pour elle, je me tenais à l'écart comme une brute ! S'il y a une justice divine, il faut qu'elle m'écrase ! Dieu m'a déjà rendu presque aveugle, mais ce n'est pas assez. Qu'il m'éprouve plus cruellement encore et je croirai en Lui à jamais !

— Chut ! Chut ! Clym, ne parlez pas ainsi, je vous en supplie ! implora Thomasine effrayée, avec des sanglots et des larmes, et, à l'autre bout de la pièce, Eustacia, bien que son pâle visage demeurât calme, se tordit sur sa chaise comme torturée…

Clym poursuivit sans tenir compte des prières de sa cousine.

— Mais je suis indigne d'attirer l'attention du ciel, même pour être puni. Croyez-vous, Thomasine, qu'elle m'a reconnu ? Qu'elle n'est pas morte en emportant cette horrible idée fausse que je lui en voulais ? Cette idée qui lui sera venue comment ? Si vous pouviez m'assurer de cela ! Et vous, Eustacia, le croyez-vous ? Parlez-moi.

— Je crois bien pouvoir vous affirmer qu'elle sera revenue sur cette idée au dernier moment, oui, dit Thomasine.

Pâle, Eustacia ne dit rien.

— Si elle avait pu venir chez moi ! Comme je lui aurais fait accueil ! Comme je lui aurais prouvé combien je l'aimais en dépit de tout ! Mais elle n'est pas venue. Je ne suis pas allé à elle, et elle est morte sur la lande, comme un animal chassé à coup de pied, avec personne pour la secourir avant qu'il ne soit trop tard ! Si vous l'aviez vue comme je l'ai vue, Thomasine ! Une pauvre femme mourante, couchée à même le sol dans la nuit. Elle gémissait, et personne n'était là pour l'entendre, et elle se croyait abandonnée par le monde entier… Oh ! Thomasine, vous auriez été bouleversée ! Qui ne l'aurait été ! Et cette femme était ma mère. Est-il surprenant qu'elle ait dit au petit : « Tu as vu une femme au cœur brisé ! » À quelle extrémité devait-elle être réduite pour parler de la sorte ! Et moi, le seul être au monde capable de la désespérer ainsi ! Comment me croirais-je assez puni ? Combien de temps a duré mon délire ?

— Une semaine, je crois.

— Et après, j'ai été calme ?

— Oui, pendant quatre jours.

— Et maintenant, je ne suis plus calme.

— Essayez de vous reposer un peu…, et vous serez bientôt guéri.

— Je sais, je sais, dit-il avec impatience. Mais je ne veux pas guérir… À quoi bon ? Il vaudrait mieux que je meure, surtout pour Eustacia… Est-elle ici, Eustacia ?

— Oui.

— N'est-ce pas que, pour vous, il vaudrait mieux que je meure, Eustacia ?

— Ne posez pas de questions pareilles, cher Clym.

— Oh, c'est d'ailleurs une question en l'air ! Parce que je vais vivre, hélas. Je me sens déjà mieux. Combien de temps demeurerez-vous encore à l'auberge, maintenant que voilà votre mari devenu si riche ?

— Encore un ou deux mois j'imagine, jusqu'à ce que je sois rétablie.

— Ah, oui, c'est vrai ! Ah, cousine Tamsine, vous vous rétablirez, vous ! Un petit mois et vos souffrances seront finies, et vous aurez quelque chose pour vous consoler. Mais moi, je ne guérirai jamais et rien, jamais, ne me consolera !

— Clym, vous êtes trop dur envers vous-même. Croyez-moi, tante ne vous gardait pas rigueur. Je suis sûre que, si elle avait vécu, vous vous seriez réconciliés.

— Mais elle n'est jamais venue me voir et je le lui avais demandé, pourtant, avant mon mariage. Si elle était venue ou si j'étais allé chez elle, elle ne serait pas morte en disant : « Je suis une femme au cœur brisé, rejetée par son fils ! » Ma maison lui a toujours été ouverte. Si elle avait pu voir l'accueil qui lui était réservé ici !

— C'est assez, Clym, vous parlez trop, dit faiblement Eustacia de l'autre bout de la salle, car cette scène lui devenait intolérable.

— Laissez-moi vous parler, moi, pendant le peu de temps que je peux rester avec vous, dit Thomasine au malade d'une voix apaisante. Vous ne regardez qu'un côté de la question, Clym. Quand elle a parlé au petit garçon, vous ne l'aviez pas encore rencontrée et prise dans vos bras, et ces paroles lui auront échappé dans un moment d'amertume. Tante était parfois un peu vive, vous savez. Il lui est arrivé de me parler ainsi. Quoiqu'elle ne fût pas allée vous voir, elle avait l'intention de venir ici, j'en suis certaine. Croyez-vous qu'une mère vivrait pendant trois mois sans que lui vînt l'idée du pardon ? Elle m'a pardonné, à moi. Pourquoi ne vous aurait-elle pas pardonné, à vous aussi ?

— Vous avez fait des efforts pour rentrer en grâce, vous ; moi, je n'ai rien fait. Rien. Moi qui prétendais apprendre aux gens des secrets pour atteindre au bonheur le plus élevé, je n'ai pas su éviter une misère que les plus ignorants savent écarter de leur chemin.

— Comment êtes-vous venue ici ce soir, Thomasine ? dit Eustacia.

— Damon m'a prise avec lui en voiture. Il m'a laissée au bas du sentier et il est allé jusqu'à East Egdon pour affaires. Il doit passer me chercher en revenant.

Peu après on entendit, en effet, un bruit de roues.

— Voulez-vous faire dire à mon mari que je descends dans deux minutes ? demanda Thomasine.

— Je vais l'avertir moi-même, dit Eustacia.

Elle descendit. Wildeve avait mis pied à terre et se tenait debout, près de son cheval, quand Eustacia ouvrit la porte. Il crut que c'était sa femme qui arrivait et ne leva point les yeux.

Quand Eustacia s'approcha et qu'il la reconnut, il tressaillit légèrement et dit un seul mot :

— Alors ?

— Je ne lui ai encore rien avoué, murmura-t-elle en réponse.

— Eh bien, continuez à vous taire pendant qu'il est malade… ou vous le tueriez… Vous êtes malade, vous aussi.

— Je suis misérable… Ô Damon, dit-elle, éclatant en sanglots, je ne peux vous dire à quel point je suis malheureuse ! C'est à peine supportable… Je ne peux me confier à personne. Personne ne sait rien, excepté vous.

— Pauvre petite, fit Wildeve et, visiblement ému par cette détresse, il alla jusqu'à prendre la main de la jeune femme. C'est dur pour vous qui n'avez rien fait de mal, d'être prise dans un filet pareil. Vous n'êtes pas à votre place dans ce triste rôle. Je m'en veux. Que n'ai-je su vous épargner toutes ces épreuves !

— Mais, Damon, je vous prie, dites-moi ce qu'il faut que je fasse ! Rester assise auprès de lui pendant des heures et l'entendre se reprocher d'avoir causé la mort de sa mère, quand je sais que, s'il y a un être humain de coupable, c'est moi, me glace de désespoir. Je ne sais que faire. Avouer ou ne pas avouer ? Je suis toujours à me poser cette question. Oh, je voudrais tout lui dire ! Et pourtant j'ai peur. S'il découvre la vérité, il me tuera. C'est le seul geste qui réponde aux sentiments qu'il éprouve en ce moment…

— Eh bien, il faut attendre qu'il aille mieux et compter ne lui dire qu'une partie de la vérité… dans son propre intérêt.

— Que faudra-t-il lui taire ?

Wildeve fit une pause.

— Que j'étais avec vous dans la maison, prononça-t-il enfin à voix basse.

— Oui, il faudra le lui cacher, d'autant que des bruits courent sur nous. On a vite fait d'agir à la légère… mais il est long, ensuite, d'effacer un acte !

— S'il mourait…, chuchota Wildeve.

— Non, dit-elle. Écartez des pensées pareilles ! Je n'achèterais pas un espoir d'impunité par un souhait aussi lâche, même si je détestais mon mari. Je vais le retrouver. Thomasine m'avait chargée de vous dire qu'elle descendait. Au revoir.

Elle s'en alla et Thomasine apparut bientôt. Les époux s'installèrent dans la voiture et, tandis qu'il faisait faire demi-tour au cheval, Wildeve leva les yeux vers la façade de la maison. Il put discerner, à l'une des fenêtres de la chambre à coucher, un visage pâle et tragique qui le suivait des yeux : le visage d'Eustacia.

37

Une lueur sinistre vient soudain éclairer une intelligence obscurcie

La douleur de Clym s'usa et devint supportable. Il reprit des forces et, un mois après la visite de Thomasine, il se promenait dans le jardin. La résignation et le désespoir, le hâle de la lande et la pâleur de la mort lui composaient un visage fantastique. Il gardait, maintenant, un silence anormal sur tout ce qui touchait à la mort de sa mère. Eustacia savait bien qu'il n'oubliait rien, mais elle était trop soulagée que le cruel sujet de conversation fût laissé de côté pour y faire elle-même la moindre allusion. Pendant que la maladie lui affaiblissait l'esprit, Clym, dominé par son cœur, s'était laissé aller à parler, mais, maintenant que la raison peu à peu reprenait son empire, il sombrait dans une humeur taciturne.

Il se tenait ainsi, un soir, dans son jardin. Distraitement, il arrachait une mauvaise herbe du bout de sa canne, quand une silhouette osseuse poussa la barrière et vint à lui.

— C'est Christian, n'est-ce pas ? dit Clym. Je suis content que vous soyez venu. J'aurai bientôt besoin de vous pour m'aider à mettre la maison en ordre à Blooms-End. Tout est fermé à clé comme je l'ai laissé, je pense ?

— Oui, maître Clym.

— Avez-vous arraché les pommes de terre ?

— Oui, sans une goutte de pluie, Dieu merci. Mais je viens pour vous annoncer une nouvelle bien différente de celles que vous venez d'avoir dans votre famille. Le riche monsieur de la Femme tranquille, celui que nous appelions dans le temps « l'aubergiste », m'envoie vous dire que Mrs Wildeve a mis au monde une fille à une heure de l'après-midi, ponctuellement, à quelques minutes près, s'entend. Paraît qu'ils n'attendaient que cet accroissement de famille pour quitter l'auberge, maintenant qu'ils ont tant d'argent.

— Et vous dites que ma cousine se porte bien ?

— Oui, très bien. N'y aurait que Mr Wildeve qui grognerait, vu qu'il voulait un garçon, à ce qu'on disait dans la cuisine. Moi, je suis censé m'en être point aperçu.

— Christian, écoutez-moi bien, maintenant.

— Oui, monsieur Yeobright.

— Avez-vous vu ma mère la veille de sa mort ?

— Non.

Clym eut l'air déçu.

— Mais je l'ai vue le matin du jour de sa mort.

L'espoir éclaira le visage de Clym.

— C'est encore mieux, alors, dit-il.

— Oui, je sais que c'était le jour même, vu qu'elle m'a dit : « Je vais le voir, Christian, ce ne sera pas la peine de m'apporter des légumes pour le déjeuner. »

— Qui allait-elle voir ?

— Vous, donc.

Yeobright regarda Christian avec une profonde surprise.

— Pourquoi ne me l'avez-vous jamais dit ? interrogea-t-il. Êtes-vous sûr que c'était bien chez moi qu'elle venait ?

— Oh, oui ! Je n'en ai rien dit parce que je vous ai quasi point vu dernièrement. Et puis, du moment qu'elle n'est pas venue jusqu'ici, ça comptait point, comme qui dirait.

— Et moi qui me demandais pour quelles raisons elle errait sur la lande par un jour aussi brûlant ! Et vous a-t-elle dit pourquoi elle venait ? C'est une chose, Christian, que j'aimerais beaucoup savoir.

— À moi, elle l'a point dit, mais elle a dû en causer à d'autres.

— À qui, par exemple ?

— À un homme, que je vous dirais bien son nom, mais, s'il vous plaît, monsieur, faudra pas lui dire le mien, vu que je l'ai rencontré dans des endroits pas communs, surtout en rêve. Une nuit de l'été dernier, il m'a regardé qu'on aurait cru la Guerre et la Famine, et j'en ai été si remué que, de deux jours, j'ai point eu la force de brosser mon peu de cheveux. Il était comme qui dirait planté au milieu du chemin qui monte à Mistover, et votre mère arrivait. Elle était aussi pâle que…

— Oui… Quand cela se passait-il ?

— L'été dernier, dans mon rêve.

— Allons, voyons ! De quel homme voulez-vous parler ?

— De Diggory, l'homme au rouge. Il est venu voir vot'mère la veille du jour qu'elle s'est mise en route pour aller chez vous. J'étais encore au travail quand il est entré.

— Il faut que je le voie, dit Clym. Je me demande pourquoi il n'est pas venu me parler de lui-même.

— Il a quitté la lande le lendemain matin. Il pouvait pas savoir que vous vouliez lui parler.

— Christian, dit Clym, il faut me trouver Venn. Partez tout de suite à sa recherche et dites-lui que j'ai besoin de le voir.

— Trouver les gens de jour, c'est mon affaire, dit Christian en regardant avec inquiétude la lumière qui baissait. Mais, quand la nuit est tombée, j'vaux rien à cette besogne, maître Yeobright.

— Cherchez-le quand vous voudrez, mais ramenez-le-moi bientôt. Demain, si c'est possible.

Christian s'en alla. Le lendemain s'écoula sans que parût Venn. Christian revint le soir, l'air très las. Il avait fait des recherches durant tout le jour, sans pouvoir découvrir l'homme au rouge.

— Cherchez-le jusqu'à ce que vous l'ayez trouvé, dit Yeobright. Ne revenez qu'avec lui.

Le jour suivant, Yeobright prit le chemin de la vieille maison de Blooms-End, qui lui appartenait désormais, ainsi que le jardin, et où il serait allé s'installer plus tôt, si sa maladie n'avait empêché un déménagement. Mais il fallait qu'il allât maintenant faire l'inventaire du petit avoir de sa mère et il avait décidé d'en finir en une fois et de passer, par conséquent, la nuit à Blooms-End.

Il fit le trajet lentement, comme un homme qui s'éveillerait d'un sommeil engourdissant. Il arriva dans la vallée au début de l'après-midi. L'expression de l'endroit, la couleur de l'heure étaient précisément les mêmes qu'autrefois et l'illusion que celle qui n'était plus là allait l'accueillir s'emparait de lui. La barrière du jardin était fermée à clé et les volets de la maison étaient clos comme il les avait clos lui-même, le soir des funérailles. Il mit la clé dans la serrure et s'aperçut, au moment de pousser la barrière, qu'une grande toile d'araignée la soudait déjà au montant, comme si cette porte ne devait plus jamais être ouverte. Il pénétra dans la maison, repoussa les volets et se mit en devoir d'inspecter le contenu des placards et des armoires, de brûler des papiers. Il cherchait aussi la meilleure façon d'accommoder la demeure pour y installer Eustacia jusqu'au jour où il pourrait réaliser ses projets si longtemps différés, si ce jour devait venir.

Comme il allait de pièce en pièce, il sentait qu'il répugnait fort aux modifications qui seraient nécessaires pour adapter aux goûts modernes d'Eustacia un mobilier antique, celui de ses parents et de ses grands-parents : l'horloge à la haute caisse de chêne un peu dégingandée qui portait, peintes sur sa porte, en haut, une image de l'Ascension, en bas, une image de la Pêche miraculeuse ; le petit buffet d'angle de sa grand-mère, avec la porte vitrée à travers laquelle on apercevait le service de porcelaine à pois ; les plateaux de thé en bois ; le lave-mains au robinet de cuivre… Lesquels de ces meubles vénérables seraient bannis ?

Il remarqua que les fleurs de la fenêtre étaient mortes, faute d'eau, et il s'occupait à enlever les pots pour les faire emporter, quand il entendit des pas sur le gravier du jardin et quelqu'un frappa à la porte.

Yeobright alla ouvrir et se trouva en face de Venn.

— Bonjour, dit l'homme au rouge. Mrs Yeobright est-elle à la maison ?

Yeobright baissa la tête.

— Alors, vous n'avez pas vu Christian ? ni personne de la lande ?

— Non, j'arrive après une absence assez longue. Je suis venu faire visite ici, la veille de mon départ.

— Alors, vous n'avez rien entendu dire ?

— Non.

— Ma mère… est morte !

— « Morte » ! répéta Venn machinalement.

— Elle habite maintenant dans un endroit où il me serait égal d'habiter aussi.

Venn le regarda et dit :

— Si je ne voyais pas votre mine, je ne pourrais pas vous croire. Avez-vous été malade ?

— Oui.

— Mon Dieu ! Quel changement ! Quand j'ai quitté votre mère, il y a deux mois, tout semblait annoncer qu'elle allait commencer une vie nouvelle.

— C'est bien ce qui est arrivé.

— Vous avez raison sans doute. Mais c'est une vie nouvelle sur cette terre que je voulais dire. Elle sera morte trop tôt.

— Elle est morte parce que j'ai vécu trop longtemps, moi, peut-être. Ah, Diggory ! je viens de traverser une terrible épreuve. Mais entrez. Je voulais précisément vous voir.

Clym introduisit l'homme au rouge dans la grande salle où le bal avait eu lieu au dernier Noël et tous deux s'assirent sur le canapé.

— Le foyer est froid maintenant, dit Clym. Quand ce tronçon de bûche brûlait, quand ces cendres étaient chaudes, elle vivait encore. Tout est à peu près resté dans le même état. Je ne peux rien entreprendre, ma vie se traîne comme un escargot...

— De quoi est-elle morte ? demanda Venn.

Yeobright donna à son visiteur quelques détails et conclut :

— Après un coup pareil, nulle souffrance ne pourra plus m'atteindre au vif. Je vous ai dit que j'avais quelque chose à vous demander, n'est-ce pas ? Mes propos sont aussi décousus que ceux d'un ivrogne. J'aimerais savoir ce que ma mère vous a dit quand vous l'avez vue pour la dernière fois. Vous avez eu une assez longue conversation avec elle, je crois ?

— Oui, nous avons causé pendant plus d'une heure.

— A-t-il été question de moi ?

— Oui. Et c'est à la suite de ce que nous disions qu'elle se sera trouvée dans la lande. Elle allait chez vous, c'est sûr.

— Mais pourquoi venait-elle si elle était si fâchée contre moi ?

— Je sais qu'elle vous avait pardonné.

— Mais, Diggory, une femme qui aurait pardonné à son fils, qui irait chez lui, dirait-elle, en se sentant défaillir sur le chemin, qu'elle a le cœur brisé, parce que ce fils l'a maltraitée ?

— Tout ce que je peux dire, c'est qu'elle ne vous en voulait pas. Elle s'accusait de la brouille. Elle me l'a dit elle-même.

— Vous lui avez entendu dire que je n'avais pas de torts envers elle, et un autre lui a entendu dire que j'en avais… à quelques heures de distance, sans qu'il y ait eu d'événements nouveaux… Ma mère n'était pas une femme capricieuse. Comment s'expliquer, alors, ce revirement ?

— Je ne sais pas. C'est sûrement étrange. Elle vous avait pardonné et à votre femme aussi, et elle voulait aller chez vous pour faire la paix.

— Si quelque chose pouvait encore jeter le trouble dans mon esprit, ce serait bien cette contradiction inexplicable… Ah, Diggory, s'il nous était permis, à nous qui restons en vie, de parler avec les morts, rien qu'une fois, pendant seulement une minute, même à travers des barreaux de fer comme avec les prisonniers, que n'apprendrions-nous pas ! Combien courberaient le front parmi ceux qui sourient et marchent haut la tête ! Et ce mystère… Je l'éclaircirais tout de suite. Mais la tombe l'enferme à jamais et comment percer ce secret maintenant ?

L'autre ne répondit rien, car il n'y avait rien à répondre, et prit congé quelques minutes plus tard ; Clym se retrouva seul. Il était passé de l'engourdissement qui suit un chagrin aux remous d'une incertitude harcelante.

Il resta dans cet état pendant toute la journée. Une voisine vint lui préparer un lit pour la nuit et, quand il se coucha dans cette maison, ce fut pour demeurer éveillé et en proie à la même perplexité morbide. Découvrir l'énigme que lui proposait cette mort lui semblait de plus grande importance que tous les dilemmes des vivants. Il portait, gravée dans sa tête, une image très nette du petit garçon qui était entré dans la cabane où Mrs Yeobright gisait morte. Les yeux arrondis, le regard sérieux, la voix claire qui prononçait les terribles paroles avaient agi comme des burins sur le cerveau de Clym.

Une visite au petit se présenta comme un moyen de glaner des informations nouvelles. Elle risquait pourtant d'être vaine. Sonder, au bout de six semaines, une mémoire d'enfant, et non pour ramener des faits que l'enfant a remarqués et compris, mais à la recherche de vérités qu'il ne saurait avoir dégagé de lui-même, ne promettait pas grand résultat. Mais rien d'autre ne restait à tenter. Yeobright décida qu'il ferait cette démarche et laisserait tomber, ensuite, cette énigme dans l'abîme des choses à jamais inexplicables. L'aube pointait quand il prit ce parti et il se leva aussitôt. Il ferma à clé la porte de la maison, puis la barrière, et marcha sur le pré vert qui allait se perdre dans la lande.

Devant la palissade blanche du jardin, le sentier se divisait en trois branches : la branche de droite menait à la Femme tranquille, celle du milieu au Haut de Mistover, celle de gauche vers la partie de Mistover où habitait l'enfant. En prenant cette dernière, Yeobright fut traversé par un frisson que la plupart des gens ont ressenti et qui était probablement causé par l'air du petit matin, que le soleil n'avait pas encore réchauffé. Mais, plus tard, il devait y voir une signification singulière.

Il parvint au cottage de Susan Nunsuch et constata que tout y semblait encore endormi. Mais, dans ces petits hameaux, on passe du dormir au lever avec une rapidité aisée et surprenante. Nulle cloison de bâillements et de toilettes ne s'élève entre l'humanité de nuit et l'humanité de jour. Le visiteur frappa à une des fenêtres avec sa canne et, quatre ou cinq minutes après, Susan Nunsuch apparaissait sur le seuil de sa porte.

Il revint seulement alors à l'esprit de Yeobright que la mère du petit était aussi la femme qui avait traité Eustacia de façon si barbare. Susan lui fit un accueil d'autant moins gracieux que son Johnny languissait de nouveau et, comme toujours depuis que le petit avait entretenu le feu de joie à Mistover, la mère attribuait le mal à un mauvais sort jeté par Eustacia. Elle voyait en celle-ci une sorcière : il s'agissait d'un de ces sentiments tenaces, tapis sous les apparences, que la victime du coup d'aiguille avait peut-être renforcé en obtenant de son grand-père qu'il renonçât à poursuivre Susan en justice.

Yeobright surmonta sa répugnance en songeant que sa mère, en tout cas, n'avait pas eu à se plaindre de cette femme. Il demanda avec bonté des nouvelles de l'enfant.

Mais Susan demeura revêche.

— Je voudrais le voir, poursuivit Yeobright non sans hésitation, pour lui demander s'il ne se rappellerait quelques autres détails que ceux qu'il a déjà rapportés sur sa rencontre avec ma mère.

Elle le regarda d'un air singulier, sardonique, qui eût signifié pour tout autre qu'un demi-aveugle : « Vous voulez donc recevoir un autre de ces coups qui vous abattent si bien ? »

Elle appela l'enfant, offrit à Clym un escabeau pour qu'il s'assît et dit :

— Eh bien, Johnny, faut dire à Mr Yeobright tout ce que tu peux te rappeler.

— Tu n'as pas oublié que tu as fait un bout de chemin avec une pauvre dame, le jour qu'il faisait si chaud ? demanda Clym.

— Non, dit l'enfant.

— Tu te souviens de ce qu'elle t'a dit ?

Le petit répéta exactement les paroles qu'il avait rapportées à sa mère en entrant dans la cabane. Yeobright s'appuya du coude à la table et cacha son visage dans sa main. Susan eut l'air de s'étonner qu'un homme s'offrît une seconde fois à des coups qui l'avaient déjà si profondément blessé.

— Elle allait à Alderworth quand tu l'as rencontrée ?

— Non, elle en revenait.

— C'est impossible.

— Si. J'en revenais, moi aussi, et je l'y avais vue.

— Où donc ?

— Devant chez vous.

— Fais attention ! Dis bien la vérité ! fit Clym, sévère.

— Mais c'est la vérité, monsieur : je l'ai vue devant votre maison.

Clym tressaillit, se redressa et Susan sourit d'un sourire qui ne l'embellissait point, qui semblait dire : « Une nouvelle sinistre s'approche. »

— Que faisait-elle devant ma maison ?

— Elle s'était assise sous les arbres du Soufflet du Diable.

— Grand Dieu ! J'ignorais tout cela !

— Tu ne me l'avais jamais dit, à moi non plus, ça ! fit Susan.

— Non, parce que je voulais point dire que j'étais allé si loin. Je ramassais des airelles et ça fait aller plus loin qu'on croit.

— Et que faisait-elle au Soufflet du Diable ? poursuivit Yeobright.

— Elle regardait un homme entrer dans votre maison.

— C'était moi… Un coupeur d'ajoncs qui portait une poignée de ronces ?

— Non, pas vous. Un monsieur. Vous étiez déjà rentré, vous.

— Qui était ce monsieur ?

— Je ne sais pas.

— Dis-moi ce qui s'est passé ensuite.

— La pauvre dame s'est approchée de votre maison et elle a frappé à votre porte, et la dame aux cheveux noirs a regardé par une fenêtre.

La mère du petit se tourna vers Clym et lui dit :

— Vous ne vous attendiez pas à ça, pas vrai ?

Yeobright ne fit pas plus attention à elle que si elle eût été une statue.

— Continue, continue, dit-il à l'enfant d'une voix rauque.

— Et, quand elle a vu que la jeune dame avait regardé par la fenêtre, la vieille dame a frappé de nouveau à la porte ; et puis personne ne venait ; alors, elle a pris la faucille et elle l'a regardée et reposée par terre ; et puis elle a regardé les ronces, et puis elle s'en est allée et nous nous sommes rencontrés, et elle soufflait très fort, comme ça. Nous avons marché ensemble et je lui ai parlé, et elle m'a parlé, mais pas beaucoup, vu qu'elle ne pouvait pas bien respirer.

— Oh ! murmura Clym sourdement, et puis ?

— Elle ne pouvait pas parler beaucoup, et elle ne pouvait pas marcher, et sa figure était, oh, si drôle !

— Comment était-elle ?

— Comme la vôtre en ce moment.

La femme regarda Yeobright et lui vit un visage blême et couvert de sueur.

— C'est-y clair ? insinua-t-elle. Que pensez-vous de vot'dame, maintenant ?

— Silence ! dit Clym violemment.

Et, se tournant vers le petit :

— Et alors, tu es parti ? Tu l'as laissée mourir ?

— Non, dit la femme vivement et avec colère. Il ne l'a pas laissée mourir. Elle l'a renvoyée. Celui qui dit le contraire en a menti.

— Qu'importe, d'ailleurs, fit Clym, les lèvres tremblantes. Ce qu'il a fait n'est rien en comparaison de ce qu'il a vu… La porte tenue fermée… Tu l'as dit, n'est-ce pas ? Fermée ? Et elle regardait par la fenêtre ? Grand Dieu, que faut-il donc comprendre ?

L'enfant recula sous le regard de l'homme qui le questionnait. Sa mère répondit pour lui.

— Il l'a dit, oui, et Johnny est un petit gars qui craint Dieu et qui ne fait pas de menteries.

— « Rejetée par mon fils ! » Non, mère chérie, par votre fils, non… Mais par sa… sa… Puissent les meurtrières souffrir les tourments qu'elles méritent !

Sur ces mots, Yeobright quitta la petite demeure. Ses yeux regardaient fixement dans le vide et une sorte de lueur glacée les illuminait ; sa bouche était tordue à la manière que les peintres prêtent à Œdipe. Il eût accompli les actes les plus étranges. Mais les circonstances ne s'y prêtaient point.

Au lieu d'avoir, en face de lui, le pâle visage d'Eustacia et la silhouette d'un homme inconnu, il avait la lande – cette lande impassible qui, depuis le commencement des siècles, défiait les catastrophes et dont les traits couturés et antiques réduisaient à l'insignifiance les plus sauvages tumultes d'un cœur humain.

38

Eustacia s'habille par un matin ténébreux

L'immense insensibilité environnante finit par toucher jusqu'à Yeobright, tandis qu'il se hâtait sur le chemin d'Alderworth. Il avait déjà ressenti, une fois, la nature inanimée dominer en lui des sentiments ardents. Mais la passion qui le travaillait, ce matin-là, n'avait pas la douceur de celle par laquelle il s'était laissé amollir le soir qu'Eustacia s'éloignait de lui et qu'il demeurait seul sur les plates étendues humides, au-delà des collines.

Il écarta impressions et souvenirs, poursuivit sa route et arriva devant sa maison. Les volets de la chambre à coucher étaient encore fermés, car Eustacia n'était point matinale. Il n'y avait qu'un être vivant de visible : une grive qui, sur la pierre du seuil, croquait un escargot pour son petit-déjeuner, et ses coups de bec menaient grand bruit dans le silence général. Clym trouva la porte ouverte, entendit la jeune servante qui allait et venait dans la cuisine. Il entra et monta droit chez sa femme.

En arrivant, il l'avait éveillée sans doute, car, lorsqu'il ouvrit la porte, elle était debout devant son miroir, en chemise de nuit, la main à ses cheveux, qu'elle enroulait autour de sa tête avant de commencer sa toilette.

Elle n'était point femme à parler la première après une séparation et elle laissa Clym traverser la pièce sans se tourner vers lui. Il arriva derrière elle et ce fut dans la glace qu'elle lui vit un visage livide, égaré, terrible. Au lieu de s'élancer vers son mari sous le coup de la surprise et de l'inquiétude, comme elle l'eût fait, bien qu'étant une épouse peu démonstrative, avant que l'oppressât son secret, elle demeura immobile à le regarder dans la glace. Et, tandis qu'elle le regardait, le rose que la chaleur du lit et un sommeil paisible avaient étendu sur ses joues s'effaçait et son visage semblait envahi par la pâleur du visage de Clym. Ce spectacle, qu'il était assez près pour distinguer, délia la langue du survenant.

— Vous savez ce qui se passe, dit-il d'une voix rauque. Je vois sur votre visage que vous le savez.

Les mains d'Eustacia lâchèrent sa chevelure et pendirent à ses côtés, et les tresses, n'étant plus soutenues, se déroulèrent sur ses épaules et sur sa blanche chemise de nuit. Elle ne répondit pas.

— Parlez-moi ! dit Yeobright avec autorité.

Elle continuait de pâlir et ses lèvres furent bientôt aussi décolorées que son visage. Elle lui fit face et dit :

— Oui, Clym, je vais vous parler. Pourquoi revenez-vous de si bonne heure ? Puis-je faire quelque chose pour vous ?

— Oui, vous pouvez m'écouter. Il semble que ma femme ne se porte pas très bien ?

— Pourquoi ?

— Votre visage, ma chère, votre visage… Est-ce la pâle lumière du matin qui le fait paraître aussi blanc ? Écoutez, je vais vous dire un secret : ha ! ha !

— Oh, c'est horrible !

— Quoi ?

— Votre rire.

— Ah oui ? Eustacia, vous avez tenu mon bonheur dans le creux de votre main et, comme un démon, vous l'avez jeté à terre.

Elle s'éloigna de la table à toilette, de lui, et le regarda en face.

— Ah, vous voulez me faire peur ? dit-elle avec un petit rire. Est-ce bien nécessaire ? Je suis sans défense, seule.

— Voilà qui est extraordinaire !

— Qu'est-ce qui est extraordinaire ?

— Comme nous avons le temps, je vais vous le dire bien que vous le sachiez parfaitement : il est extraordinaire que vous soyez seule en mon absence. Et l'homme qui était avec vous le 31 août, où donc est-il, alors ? Sous le lit ? Dans la cheminée ?

Un frisson la parcourut et fit onduler le tissu léger de sa chemise de nuit.

— Je n'ai pas la mémoire des dates, fit-elle. Je ne me souviens pas qu'il y ait eu auprès de moi un autre homme que vous.

— Non ? Vous ne vous souvenez pas ?

Et la voix de Yeobright s'éleva et devint plus dure.

— Vous ne vous souvenez pas du jour où vous avez fermé la porte à ma mère ? Du jour où vous l'avez tuée ? Oh, c'était trop !... trop abominable !...

Il s'appuya contre le pied du lit, pendant un instant lui tournant le dos, puis il se redressa : « Parlez ! parlez ! parlez ! entendez-vous ? », cria-t-il, et, se ruant sur elle, il saisit la manche flottante de la chemise de nuit.

La timidité qui constitue souvent une des enveloppes superficielles des natures audacieuses fut alors transpercée et cette femme apparut dans son intrépidité foncière. Le sang empourpra son visage, qui avait été si pâle.

— Qu'allez-vous faire ? dit-elle d'une voix basse en le regardant avec un fier sourire. Vous ne m'effraierez pas en me tenant ainsi et il serait dommage de déchirer ma manche.

Au lieu de la laisser aller, il l'attira à lui :

— Donnez-moi des détails sur la mort de ma mère, dit-il en un murmure sec et haletant, ou je… ou je…

— Clym, répondit-elle lentement, croyez-vous pouvoir oser me faire quoi que ce soit que je ne puisse supporter ? Avant de me frapper, écoutez-moi : vous n'obtiendrez rien de moi par des coups – même si vos coups doivent me tuer, comme il est probable. Mais peut-être ne désirez-vous pas me faire parler et me tuer vous suffit-il ?

— Vous tuer ? Vous croyez que je vais vous tuer ?

— Oui.

— Pourquoi ?

— Parce que c'est le seul geste qui corresponde à votre chagrin de sa mort.

— Peuh ! Je ne vous tuerai pas, dit-il avec mépris, comme par un revirement soudain. J'y ai pensé, mais… non. Ce serait faire de vous une martyre, vous envoyer la retrouver et je voudrais vous tenir éloignée d'elle jusqu'à la fin des siècles, si je pouvais.

— Je souhaite presque que vous me tuiez, dit-elle avec une sombre amertume. Ce n'est pas de bon cœur, croyez-le, que j'ai joué, dernièrement, mon rôle sur cette terre. Vous ne m'êtes pas une bénédiction, vous savez.

— Vous lui avez fermé la porte… vous la regardiez par la fenêtre… vous aviez un homme avec vous dans la maison… Oh, quelle inhumanité ! Quelle trahison !

Je ne vous toucherai pas... Tenez-vous loin de moi et avouez tout !

— Jamais ! Je resterai aussi muette que la mort qu'il m'est indifférent de subir. Quelle créature un peu digne prendrait la peine d'éclairer l'esprit d'un frénétique qui lui a tenu pareil langage ? Non : qu'il poursuive ! Qu'il aille plonger dans la boue sa tête pleine d'imaginations viles ! J'ai d'autres soucis.

— C'est trop ! Mais je vous épargnerai quand même.

— Piètre générosité.

— Par mon âme torturée, vous me rendez fou, Eustacia ! Très bien, je vais vous donner la réplique. Alors ? Le nom de cet homme ? Dites-le-moi.

— Jamais.

— Vous écrit-il souvent ? Où trouvez-vous ses lettres ? Son nom ! me le direz-vous ?

— Je ne le dirai pas.

— Alors, je le découvrirai tout seul. Les regards de Yeobright venaient de tomber sur le petit bureau où Eustacia faisait sa correspondance. Il voulut l'ouvrir, il le trouva fermé à clé.

— Ouvrez ce bureau !

— Non. Il est à moi ; j'ai le droit de le tenir fermé.

Sans un mot de plus, il saisit le meuble et le précipita violemment sur le plancher. Les charnières sautèrent et des lettres se répandirent.

— Assez ! dit Eustacia en s'avançant vers Clym avec plus de vivacité qu'elle n'en avait jusqu'alors montré.

— N'approchez pas. Laissez-moi lire.

Elle regarda les lettres éparpillées, se contint et s'éloigna avec indifférence. Alors, il ramassa les lettres et les lut attentivement.

Mais il était impossible à l'esprit le plus prévenu de trouver dans ces lettres des traces de culpabilité. Seulement, il y avait, parmi elles, une enveloppe dont l'adresse était écrite de l'écriture de Wildeve. Yeobright la montra à Eustacia. Celle-ci demeura obstinément silencieuse.

— Savez-vous lire, madame ? Regardez cette enveloppe. Sans doute allons-nous en trouver quelques autres avec leur contenu ? Et je vais avoir le plaisir d'apprendre avec quel art consommé ma chère femme se livre à un certain commerce.

— Vous me dites cela… à moi ? vous ? dit-elle suffoquée.

Il poursuivit ses fouilles, mais ne découvrit nul autre papier suspect.

— Que disait cette lettre ? interrogea-t-il alors.

— Allez le demander à celui qui l'a écrite. Suis-je votre chien pour que vous me parliez sur ce ton ?

— Ah, ne me bravez pas, hein ? Répondez ! Et ne me regardez pas avec ces yeux, comme si vous vouliez m'ensorceler de nouveau. Je préférerais mourir. Vous refusez de répondre ?

— Après ce que vous venez de dire et de faire je me tairais, même si j'étais aussi innocente que le plus innocent des enfants à naître.

— Ce qui n'est pas le cas.

— Certainement, répliqua-t-elle. Je n'ai pas fait ce que vous croyez. Mais s'il faut n'avoir absolument rien fait de mal pour être déclaré innocent, je suis impardonnable. Mais je ne demande pas à votre conscience d'éclairer la mienne.

— Ah, comme vous êtes endurcie ! Au lieu de vous haïr, je pourrais, il me semble, pleurer sur vous, avoir pitié de vous, si vous montriez du repentir, si vous avouiez tout. Vous pardonner m'est à jamais impossible. Ce n'est pas la faute que vous auriez commise avec cet homme qui m'en empêche – je vous accorde le bénéfice du doute en cette affaire qui me concerne seul –, mais l'autre faute ! Si vous aviez cherché à me tuer, si, exprès, vous aviez arraché ce qui reste de vue à mes pauvres yeux, j'aurais pu vous pardonner… Mais vous avez agi plus monstrueusement encore !

— Il suffit. Je me passerai de votre pitié. Vous auriez pu vous dispenser de me dire des paroles que vous regretterez.

— Maintenant, je vous quitte.

— Il est inutile de vous en aller. C'est moi qui m'en vais.

— Souvenez-vous d'elle ! Pensez combien elle était bonne, d'une bonté inscrite sur chaque trait de son visage ! La plupart des femmes laissent voir, quand on les contrarie, un soupçon de méchanceté dans un pli de leur lèvre ou de leur paupière… Mais elle n'avait jamais, jamais l'air méchant… même dans ses instants de plus grande colère… Elle était vive, mais elle pardonnait aussi vite qu'elle s'emportait et sa fierté cachait une douceur d'enfant. Que vous importait, n'est-ce pas ? Vous la détestiez, tandis qu'elle essayait d'apprendre à vous aimer. Oh ! comment n'avez-vous pas vu le bon chemin que vous auriez pu prendre ! Il a fallu que vous attiriez sur moi cette malédiction, sur elle, l'agonie et la mort ! Quel est le nom de cet homme qui vous tenait compagnie, à cause de qui vous avez ajouté un raffinement de cruauté envers elle à vos torts envers moi ? Était-ce Wildeve ? Était-ce le mari de la pauvre Thomasine ? Dieu ! Quelle noirceur ! Vous avez perdu la parole, n'est-ce pas ? C'est assez naturel, en voyant dévoilé un tour aussi noble. Nul mouvement de tendresse envers votre propre mère ne vous a donc poussée à faire accueil à la mienne en un jour de si grande fatigue ? Un atome de pitié n'a donc pas pénétré dans votre cœur quand elle se détournait pour s'en aller ? Quelle occasion perdue d'entrer dans une voie nouvelle sous le signe du pardon et de la loyauté ! Pourquoi n'avoir pas jeté cet homme à la porte pour la faire entrer, elle ? S'il vous avait été ordonné d'écraser à tout jamais notre dernière chance de bonheur, vous n'auriez pu mieux réussir. Enfin, elle repose maintenant et vous pouvez avoir des centaines de galants : ni vous ni eux ne sauriez désormais l'insulter.

— Vous exagérez sans mesure, dit-elle d'une voix faible et lasse, mais je ne tenterai pas de me défendre : ce n'est pas la peine. Vous ne me serez plus rien dans l'avenir, le passé n'a qu'à demeurer inexpliqué. Par vous j'avais tout perdu, mais je ne m'étais pas plainte. Vos aberrations, vos malheurs peuvent avoir été pour vous des épreuves : ils ont été envers moi des injustices. Tous les gens de quelque raffinement ont dû s'écarter de moi depuis que je me suis enfoncée dans la fange du mariage. Est-ce là votre amour ? Me mettre dans une hutte pareille ? Me faire vivre comme la femme d'un rustre ? Vous m'avez trompée, non par des paroles, mais par les apparences, qui sont plus difficiles à percer à jour que les paroles. Mais, aussi bien que tout autre endroit, cette maison servira de passage pour me conduire à la tombe.

Les mots s'étouffèrent dans sa gorge et sa tête s'inclina sur sa poitrine.

— Que signifient ces paroles ? Que je suis responsable de votre faute (Eustacia fit vers lui comme un tremblant geste d'appel). Quoi ! vous commencez à verser des larmes maintenant ? Vous avez le front de me tendre la main ? (La main qu'elle avait tendue retomba, inerte, à son côté, mais ses larmes continuèrent de couler.) Grand Dieu ! Eh bien, tendez-la-moi donc une seconde fois et je la prendrai cette main, ne serait-ce qu'en souvenir des baisers dont je l'ai si souvent couverte quand je ne savais pas ce que je chérissais ! Comme je me suis bien laissé ensorceler ! Quelle folie ce fut d'attendre quelque chose de bon d'une femme dont tout le monde disait du mal !

— Oh ! Oh ! Oh ! cria-t-elle et, secouée de sanglots qui la suffoquaient, elle s'abattit sur ses genoux. Oh, quand aurez-vous fini ! Oh, vous vous acharnez trop ! Il y a une limite à la cruauté des sauvages. J'ai résisté longtemps, mais vous m'écrasez : c'est fini. Je demande grâce ; je n'en peux supporter davantage – c'est trop… trop… Si j'avais… tué votre… mère de mes propres mains… je ne mériterais pas d'être ainsi flagellée jusqu'aux os… Oh ! Oh ! Oh ! Dieu ait pitié d'une pauvre femme ! Vous m'avez vaincue… Ah oui !… J'avoue que je… n'ai pas voulu lui… ouvrir la porte quand elle a frappé la première fois… Mais, je… j'aurais ouvert la seconde fois… si je n'avais pas cru que vous étiez allé ouvrir vous-même. Quand j'ai vu que je m'étais trompée, j'ai ouvert, mais elle était partie… Voilà toute l'étendue de mon crime… envers elle. Est-ce que les meilleures créatures ne commettent pas quelquefois des fautes graves ? Il me semble que si. Maintenant je vais vous quitter… pour toujours.

— Avouez tout et j'aurai pitié de vous. Était-ce Wildeve qui était dans la maison avec vous ?

— Je ne peux pas le dire, dit-elle désespérément, à travers ses sanglots. N'insistez pas. Je quitte cette maison. Nous ne pouvons pas rester ici tous les deux.

— Vous pouvez rester. C'est moi qui m'en irai.

— Non, je vais m'habiller et partir.

— Où irez-vous ?

— D'où je suis venue… ou ailleurs.

Elle se mit à s'habiller avec une hâte convulsive, tandis que Yeobright, sombre, ne cessait d'aller et venir par la pièce. Elle eut enfin sur elle tous ses habits. Ses petites mains tremblaient si violemment qu'elle s'efforçait en vain d'attacher les brides de sa capote et, au bout d'un instant, elle y renonça. À cette vue, il avança vers elle et dit : « Laissez-moi les nouer. »

Elle acquiesça en silence et leva le menton. Pour une fois au moins dans sa vie, elle était totalement ignorante du charme de son attitude. Mais il demeurait sensible à tant de grâce et il détourna les yeux pour ne point se laisser attendrir. Les brides furent nouées ; elle s'écarta de lui.

— Vous préférez toujours vous en aller ou voulez-vous que je parte, moi ? lui demanda-t-il encore.

— Je préfère m'en aller.

— Bien. Soit. Et quand vous avouerez le nom de cet homme, je pourrai peut-être avoir pitié de vous.

Elle jeta son châle sur ses épaules et descendit, le laissant debout dans la pièce.

Eustacia n'était pas partie depuis longtemps quand un coup fut frappé à la porte de la chambre. « Oui », fit Yeobright.

La servante entra.

— On envoie de chez Mrs Wildeve pour dire que la dame et le bébé se portent bien, et que le bébé s'appellera Eustacia-Clémentine.

Et la fille se retira.

— Quelle ironie ! dit Clym. Mon malheureux mariage perpétué par le nom de cet enfant !

39

Les bons offices d'un demi-oublié

Eustacia s'engagea d'abord dans des directions imprécises comme un duvet de chardon au vent. Elle ne savait que faire. Elle souhaitait qu'il fît nuit et non jour, afin de porter sa misère tout au moins sans risquer d'être vue. Après avoir marché mille après mille, parmi les fougères mourantes et les toiles d'araignées blanches et humides, elle finit par tourner ses pas vers la demeure de son grand-père. Elle trouva la porte de la maison fermée à clé. Machinalement, elle fit le tour de l'habitation et vit Charley dans l'écurie.

— Le capitaine n'est pas à la maison ? demanda-t-elle.

— Non, madame, dit le garçon en grand émoi. Il est allé à Meatherbury et ne rentrera pas avant la nuit. La servante non plus ; elle est en congé pour aujourd'hui. Aussi la maison est fermée.

Charley ne pouvait voir le visage d'Eustacia, car elle se tenait debout dans l'encadrement de la porte, le ciel derrière elle, et l'écurie était mal éclairée. Néanmoins, l'égarement de la visiteuse le frappa. Elle se détourna, sortit du domaine, fut cachée par la clôture.

Quand elle eut ainsi disparu, Charley, les yeux pleins d'inquiétude, quitta lentement l'écurie, monta sur le mur de terre durcie et regarda.

Dehors, Eustacia, appuyée contre ce même mur, couvrait son visage de ses mains. Sa tête était pressée contre la bruyère pleine de rosée qui, à l'extérieur, revêtait le talus. Que sa capote, ses cheveux, ses vêtements fussent mouillés et froissés par un oreiller aussi dur et aussi humide la laissait, apparemment, de la dernière indifférence. Il était clair que quelque chose allait mal.

Charley avait toujours regardé Eustacia comme Eustacia avait regardé Clym quand elle l'avait vu pour la première fois : comme une douce et romantique vision à peine incarnée. Exception faite pour le bienheureux intermède pendant lequel il lui avait tenu la main, il avait été relégué à une telle distance d'une créature qui se montrait toujours distante et lui parlait avec hauteur, qu'il estimait à peine qu'elle fût une femme, c'est-à-dire un être terrestre soumis à des tracas et à des chagrins domestiques. Sur les détails de la vie privée d'Eustacia, il n'avait fait que des conjectures. Elle était pour lui une charmante merveille, destinée à décrire une orbite dont l'orbite de toute sa vie à lui n'était qu'un point. Aussi, quand il la vit se laisser aller contre une pente broussailleuse et humide, en créature abandonnée et désespérée, il fut rempli de surprise et d'horreur. Il ne put attendre. Il sauta du mur à terre, alla vers elle, la toucha du doigt et dit tendrement :

— Vous êtes malade, madame. Que voulez-vous que je fasse ?

Eustacia tressaillit, se redressa et dit :

— Ah, Charley, vous m'avez suivie… Vous ne pensiez pas me voir revenir ainsi, quand j'ai quitté la maison, cet été ?

— Non, chère dame. Est-ce que je peux vous aider ?

— Je crains bien que non. J'aimerais seulement entrer dans la maison. La tête me tourne.

— Appuyez-vous sur mon bras, madame. Venez jusqu'au porche. J'essaierai de vous faire entrer.

Il la conduisit sous le porche, l'y fit asseoir, s'élança derrière la maison. À l'aide d'une échelle, il grimpa jusqu'à une des fenêtres, s'introduisit dans la demeure et descendit ouvrir la porte. Alors, il fit pénétrer Eustacia dans la grande salle du rez-de-chaussée, où il y avait un vieux canapé de crin à l'ancienne mode, aussi vaste qu'un char rustique. Elle s'étendit dessus et Charley la couvrit avec un manteau qu'il trouva dans le hall.

— Voulez-vous boire ou manger quelque chose ? demanda-t-il.

— Oui, Charley, s'il vous plaît. Mais il ne doit pas y avoir de feu.

— J'en allumerai, madame.

Il disparut. Elle entendit fendre du bois et manœuvrer un soufflet. Bientôt, Charley revint en disant :

— J'ai allumé du feu dans la cuisine ; maintenant, je vais en allumer ici.

Il se mit à allumer le feu, et, de sa couche, Eustacia le regardait faire comme dans un rêve. Quand le feu flamba clair, Charley dit :

— Si je vous traînais à côté, madame ? Vu qu'il fait bien frais ce matin.

— Oui, si vous voulez.

— Je vais vous apporter votre manger. Maintenant, n'est-ce pas ?

— Oui, murmura-t-elle languissamment.

Quand il se fut retiré et qu'elle entendit les bruits des préparatifs qu'il faisait dans la cuisine, elle oublia où elle était, dut faire effort pour identifier ces rumeurs. Il s'écoula un espace de temps qui lui parut court, à elle dont les pensées étaient ailleurs, et Charley revint, portant un plateau sur lequel fumaient du thé et des toasts, bien qu'il fût presque l'heure du déjeuner.

— Posez-le sur la table. Je vais me lever tout de suite, dit-elle.

Il obéit et allait sortir ; mais, remarquant qu'elle ne bougeait point, il se ravisa et fit quelques pas vers elle.

— Attendez, je vous apporte le plateau, si vous préférez ne pas vous lever, fit-il.

Plateau en main, il s'approcha du canapé, s'agenouilla et dit :

— Je vais vous le tenir.

Eustacia s'assit, se versa une tasse de thé.

— Vous êtes très bon pour moi, Charley, murmura-t-elle, tout en buvant à petites gorgées.

— Je vous le dois bien, dit-il d'une voix mal assurée, en se donnant grand mal pour éviter que son regard rencontrât celui d'Eustacia, comme il eût été naturel dans une position où leurs yeux se trouvaient au même niveau. Vous avez été bonne pour moi.

— Comment cela ? dit-elle.

— Vous m'avez laissé tenir votre main du temps que vous étiez demoiselle.

— Ah, oui… Pourquoi ? J'ai la tête perdue… Il y avait un rapport avec la mascarade, n'est-ce pas ?

— Oui, vous vouliez y aller à ma place.

— Je m'en souviens. Je m'en souviens… Oui ; trop bien. Elle retomba dans un abattement complet et Charley, comprenant qu'elle n'allait plus ni boire ni manger, emporta le plateau.

Ensuite, il réapparut à plusieurs reprises, pour voir si le feu brûlait toujours, pour demander à Eustacia si elle n'avait besoin de rien, pour lui annoncer que le vent ne soufflait plus du sud, mais de l'est, pour lui proposer d'aller lui ramasser des mûres. Et elle répondit toujours négativement aux offres de service et accueillit les informations avec indifférence.

Elle resta sur le canapé quelque temps encore, puis fit un effort, se leva, monta à l'étage. Elle trouva sa chambre d'autrefois à peu près dans l'état où elle l'avait laissée, et ce spectacle lui imposa un tel retour sur sa situation, qui avait tellement changé et pour le pire, que l'expression d'infinie misère qu'elle avait eue le matin s'étendit de nouveau sur son visage. Elle jeta, en passant, un coup d'œil dans la chambre de son grand-père, où l'air vif de l'automne soufflait par la fenêtre ; son regard fut accroché par des objets qu'elle avait vus assez souvent, mais qui la frappèrent comme ayant une signification nouvelle.

Il s'agissait d'une paire de pistolets pendue au chevet du lit. Le capitaine tenait toujours ces armes chargées, par précaution contre les voleurs, dans cette maison isolée. Eustacia regarda longuement les pistolets, comme s'ils eussent été les pages d'un livre traitant d'un sujet pour elle nouveau et étrange. Rapidement, comme une personne qui aurait peur d'elle-même, elle redescendit, s'absorba dans des réflexions.

— Si j'osais, dit-elle. Ce serait excellent pour moi et pour tous ceux qui me touchent de près ou de loin, et ne ferait aucun mal à personne. Elle demeura comme figée, et l'idée semblait prendre des forces en elle, et, au bout d'une dizaine de minutes, une expression résolue remplaçait dans ses yeux le vague de l'incertitude.

Elle remonta l'escalier – doucement, à la dérobée cette fois – et entra dans la chambre de son grand-père. Ses yeux cherchèrent tout de suite le chevet du lit. Les pistolets avaient disparu.

40

Un geste d'autrefois répété par ignorance

Charley avait pour sa maîtresse des attentions sans borne. Sa propre peine n'était adoucie que par les efforts qu'il faisait pour adoucir sa peine à elle. Heure après heure, il se demandait comment lui prêter assistance. Qu'elle fût de nouveau à Mistover le soulevait d'une sorte de gratitude et, tout en maudissant la cause du malheur d'Eustacia, il bénissait, dans une certaine mesure, les conséquences de ce malheur. Il redoutait qu'elle crût devoir s'en retourner à Alderworth et, quand elle avait les regards ailleurs, il l'observait au visage avec l'insistance de l'affection, comme il eût surveillé un pigeon ramier pour voir s'il ne songeait point à s'envoler. L'ayant une fois réellement secourue – préservée même, peut-être, du plus désespéré des gestes –, il assumait mentalement une responsabilité tutélaire à l'endroit de son idole. Aussi entreprit-il de lui procurer des distractions. Il rapportait à la maison les objets remarquables qu'il pouvait trouver dans la lande : « des mousses rares, des lichens étranges, des pierres taillées qui, dans les temps très anciens, avaient servi de flèches aux tribus du pays d'Egdon, des fragments de cristal de roche ». Il s'ingéniait à disposer ces curiosités en des endroits où elle les rencontrerait tout naturellement du regard.

Une semaine s'écoula sans qu'Eustacia sortît de la maison. Puis elle alla et vint dans l'enclos, mit parfois l'œil au télescope de son grand-père, comme il lui arrivait de le faire avant son mariage. Un jour, elle put ainsi apercevoir, sur la grand-route, une charrette pesamment chargée qui traversait la vallée. Des meubles y étaient empilés. Et elle reconnut le mobilier de son ménage. Dans la soirée, son grand-père annonça que, selon les on-dit, Yeobright aurait déménagé le jour même pour aller s'installer dans la vieille maison de Blooms-End.

Une autre fois, elle vit deux femmes qui cheminaient dans la vallée. La journée était belle et claire et, les promeneuses n'étant pas éloignées de plus d'un demi-mille, elle pouvait les distinguer assez en détail, grâce au télescope. La femme qui marchait en avant portait dans ses bras un paquet blanc au bout duquel pendait une sorte de voile. Eustacia découvrit bientôt que le paquet était un bébé. Elle appela Charley et, non sans deviner la réponse, lui demanda s'il savait quelles étaient ces deux femmes.

— C'est Mrs Wildeve et une servante, dit Charley.

— La servante porte le bébé ?

— Non, c'est Mrs Wildeve qui le porte. La servante suit en ne portant rien.

Charley se sentait, ce jour-là, d'humeur joyeuse, car le 5 novembre était revenu et il se préparait à exécuter un plan combiné pour divertir sa maîtresse des pensées qui l'absorbaient trop. Pendant deux ans de suite, Eustacia avait paru prendre plaisir à faire un feu de joie sur le talus qui dominait la vallée. Cette année, elle semblait avoir oublié la date et la coutume. Le garçon eut soin de ne pas les lui rappeler et poursuivit ses préparatifs secrètement, afin de lui faire la surprise du feu de joie. Il le lui préparait avec d'autant plus de zèle qu'absent, il n'avait pu aider à faire flamber le feu de joie de l'année précédente. Dès qu'il avait un instant de liberté, il s'empressait d'aller sur les collines voisines pour recueillir des souches d'ajoncs, du bois épineux, le meilleur combustible, enfin, qu'il pouvait trouver. Il le rangeait, ensuite, à l'abri des regards.

Le soir arriva et Eustacia paraissait toujours ne point se souvenir de cet anniversaire. Elle était rentrée à la maison, après avoir exploré la vallée au moyen du télescope, et nul ne l'avait vue depuis.

Aussitôt qu'il fit tout à fait sombre, Charley éleva son bûcher à l'endroit précis qu'Eustacia avait choisi les deux autres fois.

Quand, à l'entour, les autres feux de joie jaillirent et rayonnèrent, Charley alluma le sien. Puis il alla rôder aux environs de la maison, surveillant la porte et les fenêtres, dans l'espoir que sa maîtresse apprendrait par quelque hasard la nouvelle et sortirait pour voir flamber le feu. Mais les volets étaient clos, la porte demeurait fermée, son exploit passait inaperçu. Il préférait ne pas appeler lui-même l'attention d'Eustacia sur l'événement ; alors, il revint à son feu, l'alimenta, se remit aux aguets. Il répéta ce manège à plusieurs reprises, durant plus d'une demi-heure. Enfin, quand sa provision de combustible eut considérablement diminué, il se décida à faire prier Mrs Yeobright de vouloir bien ouvrir la fenêtre pour voir ce qui se passait au dehors.

Eustacia qui, indifférente et morne, se tenait assise dans la salle, se leva quand cette commission lui fut faite et alla repousser les volets. En face d'elle, à l'angle du mur de clôture, resplendissait le feu, qui projeta aussitôt un vif éclat dans la pièce où elle se tenait et offusqua la lueur des bougies.

— Bravo, Charley ! dit le capitaine Vye, du coin de la cheminée. Mais j'espère que ce n'est pas mon bois qu'il brûle, ce galopin-là ! Déjà le 5 novembre ! Il y aurait donc aujourd'hui un an que je rencontrai le nommé Venn qui ramenait au logis Thomasine Yeobright ?... Oui, oui, c'était bien le 5 novembre. Qui aurait cru que les ennuis de cette petite s'arrangeraient si bien ? Quelle bécasse vous avez été, vous, Eustacia ! Est-ce que votre mari ne vous a pas encore écrit ?

— Non, dit Eustacia, regardant le feu qui l'occupait tellement qu'elle ignora la malsonnante réflexion de son grand-père.

Elle voyait Charley qui, sur le talus, alimentait et tisonnait le brasier, et elle vit surgir, en imagination, une autre silhouette que les flammes, peut-être, appelleraient.

Elle quitta la pièce, mit un chapeau de jardin, sa mante et sortit. Parvenue à l'emplacement du feu de joie, elle regarda dans la vallée avec une curiosité folle, mêlée d'angoisse, et Charley, tout fier de lui, déclara :

— C'est pour vous que je l'ai fait, madame.

— Merci, s'empressa-t-elle de répondre. Mais éteignez-le maintenant. Je préférerais.

— Il va bientôt s'éteindre tout seul, dit Charley, assez désappointé. Est-ce que ce ne serait pas dommage de le démolir ?

— Je ne sais pas, répondit-elle rêveuse.

Ils demeurèrent dans un silence qu'interrompit seulement le pétillement du feu. Puis Charley, sentant qu'elle n'avait pas envie de lui parler, s'éloigna à regret.

Eustacia demeura seule, au pied du talus, à l'intérieur de l'enclos, les yeux levés vers le feu. Elle voulait rentrer, mais s'attardait. Si sa situation ne l'eût point poussée à tenir pour indifférente toute chose honorée des dieux et des hommes, elle se fût probablement retirée.

Mais son cas était tellement désespéré qu'elle ne le prenait plus au sérieux. Il est moins troublant d'avoir perdu que de se demander s'il reste encore une chance de gagner et Eustacia, maintenant, pouvait considérer sa destinée d'un point de vue en quelque sorte extérieur, constater, en spectateur détaché, quel jouet était, pour le ciel, une femme appelée Eustacia.

Soudain, elle entendit un bruit, le bruit d'une pierre tombant dans la mare. Si elle avait reçu cette pierre en pleine poitrine, son cœur n'eût pas bondi plus violemment.

Elle s'était bien dit qu'il n'était pas impossible qu'un signal pareil répondît à celui que Charley avait donné sans le savoir. Mais elle n'aurait pas attendu ce signal si tôt… Comme Wildeve avait été prompt ! Mais comment pouvait-il la croire capable de lui assigner, délibérément, des rendez-vous, maintenant ? Un mouvement de recul, un désir de rester luttèrent en elle, et le désir l'emporta. Mais, si elle resta, elle se retint de monter sur le talus. Elle demeura clouée au sol, immobile, sans que bougeât un muscle de son visage, sans même lever les yeux, car, si elle tournait la tête vers le talus, le feu l'éclairerait et Wildeve était peut-être là-haut à la regarder. Une autre pierre fut jetée dans la mare. Pourquoi demeurait-il si longtemps sans avancer, venir voir ce qu'elle faisait ? Prise de curiosité, Eustacia gravit un ou deux des degrés de terre durcie et jeta un coup d'œil au dehors.

Wildeve était en face d'elle. Après avoir jeté le second caillou, il s'était mis à gravir, de son côté, l'escalier rudimentaire et, maintenant, sur le rempart qui les séparait à hauteur de poitrine, le feu illuminait leurs deux visages.

— Ce n'est pas moi qui l'ai allumé ! cria Eustacia. Il a été allumé sans que je le sache. Non ! non ! ne descendez pas me retrouver !

— Ainsi, vous étiez ici depuis plusieurs jours, sans me le dire ? Vous avez quitté votre maison et il y a peut-être un peu de ma faute ?

— Je n'ai pas laissé entrer sa mère. De là est venu tout le mal.

— C'est trop, Eustacia, vous ne méritez pas pareil malheur. Vous êtes en grande détresse : je le vois dans vos yeux, sur votre bouche et toute votre personne. Ma pauvre, pauvre petite ! Il franchit le talus, descendit auprès d'elle. Vous êtes malheureuse au-delà de toute expression.

— Non, non… pas exactement.

— C'est pousser trop loin les choses ! C'est vous tuer oui, vous tuer !

Le souffle déjà précipité d'Eustacia s'accéléra davantage pendant qu'il parlait.

— Je… je…, commença-t-elle.

Puis elle éclata en sanglots tumultueux, ébranlée jusqu'au cœur par la voix de la pitié : de ce sentiment dont elle avait presque oublié l'existence en ce qui la concernait.

Cette crise de larmes surprit Eustacia elle-même à un tel point qu'elle ne put l'enrayer. Confuse, elle se détourna de lui, bien qu'en se détournant elle ne lui cachât rien, et elle continua de sangloter désespérément, jusqu'à ce que le flot de larmes se ralentît de lui-même. Alors, elle se calma un peu. Wildeve avait résisté à l'impulsion de la prendre dans ses bras et se tenait près d'elle sans un mot.

— Est-ce que vous n'avez pas honte de moi, qui n'étais pas de l'espèce larmoyante autrefois ? demanda-t-elle en un faible murmure, en essuyant ses yeux. Pourquoi n'êtes-vous pas parti ? J'aurais préféré ne pas être vue dans un état aussi… révélateur.

— Vous auriez pu le préférer, parce que cela m'a rendu aussi triste que vous, répondit-il avec émotion et déférence, mais ne parlez pas de révélation : entre vous et moi, le mot n'a aucun sens.

— Je ne vous ai pas appelé, Damon ! Ne l'oubliez pas ! Comme épouse, en tout cas, j'ai été sans reproche.

— Qu'importe que vous m'ayez ou non appelé ? Je suis venu. Ah, Eustacia, pardonnez-moi le mal que je vous ai fait ces deux dernières années ! Je vois, de plus en plus clairement, que j'ai causé votre perte.

— Vous, non : ce pays.

— Ah, c'est votre générosité qui vous fait parler ainsi ! Mais c'est moi le coupable. J'aurais dû faire davantage ou ne rien faire du tout.

— Comment cela ?

— Je n'aurais jamais dû vous poursuivre ou, ayant commencé, j'aurais dû être ferme et vous retenir. Mais, naturellement, je n'ai pas le droit de m'exprimer ainsi maintenant. Je vais seulement vous poser une question : puis-je faire quelque chose pour vous ? Y a-t-il au monde un effort à tenter pour vous rendre moins malheureuse ? Ordonnez, Eustacia : tout ce qui est en mon pouvoir, je le ferai. N'oubliez pas que je suis riche, maintenant. Sûrement, il ne doit pas être impossible d'améliorer votre sort… Une plante aussi rare dans un endroit aussi sauvage me fait peine à voir. Avez-vous envie de quelque chose ? Voulez-vous aller quelque part ? Vous évader tout à fait d'ici ? Parlez et je ferai n'importe quoi pour arrêter des larmes qui, sans moi, n'auraient jamais coulé.

— Nous sommes mariés l'un et l'autre, dit-elle avec abattement. Accepter votre aide paraîtrait mal, après... après...

— Que voulez-vous ? On ne saurait empêcher les médisants de parler. Mais ne craignez rien : quels que soient mes sentiments, je vous donne ma parole d'honneur de ne jamais vous les exprimer, de ne jamais agir selon eux sans votre permission. J'ai des devoirs envers Thomasine, mais j'en ai aussi envers une femme aussi injustement traitée que vous. Que puis-je faire ?

— M'aider à quitter ce pays.

— Où voulez-vous aller ?

— J'ai fait mon choix. Si vous pouvez m'aider à gagner Budemouth, je m'arrangerai seule ensuite. Des bateaux font la traversée du détroit et je pourrai aller à Paris quand je voudrai... Oui, supplia-t-elle avec ardeur, aidez-moi à gagner Budemouth sans que mon grand-père et mon mari le sachent, et je m'arrangerai ensuite.

— Mais y serez-vous en sûreté toute seule ?

— Oui, oui, je connais bien Budemouth.

— Ne me laisserez-vous pas vous accompagner ? Je suis riche maintenant.

Elle garda le silence.

— Dites oui, chérie !

Elle continua de garder le silence.

— Eh bien, quand vous voudrez partir, faites-le-moi savoir. Nous demeurons ici jusqu'en décembre. Ensuite, nous devons aller nous installer à Castelbridge ; jusqu'alors, je suis à vos ordres.

— Je vais réfléchir, dit-elle précipitamment. Il faut que je me demande si je peux honnêtement accepter que vous me rendiez service en ami... ou si je dois conclure avec vous comme avec un amant. Si je pars, si je décide d'accepter votre aide, je vous ferai un signal, un de ces soirs, à huit heures précises. Cela voudra dire qu'il vous faudra tenir un cheval et une voiture prêts à minuit, le même soir, pour me conduire à Budemouth à temps pour prendre le bateau du matin.

— Tous les soirs, à huit heures, je regarderai si je ne vois pas un signal. Aucun ne m'échappera.

— Partez maintenant, je vous en supplie. Si je me décide à m'enfuir, je ne vous reverrai qu'une fois… le soir de ma fuite, à moins que… Je ne peux pas m'échapper sans vous et… Oh, partez ! Je suis à bout de forces ! Partez !

Wildeve gravit lentement les degrés et descendit l'autre versant, dans les ténèbres, en se retournant pour la voir, jusqu'à ce que le talus la lui cachât complètement.

41

Thomasine discute avec son cousin et il écrit une lettre

Yeobright, cependant, était à Blooms-End et il espérait qu'Eustacia reviendrait à lui. L'emménagement n'avait eu lieu qu'en ce jour, bien que Clym vécût depuis plus d'une semaine dans la vieille maison de Blooms-End. Il avait passé le temps à balayer les feuilles dans les allées du jardin, à couper les fleurs fanées des plates-bandes, à raccrocher les plantes grimpantes dérangées par les vents d'automne. Ces menues besognes, accomplies sans plaisir, faisaient, à tout le moins, écran entre le désespoir et lui. En outre, Yeobright se faisait un pieux devoir de conserver en bon état toute chose ayant glissé des mains de sa mère dans les siennes.

Tandis qu'il s'occupait ainsi, il ne cessait de guetter la venue d'Eustacia. Sur la barrière du jardin d'Alderworth, il avait fait clouer un écriteau mentionnant, en lettres blanches, sa nouvelle résidence, afin qu'elle sût, le cas échéant, où le trouver. Quand une feuille tombait, il tournait la tête songeant au pas d'Eustacia. Un oiseau qui fouillait du bec les plates-bandes faisait le bruit du loquet de la barrière poussée par Eustacia. Et, au crépuscule, quand de douces et étranges rumeurs venaient des trous, des tiges creuses, des feuilles mortes recroquevillées, de toutes les fissures où brises, vermisseaux et insectes déploient leur zèle, il imaginait qu'Eustacia, au dehors, soupirait des souhaits de réconciliation.

Jusqu'alors, il était demeuré ferme dans sa résolution de ne point la rappeler. Mais la sévérité avec laquelle il l'avait traitée émoussait l'aiguillon de son deuil, éveillait en lui un peu de son ancienne sollicitude pour la rivale de sa mère. De durs sentiments engendrent des gestes durs, qui, par réaction, étouffent souvent la cause de leur naissance. Certes, Yeobright ne voyait point, en sa femme, l'innocence martyrisée, mais il se demandait si, le sombre matin de la découverte, il ne l'avait pas trop brutalement surprise.

Maintenant que sa colère était tombée, il se sentait disposé à admettre que sa femme, après tout, n'avait peut-être eu à se reprocher qu'une imprudente amitié pour Wildeve. Elle n'avait pas eu l'attitude d'une épouse coupable et, si elle était innocente sur ce point, sa conduite envers sa belle-mère souffrait une interprétation moins révoltante.

Le soir du 5 novembre, Clym se mit à penser à Eustacia avec plus d'intensité que jamais. Des échos d'un passé au cours duquel elle et lui avaient échangé de tendres paroles tout le long du jour l'avaient suivi comme le murmure confus d'une plage laissée à plusieurs milles en arrière. « Elle aurait vraiment pu se décider à communiquer avec moi, se disait-il, à m'avouer loyalement ce que lui a été Wildeve. »

Au lieu de rester chez lui, il décida d'aller voir Thomasine et Wildeve. S'il en trouvait l'occasion, il parlerait de la cause de la séparation entre sa femme et lui. Mais il ne mentionnerait point la présence d'une tierce personne dans la maison, quand sa mère avait été renvoyée. Si Wildeve avait été cette personne et que sa visite n'eût rien présenté d'illicite, il le déclarerait peut-être de lui-même ? S'il avait été présent, mais avec de louches intentions, étant vif de caractère, il laisserait peut-être échapper un mot qui ferait ressortir dans quelle mesure Eustacia était compromise...

Mais il trouva Thomasine seule au logis. Wildeve, en effet, se dirigeait au même instant vers le feu de joie innocemment allumé par Charley. Thomasine fut, comme toujours, contente de voir son cousin. Elle l'emmena faire connaissance avec le bébé endormi, non sans voiler soigneusement de la main la lumière de la bougie, afin de ne pas éveiller l'enfant.

— Tamsine, avez-vous entendu dire qu'Eustacia n'est plus avec moi maintenant ? dit Clym quand tous deux se furent assis pour causer.

— Non, dit Thomasine, alarmée.

— Et que j'ai quitté Alderworth ?

— Non, je n'ai d'Alderworth que les nouvelles que vous venez m'en donner. Que se passe-t-il donc ?

Clym, d'une voix troublée, lui raconta alors sa visite au petit garçon de Susan Nunsuch, la découverte qu'il avait faite et comment il avait accusé Eustacia d'avoir, volontairement et sans pitié, commis un crime. Il ne fit aucune allusion à la présence de Wildeve dans la maison.

— Dieu ! Tout cela s'est passé et je n'en savais rien ! murmura Thomasine frappée d'horreur. Terrible ! Qu'est-ce qui a bien pu la pousser... Oh, Eustacia ! Et, aussitôt que vous avez eu tout appris, vous vous êtes précipité vers elle ? N'avez-vous pas été trop cruel ? Avait-elle vraiment été aussi méchante qu'il semble ?

— Un homme peut-il être trop cruel envers les ennemis de sa mère ?

— Oui, je crois.

— Bon. Soit. Mais, maintenant, que faire ?

— Vous réconcilier… si un raccommodement est possible après une querelle aussi grave. Mon Dieu ! J'aimerais presque mieux que vous m'eussiez laissé tout ignorer. Oui, il faut essayer de vous réconcilier. Ce n'est pas impossible, après tout, si vous le souhaitez tous les deux.

— Sans doute n'est-ce pas le cas, dit Clym. Si elle le souhaitait, ne m'aurait-elle pas déjà donné signe de vie ?

— Vous semblez bien le souhaiter, vous, et pourtant vous ne lui avez pas donné signe de vie non plus.

— C'est vrai, mais j'ai été tiraillé par des hésitations et des doutes, moi… Le contrecoup était naturel, après une découverte pareille. Me voir maintenant, Thomasine, ne vous donne aucune idée de mon état d'alors… des abîmes dans lesquels je suis descendu ces quelques derniers jours. Oh, c'était infâme de renvoyer ainsi ma mère ! Pourrai-je jamais l'oublier ? Dois-je même consentir à revoir Eustacia ?

— Elle n'avait sans doute pas songé que quelque chose de grave résulterait de son geste, et peut-être avait-elle l'intention de finir par laisser entrer tante.

— Elle-même me l'a affirmé. Mais il n'en demeure pas moins qu'elle n'a pas ouvert.

— Tenez-la pour repentante et rappelez-la.

— Et si elle refuse de venir ?

— Elle prouvera qu'elle est coupable, en montrant qu'elle a coutume de nourrir de vilains sentiments. Mais je suis sûre du contraire.

— Eh bien, voilà ce que je vais faire. Je vais attendre encore un jour ou deux, pas plus de deux certainement.

Si d'ici là elle ne me fait rien dire, c'est moi qui ferai le premier pas. Je pensais trouver Wildeve à la maison ce soir. Serait-il en voyage ?

Thomasine rougit un peu.

— Non, dit-elle, il est simplement sorti pour se promener.

— Pourquoi ne vous a-t-il pas emmenée ? La soirée est belle. L'air vous aurait fait autant de bien qu'à lui.

— Oh, je n'ai pas envie de sortir ! Et puis, il y a la petite.

— Oui... oui... Je me suis demandé si je ne devrais pas consulter votre mari aussi bien que vous au sujet de cette affaire ? dit Clym résolument.

— Je crois qu'il vaudrait mieux n'en rien faire, répondit-elle vivement. Cela ne pourrait rien donner de bon.

Son cousin la regarda bien en face. Sans aucun doute Thomasine ignorait si son mari avait pris une part quelconque aux événements de l'après-midi fatale. Mais son attitude paraissait signifier qu'elle cachait quelque arrière-pensée concernant les tendres relations qu'auraient entretenues, dans le passé, Wildeve et Eustacia.

Clym, cependant, ne pouvait rien conclure de ces impressions et il se leva pour partir – plus perplexe qu'à son arrivée.

— Alors, vous lui écrirez dans un ou deux jours ? dit la jeune femme, pressante. J'espère tellement que cette triste séparation prendra bientôt fin !

— Oui, dit Clym. Je ne désire pas du tout voir se prolonger ma situation présente.

Et il quitta Thomasine et gravit la colline pour revenir à Blooms-End. Avant de se coucher, il écrivit la lettre suivante :

Ma chère Eustacia,

J'obéis à mon cœur sans trop consulter ma raison. Voulez-vous revenir auprès de moi ? Si vous revenez, il ne sera jamais fait allusion au passé. J'ai été trop sévère, mais comment aurais-je pu me contenir ? Vous ne savez pas, Eustacia, vous ne saurez jamais combien il m'a été dur de prononcer les paroles violentes que vous vous êtes attirées.

Maintenant, tout ce qu'un homme loyal peut vous promettre, je vous le promets : vous ne souffrirez plus par ma faute du passé. Nous avons échangé de telles promesses, Eustacia, que le mieux qui nous reste à faire doit bien être de passer le reste de nos vies à essayer de nous tenir parole. Revenez, même si vous avez des reproches à me faire. J'ai pensé à vos souffrances du matin de notre séparation. Je sens qu'elles ont été profondes et vous ne devez pas en supporter davantage. Notre amour doit continuer. Des cœurs comme les nôtres nous auraient-ils été donnés s'ils ne se devaient l'un à l'autre ? Je n'ai pas pu vous demander tout de suite de revenir, Eustacia, parce que je ne pouvais pas m'empêcher de penser que l'homme qui était avec vous était votre amant. Mais si vous revenez, si vous expliquez que des apparences, qui me rendaient fou, n'étaient que des apparences, je vous croirai. Pourquoi n'êtes-vous pas venue plus tôt ? Avez-vous pensé que je refuserais de vous écouter ? Non, n'est-ce pas, s'il vous souvient des baisers et des serments que nous avons échangés sous la lune d'été. Revenez et vous serez chaudement accueillie. Je ne peux pas penser du mal de vous plus longtemps, je ne suis occupé qu'à vous justifier. »

Votre mari, CLYM.

— Là, dit-il en posant la lettre sur son bureau, voilà qui est bien. Si elle n'est pas venue demain soir, je lui enverrai cette lettre.

Pendant ce temps, dans la maison qu'il venait de quitter, Thomasine soupirait. Par loyauté envers son mari, elle avait tu à son visiteur des soupçons d'après lesquels l'intérêt que Wildeve portait à Eustacia aurait continué après son mariage. Mais elle ne savait rien de certain et, si Clym lui demeurait un très cher cousin, il y avait quelqu'un qui lui était plus proche encore.

Quand, un peu plus tard, Wildeve revint de Mistover, sa femme lui dit :

— Damon, où êtes-vous allé ? Je commençais à être très inquiète. J'avais peur que vous soyez tombé dans la rivière. Je n'aime pas rester seule ainsi.

— Vous aviez peur ? Oui ? dit-il en lui tapotant la joue comme il eût caressé un animal familier. Je croyais que vous n'aviez peur de rien ? N'est-ce pas plutôt que vous devenez fière et n'aimez pas continuer de demeurer ici, maintenant que nous voilà riches ? Vous savez bien que nous ne pouvons pas partir avant quelques semaines.

— Non, non, il m'est égal d'attendre. Mais je n'aime pas vous voir disparaître le soir comme vous faites. Quelque chose vous tourmente, Damon. Mais si, mais si, je m'en rends bien compte. Vous allez et venez si sombrement. On dirait, à vous voir, que la lande est une prison où quelqu'un est enfermé, au lieu d'être un joli endroit où se promener.

Il la regarda avec une surprise où entrait de la pitié.

— Quoi ? Vous aimez la lande d'Egdon ? dit-il.

— J'aime un endroit près duquel je suis née, oui. J'admire son vieux visage farouche.

— Peuh ! ma petite ! Vous ne savez pas ce que vous aimez.

— Si, je suis sûre que si. Il n'y a qu'une chose de désagréable à propos de la lande.

— Laquelle ?

— Vous ne m'emmenez jamais avec vous, quand vous allez vous y promener. Pourquoi allez-vous y vagabonder si souvent, si elle vous déplaît ?

La question était simple, mais Wildeve parut la trouver déconcertante. Il s'assit avant d'y répondre.

— Je ne crois pas que vous m'ayez vu bien souvent dans la lande, fit-il. Vous ne pourriez pas me donner un exemple.

— Si ! répondit-elle triomphante. Ce soir, quand vous êtes sorti, j'ai pensé que, du moment que la petite dormait, j'irais voir où vous alliez si mystérieusement sans me le dire. Alors, je suis sortie et j'ai marché derrière vous. Vous vous êtes arrêté à l'embranchement des chemins, vous avez regardé les feux de joie et vous avez dit : « Le diable m'emporte, j'y vais ! », et vous avez vite pris le chemin de gauche. Alors, je suis restée à vous regarder.

Wildeve fronça les sourcils, puis dit avec un sourire forcé :

— Et alors ? Quelle merveilleuse découverte avez-vous faite ?

— Là ! vous êtes fâché ! N'en parlons plus.

Elle alla vers lui, s'assit sur un escabeau et leva les yeux pour le regarder en face.

— Oh, je vous en prie ! fit-il, vous voilà bien, avec vos dérobades. Continuons, puisque nous avons commencé. Qu'avez-vous vu ensuite ? Je tiens tout particulièrement à le savoir.

— Ne soyez pas ainsi, Damon, murmura-t-elle. Je n'ai rien vu. Vous avez disparu. J'ai un peu regardé les feux de joie et je suis rentrée.

— Peut-être n'était-ce pas la première fois que vous me suiviez ? Essaieriez-vous de faire une mauvaise découverte sur mon compte ?

— Pas du tout ! Je ne vous ai jamais suivi avant et, ce soir, je ne vous aurais pas suivi non plus, si je n'entendais, de temps en temps, faire des réflexions sur vous.

— Quoi ? que dit-on ? Expliquez-vous, demanda-t-il avec impatience.

— On dit... on dit que vous aviez l'habitude d'aller à Alderworth tous les soirs... et cela me fait penser à ce que j'ai entendu dire à propos de...

Wildeve eut un mouvement de colère, se leva et se tint debout devant elle.

— Allons, dit-il en rayant l'air de sa main. Parlez, madame ! Je veux savoir quelles réflexions vous avez entendu faire.

— Eh bien, j'ai entendu dire que vous étiez autrefois très épris d'Eustacia – rien d'autre, et, pourtant, c'est petit à petit que je l'ai su. Vous ne devriez pas vous fâcher !

Il vit qu'elle avait les yeux pleins de larmes.

— Eh bien, dit-il, il n'y a là rien de nouveau. Bien entendu, je ne voulais pas vous brusquer ; alors, ne pleurez pas. Maintenant, laissons ce sujet.

Ils s'en tinrent donc là, et Thomasine ne fut pas fâchée d'avoir un prétexte pour taire à son mari la visite que Clym lui avait faite ce soir-là et l'histoire qu'il lui avait racontée.

42

La nuit du 6 novembre

Eustacia avait décidé de s'enfuir et elle semblait, toutefois, désirer par instants qu'un hasard contrecarrât son dessein. Or, un seul événement pouvait modifier sa situation : un appel de Clym. Clym avait dépouillé son prestige d'amant, mais le souvenir des simples et bonnes qualités de cet homme éveillait parfois, en Eustacia, un émoi passager, l'espoir de le voir reparaître. Si elle envisageait calmement les choses, elle jugeait pourtant peu vraisemblable qu'une séparation comme la leur cessât jamais et elle concluait qu'il ne lui restait qu'à mener la vie d'une créature douloureuse, isolée, partout étrangère. Elle avait, autrefois, tenu la lande pour un lieu ennemi, contraire à sa nature : l'univers entier lui donnait maintenant cette impression.

Le 6 novembre, comme le soir approchait, sa résolution de partir se raviva. Vers quatre heures, elle empaqueta les quelques objets qu'elle avait emportés d'Alderworth et quelques autres qu'elle avait laissés à Mistover. Le tout composait un mince bagage, qu'elle porterait facilement à la main pendant un mille ou deux. Dehors, le paysage s'assombrissait. De gros nuages couleur de boue s'arrondissaient et s'abaissaient comme de vastes et pesants hamacs suspendus au ciel. Et, comme la nuit descendait, un vent de tempête s'éleva. Mais la pluie ne tombait pas encore.

Eustacia, n'ayant plus rien à faire, ne put supporter de demeurer dans la maison. Elle sortit. Elle alla errer sur les collines, dans le voisinage de la demeure qu'elle allait bientôt quitter. Elle vint ainsi à passer devant le cottage de Susan Nunsuch, situé un peu au-dessous de celui du capitaine. La porte du cottage était entrouverte et la lueur du foyer projetait au dehors un reflet brillant qui éclaira Eustacia au passage, en fit, durant une seconde, une véritable apparition fantasmagorique : une créature lumineuse en pleine obscurité. La nuit l'engloutit aussitôt. Mais une femme, assise à l'intérieur du cottage, avait vu et reconnu cette apparition.

C'était Susan elle-même, occupée à préparer du vin chaud pour son petit garçon, qui, souvent languissant, venait de tomber gravement malade. Susan lâcha sa cuiller, montra le poing à la silhouette déjà évanouie et reprit sa besogne, mais d'un air absent.

À huit heures, heure à laquelle Eustacia devait faire un signal à Wildeve, si jamais elle s'y décidait, la jeune femme, après s'être assurée qu'elle ne courait nul danger d'être vue par les habitants du domaine, alla tirer une longue branche de la meule d'ajonc, la transporta sur l'angle du talus et, après avoir jeté derrière elle un coup d'œil encore et constaté que tous les volets de la maison étaient clos, l'enflamma, la saisit et l'agita au-dessus de sa tête jusqu'à extinction.

Elle eut la satisfaction, s'il est possible d'appliquer ce mot à un mouvement de son humeur d'alors, de voir du côté de la Femme tranquille un signal analogue briller une ou deux minutes après. Cette promptitude prouvait à quel point Wildeve était fidèle à ses promesses. Quatre heures plus tard, c'est-à-dire vers minuit, il devait, selon leurs conventions, se tenir prêt à la conduire à Budemouth.

Eustacia rentra dans la maison. Le souper terminé, elle se retira de bonne heure, pour attendre dans sa chambre l'heure du départ. Comme la nuit était sombre et menaçante, le capitaine Vye, au lieu d'aller bavarder dans un des cottages ou de pousser jusqu'à l'auberge, ainsi qu'il lui arrivait par les longues soirées d'automne, était resté au logis et buvait, en bas, des grogs à petits coups. Vers dix heures, on frappa à la porte d'entrée. La servante alla ouvrir et la lueur de sa chandelle éclaira la personne de Fairway.

— Vu que j'avais affaire plus loin ce soir, dit-il, maître Yeobright m'avait demandé de laisser ça ici en passant. Mais, par ma foi, je l'avais mis dans mon chapeau et ça m'était sorti de l'idée. L'a fallu que j'aille fermer la barrière au loquet avant de me coucher pour que ça me revienne. Alors, je suis remonté l'apporter d'un galop.

Il tendit une lettre et s'en alla.

La fille porta le pli au capitaine. Le capitaine tourna et retourna cette lettre adressée à Eustacia. Il lui semblait que l'écriture était de Yeobright, mais il n'en était pas sûr. Néanmoins, il décida que le message serait remis sans délai à sa destinataire. Il le prit, monta à l'étage. Mais, arrivé devant la chambre d'Eustacia, il ne vit nul filet de lumière passer sous la porte ou par le trou de la serrure. Eustacia, en effet, s'était jetée tout habillée sur son lit, dans l'obscurité, pour prendre quelques forces avant de se mettre en voyage. Son grand-père la crut endormie, conclut qu'il ne fallait pas la déranger, redescendit dans la salle et plaça la lettre sur le manteau de la cheminée, pour la lui remettre le lendemain matin. À onze heures, il se retira lui-même dans sa chambre, fuma une dernière pipe, éteignit sa lumière et, selon une vieille habitude, ouvrit ses volets afin de voir dès son réveil dans quelle direction soufflerait le vent le lendemain matin. Sa fenêtre donnait, en effet, du côté du domaine où s'élevait le mât blanc surmonté d'un pavillon et d'une girouette. Il venait de se coucher, quand il eut la surprise de voir le mât devenir brusquement lumineux comme une colonne de phosphore.

Il n'y avait qu'une explication possible à ce phénomène : une lueur soudaine avait été projetée de la maison sur le mât. Mais tout le monde s'était retiré pour dormir ; aussi le vieillard jugea-t-il nécessaire de sortir du lit, d'ouvrir doucement sa fenêtre et de regarder dehors à droite et à gauche. La fenêtre d'Eustacia était éclairée. Il se demanda ce qui avait éveillé sa petite-fille et demeura perplexe. Il songeait à aller chercher la lettre et à la glisser sous la porte de la jeune femme, quand il perçut un léger frôlement de robe contre la cloison qui séparait la chambre du couloir.

Le capitaine en déduisit qu'Eustacia ne pouvait dormir et descendait chercher un livre, et il ne se serait plus soucié de l'incident, s'il n'avait aussi entendu qu'en passant, elle pleurait.

« Elle pense à son mari, se dit-il. Ah, la sotte ! Elle n'aurait jamais dû l'épouser. Je me demande si cette lettre est bien de lui ? »

Il jeta son caban sur ses épaules, ouvrit la porte et dit :

— Eustacia !... Eustacia, répéta-t-il plus fort. Il y a une lettre pour vous sur la cheminée !

Mais cette nouvelle n'éveilla qu'un écho imaginaire, venant du vent qui paraissait ronger les angles de la maison et de quelques gouttes d'eau qui claquèrent contre la vitre.

Le capitaine sortit sur le palier, demeura aux écoutes pendant presque cinq minutes. Eustacia ne remontait pas. Il alla chercher une lumière et s'apprêta à descendre, mais il jeta, auparavant, un regard dans la chambre de sa petite-fille. L'empreinte du corps sur l'édredon lui révéla qu'Eustacia ne s'était pas vraiment couchée et, détail plus significatif, elle n'avait pas, en descendant, emporté son bougeoir.

Le capitaine, maintenant très inquiet, s'habilla en toute hâte, descendit. La porte d'entrée n'était plus fermée à clé et au verrou comme il l'avait laissée. Impossible de douter plus avant : Eustacia avait quitté la maison à cette heure de minuit. Où était-elle allée ? Si le domaine avait été situé en bordure d'une route ordinaire, il eût suffi qu'une personne prît cette route à droite, qu'une autre la prît à gauche pour que la fugitive fût rattrapée. Mais comment se mettre à la recherche de quelqu'un à travers une lande obscure, dont tous les points proposaient autant de chemins qu'il y a de méridiens rayonnant du pôle ? Perplexe à l'extrême, le capitaine entra dans la salle et fut très contrarié de constater que la lettre était sur le manteau de la cheminée, comme il l'y avait posée.

À onze heures et demie, la maison étant silencieuse, Eustacia avait allumé sa bougie, revêtu quelques vêtements chauds, pris son sac, éteint de nouveau sa lumière, descendu enfin l'escalier. Une fois la porte ouverte, elle vit qu'il commençait à pleuvoir et, comme elle s'arrêtait un instant sous le porche, la pluie se fit plus violente et menaça de tomber plus drue encore. Mais, après avoir pris un parti aussi extrême, allait-elle reculer en raison du mauvais temps ? La réception de la lettre de Clym ne l'aurait même pas arrêtée maintenant. L'obscurité de la nuit était funèbre, la nature entière semblait vêtue de crêpe. Derrière la maison, les pointes aiguës des sapins s'élevaient comme les clochers et clochetons d'une abbaye. Rien n'était visible à l'horizon. Seule une lumière brillait encore dans le cottage de Susan Nunsuch.

Eustacia ouvrit son parapluie et quitta le domaine par l'escalier qui franchissait le mur de terre durcie. Après quoi, elle fut hors de danger d'être aperçue. Elle contourna la mare, prit le chemin qui menait à Rainbarrow, butant, de temps à autre, contre des racines d'ajoncs, de courtes touffes de roseaux ou de gros champignons visqueux et charnus, qui, en cette saison, parsemaient la lande comme le foie et les poumons pourris d'un énorme animal. La lune et les étoiles étaient si bien voilées par les nuages et la pluie qu'elles semblaient éteintes à jamais. C'était une de ces nuits pendant lesquelles les pensées du voyageur se tournent vers les scènes les plus désastreuses des annales du monde, vers les épisodes les plus dramatiques et les plus ténébreux de la légende et de l'histoire : la dernière plaie d'Égypte, l'assassinat de Sennachérib par ses fils, l'agonie du Christ à Gethsémani. Eustacia arriva enfin à Rainbarrow et s'arrêta pour réfléchir. Il n'y eut jamais harmonie aussi parfaite que celle qui s'établit alors entre le chaos que présentait son esprit et le chaos qui régnait dans le monde extérieur. Une pensée bouleversante venait de s'abattre sur elle : elle n'avait pas assez d'argent pour entreprendre un long voyage.

Elle avait été tiraillée, en ce jour, par bien des perplexités, des doutes et des angoisses, mais son esprit peu pratique n'avait pas considéré les exigences matérielles de l'entreprise. Et, maintenant qu'elle se rendait complètement compte de sa situation, elle se mit à soupirer avec amertume, elle cessa de se tenir droite, s'affaissa peu à peu, finit par s'accroupir, par se recroqueviller de plus en plus sous son parapluie, comme si, de l'intérieur du tumulus, une main l'avait saisie et l'attirait dans la terre. Se pouvait-il qu'elle fût condamnée à demeurer captive ? L'argent ? Elle n'en avait jamais, auparavant, vraiment senti la valeur. Même pour disparaître, il fallait de l'argent. Demander à Wildeve une aide pécuniaire, sans accepter que cet homme l'accompagnât, était impossible à une femme un peu fière. S'enfuir comme sa maîtresse – et elle savait qu'il l'aimait – était une humiliation.

Tous ceux qui l'auraient vue en ce moment auraient eu pitié d'elle. Non tellement parce qu'elle était ainsi exposée aux intempéries, isolée de toute l'humanité, à la seule exception des restes qui moisissaient dans le tumulus, mais en raison de cette autre forme de misère révélée par le léger mouvement d'oscillation qu'imprimaient ses sentiments à sa personne. Aux petits bruits tristes que faisait la pluie en s'égouttant de son parapluie sur sa mante, de sa mante sur la bruyère, de la bruyère sur le sol, se mêlaient des sons aussi tristes, qui sortaient de ses lèvres, et le paysage éploré trouvait comme une expression sur ce visage de femme. Les ailes de son âme s'étaient brisées contre les cruels obstacles qui l'encerclaient. Même si Eustacia s'était vue en route pour Budemouth, sur le point de s'embarquer pour une rive nouvelle, elle ne se fût pas sentie le cœur beaucoup plus léger, tant elle était pénétrée de l'affreuse malignité des choses. Quand une femme comme elle, une femme qui n'est ni vieille, ni sourde, ni folle, se met à sangloter et à parler tout haut et toute seule, il faut que son cas soit bien grave.

— Puis-je, puis-je partir ? gémissait-elle. Il n'est pas assez grand pour que je me donne à lui, il ne suffit pas à mes désirs… S'il était un Saul ou un Bonaparte… Ah ! mais manquer pour lui à la foi du mariage, oh ! le pauvre crime ! Et je n'ai pas d'argent pour m'échapper toute seule. Et si j'en avais, serais-je moins malheureuse ? Il faudra que l'année prochaine se traîne comme celle-ci s'est traînée, comme se traînera l'année qui viendra après… Comme j'ai essayé, essayé, essayé de mener une vie noble, et comme la destinée a été contre moi ! Je ne mérite pas mon sort ! Non ! cria-t-elle ensuite dans une explosion d'amère révolte. Oh ! quelle cruauté de m'avoir fait naître dans ce monde mal fait ! J'étais capable de grandes choses, mais j'ai été lésée, j'ai été meurtrie, j'ai été brisée ! Oh, que le ciel est dur d'avoir inventé des tortures pareilles pour moi qui ne lui avais rien fait !

La lumière lointaine qu'Eustacia avait vue briller en quittant la maison de son grand-père venait de la fenêtre de Susan Nunsuch. Eustacia l'avait machinalement supposé, mais sans deviner, certes, à quelle occupation Susan se livrait alors dans son cottage.

Cette dernière ne doutait plus de l'influence néfaste d'Eustacia, depuis qu'elle avait vu son ennemie passer devant son seuil, à la tombée de cette même nuit, cinq minutes peut-être après que le petit garçon eut crié : « Oh ! mère ! je me sens si malade ! »

C'est pourquoi Susan ne se coucha pas aussitôt le travail de la journée fini, comme elle l'aurait fait en temps ordinaire. Pour combattre le prétendu maléfice de la pauvre Eustacia, la mère allait avoir recours à une horrible invention de la superstition, calculée pour frapper d'impuissance, d'atrophie et de mort l'être humain qu'elle visait. Cette pratique, bien connue alors dans le pays d'Egdon, subsiste, d'ailleurs, encore de nos jours.

Chandelle en main, Susan passa dans un réduit où se trouvaient, entre autres provisions et ustensiles, deux grands pots bruns contenant à eux deux un quintal peut-être de miel liquide. Sur une planche, au-dessus des pots, une masse jaune, lisse et solide, en forme d'hémisphère était posée : le pain de cire qui provenait, comme le miel, du travail des abeilles pendant l'été dernier.

Susan le prit, coupa plusieurs lamelles de cire, les entassa dans un pot de fer, revint dans la salle commune et posa son pot sur les cendres chaudes du foyer. Quand la cire fut devenue molle, elle pétrit les morceaux ensemble. Puis son expression devint plus attentive. Elle se mit à modeler avec application, et il était évident qu'elle cherchait à donner à la cire une forme préconçue, une forme humaine.

À force de chauffer et de pétrir, de couper et de tordre, de démembrer et de ressouder son ébauche, elle obtint, au bout d'un quart d'heure, une passable effigie de femme, haute de six pouces environ. Elle la déposa sur la table pour la laisser se refroidir et durcir.

Entre-temps, elle prit la chandelle et monta dans la pièce où Johnny était couché.

— T'as-t'y remarqué, mon petit gars, ce que Mrs Eustacia portait, ce tantôt, avec sa robe foncée ?

— Un ruban rouge autour du cou.

— Rien d'autre ?

— Non. Seulement ses fins souliers.

— Un ruban rouge et ses fins souliers, répéta mentalement la matrone.

Mrs Nunsuch fit des fouilles jusqu'à ce qu'elle découvrît une bribe d'étroit ruban rouge. Elle redescendit, munie de sa trouvaille, dont elle entoura le cou de la statuette. Elle prit ensuite, sur le bureau branlant placé près de la fenêtre, de l'encre et une plume d'oie, et noircit la surface qui devait passer pour la chaussure de la figure de cire ; sans omettre de tracer, sur chaque coup-de-pied, des *X* destinés à représenter les lacets des escarpins que les femmes portaient entre 1800 et 1850. Elle noua, enfin, autour de la tête de son personnage, un fil noir qui rappelait un bandeau retenant une chevelure.

Susan tint l'objet à bout de bras et le contempla avec une dure satisfaction. Tous les habitants de la lande auraient pensé, en voyant la statuette, à Eustacia Yeobright.

Dans son panier à ouvrage, posé sur l'appui de la fenêtre, la femme prit alors un paquet de ces longues et jaunes épingles d'autrefois, dont les têtes se détachaient à peine s'en servait-on. Elle se mit à enfoncer ces épingles dans la figure de cire avec une énergie de tortionnaire. Elle en fit pénétrer plus d'une cinquantaine dans le tronc, les épaules, le corps entier. Elle en piqua dans la plante des pieds, ne s'arrêta que lorsque l'effigie fut transpercée en tous sens par les épingles.

Susan se tourna vers la cheminée. Un feu de tourbe y avait brûlé. Le haut tas de cendres qu'il laissait, à la manière de tout feu de tourbe, paraissait froid et bien mort. Mais quelques coups de pelle révélèrent, à l'intérieur de l'amas, une chaude lueur rouge. Susan prit quelques mottes de tourbe dans le coin de la cheminée, les posa sur les vestiges incandescents et la flamme se ranima. Saisissant, avec des pincettes, l'image qu'elle avait faite à la ressemblance d'Eustacia, Susan la tint au-dessus du feu et la regarda fondre petit à petit et, cependant, un murmure s'échappait de ses lèvres.

C'était un étrange jargon : le Notre Père récité à l'envers, l'incantation d'usage destinée à obtenir une assistance impie contre un ennemi. Susan prononça le lugubre discours lentement et par trois fois. Quand elle se tut, l'image s'était considérablement réduite. Comme la cire s'affaissait, une longue flamme s'éleva, sembla envelopper l'effigie d'un grand coup de langue et l'entama plus profondément. Une épingle tombait parfois, en même temps que fondait la cire, et les braises la chauffaient à blanc.

43

La plaine, les ténèbres. Allées et venues d'êtres en peine

Tandis que l'effigie d'Eustacia fondait, peu à peu réduite au néant, et que la belle jeune femme elle-même était à Rainbarrow, l'âme plongée dans un abîme de désolation rarement sondé par une créature aussi jeune, Yeobright veillait solitairement à Blooms-End. Il avait tenu parole à Thomasine en envoyant, par Fairway, sa lettre à sa femme et, maintenant, il attendait, avec une impatience croissante, un signe du retour d'Eustacia. Si la lettre l'avait trouvée à Mistover, Eustacia, sans doute, lui enverrait au moins un billet en réponse le même soir, par le même messager. Clym l'espérait. Toutefois, il avait recommandé à Fairway de ne rien réclamer, afin qu'elle se décidât en toute liberté. Il avait été, d'autre part, entendu que, si une réponse lui était confiée, Fairway l'apporterait immédiatement. Sinon, il rentrerait chez lui, sans prendre la peine de faire un détour ce soir-là.

Mais, en secret, Clym espérait mieux qu'une lettre. Eustacia n'aurait peut-être pas envie de se servir de sa plume – il était assez selon elle d'agir en silence. Elle lui ferait peut-être plutôt la surprise de venir en personne.

Qu'elle eût arrêté une résolution bien différente, il était loin de le soupçonner.

À mesure que la soirée s'avançait, il se mit à pleuvoir et à venter dur, à la grande contrariété de Clym. La tourmente faisait rage autour de sa maison et il se mit à aller et à venir avec agitation par les pièces inhabitées. Il arrêtait d'étranges bruits de portes et de fenêtres en glissant des éclats de bois dans des interstices, en rajustant, dans leurs croisillons de plomb, les petits carreaux désemboîtés. C'est par des nuits pareilles que les fentes s'élargissent aux murs des vieilles églises, que les taches, depuis longtemps aux plafonds des manoirs en ruines, ressortent et passent de la dimension d'une main à celle de plusieurs pieds. Devant la demeure de Clym, la petite barrière encastrée dans la palissade blanche ne cessait de cliqueter, en s'ouvrant et en se refermant. Mais si Clym, tout ému, allait regarder, il n'y avait personne : on eût dit que les formes invisibles des morts entraient, en passant, lui faire visite.

Entre dix et onze heures, ne voyant venir ni Fairway, ni personne, il alla se coucher et, en dépit de ses soucis, s'endormit bientôt. Son sommeil, toutefois, n'était pas très profond après cette attente, aussi fut-il aisément éveillé par des coups qui, au bout d'une heure peut-être, furent frappés à la porte d'entrée. Il se leva et regarda par la fenêtre. La pluie tombait toujours aussi lourdement. Sous ce déluge, la lande, étendue devant lui, émettait comme un bas sifflement. Il faisait trop noir pour rien distinguer.

— Qui est là ? cria-t-il.

À pas léger, on bougea sous le porche et Clym put seulement distinguer qu'une voix de femme disait en accents plaintifs :

— Ô Clym ! descendez ouvrir !

Clym, tout vibrant d'émotion, murmura en lui-même : « C'est sûrement Eustacia. » Si c'était elle, elle le prenait vraiment au dépourvu.

En hâte, il fit de la lumière, se vêtit et descendit.

Comme il ouvrait la porte toute grande, la lumière de sa bougie tomba sur une femme étroitement emmitouflée, qui entra aussitôt.

— Thomasine ! s'écria-t-il avec un désappointement indescriptible. Est-ce bien Thomasine, par une nuit pareille ? Oh ! Où est Eustacia ?

C'était bien Thomasine, mouillée, éperdue, haletante.

— Eustacia ? Je ne sais pas, Clym ! Mais, j'ai peur de le deviner, dit-elle très troublée. Laissez-moi entrer, me remettre un peu, et je vous expliquerai... Je crains un malheur... Mon mari et Eustacia...

— Comment ? Comment ?

— Je crois que mon mari est sur le point de me quitter, ou de faire quelque chose d'affreux... Je ne sais pas au juste quoi... Clym, voulez-vous aller voir ce qui se passe ? Je n'ai personne pour m'aider, excepté vous !... Eustacia n'est pas revenue ?

— Non.

Elle poursuivit, toute palpitante :

— Alors, ils vont s'enfuir ensemble ! Il est rentré ce soir, vers huit heures, et il m'a dit d'un air dégagé : « Thomasine, voilà qu'il faut que je parte pour un petit voyage. » Alors j'ai dit : « Quand ? » Et il a répondu : « Cette nuit. » Je lui ai demandé : « Où allez-vous ? » Il a répondu : « Vous le saurez plus tard, je reviens demain. » Et il s'est mis à ses préparatifs, sans faire du tout attention à moi. Je m'attendais à le voir partir, mais il ne partait pas, et, quand il a été dix heures, il m'a dit : « Vous feriez mieux d'aller vous coucher. » Je ne savais que faire et je me suis couchée. Il a dû croire que je m'étais endormie, parce qu'après il est monté, il a ouvert le tiroir de la grosse commode en chêne, où nous serrons l'argent quand nous en avons beaucoup dans la maison, et il en a sorti un rouleau de papiers. Sûrement des billets de banque. Je ne les savais pas là, il faut qu'il les ait rapportés de la banque l'autre jour, quand il est allé en ville. Pourquoi a-t-il besoin de tant d'argent, s'il s'absente seulement pour un jour ? Il est descendu et j'ai pensé qu'il avait rencontré Eustacia hier. Oui, je le savais parce que je l'avais suivi une partie du chemin quand il était sorti… mais je ne vous l'ai pas dit quand vous êtes venu… pour que vous ne pensiez pas du mal de lui, et puis, je ne croyais pas que c'était si sérieux. Alors, je n'ai pas pu rester couchée. Je me suis levée et habillée et, quand je l'ai entendu sortir pour aller à l'écurie, j'ai décidé de venir tout vous dire. Je suis descendue sans faire de bruit et je me suis glissée dehors.

— Ce qui fait qu'il n'était pas encore parti quand vous avez quitté la maison ?

— Non, pas encore. Cher Clym, voulez-vous aller tenter de le retenir ? Il n'écoute pas du tout ce que je lui dis, moi. Il me raconte qu'il sera rentré demain. Mais je ne le crois pas. Vous, il vous écoutera peut-être.

— J'y vais, dit Clym. Oh, Eustacia !

Thomasine portait dans ses bras un gros paquet. S'étant assise, elle commença d'enlever enveloppe après enveloppe et un petit enfant apparut : sec, chaud, ignorant les expéditions et les intempéries.

Thomasine posa un baiser léger sur le visage de l'enfant et les larmes lui vinrent comme elle déclarait :

— J'ai emmené la petite… J'ai eu peur qu'il lui arrive quelque chose si je la laissais… Ce sera peut-être sa mort, mais je n'ai pas pu me décider à la laisser seule avec Rachel !

Clym s'empressa de rapprocher des bûches dans l'âtre et de tisonner pour raviver les braises mourantes. À l'aide du soufflet, il fit jaillir une flamme et dit :

— Séchez-vous. Je vais chercher du bois.

— Non, non, ne vous attardez pas. Je ferai le feu. Voulez-vous partir tout de suite s'il vous plaît ?

Yeobright monta l'escalier en courant, s'habilla pour sortir. Il était prêt, quand un nouveau coup fut frappé à la porte. Impossible de se leurrer cette fois, car des pas lourds et lents avaient précédé le coup. Clym ne s'attendait donc pas à voir Eustacia. Mais il se dit que Fairway apportait peut-être un message. Il redescendit, ouvrit de nouveau la porte.

— Le capitaine Vye ! fit-il en reconnaissant une silhouette toute dégouttante d'eau.

— Ma petite-fille est-elle ici ? demanda le capitaine.

— Non.

— Alors, où est-elle ?

— Je ne sais pas.

— Mais vous devriez le savoir. Vous êtes son mari.

— De nom seulement, il semble, dit Clym, non sans emportement. Je crois qu'elle a l'intention de se faire enlever ce soir, par Wildeve, et j'allais sortir pour m'occuper de cette affaire.

— Ma foi, elle a quitté ma maison, en tout cas..., il y a peut-être une demi-heure. Qui avez-vous là ?

— Ma cousine Thomasine.

Le capitaine salua d'un air soucieux.

— Un enlèvement... J'espère qu'il n'est question de rien de pire, fit-il.

— Pire ? Une femme mariée peut-elle faire pire ?

— C'est qu'on m'a rapporté une étrange histoire. Avant de partir à sa recherche, j'ai interrogé Charley, mon garçon d'écurie, vous savez ? Il faut vous dire que, l'autre jour, mes pistolets ont disparu.

— Vos pistolets ?

— Oui. Sur le moment Charley prétendait les avoir pris pour les nettoyer. Il vient de m'avouer qu'il les avait cachés après avoir vu Eustacia les regarder d'un drôle d'air. Et elle aurait reconnu qu'elle avait eu, en effet, l'idée de se tuer, mais lui aurait fait jurer le secret en promettant qu'elle n'y songerait plus jamais. Je ne lui crois pas la crânerie de se servir d'un pistolet, mais voilà ce qu'elle cache dans sa tête. Et, quand les gens ont eu cette idée une fois, elle leur revient.

— Où sont ces pistolets ?

— Sous clé. Oh, elle n'y touchera plus ! Mais un trou de balle n'est pas le seul chemin pour sortir de la vie. Que lui avez-vous donc fait pour qu'elle en soit là ? J'ai toujours été contre ce mariage et j'avais bien raison.

— M'accompagnez-vous ? demanda Yeobright, sans prendre garde à la dernière remarque du capitaine. Je vous dirai en route le sujet de notre querelle.

— Où allez-vous ?

— Chez Wildeve. Elle y va aussi, croyez-le.

Thomasine se mêla au dialogue en pleurant :

— Il a dit qu'il partait seulement pour un court voyage inattendu… Mais, si c'était vrai, pourquoi lui faudrait-il tant d'argent ? Mon pauvre bébé ! J'ai peur qu'il soit bientôt sans père !

— Je pars, fit Clym, sortant sous le porche.

— J'irais bien avec vous, dit le vieil homme, indécis. Mais j'ai peur que mes jambes ne veuillent pas me porter si loin par une nuit pareille. Je ne suis plus jeune.

S'ils sont arrêtés dans leur fuite, elle reviendra sûrement chez moi et il vaut peut-être mieux que j'y sois pour la recevoir ? Mais, mieux ou non, c'est un fait : mes jambes ne me porteront pas jusqu'à l'auberge ce soir. Je rentre.

— Vous avez sûrement raison, dit Clym. Thomasine, séchez-vous, installez-vous aussi bien que possible.

Sur ces mots, Clym referma la porte et partit en compagnie du capitaine. Il prit le chemin de l'auberge et le capitaine celui de Mistover.

Restée seule, Thomasine enleva une partie de ses vêtements humides, monta au premier étage et coucha le bébé dans le lit de Clym. Puis elle revint dans la salle, fit un plus grand feu et s'assit devant, pour se sécher.

Bientôt, le feu flamba haut et clair et donna à la pièce une apparence d'autant plus confortable qu'alentour la tourmente continuait de régner, s'acharnait contre les fenêtres et poussait dans la cheminée d'étranges clameurs étouffées, qui paraissaient être le prologue de quelque tragédie.

Mais Thomasine n'était pas vraiment dans la maison. Une fois rassurée au sujet de sa petite fille, elle s'était mise à suivre mentalement Clym sur le chemin de l'auberge. Et, quand elle se fut engagée dans cette voie, le sentiment de la lenteur des heures l'oppressa de façon intolérable. Pourtant, elle demeurait assise. Mais se dire que Clym approchait à peine de l'auberge semblait narguer son attitude patiente, et elle ne sut demeurer plus longtemps assise. Elle se leva, monta au chevet de la petite fille. Celle-ci dormait paisiblement. Mais Thomasine avait l'esprit tendu vers les désastres qui se déroulaient peut-être, en ce moment, dans sa maison ; ce qu'elle imaginait l'emportait sur ce qu'elle voyait, la tourmentait du besoin d'agir. Elle ne put s'empêcher de redescendre, d'ouvrir la porte. Il pleuvait toujours. La lueur de la bougie transformait en flèches luisantes les gouttes de pluie qui descendaient devant l'innombrable foule des gouttes non éclairées. Plonger dans cette nuit revenait à plonger dans de l'eau à peine étendue d'air. Mais qu'il fût si difficile de revenir chez elle achevait de rendre l'entreprise irrésistible pour Thomasine. Tout serait préférable à l'attente.

« Je suis bien venue sans encombre, se dit-elle, pourquoi ne retournerais-je pas de même ? »

Elle alla vite chercher sa petite fille, l'emmitoufla, s'emmitoufla elle-même comme avant et, après avoir répandu des cendres sur le feu pour prévenir tout accident, elle sortit. Elle glissa la clé de la porte d'entrée derrière un volet, comme c'était la coutume quand la maisonnée s'absentait, puis fit résolument face aux épaisseurs opaques qui l'attendaient au-delà de la palissade. Elle pénétra au cœur de ces tumultueuses ténèbres, mais son imagination était trop activement occupée ailleurs pour qu'elle s'effrayât de l'obscurité et du mauvais temps.

Elle remonta la vallée de Blooms-End et, bientôt, elle traversait les ondulations du flanc de la colline. Sur la lande, le vent courait avec un bruit aigu ; il semblait siffler de joie en trouvant une nuit si bien faite pour lui. Parfois, le sentier plongeait dans des creux, entre des fourrés de grandes fougères toutes dégouttantes d'eau, mortes mais encore droites, qui se refermaient sur Thomasine comme une mare. Quand ces fougères étaient exceptionnellement hautes, Thomasine soulevait le bébé au-dessus de sa tête, pour le tenir hors de portée des frondaisons ruisselantes. Sur les terres moins basses où le vent soufflait, vif et continu, la pluie semblait tomber perpendiculairement au sol et Thomasine ne pouvait songer à s'en protéger : des gouttes s'enfonçaient en elle comme les flèches en saint Sébastien. Elle parvenait à éviter les flaques d'eau grâce à une nébuleuse pâleur qui les laissait deviner par comparaison, car, à peine moins obscures que la lande, elles auraient, en elles-mêmes, passé pour noires.

Et pourtant, Thomasine ne regrettait pas de s'être mise en route. Pour elle, il n'y avait pas, comme pour Eustacia, des démons dans les airs, de la malice tapie sous chaque buisson. Ce n'étaient pas des scorpions qui lui piquaient le visage, mais d'ennuyeuses gouttes de pluie. Egdon ne lui apparaissait point comme un monstre, mais comme un vaste espace neutre, qui, même en ses humeurs les plus terribles, ne lui faisait éprouver que des craintes raisonnées. En ce moment, elle considérait la lande comme un lieu exposé au vent et à la pluie, où un voyageur subissait maints désagréments, pouvait s'égarer s'il ne faisait attention et peut-être prendre froid. Même par des temps pareils, une personne habituée à la lande peut se maintenir sans grande difficulté dans un sentier familier à la plante de ses pieds. Mais, une fois perdu, tout chemin devient impossible à retrouver. Or, comme son enfant la gênait dans ses mouvements et la préoccupait, Thomasine finit par perdre le sentier qu'elle suivait. Cette mésaventure lui arriva aux deux tiers de son trajet, alors qu'elle descendait une pente. Au lieu de tenter l'entreprise désespérée de retrouver, en errant, à droite et à gauche, ce simple fil, dans cette vaste étendue, elle poursuivit sa marche en avant, se fiant à sa connaissance des contours généraux de la lande. Connaissance que surpassait à peine celle qu'en avaient Clym et les brouteurs de bruyère eux-mêmes. Thomasine arriva ainsi dans un creux et distingua, à travers la pluie, une lueur faible et brouillée qui bientôt présenta la forme oblongue d'une porte ouverte. Elle savait qu'il n'y avait pas de maison dans les environs et se rendit bientôt compte, la voyant élevée au-dessus du sol, de quelle porte il s'agissait.

— C'est sûrement la roulotte de Diggory Venn ! dit-elle. Elle savait que Diggory campait souvent dans un endroit bien caché, proche de Rainbarrow, et elle devina qu'elle se trouvait dans cette mystérieuse retraite.

Allait-elle prier Diggory de la remettre sur son chemin ? Dans son désir d'arriver chez elle, elle s'y décida, bien qu'il fût étrange de lui apparaître en ces lieux et à cette heure. Elle alla donc à la roulotte, mais la trouva vide. C'était bien celle de Diggory. Le feu brûlait dans le poêle, la lanterne pendait à son clou. Le seuil, au lieu d'être tout mouillé, était seulement aspergé d'eau. La porte n'était donc pas ouverte depuis longtemps. Thomasine restait indécise, quand un pas avança derrière elle dans l'obscurité. Elle se retourna et la forme bien connue, vêtue de cuir et rouge de la tête aux pieds lui apparut, à la lueur de la lanterne, à travers un voile de pluie.

— Je croyais que vous aviez pris la peste, lui dit-il comme à une étrangère, comment revenez-vous ici ?

— Diggory ? dit Thomasine faiblement.

— Qui êtes-vous, demanda Diggory du même ton, et pourquoi pleuriez-vous tout à l'heure ?

— Oh, Diggory, est-ce que vous ne me reconnaissez pas ? dit-elle. Non, naturellement, encapuchonnée comme je suis… Que voulez-vous dire ? Je ne pleurais pas et je ne suis pas passée ici avant.

Venn s'approcha.

— Mrs Wildeve ! s'écria-t-il en sursautant. Nous rencontrer à cette heure ! Et le bébé est là aussi ! Que se passe-t-il donc pour que vous soyez dehors par une nuit pareille ?

Elle n'eut pas immédiatement la force de lui répondre et, sans lui en demander la permission, il sauta dans sa roulotte, la prit par le bras et l'attira à l'intérieur.

— Qu'est-il arrivé ? reprit-il quand ils furent à l'abri.

— Je me suis perdue en revenant de Blooms-End et je suis très pressée de revenir chez moi. Je vous en prie, remettez-moi aussi vite que possible sur le chemin. C'est stupide de ma part de ne pas mieux connaître Egdon. Je me demande comment j'ai pu m'égarer. Vite, Diggory, je vous en prie, montrez-moi le chemin.

— Oui, bien sûr, je vais vous accompagner. Mais vous êtes passée par ici avant ?

— Non. Je viens d'arriver.

— C'est étrange. Il y a quelques minutes, je dormais avec la porte fermée, vu le mauvais temps, et le bruit d'une robe de femme sur la bruyère, tout contre, m'a réveillé (je n'ai pas le sommeil lourd) et j'ai entendu pleurer et sangloter. J'ai ouvert la porte, décroché ma lanterne et, juste au bout de la lumière, j'ai vu la femme. Elle a tourné la tête quand la lumière a brillé et s'est vite mise à descendre la colline. Je me suis habillé, je l'ai suivie quelque temps, mais je n'ai pas pu la rattraper. Quand je vous ai vue, je vous ai prise pour elle.

— C'était peut-être une femme de la lande qui rentrait chez elle ?

— Non. C'est trop tard. Et puis la robe faisait un bruit de soie.

— Ce n'était pas moi, par conséquent. Vous voyez bien, que ma robe n'est pas en soie. Sommes-nous quelque part entre Mistover et l'auberge ?

— Oui. Nous sommes bien par là.

— Oh, mon Dieu ! Je me demande si c'était elle ! Diggory, il faut que je parte tout de suite !

Sans qu'il s'y attendît, elle sauta de la roulotte à terre. Venn décrocha sa lanterne et sauta à son tour.

— Je porterai l'enfant, madame, dit-il. Vous devez avoir les bras fatigués.

Thomasine hésita un instant, puis confia le bébé à Venn.

— Attention à ne pas lui faire mal et tenez le manteau comme ça, pour que la pluie ne lui tombe pas sur la figure.

— Soyez tranquille, dit Venn d'un ton pénétré. Comme si je pouvais faire du mal à quelque chose qui vous appartient !

— Oh, je ne voulais pas dire lui faire du mal exprès, bien sûr ! dit Thomasine.

— Le bébé est assez sec, mais vous êtes joliment mouillée, vous, dit l'homme au rouge en fermant sa porte, constatant qu'un cercle de gouttes d'eau marquait l'endroit où la jeune femme s'était tenue, sa mante arrondie autour d'elle.

Thomasine le suivit dans les détours qu'il faisait, pour éviter les fourrés les plus épais. Il s'arrêtait parfois, couvrait sa lanterne et regardait par-dessus son épaule pour s'assurer de leur position par rapport à Rainbarrow, car il leur fallait garder le tumulus derrière eux pour se maintenir dans la bonne voie.

— Vous êtes sûr que la pluie ne tombe pas sur le bébé ?

— Très sûr. Quel âge a-t-il, madame, s'il est permis de le demander ?

— « Il » ! dit Thomasine avec reproche. Personne ne s'y tromperait, voyons ! Elle a presque deux mois. Sommes-nous encore loin de l'auberge ?

— À un peu plus d'un quart de mille.

— Voulez-vous marcher plus vite ?

— J'avais peur que vous ne puissiez pas me suivre.

— Il me tarde beaucoup d'arriver. Ah ! Il y a une lumière à la fenêtre !

— Non. Ce n'est pas une lumière à la fenêtre. C'est la lumière d'une lanterne de voiture, ou je me trompe bien.

— Oh ! cria Thomasine, prise de désespoir. J'aurais dû arriver plus tôt ! Donnez-moi la petite, Diggory. Vous pouvez me laisser, maintenant.

— Il faut que je vous accompagne jusqu'au bout, dit Venn. Il y a une fondrière entre nous et cette lumière, et vous y plongeriez jusqu'au cou, si je ne vous en fais pas faire le tour.

— Mais il n'y a pas de fondrière devant l'auberge !

— La lumière n'est pas devant l'auberge, mais à deux ou trois cents mètres plus bas.

— Tant pis, dit Thomasine précipitamment. Allez vers la lumière et non vers l'auberge.

— Bien, répondit Venn en changeant docilement de direction. Puis, après un silence :

— Pourquoi ne me dites-vous pas votre grand souci ? N'ai-je pas prouvé qu'on peut avoir confiance en moi ?

— Il y a des choses qu'on ne peut… qu'on ne peut pas… Sa gorge se serra et elle n'en put dire davantage.

44

Des soupirs et des bruits rassemblent les êtres errants

Après avoir vu, à huit heures, le signal allumé sur la colline de Mistover, Wildeve se prépara à favoriser la fuite d'Eustacia et à fuir avec elle si elle le laissait l'accompagner, comme il l'espérait bien. Il se sentait assez agité, et sa façon d'informer sa femme d'un départ inopiné était bien faite pour inspirer des soupçons. Une fois Thomasine retirée pour se coucher, il empaqueta quelques objets indispensables, puis alla chercher, dans la commode, une assez grosse somme d'argent qui leur avait été avancée sur l'héritage dont il devait bientôt prendre possession.

Il se rendit ensuite à l'écurie, pour s'assurer que le cheval et la voiture étaient en état de faire un long trajet. Une demi-heure se passa ainsi et, en rentrant dans la maison, Wildeve n'imaginait pas le moins du monde que Thomasine fût ailleurs qu'au lit. Il avait dispensé le garçon d'écurie de veiller, lui faisant entendre que son départ n'aurait pas lieu avant trois ou quatre heures du matin – heure malgré tout moins indue que celle de minuit, qui avait été en réalité choisie.

À la fin, il fut seul et prêt ; il n'eut plus qu'à attendre. Aucun effort ne pouvait le débarrasser de l'accablement qui l'oppressait depuis sa dernière entrevue avec Eustacia. Il se répétait en vain que l'argent était un remède à la situation qu'il s'apprêtait à créer. Il s'était convaincu qu'en disposant, le cas échéant, d'une partie de sa fortune en faveur de sa douce et innocente femme, il ne manquerait pas de générosité envers elle, tout en faisant preuve de dévouement chevaleresque envers une autre femme, plus remarquable, dont il partagerait le sort. Certes, il entendait suivre à la lettre les instructions d'Eustacia, la conduire où elle voudrait, se séparer d'elle si elle le souhaitait. Mais le charme qu'elle lui avait jeté agissait de plus en plus puissamment, et son cœur se mettait à battre, plus vite, quand il prévoyait que les résolutions d'Eustacia seraient vaines, s'ils ressentaient, elle et lui, le désir d'unir leurs destinées.

Il ne voulut pas se permettre longtemps pareilles rêveries et conjectures et, à minuit moins vingt, il alla doucement aux écuries pour atteler. Ensuite, conduisant le cheval par la bride, il fit sortir la voiture couverte, aux lanternes allumées, et l'arrêta sur la route, à un quart de mille, environ, au-dessous de l'auberge.

Là, Wildeve attendit, mal abrité de la pluie battante par un talus qui s'élevait à cet endroit. Sur la surface de la route qu'éclairaient les lanternes, graviers et cailloux couraient et se heurtaient avec des cliquetis, pourchassés par le vent qui les attrapait, les laissait en tas derrière lui et s'engouffrait en hurlant dans l'obscurité. Un seul bruit dominait le vacarme de la tourmente : le grondement des eaux de la rivière qui, au sud, arrosait des champs et limitait la lande, et qu'un barrage coupait tout près de là.

L'attente de Wildeve se prolongeait sans qu'il bougeât. Mais il finit par se dire que minuit devait avoir sonné. Il commençait à douter assez fortement qu'Eustacia se fût aventurée sur la pente de la colline par un temps pareil, et cependant il la connaissait et sentait qu'elle ne devait pas avoir reculé.

— Pauvre petite ! Voilà bien sa mauvaise chance ! murmura-t-il.

Il s'approcha de la lanterne, consulta sa montre. Il fut surpris de voir qu'il était presque minuit et quart. Il regrettait maintenant que le rendez-vous n'eût pas été fixé près de chez elle, plan qui avait été écarté pour ménager le cheval, en raison du très long détour que faisait la route carrossable qui menait à Mistover.

À ce moment, Wildeve entendit un bruit de pas. Mais les lanternes n'éclairaient pas encore le survenant et il demeurait invisible. Les pas s'arrêtèrent, puis reprirent.

— Eustacia ? dit Wildeve.

La personne avança et la lumière éclaira Clym, tout reluisant de pluie. Wildeve le reconnut aussitôt. Mais, comme il était, lui, derrière les lanternes, il ne fut pas reconnu par Yeobright.

Celui-ci s'arrêta, incertain, se demandant si ce véhicule qui faisait ainsi halte avait un rapport avec la fuite de sa femme. La vue de Yeobright enlevait tout sang-froid à Wildeve : il voyait en cet homme un ennemi mortel, le rival contre qui il fallait à tout prix protéger Eustacia. Et il se taisait, dans l'espoir que Clym passerait sans rien dire.

Les deux hommes demeuraient ainsi, en suspens, quand un bruit sourd l'emporta sur le sifflement de la tempête : sans aucun doute, le bruit de la chute d'un corps dans la rivière, près du barrage.

Les deux hommes tressaillirent :

— Dieu ! si c'était elle ! dit Clym.

— Elle ? Pourquoi elle ? dit Wildeve, oubliant dans son anxiété qu'il s'était jusqu'alors dissimulé.

— Ah, c'est vous, traître ? cria Yeobright. Pourquoi ? Parce que la semaine dernière elle se serait tuée si elle avait pu. Ah, il aurait fallu la surveiller ! Prenez une des lanternes et venez avec moi.

Yeobright prit la lanterne qui était près de lui et s'élança vers la rivière. Sans prendre le temps de détacher l'autre lanterne, Wildeve le suivit, au long d'un sentier qui traversait le champ et menait à l'écluse.

Au bas de cette écluse, s'arrondissait un large bassin d'une cinquantaine de pieds de diamètre, où l'eau tombait à travers dix grandes vannes qui s'ouvraient et se formaient à l'aide des systèmes à vis habituels. Le bassin était bétonné afin que l'eau n'entraînât pas les berges ; mais, en hiver, le courant bondissait parfois avec une force telle qu'il lui arrivait de démolir le mur de soutènement. Clym parvint à l'écluse, dont les vantaux tremblaient sous la vélocité du courant. Il était impossible de discerner quoi que ce fût dans le bassin, hors un bouillonnement d'écume. Clym s'engagea sur la passerelle qui franchissait la rivière, s'accrochant au garde-fou, pour que le vent ne le renversât pas, et atteignit l'autre bord.

Il se pencha au-dessus du parapet que formait le mur, et abaissa à bout de bras la lanterne, mais ne put apercevoir que le tourbillon que formaient courants et contre-courants. Wildeve, cependant, joignait la première rive. La lumière projetée par Yeobright tachetait de lueurs dansantes le bassin de l'écluse et révélait à l'ex-ingénieur la confusion écumante des eaux précipitées du haut des vannes. À travers les craquelures mouvantes de ce miroir, un corps sombre était lentement ramené par un remous.

— Ô ma chérie ! s'écria Wildeve d'une voix déchirée.

Et, sans même penser à se débarrasser de son pardessus, il sauta dans le creux bouillonnant.

Yeobright aperçut à son tour le corps à la dérive, mais sa vue faible ne lui permettait pas de bien le distinguer. Imaginant, d'après le plongeon de Wildeve, qu'il y avait une vie à sauver, il s'apprêtait à plonger, lui aussi. Mais il s'avisa d'un plan plus sage : il plaça la lanterne contre un des montants de la passerelle pour qu'elle se tînt droite, courut vers l'endroit où le niveau de l'eau était plus bas et où il n'y avait plus de mur, entra dans l'eau et avança résolument vers le barrage. Il perdit bientôt pied et fut entraîné, tout en nageant, au centre du bassin, où il entrevit Wildeve en train de se débattre.

Tandis que ces événements se succédaient avec rapidité Venn et Thomasine poursuivaient, au bas de la colline, leur marche difficile. Encore trop éloignés de la rivière pour entendre le bruit de la chute du corps, ils avaient vu qu'une des lanternes était retirée de la voiture et qu'on la transportait à travers le champ. Quand ils atteignirent le cheval et la voiture abandonnés, Venn comprenant qu'une complication nouvelle avait dû surgir, pressa le pas dans la direction indiquée par la lumière et, laissant Thomasine derrière lui, atteignit l'écluse.

La lampe placée par Clym contre la passerelle brillait de l'autre côté de l'eau et l'homme au rouge vit quelque chose s'abandonner aux flux et reflux.

En courant, il revint sur ses pas.

— Prenez l'enfant, Mrs Wildeve, dit-il rapidement à Thomasine. Allez vite chez vous, appelez le garçon d'écurie, dites-lui de m'envoyer tous les hommes du voisinage qu'il pourra trouver. Quelqu'un est tombé dans le bassin de l'écluse.

Thomasine prit l'enfant et se mit à courir. Elle arriva de nouveau près de la voiture. Le cheval, bien que frais sorti de l'écurie, se tenait parfaitement tranquille, comme s'il se rendait compte d'un malheur. Alors, elle vit pour la première fois à qui était ce cheval et s'évanouit presque. Elle aurait été incapable de faire un pas de plus, si la nécessité de préserver sa petite fille de tout mal ne lui avait prêté une maîtrise de soi étonnante. Torturée par l'angoisse, elle pénétra dans la maison, mit le bébé en sûreté, éveilla le garçon d'écurie et une servante, ressortit et courut donner l'alarme dans le cottage le plus proche.

Diggory, revenu à l'écluse, remarqua que les petites vannes supérieures, ou flotteurs, étaient retirées de leurs cadres. Il en trouva une dans le champ, la prit, prit aussi la lanterne et entra dans le bassin comme l'avait fait Clym. Quand l'eau se fit profonde, il se jeta en travers du flotteur, s'y cramponna d'une main et d'un bras, et se maintint ainsi sur l'eau portant la lanterne de sa main libre. Manœuvrant des pieds pour se diriger, il fit le tour du bassin en utilisant les courants et les contre-courants.

Au début, il ne put rien voir, puis, parmi les remous luisants et les grumeaux d'écume, il aperçut une capote de femme qui flottait, toute seule. Presque au même instant quelque chose monta à la surface tout près de lui. Non le corps d'une femme comme il s'y attendait, mais celui d'un homme. Diggory mit l'anneau de la lanterne entre ses dents, saisit l'homme au collet, de son bras libre s'accrocha bien au flotteur et se laissa prendre par le plus fort des courants, qui les porta, lui et l'homme inanimé, au-delà des eaux profondes. Dès que Venn sentit la terre sous ses pieds, il se traîna avec son fardeau vers la berge. Quand l'eau ne lui arriva plus qu'à la ceinture, il jeta le flotteur et s'efforça de tirer l'homme hors du bassin. La tâche se révéla difficile et

Diggory découvrit pourquoi : les jambes du malheureux inconnu étaient étroitement embrassées par un autre noyé complètement demeuré, jusqu'alors, sous la surface de l'eau.

À ce moment, le cœur de Venn bondit, car un bruit de pas s'approchait et deux hommes, mis en alerte par Thomasine, apparurent sur la berge, accoururent aussitôt vers lui, l'aidèrent à soulever les corps inertes, à les séparer, à les étendre sur l'herbe. Venn tourna la lueur de la lanterne vers le visage des deux infortunés : l'homme qui avait surnagé était Yeobright, celui qui avait coulé était Wildeve.

— Il faut fouiller le trou, sous le barrage, dit Venn, il doit y avoir une femme dedans. Tâchez de trouver une perche.

Un des hommes alla à la passerelle et arracha le garde-fou. L'homme au rouge et ses deux compagnons pénétrèrent dans l'eau et, unissant leurs forces, sondèrent l'endroit où la pente s'enfonçait au plus profond du bassin. Venn avait vu juste en supposant qu'une personne, après avoir coulé, serait entraînée dans ce creux, car la perche rencontra un obstacle.

— Essayez de l'attirer, dit Venn.

Ils s'évertuèrent, jusqu'au moment où l'épave se rapprocha de leurs pieds.

Venn s'enfonça dans l'eau et remonta à la surface avec une brassée d'étoffes qui enveloppaient la forme glacée d'une femme : les restes de la malheureuse Eustacia.

Quand les trois hommes regagnèrent la rive, ils virent Thomasine, au paroxysme du désespoir, penchée sur les deux formes inanimées qui gisaient sur l'herbe. Le cheval et la voiture furent amenés aussi près que possible du lieu tragique et, en quelques minutes, les trois noyés furent transportés dans le véhicule. Venn s'assit sur le siège et conduisit, soutenant d'un bras Thomasine ; les deux hommes suivirent derrière et, ainsi, tous parvinrent à l'auberge.

La servante que Thomasine avait éveillée s'était levée, avait allumé du feu, tandis que l'autre servante continuait de ronfler en paix. Les corps glacés d'Eustacia, de Clym et de Wildeve furent déposés sur le tapis, les pieds tournés vers le feu ; tous les moyens auxquels on peut songer pour ranimer des noyés furent essayés et le garçon d'écurie, dépêché à la recherche d'un médecin.

Thomasine, qui avait écarté la torpeur du désespoir pour s'adonner frénétiquement à l'action, appliqua un flacon de sels sous les narines de Clym, après l'avoir tenu en vain sous les narines des deux autres. Il soupira.

— Clym est en vie ! cria-t-elle.

Il respira bientôt distinctement et elle s'efforça encore et encore de ranimer son mari par le même moyen. Wildeve ne donna aucun signe de vie. Il n'était que trop probable que lui et Eustacia étaient devenus à jamais insensibles à l'action stimulante d'un parfum. Néanmoins, les efforts pour les secourir ne se relâchèrent pas jusqu'à l'arrivée du médecin. Les trois malheureux furent alors transportés un à un au premier étage et mis dans des lits chauds.

Venn sentit bientôt qu'il ne pouvait plus rendre aucun service et il s'apprêta à quitter l'auberge. Il se sentait étourdi, à peine capable de croire à l'étrange catastrophe qui venait de s'abattre sur une famille à laquelle il s'intéressait tellement. Thomasine allait être accablée par un désastre aussi cruel et aussi foudroyant. Nulle ferme et raisonnable Mrs Yeobright ne serait là pour la soutenir dans cette épreuve. Quoi que pût penser un spectateur de sang-froid de la perte d'un mari comme Wildeve, la jeune femme ne demeurait pas moins, pour l'instant, frappée par son deuil d'égarement et d'épouvante. Diggory Venn, n'ayant pas le privilège d'être admis à lui exprimer sa sympathie, ne voyait aucune raison pour s'attarder dans une maison où il était, en somme, un étranger.

Il reprit la lande, se retrouva dans sa roulotte. Le feu n'était pas encore éteint, tout était dans l'état où il l'avait laissé. Venn songea à ses vêtements, saturés d'eau au point de peser comme du plomb. Il les enleva, les étendit devant le poêle et se coucha. Mais il lui fut impossible de se reposer, tandis qu'il se représentait l'agitation qui devait régner dans la maison qu'il venait de quitter. Il se blâma d'être revenu, revêtit des vêtements secs et, de nouveau, se hâta vers l'auberge. Il pleuvait toujours à torrent quand il rentra dans la cuisine, où brûlait un grand feu et où deux femmes allaient et venaient. L'une d'elles était Olly Dowden.

— Eh bien, comment vont-ils maintenant ? chuchota Venn.

— Mr Yeobright va mieux. Mais Mrs Yeobright et Mr Wildeve sont morts et bien morts. Le docteur dit qu'ils avaient passé avant qu'on les sorte de l'eau.

— Ah, c'était bien mon idée, pendant que je les hissais ! Et Mrs Wildeve ?

— Elle va aussi bien qu'on peut l'espérer. Le docteur a voulu qu'on la roule dans des couvertures chaudes, vu qu'elle était aussi trempée que ceux qui sortaient de la rivière, la pauvrette. Et vous, l'homme au rouge ? Vous n'avez pas l'air bien sec non plus.

— Oh, moi, ce n'est rien. Je me suis changé. C'est en revenant sous cette pluie que je me suis un peu mouillé.

— Approchez-vous du feu. La jeune dame a dit de s'occuper de vous et elle a regretté d'apprendre que vous étiez reparti.

Venn s'approcha du feu et regarda les flammes d'un air absent. Une vapeur d'eau s'éleva de ses jambières et monta dans la cheminée, en même temps que la fumée, tandis qu'il pensait à ceux qui gisaient là-haut. Deux de ceux-ci étaient des cadavres, le troisième s'échappait à peine des mâchoires de la mort, l'autre était malade et veuve. La dernière fois qu'il s'était trouvé dans ce coin de cheminée était le soir de la loterie. Alors, Wildeve était vivant et en bonne santé, Thomasine active et souriante dans la pièce voisine, Yeobright et Eustacia mari et femme depuis le matin et Mrs Yeobright habitait à Blooms-End. L'état des choses paraissait devoir durer une bonne vingtaine d'années encore et voici que, de tout le groupe, il était le seul dont la situation n'eût pas changé.

Tandis que Venn rêvait de la sorte, un pas descendit l'escalier. Une des servantes entra, très affairée, un rouleau de papiers humides à la main. Elle prit dans un placard des ficelles qu'elle tendit devant le feu en attachant les extrémités aux chenets qu'elle avait un peu éloignés des flammes au préalable, puis, déroulant les papiers, elle les épingla un à un sur les ficelles, comme des vêtements.

— Qu'est-ce que c'est ? demanda Venn.

— Les billets de banque du pauvre maître, répondit-elle. On les a trouvés dans sa poche en le déshabillant.

— Il ne devait donc pas revenir de longtemps ? dit Venn.

— Nous n'en saurons jamais rien, dit-elle.

L'homme au rouge ne pouvait se résoudre à s'en aller, car tout ce qui l'intéressait sur terre gisait sous ce toit. Comme dans la maison, cette nuit-là, il n'était question de dormir pour personne, hors pour les deux êtres qui dormaient à jamais, il n'y avait aucune raison pour qu'il ne demeurât pas. Il s'assit donc dans le retrait du foyer et resta à regarder la double rangée de billets de banque qui se balançait au courant d'air de la cheminée, jusqu'au moment où, de flasques, ces billets devinrent secs et cassants. Alors, la servante vint, les prit, les plia ensemble et remonta avec le paquet. Ensuite, le médecin descendit avec l'air d'un homme qui ne peut plus rien faire, sortit de la maison en enfilant ses gants, et le bruit du trot de son cheval décrut et se perdit sur la route.

À quatre heures du matin, on heurta doucement à la porte. C'était Charley, que le capitaine envoyait pour demander si on avait des nouvelles d'Eustacia. La servante qui lui ouvrit le regarda et, ne sachant que lui répondre, le fit entrer en disant à Venn :

— Parlez-lui, vous.

Venn annonça le malheur.

Charley fit seulement entendre un son faible et indistinct. Il demeura immobile. Puis il prononça d'une voix hachée :

— Mais je la verrai une dernière fois ?

— Je pense que c'est possible, répondit Venn gravement. Mais ne faudrait-il pas aller vite avertir le capitaine Vye ?

— Oui, oui. Seulement, je voudrais la voir une dernière fois.

— Vous la verrez, prononça, derrière lui, une voix basse.

Avec un tressaillement, les deux interlocuteurs se retournèrent et aperçurent, dans la demi-obscurité, une forme longue, mince et pâle, enveloppée dans une couverture, qui évoquait Lazare sortant du tombeau.

C'était Yeobright. Venn et Charley se turent et Clym poursuivit :

— Vous la verrez. Il sera temps d'avertir le capitaine quand il fera jour. Vous aimeriez la voir, vous aussi, n'est-ce pas Diggory ? Elle est si belle maintenant.

Venn montra qu'il acquiesçait en se mettant debout. Charley et lui suivirent Yeobright jusqu'au pied de l'escalier ; là, Venn enleva ses bottes. Charley l'imita. Tous trois montèrent jusqu'au premier étage. Sur le palier, brûlait une bougie. Yeobright la prit, précéda les deux visiteurs dans une chambre, alla au lit et rabattit le drap.

En silence, Charley et Venn contemplèrent Eustacia qui, dans le calme de la mort, éclipsait tous les aspects qu'elle avait présentés durant sa vie. La pâleur étendue sur son visage était plus que de la pâleur, était presque de la lumière. L'expression de sa bouche aux purs contours était exquise, comme si un sentiment de dignité venait d'obliger la jeune femme à se taire : ses lèvres, immobilisées dans l'éternelle rigidité, hésitaient entre le pli de la ferveur et celui de la résignation. Sa chevelure noire, dénouée comme Venn et Charley ne l'avaient jamais vue, entourait son front d'une forêt. Sa majesté, presque trop accentuée chez l'habitante d'une humble maison de campagne, trouvait, enfin, le décor qui lui convenait.

Aucun des trois hommes ne parla. Clym ramena le drap et se détourna.

— Venez ici maintenant, dit-il. Les deux autres le suivirent vers une alcôve dans la même chambre et là, sur un petit lit, ils virent une autre forme, celle de Wildeve.

Moins de repos se lisait sur ce visage que sur celui d'Eustacia, mais la même jeunesse lumineuse y resplendissait et le moins indulgent des spectateurs aurait senti que le jeune homme, ainsi étendu, était né pour une destinée meilleure que celle qui venait d'avoir pareil dénouement. La seule trace que portât sa personne de la récente lutte qu'il avait soutenue contre la mort était au bout de ses doigts, usés et écorchés par des efforts suprêmes pour trouver prise sur le mur du bassin de l'écluse.

Yeobright s'était montré si calme, il avait si peu parlé, que Venn le croyait résigné. Ce fut seulement quand les trois hommes se retrouvèrent sur le palier que le véritable état d'esprit de Yeobright apparut. Il dit, avec un sourire égaré, en inclinant la tête du côté de la chambre où gisait Eustacia :

— C'est la seconde femme que j'ai tuée cette année. J'ai été une des principales causes de la mort de ma mère et je suis la cause principale de la sienne.

— Comment ? dit Venn.

— Je lui ai dit des paroles cruelles et elle a quitté ma maison. Je ne l'ai pas rappelée avant qu'il ne fût trop tard. C'est moi qui aurais dû me noyer. C'eût été charité si la rivière m'avait englouti et l'avait rendue, elle. Mais je ne peux pas mourir, non. Ceux qui auraient dû vivre gisent, morts, et moi, je reste en vie !

— Mais il ne faut pas vous accuser ainsi de crimes, dit Venn. C'est comme si vous disiez que les parents sont cause de la mort de l'enfant, vu que sans les parents l'enfant ne serait ni né ni mort.

— C'est vrai, Venn... Mais vous ne savez pas tout... Je vous assure qu'il eût mieux valu pour tous que Dieu mît fin à mes jours. Enfin telle n'a pas été sa volonté et je finirai par m'habituer à l'horreur de mon existence. On dit qu'il vient un temps où l'homme, à force d'avoir souffert, finit par rire de sa souffrance... Sûrement, pour moi, ce temps doit être proche !

— Vos intentions ont toujours été bonnes, dit Venn. Pourquoi dites-vous des choses aussi désespérées ?

— Elles ne sont pas désespérées, elles sont seulement sans espoir. Et je regrette profondément que ni les hommes ni les lois ne puissent me punir de ce que j'ai fait !

SIXIÈME PARTIE

PLUS TARD

45

L'inévitable glissement du temps

La mort d'Eustacia et de Wildeve fut commentée dans toute la lande et bien au-delà du pays d'Egdon, pendant des semaines et des mois. Les détails connus d'un amour au dénouement aussi dramatique furent grossis, faussés, retouchés et l'histoire véritable des deux héros n'offrit bientôt plus grande ressemblance avec la version qu'en donnaient les bavards. Pourtant, dans l'ensemble, la dignité de la jeune femme et du jeune homme ne souffrit pas de cette brusque fin. Le destin, en tranchant d'un coup si net leur carrière, les faisait tomber ensemble avec grâce, au lieu de les abandonner séparément au sort du plus grand nombre, de les vouer à l'engourdissement et aux rides, à l'isolement et à la décrépitude.

La tragédie eut un tout autre retentissement chez ceux que les victimes touchaient de près. Les étrangers, après avoir entendu parler de catastrophes similaires, entendaient simplement parler d'une nouvelle catastrophe. Mais ceux que des coups pareils atteignent ne sont nullement soutenus par la notion que le phénomène est déjà classé. La soudaineté même de son deuil amortit bien un peu la douleur de Thomasine. Mais, chose assez peu logique, devoir admettre que celui qu'elle perdait ainsi n'était pas un mari irréprochable, augmenta sa peine au lieu de l'adoucir. Aux yeux de la jeune veuve, ses erreurs rehaussaient le prestige du disparu, comme des nuages font ressortir le chatoiement d'un arc-en-ciel.

Néanmoins, elle était délivrée des affres de l'incertitude, ne tremblait plus de devenir une épouse abandonnée. Son principal intérêt dans la vie, sa petite Eustacia, lui restait. Il y avait, dans le chagrin de Thomasine, cette nuance d'humilité et, dans son attitude, cette absence de révolte qui présagent qu'un esprit ébranlé retrouvera sa paix.

Le printemps et l'été à eux deux la calmèrent ; puis l'automne vint et Thomasine commença de se sentir consolée, car sa petite fille était robuste et joyeuse de vivre, croissait, chaque jour, en savoir et en taille. Sa situation matérielle lui offrait aussi quelques satisfactions : Wildeve était mort intestat, laissant sa femme et sa fille comme seules héritières. Quand tous les frais furent payés, Thomasine se trouva à la tête d'une fortune de plus de neuf mille livres.

Où irait-elle habiter ? Blooms-End était la seule résidence qui l'attirât. Les pièces de la vieille maison n'étaient pas, il est vrai, beaucoup plus élevées de plafond que l'entrepont d'une frégate, et il fallut pour l'installer dans la salle, enlever les belles boules en cuivre qui surmontaient l'horloge neuve apportée de l'auberge ; mais ces pièces, en tout cas, étaient nombreuses et les souvenirs d'autrefois lui rendaient l'endroit cher entre tous.

Clym l'accepta volontiers comme locataire. Il se réserva seulement deux pièces, commandées par un escalier indépendant. Et là, tout à fait séparé de Thomasine et des trois servantes qu'elle estimait pouvoir se permettre, maintenant qu'elle avait tant d'argent, il vécut à sa guise, tout à ses pensées. Ses épreuves l'avaient marqué extérieurement et, pourtant, le changement était, chez lui, surtout intérieur. On aurait pu dire maintenant, qu'il avait l'esprit vidé. Il n'avait pas d'ennemis, ne trouvait personne qui lui fît des reproches. C'est pourquoi il s'en adressait lui-même, et de si amers.

Il lui arrivait de penser que le destin l'avait injustement traité, de se dire, même, que naître met l'individu en face d'un dilemme et, qu'au lieu de s'efforcer d'avancer avec gloire dans la vie, les hommes feraient mieux de chercher un moyen d'en sortir sans ignominie. Mais il ne maintint pas longtemps que lui et les siens avaient eu l'âme torturée par une lance que maniait une puissance cruelle et sarcastique. L'humanité, dans ses généreux efforts pour construire une hypothèse qui ne dégrade pas la cause première, a toujours hésité, en effet, à concevoir une puissance suprême qui lui soit moralement inférieure. Et les hommes, même quand ils pleurent sur les ruines de Babylone, inventent des excuses pour la tyrannie qui fait couler leurs larmes.

Ainsi, Clym, que les paroles consolantes laissaient insensible, trouvait tout seul du soulagement, quand il était livré à lui-même. La maison et le revenu annuel qu'il avait hérités de sa mère suffisaient aux besoins d'un homme comme lui, et le souci matériel n'entravait pas ses méditations.

Solitaire, il parcourait souvent la lande et le passé le saisissait de ses mains d'ombre et lui contait des histoires. Par l'imagination, Clym ressuscitait les anciens habitants de ces lieux, des tribus celtiques oubliées suivaient des chemins autour de lui, il croyait vivre parmi ces disparus, voir leurs formes se dresser sur les tumulus qui se gonflaient ça et là, intacts et parfaits, comme du temps de leur érection. Les barbares qui s'étaient installés de préférence sur les terres cultivables n'avaient pas laissé de trace de leur passage comme ceux qui avaient élu la lande… Pourtant, les uns et les autres avaient vécu et étaient morts, sans soupçonner qu'un sort différent attendait leurs restes. Et Yeobright se souvenait que l'immortalité dépend de facteurs qu'on ne saurait prévoir.

Ce fut de nouveau l'hiver, les grands vents, les rouges-gorges familiers, les nuits scintillantes d'étoiles. L'année précédente, Thomasine s'était à peine aperçue de la venue de la saison, mais cette année, elle ouvrait son cœur à toutes les influences de la nature.

La présence de cette douce cousine, du bébé et des trois servantes se manifestait à Clym par les menus bruits qui lui parvenaient à travers la cloison, tandis qu'il lisait des livres imprimés en très gros caractères. Et ses oreilles s'habituèrent si bien à ce voisinage que, de son côté de la maison, il put bientôt presque assister aux scènes que ces rumeurs accompagnaient. Un faible bruit cadencé, un fredonnement évoquaient Thomasine en train de bercer et d'endormir le bébé ; un pas lourd, du sable broyé sous des pieds comme sous des meules faisaient apparaître Humphrey, Fairway ou Sam sur le seuil dallé de la cuisine ; un pas juvénile, un air guilleret chanté d'une voix de fausset signifiaient une visite du grand-père Cantle, une pause dans la chanson montrait le vieux drille appliquant un pot de bière contre ses lèvres ; des allées et des venues, des portes qui claquaient annonçaient le départ pour le marché, car Thomasine, en dépit de son élévation sur l'échelle sociale, menait une vie ridiculement modeste, afin d'économiser le plus d'argent possible pour sa petite fille.

Par un beau jour de la fin du printemps, Clym se trouvait dans le jardin, sous les fenêtres de la salle, qui étaient ouvertes. Il regardait les pots de fleurs installés sur l'appui des fenêtres, comme du temps de sa mère, par les soins de Thomasine, quand il entendit celle-ci pousser, de l'intérieur, un léger cri.

— Oh ! comme vous m'avez fait peur ! dit-elle à quelqu'un qui, probablement, pénétrait dans la pièce. Je vous ai pris pour votre propre fantôme !

Clym eut la curiosité de s'avancer et de regarder par la fenêtre. À son grand étonnement, il vit dans la pièce Diggory Venn : un Digorry Venn qui n'était plus un homme au rouge, mais offrait l'apparence bigarrée d'un chrétien ordinaire. On lui voyait une chemise à plastron blanc, un gilet à petites fleurs, une cravate à pois bleus et une veste vert bouteille. En somme, il n'y avait en lui rien de singulier ; seule, la différence entre son aspect présent et l'aspect qu'on lui avait connu déconcertait. Le rouge et toute nuance approchant du rouge étaient soigneusement exclus de son costume, tant il est vrai qu'un homme retiré des affaires évite tout ce qui rappelle le commerce qui l'a enrichi.

Yeobright entra dans la salle.

— J'ai eu tellement peur ! dit Thomasine, en souriant tour à tour à son cousin et au visiteur. Je ne pouvais pas croire qu'il fût redevenu blanc tout seul ! Cela me paraissait surnaturel !

— J'ai abandonné le commerce du rouge au dernier Noël, dit Venn. C'était un métier où on gagnait bien et j'ai découvert que j'avais mis assez de côté pour acheter la laiterie de cinquante vaches que mon père avait dans le temps. Me voilà revenu au pays.

— Comment avez-vous fait pour redevenir blanc, Diggory ? demanda Thomasine.

— Je le suis redevenu petit à petit, madame.

— Vous êtes beaucoup mieux que vous ne l'avez jamais été.

Venn parut confus, et Thomasine, voyant à quel point elle avait parlé inconsidérément à un homme qui conservait peut-être pour elle un tendre penchant, rougit un peu.

Clym ne vit rien de tout cela et dit avec bonne humeur :

— Avec quoi ferons-nous peur au bébé de Thomasine, maintenant que vous voilà redevenu un être humain ?

— Restez pour le thé, Diggory, dit Thomasine.

Venn fit un mouvement, comme s'il s'apprêtait à se diriger vers la cuisine, et Thomasine ajouta avec une aimable promptitude, tout en se remettant à son ouvrage de couture :

— Asseyez-vous et dites-nous où se trouve votre belle laiterie de cinquante vaches, monsieur Venn.

— Elle se trouve à Stickleford, là où commencent les champs, à deux milles d'Alderworth en prenant par la droite. Non, merci, je ne resterai pas pour le thé ce soir, madame, vu que j'ai à régler une affaire. Voilà : c'est fête de mai demain et les gens de Shadwater se sont entendus avec vos voisins : ils voudraient planter le mai juste devant votre jardin, parce que c'est un bel endroit avec de l'herbe pour danser. Fairway vient de m'en parler et je lui ai dit qu'avant de rien faire il fallait vous demander la permission, madame Wildeve.

— Il n'y a pas de permission à demander, fit-elle. Notre propriété s'arrête à la palissade.

— Mais vous ne trouverez peut-être pas plaisant que des gens viennent tourner autour d'un poteau sous vos fenêtres ?

— Mais si, mais si, cela n'a pas d'importance.

Venn partit peu après et, dans la soirée, Yeobright alla en flânant jusqu'au cottage de Fairway. Le coucher de soleil était charmant. Les bouleaux, qui poussaient sur cette lisière de la vaste étendue sauvage d'Egdon, portaient leurs feuilles nouvelles, délicates comme des ailes de papillon et diaphanes comme l'ambre. Près de la demeure de Fairway, la jeunesse était réunie. Le mât de mai était étendu là, une de ses extrémités reposait sur un tréteau et les femmes l'enguirlandaient du haut en bas de fleurs sauvages. Les instincts de la joyeuse vieille Angleterre subsistaient là avec une vitalité exceptionnelle. Les coutumes symboliques, traditionnellement attachées aux saisons, continuaient d'être des réalités en Egdon. En vérité, les habitants de ces petites communes retirées conservent quelque chose de païen. Dans maints hameaux, des rites continuent d'être observés envers des divinités aux noms oubliés, et le culte rendu à la nature semble survivre, en dépit des doctrines moyenâgeuses.

Yeobright n'interrompit point ces préparatifs et revint chez lui. Le matin suivant, quand Thomasine écarta les rideaux de sa fenêtre, le mai se dressait sur le pré. Il avait jailli pendant la nuit, ou plutôt au petit matin, comme une plante miraculeuse. Thomasine ouvrit sa fenêtre, pour mieux voir les guirlandes et les bouquets qui ornaient le mât. Le doux parfum des fleurs s'était déjà répandu dans l'air et il sembla venir se poser sur les lèvres de la jeune femme. Au sommet du mât, étaient disposés sur des cerceaux des bouquets de fleurettes, puis venait la zone blanc de lait des aubépines, au-dessous, une bande de campanules bleues, puis une bande de coucous, de lilas. Thomasine, en contemplant le mât, se réjouit d'avoir la fête de mai sous ses fenêtres.

Dans l'après-midi, comme les gens commençaient à se réunir sur l'herbe, Yeobright, après avoir de sa fenêtre donné un coup d'œil au mai, descendit au jardin. Thomasine y était, vêtue de couleurs plus claires et paraissant plus charmante que son cousin ne l'avait vue depuis dix-huit mois, depuis la mort de Wildeve.

— Comme vous voilà belle, Thomasine ! lui dit-il. Est-ce en l'honneur du mai ?

— Oui et non. Et elle rougit et baissa les yeux, ce qui ne parut pas très extraordinaire à Yeobright sur le moment. Ces manières, quand il était seul présent, étaient pourtant singulières. Aurait-elle mis sa toilette d'été pour lui plaire ?

Il se rappela les façons qu'elle avait eues avec lui durant les quelques dernières semaines, tandis que tous deux travaillaient au jardin comme ils avaient travaillé autrefois sous les yeux de Mrs Yeobright. Les sentiments de Thomasine se seraient-ils modifiés ? Ne voyait-elle plus seulement un parent en lui maintenant ?

Pour Yeobright, une possibilité de ce genre était une affaire sérieuse et il fut très décontenancé par les suppositions qu'il faisait.

Tout ce qui lui restait d'amour à donner, quand Eustacia était morte, il l'avait enseveli dans la tombe avec elle. S'il était encore capable d'aimer, ce serait d'un pauvre amour sans force, semblable à l'oiseau d'une couvée d'automne. Et il était tellement tourmenté par la complication qu'il voyait surgir que, vers cinq heures, au moment où les musiciens arrivaient et attaquaient le premier air de danse avec une vigueur de souffle qui semblait devoir renverser la vieille maison, il se glissa hors du jardin à travers une petite porte pratiquée dans la haie et alla errer tout seul dans la campagne.

Quand il revint quatre heures après, par le même chemin, le crépuscule était tombé et la rosée couvrait toute chose. La musique s'était tue. Clym joignit Thomasine sous le porche où elle était assise toute seule. Elle lui lança un regard plein de reproches.

— Vous êtes parti au moment où la fête allait commencer, Clym, fit-elle.

— Oui, j'ai senti que je ne pouvais pas m'y mêler. Vous y êtes allée, vous, bien entendu, pourtant ?

— Non.

— Vous sembliez vous être habillée exprès.

— Oui. Mais je ne pouvais pas y aller seule. Il y avait tellement de monde. Il reste encore quelqu'un d'ailleurs. Yeobright cligna des yeux et, au-delà de la palissade blanche, près de la forme sombre du mai, il entrevit une silhouette.

— Qui est-ce ? demanda-t-il.

— Mr Venn, dit Thomasine.

— Vous auriez dû lui dire d'entrer, Tamsine. Il a été très bon pour vous du commencement à la fin.

— Je vais le lui demander maintenant, dit-elle. Elle poussa la barrière et rejoignit Venn.

— Monsieur Venn, n'est-ce pas ? fit-elle.

Venn (en homme rusé qu'il était !) tressaillit comme s'il ne l'avait pas vue venir et dit « oui ».

— Voulez-vous entrer à la maison ?

— Je crains que…

— Je vous ai vu danser autour du mai avec les meilleures danseuses… Vous préférez peut-être rester à rêver sur place aux bons moments que vous venez de passer ?

— Un peu, peut-être, déclara Mr Venn avec ostentation. Mais si je m'attarde ici, c'est parce que j'attends le lever de la lune.

— Pour voir combien le mai sera joli au clair de lune ?

— Non, pour chercher un gant qu'une des jeunes filles a perdu.

De surprise, Thomasine resta muette.

Pour qu'un homme, qui a quatre ou cinq milles de chemin à faire pour revenir chez lui, s'attarde à pareille recherche, il faut qu'il soit singulièrement intéressé par la personne à qui appartient l'objet perdu.

— Vous dansiez avec elle, Diggory ? demanda-t-elle enfin, d'un ton qui révélait que par son aveu Venn gagnait prestige.

— Non, répondit-il avec un soupir.

— Alors, vous ne voulez pas entrer à la maison ?

— Non, madame, pas ce soir, merci.

— Voulez-vous que je vous envoie une lanterne pour chercher ce gant, monsieur Venn ?

— Oh, non, c'est inutile, madame Wildeve. La lune va se lever dans quelques minutes.

Thomasine revint sous le porche.

— Vient-il ? demanda Clym.

— Il préfère ne pas venir, dit-elle, et elle rentra chez elle. Clym aussi rentra chez lui.

Thomasine monta à sa chambre et après s'être assurée que l'enfant dormait, alla à la fenêtre, souleva doucement un coin du rideau blanc et regarda. Venn était toujours là. Quand la lune se montra au-dessus d'une colline, inonda la vallée de lumière, la forme de Diggory se mit à aller et à venir toute courbée.

— Que c'est donc ridicule ! murmura Thomasine. Un homme posé ! Le propriétaire d'une importante laiterie.

Enfin, Diggory parut avoir trouvé l'objet perdu. Il se redressa, le porta à ses lèvres et le plaça dans la poche gauche de son gilet. Puis il remonta la vallée dans la direction de sa demeure lointaine.

46

Thomasine va se promener sur l'herbe près de la voie romaine

Pendant les jours qui suivirent, Thomasine se montra fort absorbée et Clym finit par lui demander ce qui la rendait si songeuse.

— Je suis très intriguée, dit-elle en toute simplicité. Je ne peux pas arriver à deviner de qui Diggory Venn peut bien être tellement amoureux. Je ne vois pas du tout quelle fille pouvait lui plaire le jour du mai. Aucune n'était assez bonne pour lui… Et pourtant elle devait se trouver là.

Clym tenta de deviner sur qui s'était arrêté le choix de Venn, mais la question ne l'intéressa pas longtemps et il alla jardiner.

Néanmoins, Thomasine eut peu après le mot de l'énigme. Comme elle allait sortir, elle appela Rachel. Rachel était la petite servante de treize ans attachée à la personne du bébé.

— Rachel, avez-vous vu un de mes gants neufs ? Celui qui fait la paire avec celui-ci ?

Rachel ne répondit pas. Puis, comme sa maîtresse insistait :

— J'ai peur qu'il soit perdu, madame, dit-elle.

— Perdu ?

Rachel se montra très agitée et finit par fondre en larmes.

— C'est le jour du mai, madame. Je n'avais pas de gants et j'ai vu les vôtres, et j'ai eu envie de m'en servir, sans les abîmer. Mais j'en ai perdu un. Quelqu'un m'a bien donné de quoi remplacer la paire, mais je n'ai pas encore pu aller où il faudrait pour l'acheter.

— Quelqu'un ? Qui donc ?

— Mr Venn.

— Savait-il que le gant était à moi ?

— Oui, madame. Je le lui avais dit.

Thomasine fut tellement étonnée qu'elle oublia de gronder la petite, qui s'esquiva. Plus absorbée que jamais, elle renonça à sortir ce jour-là.

Mais le lendemain elle alla, comme elle en avait l'habitude, se promener sur la lande en emmenant la petite Eustacia. Celle-ci était maintenant à l'âge où l'on ne sait décider s'il convient de se servir, pour marcher, des pieds ou des mains. Dans le doute, les deux manières sont essayées, non sans entraîner de pénibles complications pour l'expérimentateur. Poser, en cours de promenade, la petite fille en quelque point bien matelassé d'herbe et de thym où elle pouvait perdre l'équilibre sans danger, et là, guider ses premiers pas, était une des joies de Thomasine.

Or, ce jour-là, tandis que, penchée sur l'enfant, elle la soutenait, Thomasine découvrit, non sans alarmes, qu'un homme à cheval était arrivé tout près d'elle, sans qu'elle l'eût entendu, le thym ayant amorti les pas du cheval. Le cavalier, qui était Venn, agita la main et salua galamment.

— Diggory, rendez-moi mon gant, dit Thomasine selon son habitude d'aller droit au sujet qui l'intéressait.

Venn sauta à bas de son cheval, mit la main à la poche de son gilet et tendit le gant.

— Merci. C'était très aimable à vous d'en prendre soin, dit-elle.

— C'est très aimable à vous de me le dire.

— Oh, non ! J'ai été très contente de découvrir que vous l'aviez. Tout le monde devient si indifférent que j'ai été surprise d'apprendre que vous pensiez à moi.

— Si vous vous étiez souvenue du passé, vous n'auriez pas été surprise.

— Oh, non ! dit-elle vivement. Mais les gens de votre caractère sont la plupart du temps tellement indépendants.

— Que savez-vous de mon caractère ?

— Pas grand-chose, admit-elle simplement. Je sais seulement que vous cachez vos sentiments sous des façons pratiques, et ne les montrez que lorsque vous êtes seul.

— Ah ? Comment le savez-vous ? demanda Venn, diplomate.

— Je le sais, dit-elle, se penchant pour relever la petite fille, qui, une fois de plus, venait de tomber. Je le sais parce que je le sais.

— Eh bien, je vous dirai, reprit Venn, que le sentiment ne compte guère pour moi aujourd'hui. Je me suis tellement occupé d'affaires par-ci et d'affaires par-là que je ne pense plus qu'à gagner de l'argent.

— Oh, Diggory ! Que c'est mal ! dit Thomasine avec reproche, en le regardant comme si elle se demandait jusqu'à quel point il parlait sérieusement, jusqu'à quel point il la taquinait.

— Oui, c'est assez particulier, admit Venn de la voix sans timbre de quelqu'un qui prend confortablement son parti de s'adonner aux vices qu'il ne peut plus combattre.

— Vous qui étiez si aimable !

— Voilà une raison qui me plaît assez, parce que ce qu'un homme a été, il peut le redevenir. (Thomasine rougit.) Seulement, c'est devenu plus difficile maintenant.

— Pourquoi ? demanda-t-elle.

— Parce que vous êtes plus riche que dans le temps.

— Oh, non ! Pas tellement. J'ai presque tout mis au nom de la petite, comme c'était mon devoir. Je n'ai gardé que de quoi vivre.

— J'en suis content, dit Venn doucement, en la regardant du coin de l'œil, parce que, ainsi, il nous est plus facile d'être amis.

Cette conversation avait lieu dans un creux de la lande, proche de la vieille voie romaine, endroit souvent fréquenté par Thomasine. Et on aurait pu observer qu'à dater du jour où elle y avait rencontré Venn, elle ne choisit pas moins souvent ce but de promenade. Si Venn, de son côté, s'abstint ou non de passer par là, parce qu'il y avait rencontré Thomasine, eût été aisé à deviner, d'après les propos que Thomasine tint à son cousin deux mois plus tard.

47

Clym et sa cousine ont ensemble une conversation sérieuse

Pendant ces deux mois, Clym avait plus ou moins médité sur ses devoirs envers sa cousine. Il ne pouvait se défendre d'un sentiment de pitié à l'idée que tant de grâce et de jeunesse resteraient inutilisées, si cette tendre nature était condamnée à laisser tarir ses dons charmants au milieu d'un désert de fougères et de bruyère. Mais il considérait la chose du point de vue de l'économiste, non du point de vue d'un amoureux. Son amour pour Eustacia avait épuisé en lui toute capacité de passion. Il n'était donc pas question d'épouser Thomasine, même si elle se trouvait y tenir…

Mais il y avait plus. Depuis bien des années, durant très longtemps, sa mère avait formé le grand projet de les voir unis. Sans exprimer ce désir d'une façon formelle, elle avait rêvé avec prédilection qu'il se réaliserait. Que Clym et Thomasine devinssent, un jour, mari et femme, à moins que le bonheur de l'un ou de l'autre en dût souffrir : tel avait été son espoir. Quel parti restait-il donc à prendre à un fils qui respectait comme lui la mémoire de sa mère ?

Il est déplorable que des fils soumis se croient, parfois, tenus de suivre la volonté de leurs parents défunts, alors que cette volonté, n'exprimant qu'une fantaisie passagère, n'eût pas été maintenue après une demi-heure de conversation, du vivant de ces parents. Si l'avenir de Yeobright avait été seul en jeu, il n'aurait pas hésité à faire sa demande. Il n'avait rien à perdre en respectant les volontés de sa mère. Mais il répugnait à l'idée de Thomasine mariée à un homme en qui l'amour était mort désormais. Il n'avait plus, lui, que trois intérêts dans la vie : aller presque tous les jours au petit cimetière où reposait sa mère ; presque tous les soirs, se rendre à la tombe plus éloignée d'Eustacia ; enfin, se préparer à cette carrière qui semblait seule capable de satisfaire ses aspirations, celle de prédicateur ambulant, prenant le onzième commandement pour texte de ses sermons. Comment admettre que Thomasine se sentît attirée par des dispositions pareilles ?

Il résolut pourtant d'aborder la question avec elle et de la laisser seule juge. Ce fut même avec le sentiment agréable de remplir un devoir qu'il descendit chez elle un soir dans cette intention, alors que le soleil imprimait sur la vallée l'ombre démesurée du toit de la maison qu'il avait vue s'allonger à cette même place, un nombre infini de fois, du vivant de sa mère.

Thomasine n'était pas dans la salle ; il la rencontra dans le jardin, devant la maison.

— Thomasine, commença-t-il, il y a longtemps que je veux vous parler d'un projet concernant notre avenir à tous les deux.

— Vous voulez m'en parler tout de suite ? répondit-elle vivement en rougissant, comme leurs regards se croisaient. Un instant, Clym, laissez-moi parler la première, parce que figurez-vous que j'ai, moi aussi, quelque chose à vous dire.

— Eh bien, je vous écoute.

— Seulement, promettez-moi tout de suite que vous ne vous fâcherez pas… même si vous me désapprouvez ?

Yeobright promit et elle continua.

— Je voudrais vous demander conseil ; vous êtes mon cousin et un peu comme mon tuteur, n'est-ce pas, Clym ?

— Mais oui, si l'on veut, un peu votre tuteur… dit-il surpris, se demandant où elle voulait en venir.

— Je songe à me marier, fit-elle alors doucement. Mais je ne me marierai que si je suis sûre que vous approuvez ma décision… Pourquoi ne me répondez-vous pas ?

— C'est que je ne m'attendais guère à cette nouvelle… Mais je l'apprends avec plaisir, Tamsine, croyez-le. Mais qui avez-vous donc choisi ? Serait-ce le vieux docteur ? Je ne sais pas pourquoi je l'appelle « vieux »… Il n'est pas vraiment vieux. Oui, ce doit être lui. Il me semble bien m'être aperçu de quelque chose la dernière fois qu'il est venu…

— Non, non, coupa vivement Thomasine, c'est Mr Venn.

Le visage de Clym se rembrunit.

— Là ! Il ne vous plaît pas ! J'étais bien sûre que vous vous fâcheriez ! s'écria-t-elle. Je regrette de vous avoir parlé de cette affaire… Je n'aurais pas dû. Seulement, il ne cesse de me demander une réponse et je ne savais plus que résoudre !

Clym posa ses regards au loin, sur la lande.

— Mais non, Venn ne me déplaît pas. Je l'aime bien. Il est honnête, avisé et il ne manque pas d'esprit non plus, puisqu'il a su vous intéresser… Mais… en toute franchise… je…

— Je vois : vous lui reprochez de ne pas être un monsieur ? Je n'aurais pas dû vous parler de lui, non. Et pourtant, si je me marie, c'est lui que j'épouserai.

— Pourquoi, dit Clym, soucieux de garder secrètes ses propres intentions, qu'elle n'avait évidemment pas devinées, pourquoi n'épouseriez-vous pas un homme ayant une profession libérale ? Vous le pourriez si vous alliez vivre dans une ville.

— Je ne suis pas faite pour la vie des villes, rustique et sotte comme je suis. Mes manières campagnardes vous frappent tout le premier, j'en suis bien sûre ?

— Je les ai peut-être un peu remarquées, oui, à mon retour de Paris… Mais je ne les remarque plus du tout, maintenant.

— Parce que vous avez, vous-même, perdu l'habitude des façons des villes. Moi, pour rien au monde, je ne voudrais habiter dans une rue. Egdon a beau être un drôle de vieil endroit…, nulle part ailleurs je ne pourrais être heureuse.

— Moi non plus, dit Clym.

— Alors, pourquoi me conseillez-vous de le quitter ? Dites ce que vous voudrez ; si je me marie, ce ne pourra être qu'avec Diggory. Il s'est montré meilleur pour moi que n'importe qui…

Thomasine, maintenant, boudait presque.

— Oui, c'est vrai, fit Clym d'une voix neutre. Et je voudrais de tout mon cœur pouvoir vous dire : « Épousez-le. » Mais je ne peux oublier les idées qu'avait ma mère à ce sujet et il me contrarie d'aller contre…

— Très bien, soupira Thomasine. N'en parlons plus.

— Mais vous n'êtes pas obligée d'agir suivant mon impression. Je vous dis seulement ma façon de penser.

— Oh ! je ne veux pas agir contre vos idées, non, dit elle tristement. Je n'aurais pas dû penser à lui. C'était mal.

Ses lèvres tremblaient et elle se détourna pour cacher une larme.

Bien qu'assez irrité par le choix surprenant de sa cousine, Clym était, en un sens, soulagé, car la question était écartée tout au moins en ce qui le concernait directement. Pendant les jours qui suivirent, il l'aperçut, de sa fenêtre, allant et venant dans le jardin, toute mélancolique. Il lui en voulait un peu d'avoir choisi Venn et il s'en voulait de faire obstacle au bonheur de Venn. Bref, Clym ne savait vraiment que faire. Quand les deux cousins se rencontrèrent de nouveau, Thomasine dit sans préambule :

— Il est beaucoup plus comme il faut maintenant qu'il ne l'était alors !

— Qui ? Ah oui ! Diggory Venn.

— Tante trouvait à redire seulement parce qu'il était homme au rouge.

— Écoutez, Thomasine, j'ignore probablement ce qu'en penserait vraiment ma mère. Aussi, il vaut mieux agir tout à fait à votre guise.

— Non. Vous auriez l'impression que j'ai mal agi envers la mémoire de votre mère.

— Non. Mon impression sera que vous êtes convaincue que ma mère aurait jugé Venn un parti convenable pour vous, si elle avait pu le voir dans sa situation actuelle. Agissez comme il vous plaira, Thomasine, et soyez sûre que je vous approuverai.

Il faut croire que Thomasine se rendit à ces raisons, car, peu de jours après cet entretien, comme Clym rencontrait Humphrey dans la lande, celui-ci lui dit :

— Je suis content que Mrs Wildeve et Venn se soient mis d'accord, comme il semble.

— Oui ? fit Clym distraitement.

— Faut bien qu'ils soient d'accord, vu qu'il se trouve toujours la rencontrer quand elle sort pour promener l'enfant. Mais c'est vous qu'elle aurait dû épouser, monsieur Clym. C'est dommage de faire deux maisons au lieu d'une, et m'est avis que, si vous lui demandiez, elle ne vous dirait pas « non ».

— Comment songerais-je à me marier, après avoir causé la mort de deux femmes ? Après ce qui m'est arrivé, ce serait grotesque. Selon les paroles de Job : « J'ai fait un pacte avec mes yeux. Et je n'arrêterai pas mes regards sur une vierge. »

— Non, monsieur Clym, faut pas dire que vous êtes cause de la mort de deux femmes, donc ! C'est des imaginations.

— Eh bien, laissons cela de côté, Humphrey. Mais, de toute façon, Dieu m'a marqué d'un signe qui me met à part. Je n'ai que deux désirs : ouvrir une école du soir et me faire prédicateur. Qu'en dites-vous, Humphrey ?

— Je dis que j'irai vous écouter de tout mon cœur.

— Merci. Je ne souhaite rien d'autre.

Tandis que Clym descendait la vallée, Thomasine alla au-devant de lui.

— Que pensez-vous que j'aie à vous annoncer, Clym ? dit-elle en le regardant par-dessus son épaule avec espièglerie.

— Je le devine, répondit-il.

Elle le regarda.

— C'est vrai, admit-elle, vous devinez. Il dit qu'il faut que je me décide et je crois qu'il a raison. Ce sera pour le 25 du mois prochain, si vous n'y voyez pas d'inconvénient ?

— Il faut faire absolument comme vous voulez, ma chère Thomasine. Je suis trop heureux de vous voir reprendre le chemin du bonheur[1].

1. L'auteur déclare n'avoir pas eu, au début, l'intention de terminer ainsi l'histoire de Venn et de Thomasine. Venn devait demeurer un isolé et conserver jusqu'au bout un caractère d'étrangeté ; disparaître mystérieusement de la lande sans que personne jamais n'entendit plus parler de lui. Thomasine serait restée veuve. Mais des exigences de publication ont amené ce changement. Les lecteurs ont par conséquent le choix entre les deux dénouements, et ceux qui ont les plus austères principes de critique décideront sans doute que la conclusion la plus naturelle est la meilleure.

48

La gaieté reprend ses droits à Blooms-End et Clym trouve sa vocation

À Blooms-End, le matin du mariage, la maison de Yeobright se trouvait être relativement calme, tandis que des bruits dénotant une grande activité venaient du cottage de Timothée Fairway, son plus proche voisin, entre autres un bruit de lourdes allées et venues qui faisaient craquer le sable répandu sur le sol. Dehors il n'y avait qu'un homme et celui-ci se hâtait vers le cottage en question.

La scène qui se passait chez Fairway présentait un caractère assez exceptionnel. Dans la salle se tenaient les membres les plus notoires de la société d'Egdon : Fairway lui-même, le grand-père Cantle, Humphrey, Christian, un ou deux coupeurs de tourbe. Il faisait chaud ce matin-là, toute la compagnie travaillait en bras de chemise, hors Christian qui éprouvait une crainte nerveuse à l'idée de se dépouiller de la moindre parcelle de ses vêtements dans une maison qui n'était pas la sienne. Sur la grande table de chêne était étendue une vaste toile rayée que le grand-père Cantle tenait par un bout et Humphrey par l'autre, tandis que Fairway, le visage tout suant et tout plissé par l'effort, en frottait la surface avec un morceau de cire.

— Alors, vous cirez une toile à matelas, les amis ? demanda le nouvel arrivant en pénétrant dans la salle.

— Oui, Sam, admit brièvement le grand-père Cantle, en homme trop occupé pour se répandre en paroles. Faut-il que je tire un brin de plus sur mon coin, Timothée ?

— Rien qu'à voir la toile, on voit que pour être une bonne couette, ça va être une bonne couette, poursuivit Sam après un silence. Pour qui la faites-vous, les gars ?

— C'est un cadeau pour deux qui se mettent en ménage, dit Christian, qui assistait, les bras ballants et l'âme émerveillée, à une opération aussi majestueuse.

— Pour être un fameux cadeau, ça sera un fameux cadeau, dit Sam.

— Les couettes, ça doit coûter gros à ceux qui n'élèvent point d'oies, pas vrai, maître Fairway ? dit Christian, posant la question au maître de la maison comme il l'eût posée à l'omniscience incarnée.

— Ma foi oui, déclara le coupeur d'ajoncs, et il se redressa, s'épongea longuement le front et tendit le morceau de cire à Humphrey pour que ce dernier le remplaçât dans la manœuvre. Ma foi oui. N'empêche que les deux qui se marient ont assez de quoi pour s'en acheter… Ce qu'on en fait c'est par amitié… Là, voisins, je crois que nous avons assez ciré. Grand-père Cantle, tourne-la-moi donc à l'endroit, maintenant, cette toile, et je vais commencer à verser les plumes dedans.

L'ordre fut exécuté et Fairway, assisté par Christian, alla chercher d'énormes sacs en papier, tout gonflés et pourtant aussi légers que des ballons, qu'il se mit à vider dans l'enveloppe du matelas. De légers flocons de duvet se mirent alors à flotter par la pièce, de plus en plus nombreux à mesure que les sacs se vidaient. Finalement, à la suite d'une maladresse de Christian qui vida un des sacs à côté de la toile, la pièce se remplit de flocons gigantesques qui semblaient prendre les travailleurs dans une tourmente de neige en quelque sorte ralentie.

— Y a pas plus balourd que toi, Christian, dit le vieux Cantle sévèrement. Tout ce qu'il y a de militaire et d'avisé chez le père, ça s'est réduit à rien chez le fils. Oui, j'aurais aussi bien pu ne jamais avoir quitté le pays et n'en avoir pas vu davantage que vous autres… Pour ce qui est du profit qu'en tire ce gars-là, s'entend. Vu que, pour ce qui est de moi, ça valait la peine, sûr et certain.

— Quand vous me causez comme ça, père, je me sens descendre plus bas que terre, dit Christian.

— Allons, faut pas te laisser rabrouer pareillement ! Faut essayer de se faire valoir un brin, Christian, que diable ! dit Fairway.

— Certainement, faut se faire valoir, dit le vieux Cantle avec énergie, comme s'il eût été le premier à soutenir cette opinion. En bonne conscience, un homme devrait ou prendre femme ou se faire soldat s'il veut pas faire tort au pays. Moi, Dieu merci ! J'ai fait les deux, et je dis que celui qui ne sait ni élever un homme ni en descendre un, c'est un propre à rien.

— Entendre tirer des coups de fusil, ça jamais j'ai pu, balbutia Christian. Mais pour ce qui est de prendre femme, j'ai bien fait des essais par-ci par-là. J'ai pas réussi, c'est vrai, mais ça vaut peut-être mieux. Si j'avais trouvé une femme, qui donc serait resté chez nous à surveiller mon ancien pour qu'y fasse point trop le plaisant ?

— Si c'est ça que t'entends faire dans la vie, la besogne te manquera pas, mon gars, riposta vivement le vieux drille. Ah, si j'avais pas la crainte des infirmités, je repartirais pour voir du pays un de ces quatre matins ! Mais soixante et onze ans à la Chandeleur dernière… Je les troquerais bien contre autant de guinées.

Et le vieil homme soupira.

— Vide quelques plumes de plus dans le matelas et garde ta belle humeur, l'ancien, dit Fairway. T'es toujours vert, c'est moi qui te le dis et t'as encore le temps de faire des tiennes !

— Par ma foi, j'irai leur chanter un couplet aux jeunes mariés ce soir, ou ça me ressemblerait guère ! dit le grand-père Cantle tout regaillardi… Mon « Descends, je t'attends au jardin de l'amour » avait du succès en 1804. Mais j'en sais d'aussi bons et de meilleurs, eh voisins ?

— T'as raison, t'as raison, dit Fairway. Maintenant, faut donner à la couette une bonne secousse. Nous y avons mis soixante-dix livres du plus fin duvet et je crois pas qu'elle puisse en tenir davantage. Puis nous allons manger un morceau. Christian, va chercher quelque chose dans le garde-manger, pendant que je vas tirer une goutte de bière. »

Ils s'assirent et se restaurèrent, tandis que les plumes voltigeaient autour d'eux et que les oies venaient caqueter d'indignation sur le seuil d'un logis où l'on se permettait des libertés pareilles avec leurs anciens vêtements.

— Sur mon âme, je vais m'étrangler, dit Fairway qui, après avoir extrait une plume de sa bouche, en vit nager plusieurs autres dans le pot de bière qui lui revenait après avoir circulé parmi ses hôtes.

— J'en ai avalé plusieurs, moi, et une était de taille, dit Sam placidement.

— Holà ! C'est-y pas un bruit de roues que j'entends ? s'écria le vieux Cantle en courant vers la porte. Les voilà ! Ce que les gens peuvent être vite mariés quand ils en ont l'idée ! Tous se levèrent et imitèrent le grand-père Cantle. À peine étaient-ils sortis du cottage qu'une voiture découverte passait devant eux, rapide comme l'éclair. Dans cette voiture étaient assis Venn et Mrs Venn, Yeobright et un parent de Venn, venu pour la circonstance de Budemouth, où il avait une belle situation qui faisait de lui le membre important de la famille Venn. La voiture avait été louée à la ville la plus proche, sans souci de la dépense et de la distance, car, dans la lande d'Egdon, il n'y aurait eu, selon Venn, nul véhicule digne d'une mariée quand cette mariée était Thomasine, et l'église était trop éloignée pour que la noce s'y rendît en cortège. Comme la voiture passait devant le groupe, tous se mirent à pousser des vivats et à faire des moulinets de bras, tandis que plumes et duvets s'envolaient de leurs cheveux et de leurs vêtements, et les breloques du grand-père Cantle dansèrent sur son gilet et brillèrent gaiement au soleil.

Le cocher de la voiture tourna vers ces ruraux un regard méprisant. Il traitait d'ailleurs les nouveaux mariés eux-mêmes avec une nuance de condescendance : riches ou pauvres, tous les habitants de cet Egdon perdu n'étaient-ils pas des sauvages ? Thomasine, en tout cas, ne fit montre d'aucune supériorité envers le groupe. En réponse à leurs acclamations, elle agita la main aussi vite qu'un oiseau bat des ailes et, les larmes aux yeux, demanda à Diggory s'il ne faudrait pas faire arrêter la voiture pour remercier ces excellents voisins. Diggory lui fit observer que c'était à peine nécessaire, puisque ceux-ci étaient tous invités au repas de noces qui aurait lieu le soir même dans la vieille maison de Blooms-End.

Après ce palpitant intermède, le groupe revint à sa besogne. Peu après, le lit de plume fut dûment gonflé et cousu. Alors Fairway attela, enveloppa l'encombrant cadeau, l'installa dans sa carriole et l'emporta à la maison de Venn à Stickleford.

Clym, après avoir rempli durant la cérémonie du mariage l'office qui lui revenait tout naturellement, ne se sentit nullement disposé à prendre part aux réjouissances qui devaient suivre.

— Ma présence assombrirait vos invités, dit-il à Thomasine, qui se montrait très déçue. Je jouerais le rôle de squelette au banquet.

— Non, non.

— Si. Et puis j'aimerais que vous n'insistiez pas. Ce que je vais dire va paraître peu aimable, mais je sens qu'il me serait pénible d'être d'une fête, voyez-vous, chère Thomasine, c'est le fond de la chose. Pour compenser, j'irai très souvent vous voir dans votre nouvelle maison.

— Eh bien, je ne veux pas vous contrarier. Faites comme vous préférez.

Clym, très soulagé, se retira dans les pièces qu'il occupait au dernier étage de la maison. Durant l'après-midi, il travailla au sermon qui devait inaugurer la carrière qu'il avait embrassée. Carrière grâce à laquelle il mettrait enfin en pratique la partie réalisable du plan de vie qu'il avait rapporté de l'étranger. Après avoir mis ses convictions à l'épreuve, et tout bien pesé, il était sûr de sa voie. Son projet avait certes diminué d'envergure. L'état de ses yeux, s'il s'était amélioré, ne devait jamais lui permettre de tenter la réalisation d'un important système d'éducation. Mais il s'en consolait. Il voyait qu'un homme aussi peu ambitieux que lui trouverait toujours ample matière pour employer toutes ses énergies et tout son temps.

Le crépuscule tombait et des bruits avant-coureurs de la fête montaient jusqu'à Yeobright. La barrière encastrée dans la palissade ne cessait de cliqueter en s'ouvrant et en se refermant. Les invités arrivaient de bonne heure, car les réjouissances devaient commencer tôt et se terminer de même, et ils furent tous réunis avant qu'il fît nuit. Yeobright se glissa hors de la maison et gagna la lande. Il se promènerait tant que les invités seraient encore présents, puis il reviendrait faire ses adieux à Thomasine et à Venn, au moment où ceux-ci partiraient. Insensiblement, il tourna ses pas vers Mistover, prit le sentier qu'il avait suivi le terrible matin où le petit garçon de Susan Nunsuch devait lui faire des révélations si étranges.

Seulement, au lieu de se diriger vers le cottage de Susan, il gravit une pente du haut de laquelle il pouvait voir la demeure qui, autrefois, avait été celle d'Eustacia, et il resta en contemplation, tandis que l'obscurité envahissait peu à peu le paysage. Son recueillement fut troublé par l'approche d'un autre promeneur, qu'avec sa vue basse il eût laissé passer sans le reconnaître, si celui-ci ne lui avait adressé la parole.

— Charley ! Voilà longtemps que je ne vous avais vu ! dit Yeobright. Venez-vous souvent vous promener de ce côté ?

— Non, répondit le jeune garçon. Je ne sors presque jamais.

— Vous n'étiez pas à la fête de mai ?

— Non, dit Charley du même ton indifférent. Les fêtes ne m'intéressent plus.

— Vous aimiez bien miss Eustacia, n'est-ce pas ? demanda Clym doucement. Eustacia lui avait souvent parlé du romantique attachement que Charley avait pour elle.

— Oui, beaucoup. Oh ! Je voudrais tant…

— Quoi ?

— Que vous me donniez quelque chose qui ait été à elle… Si cela ne doit pas vous contrarier ?

— Certainement, Charley, je vous donnerai quelque chose et j'en serai très heureux. Venez avec moi jusqu'à la maison et je réfléchirai en route à ce que j'ai d'elle qui pourrait vous faire plaisir. Ils prirent, en silence, le chemin de Blooms-End. Quand ils franchirent le seuil du jardin, il faisait nuit, les volets de la vieille maison étaient clos, et on ne pouvait voir ce qui se passait à l'intérieur.

— Faisons le tour, dit Clym. Mon entrée est derrière la maison pour le moment. Ils firent donc le tour et montèrent dans l'obscurité un petit escalier en colimaçon. Arrivé dans son cabinet de travail, Clym alluma une bougie et Charley, doucement, pénétra à son tour dans la pièce. Yeobright ouvrit un des tiroirs de son bureau, en sortit un paquet enveloppé dans un papier de soie, le déplia et trois boucles noires et lustrées se déroulèrent. Il en choisit une, l'enveloppa et la donna à Charley dont les yeux se remplirent de larmes ; celui-ci baisa le paquet et le mit dans sa poche en disant :

— Oh, monsieur Clym ! Comme vous êtes bon pour moi !

— Je vais vous accompagner un bout de chemin, dit Clym.

Et parmi le bruit des réjouissances du rez-de-chaussée, ils descendirent l'escalier. En faisant le tour de la maison pour joindre la barrière ils passèrent devant une petite fenêtre éclairée, dont les volets n'étaient pas clos, car il fallait être tout contre pour voir à travers ses vitres à demi voilées par les plantes grimpantes.

— Charley, que font-ils ? demanda Clym. Mes pauvres yeux sont malades ce soir, et les vitres de cette fenêtre ne sont pas très transparentes.

Charley essuya ses yeux, car sa vue à lui était brouillée par les larmes, et s'approcha davantage de la fenêtre.

— Mr Venn demande à Christian Cantle de chanter, répondit-il, et Christian a l'air tout effrayé, et c'est son père qui se lève et qui chante un refrain.

— C'est vrai, j'entends la voix du vieux Cantle, dit Clym. On ne va pas danser probablement. Thomasine est-elle là ? Je vois bouger une forme qui lui ressemble...

— Oui, elle a l'air contente. Elle est toute rouge et Fairway lui dit quelque chose qui la fait rire... Oh !

— Quel est ce bruit ?

— Mr Venn est si grand qu'en faisant un saut, il a donné de la tête contre la grosse poutre. Mrs Venn a couru vers lui tout effrayée et maintenant elle lui passe la main sur la tête pour voir s'il ne s'est pas fait une bosse. Et maintenant tous sont à rire comme avant.

— Quelqu'un a-t-il l'air de regretter que je ne sois pas là ? demande Clym.

— Non. Pas du tout. Maintenant ils lèvent tous leurs verres et boivent à une santé.

— À la mienne, peut-être ?

— Non, à celle de Mrs et de Mr Venn, je pense... vu que Mr Venn a l'air de les remercier maintenant. Et Mrs Venn sort comme pour aller se préparer à partir.

— Eh bien, ils ne se sont pas occupés de moi et ils ont bien fait. Tout est mieux ainsi et Thomasine au moins est heureuse. Ne nous attardons pas : les mariés vont bientôt partir.

Clym accompagna Charley pendant quelque temps, le laissa sur le chemin de Mistover et quand il revint, une demi-heure après, les invités étaient partis et les mariés prêts à partir.

Ceux-ci prirent place sur le devant d'une voiture, que le garçon de ferme de Venn venait d'amener de Stickleford. La petite Eustacia et la servante furent installées derrière, le garçon de ferme enfourcha un vieux poney, dont les sabots claquaient comme des cymbales, et escorta la voiture à la manière d'un serviteur du siècle dernier.

— Maintenant, nous vous laissons seul maître de votre maison, dit Thomasine en se penchant vers son cousin pour lui dire au revoir. J'espère que vous n'allez pas la trouver trop vide après le vacarme que nous y avons fait ?

— Ne vous inquiétez pas de moi, dit Clym en souriant assez tristement.

Les adieux échangés, la voiture s'enfonça dans la nuit et Clym rentra dans la salle où seul l'accueillit le tic-tac de l'horloge, car il ne restait, dans la maison, âme qui vive : Christian, qui remplissait auprès de Yeobright l'office de cuisinier, de valet et de jardinier, couchait, en effet, chez son père. Clym s'assit et demeura longtemps profondément pensif. La chaise de sa mère était en face de lui... Parmi ceux qui s'étaient servis de cette chaise, ce soir-là, nul peut-être n'avait songé au temps où Mrs Yeobright s'y asseyait. Mais, pour Clym, sa mère était toujours une présence presque vivante : il vouait à la mémoire de la disparue un culte que sa tendresse pour Eustacia n'affaiblissait en rien.

Et le cœur de Clym, ce soir, était lourd, car sa mère ne s'était pas réjouie le jour de ses noces à lui ; ce jour où il était heureux en son cœur avait été, pour elle, un jour de tristesse. Et les événements avaient prouvé qu'elle avait eu raison, que son jugement était pénétrant et clairvoyante sa tendresse. Il aurait dû lui obéir pour l'amour d'Eustacia, plus encore que dans son propre intérêt.

« Tout a été ma faute, murmura-t-il. Oh, mère ! mère ! Comme je voudrais qu'il me soit donné de vivre ma vie de nouveau et de souffrir pour vous tout ce que vous avez souffert pour moi ! »

Le dimanche qui suivit le mariage de Thomasine et de Venn, un spectacle insolite se voyait à Rainbarrow. De loin, il semblait simplement qu'une silhouette immobile se tenait sur le sommet du tumulus, comme Eustacia s'y était tenue il y avait environ deux ans. Mais, en ce moment, le temps était beau et chaud, seule une légère brise d'été soufflait ; c'était le début de l'après-midi et non l'instant du crépuscule. Et en s'approchant, un spectateur eût remarqué que cette silhouette debout sur le tumulus était masculine, et qu'elle n'était pas solitaire : autour de cet homme qui prêchait, des hommes et des femmes de la lande se tenaient assis ou à demi couchés et ils écoutaient tous en tiraillant distraitement des touffes de bruyère, en déchiquetant de la fougère ou en faisant rouler des cailloux jusqu'au bas du tumulus.

C'était le début d'une série de conférences, ou sermons sur la montagne, qui devaient se donner chaque dimanche au même endroit, tout au long de la belle saison.

Le prédicateur était nu-tête et la brise agitait doucement ses cheveux qu'il avait un peu trop rares pour un homme de moins de trente-trois ans. Il portait une sorte de visière pour protéger ses yeux, et son visage était pensif et ridé. Mais, si sa personne était déjà touchée par la décrépitude, sa voix demeurait intacte : il s'exprimait en accents profonds, harmonieux et émouvants. Il annonça qu'il commenterait des textes tantôt religieux et tantôt laïques, mais choisis sans le moindre parti pris de doctrine et empruntés à toutes sortes d'ouvrages. Cet après-midi, il allait parler sur le verset suivant :

« Et le roi se leva pour aller à sa rencontre, il se prosterna devant elle, et il s'assit sur son trône. On plaça un siège pour la mère du roi, et elle s'assit à sa droite. Puis elle dit : "J'ai une petite demande à te faire, ne me la refuse pas !" Et le roi lui dit : "Demande, ma mère, car je ne te refuserai pas." »

Yeobright avait, en effet, trouvé sa vocation et, à partir de ce jour, il se dévoua sans cesse à sa tâche de prédicateur ambulant. Il ne se bornait pas à parler le simple langage des humbles comme sur le tumulus de Rainbarrow ou dans les petits hameaux des environs ; il lui arrivait d'emprunter d'autres accents quand il s'adressait à un auditoire plus cultivé. Les perrons des mairies, le piédestal des vieilles croix de pierre, le parapet d'un pont ou d'un quai, des places publiques, des granges servaient de chaire à ses prêches en plein air dans les villes et les villages de cette région du Vessex. Quelques-uns croyaient en lui ; d'autres demeuraient indifférents ; certains disaient qu'il manquait dans ses sermons d'originalité, d'autres se plaignaient qu'il ignorât tout dogme ; tandis que d'autres encore déclaraient qu'il avait bien fait de se mettre à prêcher puisqu'il avait une trop mauvaise vue pour être bon à autre chose. Mais partout il recevait un bon accueil ; car on connaissait l'histoire de sa vie.

Table

PREMIÈRE PARTIE
TROIS FEMMES

DEUXIÈME PARTIE
L'ARRIVÉE

TROISIÈME PARTIE

LA FASCINATION

QUATRIÈME PARTIE

LA PORTE CLOSE

CINQUIÈME PARTIE
LA DÉCOUVERTE

SIXIÈME PARTIE
PLUS TARD

Cet ouvrage a été composé
par Facompo (Lisieux)

Impression réalisée par
CPI France
en avril 2016
pour le compte des Éditions Archipoche

Imprimé en France
N° d'édition : 403
N° d'impression : 3017040
Dépôt légal : mai 2016